Gustav Lücking

Die preussische Politik in der Schleswig-Holsteinischen

Angelegenheit vom November 1863 bis zum Juni 1865

Gustav Lücking

Die preussische Politik in der Schleswig-Holsteinischen Angelegenheit vom November 1863 bis zum Juni 1865

ISBN/EAN: 9783743321267

Hergestellt in Europa, USA, Kanada, Australien, Japan

Cover: Foto ©ninafisch / pixelio.de

Manufactured and distributed by brebook publishing software (www.brebook.com)

Gustav Lücking

Die preussische Politik in der Schleswig-Holsteinischen Angelegenheit vom November 1863 bis zum Juni 1865

Die

Hippologische Literatur

von 1848 bis einschliesslich 1857.

Verzeichniss

der in diesem Zeitraum über Alles, was das Pferd betrifft, erschienenen
Bücher, mit biographischen Notizen über die Verfasser.

Bearbeitet

von

Carl Graefe,

Königlich Preussischem Hauptmann der Artillerie.

Leipzig:

F. A. Brockhaus.

—

1863.

A Monsieur Eugène Daumas,

GÉNÉRAL DE DIVISION, SÉNATEUR, GRAND-OFFICIER DE LA LÉGION-D'HONNEUR, CHEVALIER DE L'ORDRE MILITAIRE DE SAINT-JOSEPH, COMMANDEUR DU NOMBRE EXTRAORDINAIRE DE CHARLES III D'ESPAGNE, GRAND-OFFICIER DU MEDJIDIE DE TURQUIE, GRAND CROIX DU NICHAN IFTIKHAR.

Mon Général! — J'obéis à un sentiment de profonde reconnaissance pour la bienveillante sollicitude, dont Vous avez bien voulu me honorer, en Vous priant d'agréer dans la dédicace de cet ouvrage l'expression de mon dévouement le plus inaltérable.

Puisse ce travail, le fruit de mes heures de repos, trouver auprès de Vous la bienveillance que Vous avez accordée à son auteur, et je m'estimerai heureux.

Daignez, mon Général, agréer la nouvelle assurance du plus profond respect de

Votre tout dévoué

Ch. Graefe.

Inhalt.

Vorwort.

Wer die hippologische Literatur in ihrem ganzen Umfange kennen lernen wollte, hatte bisher mit grossen Schwierigkeiten zu kämpfen. Er musste in den vorhandenen Verzeichnissen ökonomischer, veterinärischer und militairischer Werke sich mühsam das ihm Wünschenswerthe zusammensuchen, das überdies einem grossen Theil derer, die solche Verzeichnisse bearbeiteten, nur von nebensächlicher Bedeutung, selten in wirklicher Vollständigkeit geboten wurde. Dennoch aber ist die Zahl derer, die sich mit dem Pferde beschäftigen, eine nicht geringe, und die Bedeutung dieses Thieres in mehrfacher Beziehung eine so grosse, dass die Bücher, welche über dasselbe sprechen, wohl verdienen, ebenso wie bei anderen Zweigen der Literatur, gesammelt und als ein für sich bestehendes Ganzes hingestellt zu werden.*)

Obschon der Aufenthalt in kleinen Garnisonen mir die Benutzung der reichen Hülfsmittel grösserer Bibliotheken unmöglich machte, habe ich mich dennoch dieser, meiner Ansicht nach nicht nutzlosen Arbeit unterzogen, und lege hiermit den ersten Theil derselben, welcher die literarischen Erscheinungen von 1848 bis einschliesslich 1857 umfasst, den Pferdefreunden vor. In einem zweiten Theil werden die bis 1848 erschienenen Werke und diesem wird eine hippologische Journalistik folgen.

Was die Art und Weise betrifft, in welcher ich das gesammelte Material dem Leser biete, so habe ich darüber in mehreren Punkten Auskunft zu geben.

Der Grund, warum ich mit der Veröffentlichung des eigentlich zweiten Theiles meiner Arbeit beginne, ist leicht erklärlich. Das Material für die ältere Zeit ist in gleicher Vollständigkeit schwieriger zu sammeln, in der Art und Weise, wie ich es zu bearbeiten mich entschlossen habe, ungleich mühevoller zu bewältigen, und ich lasse mir zudem bei dem eingeschlagenen Wege die Möglichkeit frei, den grösseren Theil etwaiger Winken für eine zweckmässigere Anordnung offen zu halten.

---

*) Während des Druckes dieser Arbeit sind die beiden ersten Lieferungen des Schrader-Hering'schen biographisch-literarischen Lexikons erschienen, dasselbe dürfte aber bei seiner Unvollständigkeit und Unzuverlässigkeit der Angaben nicht geeignet erscheinen, dem angedeuteten Bedürfnisse Abhülfe zu gewähren.

Ich habe ferner geglaubt, lieber etwas zu viel als zu wenig aufnehmen zu müssen, und nur das fortgelassen, was keine direkte Anwendung auf das Pferd findet. Der Leser wird also wol Werke über vergleichende Anatomie oder über Thierzucht, in denen entweder die Pferdezucht besonders abgehandelt oder doch die bei jeder Zucht zu beobachtenden Grundsätze besprochen sind, vorfinden, dagegen z. B. Werke über Thierarzneimittellehre, Veterinärschulen u. s. w. vermissen.

Eine systematische Zusammenstellung hätte unendlich viele Wiederholungen erfordert, und desshalb habe ich der alphabetischen Reihenfolge nach den Namen der Verfasser und bei den anonym erschienenen Werken nach dem ersten Hauptworte des Titels den Vorzug gegeben, dem daraus entspringenden Mangel aber durch ein am Schluss befindliches Materien-Register abgeholfen.

Nächst dem vollständigen Titel, den Angaben über Format, Seitenzahl, Kupfer und Preis ist überall, wo der Titel den ganzen Inhalt des Buches nicht zur Genüge wiedergiebt, dieser näher bezeichnet und auch im Materien-Register auf diese spezielleren Inhaltsangaben Bezug genommen worden. Die Anführung der Rezensionen macht auf Vollständigkeit durchaus keinen Anspruch, ich habe indessen die vorgefundenen angegeben, da ich glaube, dass diese Citate nicht unnütz erscheinen werden.

Wenn ich endlich meiner Arbeit biographische Notizen über die Verfasser hinzugefügt habe, so muss ich bemerken, dass dies auf den Wunsch mehrerer Freunde geschehen ist, mit denen ich über die Art der Bearbeitung sprach. Diese Notizen sind theils authentischen Schriftquellen entnommen, zumeist aber von den Betreffenden selbst mitgetheilt. Dass diese Notizen trotz aller aufgewendeten Mühe nicht überall haben gegeben werden können wird Niemand befremden. Einzelne Autoren sind inzwischen verstorben, der Aufenthalt anderer war nicht zu ermitteln, wieder andere haben aus diesem oder jenem Grunde den an sie gestellten Aufforderungen nicht entsprochen, und endlich finden sich auch mehrfach Namen, welche jedenfalls nur Produkte einer aus Buchhändler-Spekulation hervorgegangenen Fiktion sind.

Es ist möglich, dass ich in der Wahl dieser oder jener Maassregel nicht immer den zweckmässigsten Weg eingeschlagen habe, und desshalb bitte ich um freundliche Winke hierüber, welche ich für den folgenden Theil zu benutzen nicht unterlassen werde.

Ebenso willkommen werden mir Zusätze und Berichtigungen zu diesem, so wie Mittheilungen für den folgenden Theil sein.

Schliesslich empfehle ich meine Arbeit nachsichtiger Beurtheilung, die ihr bei Zugeständniss der mühsamen Sammlung des Materials in zulässigem Maasse gewiss nicht versagt werden wird.

Wittenberg, im März 1863.

Carl Graefe.

Abkürzungen.

Abb. — In den Text eingedruckte Ab-
bildungen.
A. u. d. T. — Auch unter dem Titel.
Bd. — Band.
Bl. — Unpaginirtes Blatt.
Bog. — Bogen.
C. — Centimes.
Col. — Columne.
color. — colorirt.
Dass. — Dasselbe.
Doll. — Dollars.
Duc. — Ducati.
Ebda. — Ebenda erschienen.
Einl. — Einleitung.
Err. — Errata.
Fl. — Gulden.
Fr. — Francs.
Gld. — Polnische Gulden.
Gr. — Gute Groschen.
Gr. — Grana.
Inh. — Inhalt.
K. — Kupfer.
KT. — Kupfertafel.
Kop. — Kopeken.
Kr. — Kreuzer.
L. — Pfund Sterling.
Lir. — Lira.
lith. — lithographirt.
Ngr. — Neugroschen.

Nr. — Nummer.
P. — Pence.
Pa. — Paoli.
Portr. — Portrait.
Rb. — Rubel.
Rd. — Reichsthaler.
Reu. — Realen.
Rec. — Recension.
s. — siehe.
S. — Seite.
Sch. — Schilling.
Sch. T. — Schmutztitel.
T. — Titel.
Tab. — Tabelle.
Thlr. — Thaler.
T. m. V. — Titel mit Vignette.
Verz. — Verzeichniss.
Vgl. — Vergleiche.
Vorw. — Vorwort.
Widm. — Widmung.

Die Formate sind durch fol., 4, 8, 12,
16, 18, 32 bezeichnet. Imp. (imperial),
Lexie. (Lexicon), gr. (gross).

Die mit einem Stern versehenen Bücher hat Bearbeiter selbst in Händen
gehabt, so dass Titel und übrige Angaben bei diesen als durchaus vollständig
und zuverlässig gelten können.

Für die Rezensionen.

All. Mil. Ztg. — Darmstädter allgemeine Militär-Zeitung.
Annales. — Annales de médecine vétérinaire. Bruxelles.
Archiv. — Archiv für Thierheilkunde. Zürich.
Argus. — Argus des haras par Nabat. Paris.
Bl. f. Kr. — Blätter für Kriegskunst. Darmstadt.

Corvini. — Il veterinario da Corvini. Milano.

Dieterichs. — Zeitschrift für die gesammte Thierheilkunde. Giessen.

Fuchs. — Thierärztliche Zeitung von Fuchs. Carlsruhe.

Giornale. — Giornale di veterinaria. Torino.

Hering. — Repertorium der Thierheilkunde von Hering. Stuttgart.

Hirtenfeld. — Militär Zeitung von Hirtenfeld. Wien.

Holmer. — Hippologische Blätter vom Grafen v. Holmer. Kiel.

Journ. agric. — Journal agricole et vétérinaire. Bruxelles.

Journ. d. H. — Journal des Haras. Paris.

Journ. d. M. V. — Journal de médecine vétérinaire. Lyon.

Magazin. — Magazin für Thierheilkunde. Berlin.

Mil. Lit. Z. — Militair Literatur Zeitung. Berlin.

Neue Mil. Ztg. — Neue Militair Zeitung. Darmstadt.

Nicklas. — Wochenschrift für Thierheilkunde. Ulm.

Recueil. — Recueil de médecine vétérinaire. Paris.

Répertoire. — Répertoire de médecine vétérinaire. Bruxelles.

Roell. — Vierteljahrsschrift für Thierarzneikunde. Wien.

Schw. Mil. Ztg. — Schweizerische Militair Zeitung.

Sp. Mag. — The Sporting Magazine. London.

Tennecker. — Jahrbuch für Pferdezucht etc. Weimar.

Veterin. — The Veterinarian. London.

Vogler. — Blätter über Pferde und Jagd. Berlin.

Wehr Ztg. — Preussische Wehr-Zeitung. Potsdam.

Zarncke. — Lit. Centralblatt von Zarncke.

Zeit. f. Sachs. — Zeitschrift des landwirth. Centralvereins der Provinz Sachsen.

Erste Abtheilung.

Werke, deren Verfasser sich auf dem Titel genannt haben
mit Einschluss der pseudonymen Werke.

Abdelkader, richtiger Abdol-Kadir, der Sohn des Sidi Mahiddin, wurde um 1807 in der Ghetna von Maskara geboren, nahm 1815 an einer Pilgerreise nach Mekka Theil und besuchte dann das Seminar zu Maskara und die Hochschule zu Fez. Nachdem er zum Emir der Araber ernannt war, führte er seit 1832 den Krieg gegen die Franzosen und feindlichen Stämme mit abwechselndem Glück, musste sich aber im Dezember 1847 den Franzosen ergeben. Er wurde erst im Fort Lamalgue, dann in Pau, zuletzt in Amboise gefangen gehalten, 1852 freigelassen und lebt seitdem in Brussa.

1. Er begleitete das Werk des General Daumas über die Pferde der Sahara mit Zusätzen, s. *Daumas* Nr. 236.

Abildgaard, Peter Christian, der Sohn eines Predigers, wurde am 22. Dez. 1740 zu Kopenhagen geboren, besuchte die dortige Universität, legte das philosophische Examen ab, studirte hierauf noch Medizin, besuchte seit 1763 die Veterinärschule zu Lyon, kehrte 1766 nach Kopenhagen zurück und unternahm später wissenschaftliche Reisen nach Deutschland, Italien, Schweden. Er begründete 1773 die Thierarzneischule in seiner Vaterstadt, wurde Sekretär, später auch Direktor derselben, 1768 Doktor der Medizin, 1775 Stadt-Physikus und starb am 21. Januar 1801.

2. *Dansk Heste-og Qvæglæge, eller Haandbog for Bondestanden, til Veiledning ved de almindeligste Sygdomme hos Heste, Hornqvæg, Faar og Svine, af P. C. Abildgaard. Med Fortale af Prof. Erik Viborg. Nyt Oplag gjennemset og rettet. Kjöbenhavn, 1848. Forlagt J. H. Schubothes Boghandling.

8°. VIII S.: T., Vorw., Inh., 122 S. 60 Sch. — Erschien zuerst 1770.

Inh.: Alterserkenntniss des Pferdes S. 1, Pferdekrankheiten 13.

3. *Dass. Ebda 1856. 8°. VIII S.: T. m. V., Vorw., Inh., 120 S. 48 Sch. — Unveränderte Ausgabe.

Abou Bekr ibn Bedr, oder nach Hadschi Chalfa's Lexicon bibliogr. Abu Bekr Ben el Bedr (Abkürzung von Bedreddin), war Rossarzt am Marstall des egyptischen Sultans Kelaoun und dessen Sohnes und Nachfolgers El Nasir Mohammed, welchem letzteren er sein Kämil el-Sinäatein (das Ganze der beiden Künste) betiteltes und in zehn Kapiteln die ganze Veterinärkunde behandelndes Werk widmete. Er lebte zu Anfang des 14. Jahrhunderts.

4. Die begonnene Uebersetzung seines hippologischen Werkes s. *Perron*.

1*

d'Abzac, Alexis, Comte, ein Grossneffe des berühmten Stallmeisters gleiches Namens, wurde 1814 zu Paris geboren, besuchte 1830 die Kavallerie-Schule zu Saumur, diente dann kurze Zeit in der Armee, lebte nach seinem Ausscheiden, sich der Reitkunst widmend, in Paris, und siedelte 1856 nach Rheims über, woselbst er die Direktion einer Privat-Manege übernahm.

5. *Développement d'une question équestre, relative au dressage des chevaux par M. le comte Alexis d'Abzac. Paris, chez tous les libraires. 1852. 8°. Sch. T., T. m. V., 5—40 S. 1 Fr.

Inh.: Abrichtung junger Pferde. Correktur fehlerhafter Gangarten.

Adam, Victor, Thiermaler in München.

6. *Allgemeine Zeichnenschule. II. Abtheilung. Thierzeichnen von Victor Adam. Carlsruhe, J. Veith. 4. Heft. Pferde.

4". 12 K. in Umschlag. 24 Ngr. — Erschien 1855. Ein Theil der Kupfer ist von Hermes in dessen Pferdezeichnungen kopirt, vgl. *Hermes*, Nr. 516.

Adam, Theodor, der Sohn eines Eskadronschmiedes, wurde 1818 zu Ansbach geboren, in dem dortigen Thurn- und Taxis'schen Militär-Knaben-Erziehungs-Institut unterrichtet und trat 1834 in das 2. Chevauxlegers-Regiment ein. Von seinem Vater dazu vorbereitet besuchte er 1835—38 die Veterinärschule zu München, nach deren Absolvirung er als Rossarzt zu seinem Regiment zurücktrat. Er schied 1839 aus dem Militärdienst, übernahm die Stelle als Thierarzt zu Herzbruck bei Nürnberg, wurde 1852 städtischer Polizeithierarzt zu Augsburg und 1853 Mitglied des Kreis-Medizinal-Ausschusses der Regierung von Schwaben und Neuburg.

7. Er giebt mit May und Nicklas ein thierärztliches Wochenblatt heraus, s. *Nicklas.*

Agassiz, Louis, der Sohn eines Predigers, wurde 1807 zu Orbe im Waadtlande geboren, besuchte seit 1818 das Gymnasium zu Biel, dann die Akademie zu Lausanne, studirte in Zürich, Heidelberg und München Medizin, und promovirte 1830. Als Professor der Naturgeschichte nach Neufchatel berufen, übernahm er nach wiederholten Reisen 1846 eine Professur zu New-Cambridge bei Boston, die er 1851 mit derselben Stellung in Charleston vertauschte.

8. Principles of Zoology; touching the Structure, Development, Distribution, and Natural Arrangement of the Races of Animals Living and Extinct; with numerous Illustrations. For the use of Schools and Colleges. Part I. Comparative Physiology. By Louis Agassiz and Augustus A. Gould. Boston 1848. 12°. 7 Sch. 6 P.

9. Agassiz and Gould's Comparative Physiology, touching the Structure and Development of the Races of Animals, living and extinct. Enlarged by Dr. Wright. With 32 woodcuts. London 1851. 8°. 460 S. 5 Sch.

Aigeldinger, Joseph, der Sohn eines Landmannes, wurde am 24. Febr. 1809 zu Neufra in Württemberg geboren, kam 1823 zu einem Kurschmied in die Lehre, besuchte 1826—28 die Thierarzneischule in Stuttgart, trat im April 1830 bei dem 3. Reiter-Regiment ein, wurde nach seiner Entlassung 1836 Oberamts-Thierarzt zu Rottweil und legte 1847 das Staatsexamen ab. Von dem landwirthschaftlichen Verein zu Rottweil, dessen Mitglied er ist, erhielt er mehrere Preise.

10. *Leichtfassliche Belehrung und Behandlung der verschiedenen Arten von Kolik, des Harnverhaltens, sowie der Trommelsucht und Verstopfung beim Pferde und Rinde. Aus praktischer Erfahrung bearbeitet von Joseph Aigeldinger, Oberamtsthierarzt. Mit einer Abbildung. Rottweil, 1852. Im Verlage des Verfassers. In Kommission bei Adolf Degginger. 8°. T., 3—48 S., 1 KT. 6 Ngr.

Darin: Kolik und Harnverhalten der Pferde S. 5—39.

Alasonière, Louis, geboren zu Chateauroux in Frankreich am 24. Sept. 1814, besuchte bis 1828 das dortige College, widmete sich zuerst der Handlung, trat aber 1834 in die Veterinärschule zu Alfort ein, nach deren Absolvirung er als Rossarzt bei dem 5. Husaren-Regiment angestellt wurde. Im Mai 1838 ging er zur Armee nach Afrika, kam 1840 zurück, nahm den Abschied, liess sich als Thierarzt zu Amboise nieder, wurde im Januar 1850 als Rossarzt bei dem Beschälerdepot Blois angestellt und 1852 in gleicher Eigenschaft zum Depot Napoleon-Vendee versetzt.

11. *Mémoire sur les tumeurs osseuses des jarrets du cheval (éparvins, courbes et jardons), par L. Alasaunière, médecin-vétérinaire attaché au dépôt impérial d'étalons de Napoleon-Vendée. Extrait de l'annuaire de la société d'émulation de la Vendée. A Napoleon-Vendée, chez J. Sory 1857.

8°. T., 3—16 S. 50 C.

Albrecht, Christian David, wurde am 22. Januar 1811 zu Wilsnack in der Preussischen Westpriegnitz geboren, erlernte das Schmiedehandwerk, trat 1831 bei dem 3. Artillerie-Regiment ein, wurde 1835 zur Thierarzneischule kommandirt und nach deren Absolvirung 1838 Kurschmied bei dem Garde-Husaren-Regiment. Er besuchte 1840—41 die Thierarzneischule von Neuem, kehrte als Thierarzt 1. Klasse zu seinem Regiment zurück und wurde 1859 als Rossarzt zum 2. Dragoner-Regiment versetzt.

12. *Die Influenza der Pferde, mit besonderer Berücksichtigung der Militair-Pferde, von C. Albrecht, Thierarzt 1. Klasse im Königlichen Garde-Husaren-Regiment zu Potsdam. Potsdam, 1857. Commissions-Verlag von J. Schlesier.

8°. IV S.: T., Vorw., 5—28 S. 6 Gr.

Alers, Julius Adam, besuchte die Thierarzneischule zu Utrecht, wurde im Juli 1843 als Thierarzt 1. Klasse zu Heenvliet angestellt, 1844 nach Zuidland und 1845 nach Gorinchem versetzt.

13. Er übersetzte die 4. Auflage von Baumeister's Pferdekenntniss in das Holländische, s. *Baumeister* Nr. 72.

Alexandre, praktischer Arzt in Paris.

14. Traitement homoeopathique des animaux, par Alexandre, médecin de la faculté de Paris. Paris, imprimerie de Cordier 1848.

8°. T., 3—8 S. — Nicht im Buchhandel.

Allen, R. L.

15. Domestic animals. History and Description of the Horse, Mule, Cattle, Sheep, Swine, Poultry, and Farm Dogs, by R. L. Allen. New-York 1848.

8°. 4 Sch.

d'Alton, Joseph Wilhelm Eduard, der Sohn eines Preuss. Stabsoffiziers, wurde am 11. April 1772 zu Aquileja geboren, erhielt in Wien seine erste Erziehung und gewann, zum Militär bestimmt, eine besondere Vorliebe für Pferde und Reitkunst. Er hielt sich längere Zeit in Italien auf, beschäftigte sich vornehmlich mit anatomischen Studien und Zeichnen, und lebte nach einer hippologischen Wanderung durch Deutschland in Weimar und Jena. 1807 erhielt er vom Grossherzog eine Wohnung im Park Tieffurt und begann hier seine litterarischen Arbeiten. Nachdem er nach Würzburg übergesiedelt war und 1817—18 Frankreich, Spanien, Portugal, England, Schottland bereist hatte, wurde er als Professor der Archäologie und Kunstgeschichte an der Universität Bonn angestellt und starb daselbst 1840.

16. Er bearbeitete mit Carus die Erläuterungstafeln zur vergleichenden Anatomie und lieferte einen Theil der Kupfer zu Weber's Skeletten der Haussäugethiere, s. *Carus* Nr. 177 und 178 und *Weber*.

d'Alton, Johann Samuel Eduard, der Sohn des Vorhergehenden, wurde 1803 in St. Goar geboren, widmete sich dem Studium der Naturwissenschaften und Medizin, promovirte 1824 zu Bonn, setzte seine Studien in Berlin fort, wurde 1827, von einer wissenschaftlichen Reise nach Paris zurückgekehrt, Lehrer der Anatomie an der Akademie der Künste zu Berlin, bald darauf Professor an derselben und Mitglied der Akademie. Daneben rückte er an der Universität vom Privatdozenten zum ausserordentlichen Professor auf, und wurde 1834 als ordentlicher Professor der Anatomie nach Halle versetzt, wo er 1854 starb.

17. Zeitung für Zoologie, Zootomie und Palaeozoologie. Herausgegeben von E. D'Alton und H. Burmeister, Professoren. Erster Jahrgang 1848. Leipzig, O. Wigand.

Hoch 4°. Es sollte wöchentlich eine Nummer zu 1 Bog. erscheinen und der Jahrgang 8 Thlr. kosten, die Zeitung ging aber nach neunmonatlichem Bestehen wieder ein.

Ammon, Carl Wilhelm, der Sohn eines Rossarztes, wurde 1777 im Preussischen Hauptgestüt Trakehnen geboren, besuchte die Schule in Gumbinnen, dann die Berliner Thierarzneischule, legte 1794 das thierärztliche Examen ab, praktizirte bis 1797 in Berlin, kam dann als Rossarzt an den Ansbachischen Fohlenhof Oelhaus und wurde bei dessen Aufhebung pensionirt. Er lebte zunächst als Gerichts-Thierarzt in Ansbach, trat 1809 in den Dienst des Hofraths v. Abendanz, dem er ein Gestüt einrichtete, wurde 1813 als Gestütemeister des Bayerischen Gestütes Rohrenfeld angestellt, nahm 1839 seine Entlassung und zog nach Ansbach, wo er 1842 starb.

18. Von dem von ihm neu bearbeiteten Pferdearzte des Baron Sind erschien eine neue Auflage, s. *Sind*.

Ammon, Georg Gottlieb, ein Bruder des Vorigen, wurde 1780 im Preussischen Hauptgestüt Trakehnen geboren, besuchte die Berliner Thierarzneischule, kehrte nach beendetem Studium nach Trakehnen zurück und wurde 1803 Rossarzt am Friedrich-Wilhelms-Gestüt. Er flüchtete 1806 mit einem Theile dieses Gestütes nach Russland, geleitete ihn 1807 nach Trakehnen zurück, wo er als Rossarzt blieb. Im Frühjahr 1816 trat er eine Reise Behufs Ankaufs orientalischer Pferde an, ging durch Südrussland nach Constantinopel, von hier nach Kleinasien und kehrte zu Ende 1817 mit den erkauften Pferden zurück. 1818 wurde er zum Inspektor des Gestütes Vesra ernannt und starb daselbst am 26. September 1830.

19. *Das sicherste Mittel nur grosse und gut ausgebildete Pferde zu erziehen nebst einer Anweisung zu ihrer Vorbereitung zu künftigen Dienstleistungen. Ein auf lange Erfahrung gegründeter guter Rath an Pferdezüchter von G. G. Ammon, Inspektor des Königl. Hauptgestütes zu Vesra. Zweite sehr vermehrte Auflage von W. A. Kreyssig. Königsberg, 1849. Gebrüder Bornträger.

8°. T., 3—44 S. 6 Gr. — Erschien zuerst 1829; eine russische Uebersetzung s. Nr. 20; vgl. auch *Eschstruth* und *Anwisningar* Nr. 1217.

20. Вѣрнѣйшее средство къ разведенію рослыхъ и здоровыхъ лошадей. Насколько совѣтовъ коннозаводчикамъ. Г. Г. Аммона, Инспектора главнаго королевско-прусскаго коннаго завода въ Весрѣ. Переводъ съ Нѣмецкаго. Санктпетербургъ. Изданіе II. Брифенъ. 1857. Въ Типографіи I. Іонсона.

(Zuverlässiges Mittel zur Zucht grosser, gut ausgebildeter Pferde. Rathschläge für Pferdezüchter. Von G. G. Ammon, Inspector des königl. Preuss. Gestüts Vesra. Aus dem Deutschen übersetzt. St. Petersburg. Herausgegeben von N. Brief. Druckerei von J. Johnson).

8°. T., 29 S. — Eine Uebersetzung der vorhergehenden Nummer.

Anacker, Johann Heinrich Herrmann, geboren zu Düben in der Preussischen Provinz Sachsen am 27. Juni 1826, besuchte seit 1838 die Realschule und seit

1844 die Thierarzneischule in Berlin, wurde 1848 Thierarzt 1. Klasse, liess sich zu Kirn in der Rheinprovinz nieder, legte 1851 das Staatsexamen ab, wurde 1853 Kreisthierarzt im Kreise Daun und kam 1855 in gleicher Eigenschaft nach Prüm.

21. Veterinär-Polizei und gerichtliche Thierheilkunde in Preussen, für Thierärzte, angehende Departements- und Kreis-Thierärzte, Viehbesitzer etc. Von H. Anacker, Kreis-Thierarzt. Prüm (Aachen, Beurath und Vogelgesang) 1857. gr. 8°. VIII S.: T., Vorw., Inh., 240 S. 18 Gr.

22. Er vollendete das von Grosskopf unvollständig hinterlassene Vieharzneibuch, s. *Grosskopf*.

Anginiard, Hippolyte, geboren zu Paris 1822, trat 1838 als Civil-Eleve in die Veterinärschule zu Alfort ein, wurde 1841 Militär-Eleve derselben, kam 1842 als Rossarzt zum 8. Artillerie-Regiment, nahm 1849 seine Entlassung und liess sich als praktischer Thierarzt zu Meaux im Departement Seine und Marne nieder.

23. Er ist Verfasser einer Brochüre über die Noelsche Pendelkandare, s. *Opinion* Nr. 1362.

Anker, Matthias, geboren zu Ins im Kanton Bern am 19. Oktober 1788, studirte Thierheilkunde und wurde nach längeren Reisen 1816 als Lehrer an die Thierarzneischule zu Bern berufen. Er ist jetzt Direktor der Beschlagsanstalt derselben, Professor der Thierheilkunde, Präsident der Veterinär-Abtheilung des Sanitäts-Kollegii und Lehrer an der Landwirthschafts-Schule.

24. *Die Fusskrankheiten der Pferde und des Rindviehes; ihre Erkenntniss, Ursachen, Heilung und Verhütung. Eine auf Theorie und Erfahrung gegründete Darstellung des krankhaften Zustandes, nach vorausgeschickter anatomischer und physiologischer Betrachtung dieser Theile, ihres Verhaltens zum Gesammtorganismus und zu seinen Leistungen. Von M. Anker, Professor der Thierheilkunde und ausübendem Thierarzte. Ein Theil in zwei Bänden. Mit 18 lithographirten Abbildungen. Bern, Stämpflische Verlagshandlung. Zürich. Friedrich Schulthess. 1854.

A. u. d. T.: Die Fusskrankheiten der Pferde und des Rindviehes; ihre Erkenntniss, Heilung und Verhütung. Erster Band.

gr. 8°. XV S.: T., Vorw., Inh., 406 S.

Dass. Zweiter Band. Ebda 1854. — T., S. 407—848, 18 KT. 4 Thlr.

Rec.: Hering 1854. 281.

Apperley, Charles James, einer der berühmtesten Hippologen und Turfiten Englands, dem Continent durch seine Reisen nach Deutschland und Frankreich bekannt, ein thätiger Mitarbeiter an den englischen hippologischen Zeitschriften unter dem Namen Nimrod, starb zu Pimlico am 19. Mai 1843.

25. Er schrieb unter dem Namen Nimrod über Rennen und Fahrkunst, s. *Nimrod*.

Aristoteles, der Sohn des Nikomachus, wurde 384 v. Chr. zu Stagira in Macedonien geboren, von seinem Vater in der Arzneiwissenschaft und Philosophie unterrichtet, bildete sich nach dessen Tode zu Atarna in Kleinasien weiter aus und ging 365 nach Athen, wo er ein Schüler des Plato wurde. Nach der Kriegserklärung Athens an Macedonien ging er wieder nach Atarna, dann nach Mitylene, wurde 343 vom König Philipp als Lehrer Alexanders des Grossen berufen, kehrte 331 nach Athen zurück und gründete hier eine Schule der Philosophie. Beim Wiederausbruch des Krieges flüchtete er mit seinen Schülern nach Chalcis auf Euböa und starb daselbst 322.

26. *Ἀριστοτελους περι ζωιων μοριων βιβλια δ. Aristoteles' Vier Bücher über die Theile der Thiere. Griechisch und Deutsch mit sacherklärenden Anmerkungen von Dr. A. von Frantzius, prakt. Arzt und Privatdocent an der Universität Breslau und Assistent am physiologischen Institut daselbst. Leipzig, Wilh. Engelmann. 1853.

8°. XII S.: T., Widm. (an Johannes Müller), Vorw., 322 S. 1 Thlr. 12 Gr.

Die sämmtlichen Werke des Aristoteles erschienen von Manutius 1495, Sylburg 1587, Casaubonus 1590, Duval 1639, Buhle 1791, lateinische Uebersetzungen von Ephesius 1559, deutsche von Schneider 1811, Strack 1816, Titze 1819, eine englische von Taylor 1810. — Die Bemerkungen über Naturgeschichte, Anatomie, Zucht, Exterieur und Krankheiten des Pferdes stehen zerstreut in dem übrigen Texte. — Dasselbe befindet sich auch in den von Bussemaker herausgegebenen: Aristotelis Opera omnia. Graece et latine. Vol. III. Parisiis 1854.

27. *Aristoteles über die Theile der Thiere. Vier Bücher. Deutsch von Dr. A. Karsch, ausserordentl. Prof. an der Königl. Akademie zu Münster. Stuttgart, Hoffmann. 1855.

A. u. d. T.: Neueste Sammlung ausgewählter Griechischer und Römischer Classiker verdeutscht von den berufensten Uebersetzern. 25. Lieferung.

8°. T., 182 S. 8 Gr.

28. *Aristoteles Werke. III. Schriften zur Naturphilosophie. Neuntes Bändchen. Von den Theilen der Thiere. Vier Bücher. Uebersetzt und erläutert von Dr. Ph. H. Külb, Stadtbibliothekar zu Mainz. Erstes Bändchen. Einleitung und Buch I. und II. Stuttgart, J. B. Metzler 1857.

A. u. d. T.: Griechische Prosaiker in neuen Uebersetzungen. Herausgegeben von C. N. v. Osiander, Prälaten zu Stuttgart, und G. Schwab, Ober-Consistorialrath zu Stuttgart. 286. Bändchen.

16°. T., S. 1095—1216. — Zweites Bändchen. Buch III. und IV. Ebda 1857. — T., S. 1221—1388. 8 Gr.

29. Aristoteles Thierkunde. Ein Beitrag zur Geschichte der Zoologie, Physiologie und alten Philosophie. Von Jürgen Bona Meyer, Dr. Phil. Berlin, 1855. G. Reimer.

8°. X und 520 S. 2 Thlr.

Arnault, Thierarzt zu Draguignan (Depart. Var) in Frankreich.

30. Er ist Verfasser eines Buches über Pferdearzneikunde, s. *Abrégé* Nr. 1201.

Aubert, P. A., in Frankreich geboren, erlernte 1792—1800 in der Manege von de Brissy zu Paris die Reitkunst, wurde zunächst Eleve-Ecuyer in der Manege Amelot, dann Ecuyer-Professeur in der Manege Vincent. Während des Konsulats unterhielt er mit Addenet eine Manege im Hotel d'Auvergne und ertheilte zugleich in der Manege der Tuilerien Reitunterricht, übernahm 1818 eine Manege in der Rue de l'Arcade als Direktor, wurde 1819 zugleich Reitlehrer an der Applikationsschule für Generalstabs-Offiziere und leitete seit 1828 eine selbsterbaute Manege in der Rue de Ponthieu, die er aber 1830 anderweitig überliess. Er lebte seitdem schriftstellerisch und praktisch thätig in Paris.

31. Traité raisonné d'équitation d'après les principes de l'école française. Nouvelle édition précédée d'un recueil de copies de lettres extraites de la correspondance de M*** avec les hommes que leurs connaissances en équitation ont rangés parmi les maitres les plus capables dans cet art. Par P. A. Aubert, ex-professeur-écuyer. Paris 1855.

gr. 8°. 23 Bog. und Atlas in Folio mit 40 KT. 35 Fr. — Erschien zuerst 1836. Das Recueil de lettres etc. erschien auch besonders, s. *Recueil* Nr. 1399.

Inh.: Reitkunst, Pferdebekleidung, Dressur junger Pferde.

d'Aure, .**Antoine Philippe Henri Léon,** Comte —, geboren zu Toulouse 1799, widmete sich der Reitkunst auf der Manege zu Versailles unter dem Vicomte d'Abzac, war dann bis 1830 Ecuyer-Cavalcadour der Könige Ludwig XVIII. und Karl X., dirigirte später eine Privat-Manege in Paris, wurde 1841 zum Direktor der Kavallerieschule in Saumur ernannt, nahm als solcher 1855 seine Entlassung, erhielt 1856 die obere Leitung sämmtlicher kaiserlichen Marställe und wurde zugleich zum Generalinspektor der Gestüte ernannt.

32. *Des haras et de la situation chevaline en 1852. Par M. le comte D'Aure écuyer en chef de l'école de cavalerie. Saumur imprimerie de Paul Godet.

4⁰. T., 16 S. 75 C. — Erschien 1852.

Rec.: Journ. d. H. 1852 I 466.

33. *Cours d'équitation par M. d'Aure ecuyer en chef de l'école de cavalerie. Saumur, H. Niverlet. 1852.

gr. 8⁰. Sch. T., T., XL und 5—294 S., 1 KT. 5 Fr. — Vgl. *Flandrin* Nr. 358, *Raabe* Nr. 902.

Inh.: Zäumung, Geschichtliches, anatomischer Bau des Menschen und Sitz des Reiters nach Saint-Ange, Reitkunst, Carroussel, Voltige, Dressur junger Pferde, Lehrsätze alter Stallmeister.

34. Dass. Adopté officiellement et enseigné à l'école de cavalerie et dans les corps de troupes à cheval, par décision de M. le ministre de la guerre, en date du 9 avril 1853. A Paris, place de la Madeleine, 8. 1853.

18⁰. 9 Bog. 3 Fr. — In einigen wenigen Punkten veränderte neue Ausgabe.

35. *Lettre sur l'équitation par le comte d'Aure, écuyer en chef de l'école impériale de cavalerie. Saumur, H. Niverlet, libraire. Paul Furgaud, éditeur. 1853.

gr. 8⁰. T., 3—21 S. 1 Fr. — Ueber Damenreiterei.

36. De la question équestre et de Mme Isabelle à l'école de cavalerie. Par le comte d'Aure. Imprimerie de Chaix, à Paris. 1855.

8⁰. 1 Bog. 1 Fr.

Auzoux, Louis, geboren zu Saint-Aubin d'Ecroville in Frankreich, studirte Medizin und beschäftigte sich seit 1819 vorzugsweise mit Darstellung anatomischer Präparate, wozu er in seinem Geburtsorte ein besonderes Atelier errichtete. Er erhielt für seine Leistungen 1833 den Orden der Ehrenlegion, sowie zahlreiche Preise und Medaillen.

37. Des tares osseuses dans le cheval, par le docteur Auzoux, Auteur de l'Anatomie clastique. Paris, chez l'auteur 1848.

8⁰. T., 3—16 S. 50 C.

38. *Des tares molles et osseuses dans le cheval, considérations générales et très sommaires, nécessaires pour la complète intelligence des 31 pièces d'anatomie clastique à l'aide desquelles ont été réproduites les principales tares molles et osseuses qui affectent les membres du cheval, par le docteur Auzoux, auteur de l'anatomie clastique, chevalier de la légion d'honneur, etc. Paris, chez l'auteur. 1853.

gr. 8⁰. T., 3—34 S. 50 C.

39. *Insuffisance en France, du cheval de guerre et de luxe; possibilité de l'obtenir en créant, dans les régiments de cavalerie, des écoles d'éleveurs au moyen du cheval clastique du docteur Auzoux.

8⁰. 12 S. 50 C. — Erschien Paris, imprimerie de F. Didot frères 1854.

40. *Anatomie clastique du docteur Auzoux, membre de le légion d'honneur, etc. Tableau synoptique du cheval. 1855. Paris, chez l'auteur.

gr. 8⁰. T., 48 S. 1 Fr.

41. *Anatomie clastique du docteur Auzoux. Catalogue des préparations destinées à l'étude du cheval et du bœuf.

8°. 3 S. — Erschien 1855 Paris, imprimerie de F. Didot frères.

42. *Tableau synoptique du pied du cheval. Anatomie clastique du docteur Auzoux.

8°. T., 3—7 S. — Erschien 1857 Paris, Didot frères.

43. *Phénomènes physiques de la vie dans l'homme et les animaux, au point de vue de l'hygiène et de la production agricole, à l'aide de l'anatomie clastique, par le docteur Auzoux. Deuxième édition. Paris, F. Didot frères; libr. Labé; libr. Dumaine. 1857.

8°. T., 39 S. 50 C.

d'Ayala, Mariano, Piemontesischer Ingenieur-General.

44. *Bibliografia militare-italiana antica e moderna di Mariano d'Ayala. Torino dalla stamperia reale 1854.

gr. 8°. XXXII S.: T., Vorw., Inh., 450 S. — Die 5. Abtheilung: Medicina militare, arti e ordini cavallereschi S. 187—216 und 403—404 enthält auch ein Verzeichniss von Büchern über Reitkunst, Pferdekenntniss und Pferdekrankheiten, das indessen durchaus nicht vollständig ist.

Ayraud, P. N., Thierarzt zu Fontenay-le-Comte (Depart. Vendee) in Frankreich.

45. Statistique raisonnée des animaux domestiques de l'arrondissement Fontenay-Vendée; par P. N. Ayraud, médecin vétérinaire à Fontenay-le-Comte (Vendée), etc. Imprimerie de Penaud, à Paris. 1851.

8°. 12 Bog. — Abdruck aus dem 1. Bande der Mémoires de la société impér. et centrale de médecine vétérinaire. Ein Auszug über die Pferde des Bezirks in Nabat 1853 S. 459, 513.

Baer, Carl Eckard, der Sohn eines Geheim-Sekretärs im Forst-Departement, wurde am 19. September 1790 in Berlin geboren, besuchte das Gymnasium daselbst und widmete sich an der dortigen Universität dem juristischen Studium. Im März 1813 trat er als freiwilliger Jäger in das Garde-Kavallerie-Regiment ein, wohnte den Feldzügen 1813 und 14 bei, trat dann zur reitenden Batterie Nr. 10 über und war mit ihr bei Leipzig, Waterloo und der Belagerung mehrerer festen Plätze. Nach dem Frieden diente er bei der Artillerie fort, besuchte 1818 die Kriegsschule, war 1827—41 Inspektions-Adjutant, wurde 1844 als Hauptmann Mitglied der Artillerie-Prüfungs-Kommission, avancirte 1848 zum Major, wurde zu Ende dieses Jahres zur Disposition gestellt, erhielt 1852 den erbetenen Abschied und lebt seitdem in Neustadt-Eberswalde.

46. Er besorgte eine neue Ausgabe von Riege's Beurtheilung des Pferdes, s. *Riege.*

Bagge, Henrik, studirte zu Kopenhagen Thierarzneikunde, erhielt 1858 an der dortigen Veterinärschule den Lehrstuhl der Pathologie, Therapie und die Klinik, und 1859 den Titel Professor. Im Jahre 1861 wurde er zum Landgestütemeister von Frederiksborg ernannt.

47. *Tydsskrift for veterinairer, redigeret og udgivet af H. Bendz og H. Bagge, Lecturer ved den kongl. danske Veterinairskole. Förste Bind. Kjöbenhavn. Gyldendalske boghandling. 1853.

8°. VI S.: T., Inh., 1 Bl.: Vorw., 3—332 S.

Dass. Andet Bind. 1854. — VI S.: T., Inh., 328 S., 1 KT.

Dass. Tredie Bind. 1855. — VI S.: T., Inh., 342 S. mit 23 Abb., 2 KT.

Dass. Fjerde Bind. 1856. — T., 2 Bl.: Inh., 335 S.

Dass. Femte Bind. 1857. — T., 2 Bl.: Inh., 356 S.

Baillet, Casimir Celestine, geboren zu Versailles am 10 September 1820, kam 1839 als Militaireleve zur Thierarzneischule nach Alfort, erhielt 1843 das thierärztliche Diplom, kam als Rossarzt zur 1. Eskadron des Trains nach Chateauroux, 1844 in gleicher Stellung nach Algier, wurde 1845 als Hülfslehrer der Chemie, Physik, Hygiene und Arzneimittellehre an die Veterinärschule zu Lyon berufen und 1849 als Professor der Botanik, Hygiene, Veterinär-Jurisprudenz und des Hufbeschlags an die Schule zu Toulouse versetzt. Er ist Mitglied der Akademie der Wissenschaften zu Toulouse, der ärztlichen Gesellschaft daselbst, der landwirthschaftlichen Gesellschaft von Haute-Garonne und Vizepräsident der Gesellschaft für Gartenbau in demselben Department.

48. Er ist Mitherausgeber zweier französischen thierärztlichen Zeitschriften, s. *Journal* Nr. 1310, 1311.

de Bal, J., Doktor der Medizin und Thierarzneikunde zu Gent in Belgien.

49. *Ziekten en geneezing der Peerden, Koeijen, Schapen, Zwynen, Honden, en andere Huisdieren. Ten gebruike der landslieden. Door J. de Bal, M. Dr. Gent, Drukkery der We. A. J. Vander Schelden.
8°. VI S.: T., Vorw., 7—333 S. 2,25 fl. — Erschien 1849.
Darin: Heilmittel S. 7—52, Krankheiten die bei verschiedenen Thieren gleichförmig vorkommen und ebenso behandelt werden 53—83, Pferdekrankheiten 84—163.

von Bally, Alexander, geboren zu Breslau 1802, studirte daselbst die Rechte, später in Wien Theologie, trat 1822 als Privatsekretär in die Dienste des Fürsten Hohenlohe-Ingelfingen, dann als Geheimerath in die des Landgrafen von Hessen-Rotenburg, übernahm 1830 die Verwaltung des Herzogthums Ratibor, war 1848 Mitglied der Nationalversammlung zu Frankfurt und lebte nach Aufgabe seiner Stellung in Berlin, wo er 1854 starb.

50. *Ueber Pferdezucht, Reitkunst, Wettrennen und Rennpferde. Von Alexander von Bally. Zweite Auflage. Stuttgart, Hallberger'sche Verlagshandlung. 1852.
gr. 8°. Sch. T., T., 4 Bl.: Widm. (den Manen meines Vaters), Vorw., Inh., 12—306 S., 1 Bl. Err. 1 Thlr. — Erschien zuerst 1836.
Inh.: Literatur, Geschichtliches, Naturgeschichte, Vollblutzucht, Wettrennen, Futter, Wasser, Putzen, Beschlag, Reitkunst, Rennreiterei, Athem, Schwitzen.

Bandow, Georg Friedrich, der Sohn eines Arztes, wurde 3. März 1815 zu Berlin geboren, besuchte seit 1827 das Gymnasium zu Königsberg, widmete sich dann der Landwirthschaft und fungirte als Gutsverwalter. Er wurde 1840 Feldmesser, arbeitete als solcher bis 1850, verwaltete dann ein Jahr lang kommissarisch ein Bürgermeister-Amt, arbeitete demnächst einige Zeit bei der königl. Centralstelle für Pressangelegenheiten in Berlin und liefert jetzt für mehrere dortige Zeitungen landwirthschaftliche und hippologische Berichte.

51. *Pferdezucht und Pferderennen. Ein Wort zur Aufmunterung von Georg Friedrich Bandow. Berlin, 1854. (Im Selbstverlage des Verfassers).
8°. T., 1 Bl.: Vorw., 5—39 S. 8 Gr.
Inh.: Pferdestand, Landgestüte, Rennplätze, Rennen und Rennpreise in Preussen; Resultate der Rennen in Deutschland 1853.
Rec.: Vogler 1854 I 64.

de Bardonnet des Martels, Antoine, einer der ältesten Familien in Bourbonnais entsprossen und Sohn eines in der Revolution guillotinirten Gutsbesitzers, wurde am 10. Februar 1787 geboren. Er widmete sich dem Studium der Medizin, wurde Doktor der Fakultät Montpellier, beschäftigte sich jedoch wieder in den Besitz des väterlichen Gutes gelangt nur mit der Landwirthschaft. Er führte die Merinos in Frankreich ein, wofür er 1813 die grosse goldene Medaille erhielt, kaufte und ameliorirte grosse Güter in Bourbonnais und Beaune, liess sich aber in Spekulationen ein, durch die er 1848 sein Vermögen verlor, so dass er eine Lehrerstelle an der Pächterschule zu Grand-Jouan annehmen musste, als deren zweiter Direktor er am 30. Oktober 1854 starb.

52. *Zootechnie. Traité des maniements, des épreuves et des moyens de contention et de gouverne qu'on emploie sur les espèces domestiques chevaline, bovine, ovine et porcine, suivi de la coupe des animaux de boucherie en France et en Angleterre, par le Dr. Bardonnet des Martels, cultivateur. Paris, imprimerie et librairie de Mme Ve Bouchard-Huzard. 1854.

8⁰. Sch. T., T., T., 463 S. mit 32 Abb., 15 KT., 2 Tab. 4 Fr. 50 C. — Im Vereine mit seinem Sohne Claude de B. bearbeitet.

53. *Dr. Bardonnet des Martels, praktischer Landwirth, die Musterung des Pferdes, Rindes, Schafes und Schweines, nebst genauer Bezeichnung derjenigen Stellen, durch deren Befühlen eine genaue Gewichts- und Fettschätzung ermöglicht wird; ferner Nachweisung der abweichenden Zerlegungsart der verschiedenen Schlachtthiere in Frankreich und in England, und Angabe der zweckmässigsten Mittel, Pferde, Rinder, Esel und Maulesel zu bändigen, zu lenken und zu transportiren. Für Pferdezüchter, Landwirthe, Thierärzte und Fleischer nach dem Französischen in's Deutsche übertragen von Dr. Chr. Heinr. Schmidt. Mit 58 erläuternden Figuren. Weimar, 1856. B. F. Voigt.

gr. 8⁰. VIII S.: T., Inh., 330 S., 8 KT., 2 Tab. 1 Thlr. 6 Gr.

Darin: Vom Zugpferd und dessen Untersuchung, Bändigungs- und Lenkungsmittel der Pferde im Stall, im Gange, auf der Weide und beim Beschälen S. 7—79.

de Bardonnet de Villefort, Claude, der Sohn des Vorigen, ist jetzt Lehrer an der Ackerbauschule zu Grand-Jouan in Frankreich.

54. Er bearbeitete mit seinem Vater das unter Nr. 52 und 53 angeführte Buch.

Barford, Valentine.

55. On the Breeding of Domestic Animals; being an Extract of the Practical part of a communication to the Royal Agricultural Society of England. By Valentine Barford. London, Simpkin. 1853.

8⁰. T., 16 S. 6 P.

von Barth, L. Chr., Major in dem zu Wandsbeck garnisonirenden Dänischen Dragoner-Regiment, seit November 1861 Behufs technischer Arbeiten nach Kopenhagen kommandirt.

56. Nouveau système de harnachement pour la cavalerie présenté dans une déscription motivée d'un nouvel équipage de selle avec paquetage et bridage pour la cavalerie. Wandsbeck 1857. (Altona, Uflacker).

8⁰. T., XII und 129 S., 3 KT. 18 Gr.

Basset, N., landwirthschaftlicher Schriftsteller, lebte bis vor Kurzem in Paris.

57. Er besorgte die Herausgabe von Bujault's le bétail en ferme, s. *Bujault.*

Baucher, François, geboren zu Versailles 1706, widmete sich der Reitkunst und übernahm eine Privatmanege in Paris. Zur Verbreitung seiner Reitmethode trat er öffentlich im Circus auf, wurde 1842 auf kurze Zeit zur Kavallerie-Schule nach Saumur geschickt, um Reitlehrer auszubilden, unternahm dann Reisen ins Ausland, wo er ebenfalls öffentlich auftrat, war unter Napoleon III. kurze Zeit bei den kaiserlichen Marställen angestellt und lebt seit seiner Pensionirung zu Paris.

58. Méthode d'équitation basée sur de nouveaux principes, augmentée de documents inédits, de rapports officiels, etc., etc. Par F. Baucher. Neuvième édition. Paris, chez Dumaine 1850.

gr. 8⁰. 19 Bog., 1 Portr., 8 KT. 6 Fr. — Erschien zuerst 1842, die 10· Ausgabe befindet sich in des Verfassers sämmtlichen Werken Nr. 60; deutsche, spanische und russische Uebersetzungen s. unten. Vgl. *Seeger* Nr. 1049, *Wort* Nr. 1462.

> Inh.: Widmung an General Oudinot, Einleitung, Briefe und Dokumente, Mittel eine gute Haltung zu gewinnen, die Kräfte des Pferdes, die Biegungen, Concentration der Pferdekräfte durch den Reiter, Eintheilung der Bearbeitung.

59. *Dictionnaire raisonné d'équitation par F. Baucher. Deuxième édition. Revue et augmentée. Paris. Chez l'auteur. 1851.

gr. 8⁰. Sch. T., T., XL S.: Einl., 316 S. 6 Fr. — Erschien zuerst 1833.

> Rec.: Journ. d. H. 1853 I 92.

60. Oeuvres complètes de F. Baucher. Méthode d'équitation basée sur de nouveaux principes; dixième édition, suivie des Passe-temps équestres, — Dialogue de l'équitation, — Dictionnaire raisonné d'équitation, — Réponse à la critique. A Paris, chez l'auteur; chez Dumaine. 1854.

gr. 8⁰. 41 Bog., 1 Portr., 8 KT. 20 Fr. — Eine neue Ausgabe sämmtlicher bis dahin erschienenen Schriften des Verfassers.

61. *Methode der Reitkunst nach neuen Grundsätzen von F. Baucher. Aus dem Französischen durch eine Uebersetzung. Vierte Auflage. Mit Abbildungen. Berlin, Verlag von Alexander Duncker. 1852.

gr. 8⁰. XI S.: T., Vorw., 100 S., 7 KT. 1 Thlr. — Das Original s. Nr. 58, die 1. Auflage dieser vom General Willisen besorgten Uebersetzung erschien 1843.

62. Metodo de equitacion, basado en principios nuevos, aumentado con una teoria acerca del modo de mantenar buena posicion el ginete; la esplicacion de los diez y seis aires nuevos inventados por el autor; y una esposicion sucinta del metodo por preguntos y respuestas. Con aplicacion a la caballeria del ejercito. Por F. Baucher. Sesta edicion. Paris. Con once laminas. Traducido y adicionado por E. L. F. y J. M. P. Cadiz, 1848. Imprenta y libreria de la Revista militar. Madrid, libreria de Sanchez.

4. 25 Rea.

63. Метода берейторскаго искусства, основанная на новыхъ началъ, съ приложеніемъ многихъ оффиціальныхъ документовъ и проч. Ф. Боше. Перевелъ съ десятаго изданія А. Пруссаковъ. С. Петербургъ 1857. Печатано въ типографіи Д. Кеснеаиля.

(Methode der Reitkunst, gegründet auf neue Prinzipien, mit Beifügung vieler officieller Dokumente von Prof. F. Baucher. Nach der zehnten Ausgabe übersetzt von A. Prussakow. St. Petersburg 1857. Gedruckt in der Druckerei von D. Kesnewil.)

8⁰. X S.: T., Vorw., Inh., 303 S., 1 Port., 14 KT.

64. A Method of Horsemanship, founded upon new Principles: including the Breaking and Training of Horses; with Instructions for obtaining a good Seat, by F. Baucher. 3ᵈ American edition, revised and corrected from 9ᵗʰ Paris edition. Illustrated with engravings. Philadelphia 1856.

8⁰. 254 S. 7 Sch. 6 P.

Baumeister, Johann Wilhelm, der Sohn eines Zeichnenlehrers, wurde am 27. April 1804 zu Gmünd in Württemberg geboren, 1818—19 im Präzeptorat Aalen gebildet, bezog 1825 die Thierarzneischule zu Stuttgart und liess sich nach beendeten Studien zu Gmünd als Thierarzt nieder. Er wurde 1831 Lehrer an dem landwirthschaftlichen Institut Hohenheim, 1839 Professor und Hauptlehrer an der Thierarzneischule zu Stuttgart und starb am 3. Februar 1846.

65. Gemeinfassliches Handbuch der gesammten Thierheilkunde in alphabetischer Ordnung, enthaltend die Beschreibung der Krankheiten des Pferdes, Rindes, Schafes, Schweines, Hundes u. s. w., ihre Pflegung und Haltung, nebst genauer Angabe der Arzneimittel etc. für Thierärzte und zum Selbstgebrauch für Landwirthe nach eigenen Erfahrungen und den vorzüglichsten Quellen bearbeitet von Prof. W. Baumeister und Dr. med. F. M. Duttenhofer. Mit 278 Abbildungen. Zweite Ausgabe. Stuttgart, Metzler. 1848.
gr. 8°. IV S. T., Vorw., 640 S. 4 Fl. 48 Kr. — Erschien zuerst 1844.

66. Die thierärztliche Geburtshülfe. Ein Handbuch für Thierärzte, Gestütsbeamte und Landwirthe, sowie zum Gebrauche bei Vorlesungen und zum Selbstunterricht von Wilh. Baumeister, Professor, Hauptlehrer und Mitvorsteher an der k. württ. Thierarzneischule zu Stuttgart etc. Mit Holzschnitten nach Originalzeichnungen des Verfassers. Zweite verbesserte Auflage. Stuttgart. Ebner und Seubert. 1849.
gr. 8°. 15 Bog. 2 Fl. 48 Kr. — Bildet einen Theil von des Verfassers Handbuch der landwirthschaftlichen Thierkunde und Thierzucht, und erschien zuerst 1844.

67. *Dass. u. d. T.: Die thierärztliche Geburtshülfe für Thierärzte, Gestütsbeamte und Landwirthe von Wilh. Baumeister, weiland Professor u. s. w. Dritte, von Professor Dr. Rueff in Hohenheim vielfach umgearbeitete und vermehrte Auflage. Mit Holzschnitten nach Originalzeichnungen. Stuttgart. Ebner und Seubert. 1853.
gr. 8°. XII S.: T., Vorw., Inh., 300 S. mit 54 Abb. 2 Fl. 24 Kr.
Inh.: Literatur, anatomische Betrachtung der Geschlechtsorgane, physiol. Betrachtung der weiblichen Zeugungsthätigkeit, patholog. Veränderung der weiblichen Zeugungstheile, praktische Geburtshülfe, abnorme Zustände und Krankheiten der weiblichen Organe, Fohlenkrankheiten.

68. *Anleitung zur Kenntniss des Aeussern des Pferdes für Thierärzte, Gestütsbeamte und Pferdebesitzer jeden Standes. Von Wilh. Baumeister, weiland Professor in Hohenheim, etc. Dritte durchgearbeitete Auflage von Dr. Duttenhofer. Mit Holzschnitten und Abbildungen in Farbendruck. Stuttgart 1852. Ebner und Seubert.
8°. VIII S.: T., Vorw., Inh., 312 S. mit 221 Abb. 2 Fl. 24 Kr. — Erschien zuerst 1845 und bildet einen Theil von des Verfassers Handbuch der landwirthschaftlichen Thierkunde und Thierzucht. Vgl. Rutenberg u. Darstellung Nr. 1262.
Inh.: Naturgeschichte, einzelne Körpertheile, Proportionen, Farben, Racen, Stellung und Bewegung, Zahnlehre, Gesundheitszustand, Beurtheilung zu verschiedenen Zwecken, Kauf und Verkauf, Hauptmängel, Wartung und Pflege.

69. *Dass. Vierte vielfach umgearbeitete und vermehrte Auflage von Dr. A. Rueff, Professor der Thierheilkunde und Zoologie etc. etc. in Hohenheim. Mit 211 Holzschnitten nach Originalzeichnungen. Stuttgart 1857. Ebner und Seubert.
gr. 8°. X S.: T., Vorw., Inh., 322 S. mit 221 Abb. 2 Fl. 24 Kr.

70. *Anleitung zum Betriebe der Pferdezucht für Thierärzte, Gestütsbeamte und Landwirthe von Wilh. Baumeister, weiland Professor in Hohenheim, etc. Zweite, von Professor Dr. Rueff in Hohenheim umgearbeitete und vermehrte Auflage. Mit Holzschnitten nach Originalzeichnungen. Stuttgart. Verlag von Ebner und Seubert. 1854.
gr. 8°. VI S.: T., Vorw., Inh., 210 S. mit 31 Abb. 1 Fl. 36 Kr. — Erschien zuerst 1845 und bildet einen Theil von des Verfassers Handbuch der landwirthschaftlichen Thierkunde und Thierzucht.
Inh.: Allg. Grundsätze, verschiedene Betriebsarten, Auswahl der Zuchtthiere, Paarung, Wartung und Pflege, Beschälen, Geburt, Behandlung der Stuten nach der Geburt und der Fohlen bis zum dritten Jahre, Weiden und Fohlengärten, Aufstellung, Beschlag, Zurichtung zum Verkauf.

71. De tandenkennis als middel tot zekere beordeling van den ouderdom des paards. Uit het hoogduitsch door A. Dunnewold. Almelo, T. Sommer 1854. gr. 8°. 0,25 Fl. — Uebersetzung des Kapitels Zahnlehre aus Nr. 68.

72. Wilh. Baumeister's Handleiding tot de paardenkennis voor veeartsen, paardenfokkers en paardenliefhebbers, door J. A. Alers. Naar de 4ᵉ verb. en verm. uitgave. Uit het Hoogduitsch van Dr. A. Rueff. Gouda, G. B. van Goor. 1857.

gr. 8°. T., XVI S.: Vorw., Inh., 338 S. 4,25 Fl.

73. Auszüge aus seiner Anleitung zur Kenntniss des Pferdes s. *Nadosy*; vgl. auch *Maengel* Nr. 1327.

Becquerel, Alfred, geboren zu Paris, widmete sich dem Studium der Medizin, und ist jetzt Arzt am Hospital de la Pitié, Professor der Pariser Fakultät und Ritter der Ehrenlegion.

74. Du lait chez la femme dans l'état de santé et dans l'état de maladie. Mémoire suivi de nouvelles recherches sur la composition du lait chez la vache, la chevre, la jument, la brebis et la chienne. Par Maxime Vernois et Alfred Becquerel. Paris, J. B. Baillière 1853.

8°. 13 Bog. 3 Fr. 50 C.

Belin, Victor, geboren 1807, widmete sich 1824 der Apothekerkunst und liess sich nach beendeten Studien zu Versailles als Apotheker nieder, wo er zugleich gerichtlicher Pharmazeut und Mitglied der medizinischen Jury ist.

75. Analyse comparative du lait d'une jument qui n'a pas reçu les approches de l'étalon avec celui d'une jument mère, par Victor Belin, pharmacien. Imprimerie de Montalant-Bougleux, à Versailles 1852.

8°. T., 3—8 S. 50 C. — Abdruck aus den Mémoires de la société des sciences naturelles de Seine et Oise.

Bellamy, Pierre, besuchte die Veterinärschule zu Alfort, nach deren Absolvirung er als Rossarzt bei dem 2. Artillerie-Regiment angestellt wurde. Seit seiner Verabschiedung lebt er als praktischer Thierarzt im Departement Ille und Vilaine.

76. Multiplication et amélioration des espèces chevaline, bovine, porcine et ovine dans le département d'Ille et Vilaine. Par P. Bellamy, ex-vétérinaire d'artillerie, vétérinaire du département. Tome 1ᵉʳ. Imprimerie de Catel à Rennes 1856.

8°. 15½ Bog. 6 Fr. — Ist bis jetzt nicht weiter erschienen.

Bendz, Heurik Carl Bang, geboren zu Odensen auf Fünen 1806, bezog 1824 die Universität Kopenhagen, promovirte 1830 als Doktor der Medizin, wurde als Bataillonsarzt angestellt und war dann bis 1837 erster Hülfsarzt am Hospital zu Bidstrup. 1837 als Lehrer der Anatomie und Physiologie an die Thierarzneischule zu Kopenhagen berufen, erhielt er 1848 den Titel als Professor, wurde 1851 Mitglied des Veterinär-Sanitäts-Rathes, 1854 Mitglied der zur Reorganisation der Thierarzneischule ernannten Kommission und 1858 Professor am königl. Kollegium für Ackerbau und Thierarzneikunde. Er erhielt 1856 den Danebrog-, 1858 den Nordstern-Orden und ist Mitglied der Gesellschaft für Künste und Wissenschaften in Kopenhagen.

77. Icones anatomicae vulgarium Danicorum mammalium domesticorum. Fasciculus osteologicus. Hafniae 1850 Reitzel.

fol. 24 KT. — Der Text u. d. T. Explicatio iconum etc. 8°. 186 S. 12 Rd. Vgl. Nr. 79.

78. Haandbog i den physiologiske Anatomie af de almindeligste Danske Huuspattedyr. Förste Deel. Kjöbenhavn 1853. Reitzel.
8º. 862 S. 7 Rd.

79. Anatomiske Afbildninger af de almindeligste Danske Huuspattedyr med Forklåring. Osteologie. Kjöbenhavn 1856. Reitzel.
4º mit 24 KT. in Folio.

80. *Kort fremstilling af hestens bygning og liv, udarbeidet efter opfordring fra krigsministeriet af Prof. Dr. Henrik Carl Bang Bendz, lector i anatomie og physiologie ved den kongl. danske veterinairskole. Oplyst ved Afbildninger efter Forfatterens Tegninger. Kjöbenhavn. C. C. Lose en Delbanco. 1855.
gr. 8º. T., 1 Bl.: Vorw., 188 S. mit 33 Abb., 1 BL: Err. 2 Rd. 48 Sch.
Inh.: Knochen, Muskeln, Sinneswerkzeuge, Nervensystem, Verdauungs-, Athmungs- und Fortpflanzungs-Werkzeuge.

81. Er giebt mit Bagge die Dänische thierärztliche Zeitschrift heraus, s. *Bagge.*

van Beneden, Pierre Joseph, geboren zu Malines in Belgien am 19. Dezember 1809, studirte Medizin, promovirte 1832 zum Doktor, wurde Konservator des naturhistorischen Kabinets zu Louvain, 1835 Professor an der Universität Gent und 1836 in gleicher Eigenschaft an die katholische Universität versetzt. Er ist seit 1842 wirkliches Mitglied der Akademie.

82. *Encyclopédie populaire. Anatomie comparée par P. J. Van Beneden, docteur en science et en médecine, membre de l'académie des sciences, belles lettres et des beaux-arts de Belgique, professeur de zoologie et d'anatomie comparée à l'université de Louvain, etc., etc. Bruxelles, Société pour l'émancipation intellectuelle, A. Jamar, éditeur.
8º. Sch. T., T., 5—348 S. mit 339 Abb., 3 KT. 4 Fr. — Erschien 1852.

Benjamin, Louis Auguste, geboren 1814, besuchte die Thierarzneischule zu Alfort, verliess sie 1837 mit dem Diplom als Thierarzt, diente als solcher bis 1843 bei der Armee in Afrika und liess sich dann in Paris nieder. Er ist Mitglied der Veterinärgesellschaft, des Akklimatisations-Vereins und des Vereins gegen Thierquälerei, so wie Rossarzt der Omnibus-Kompagnie.

83. Traité abrégé des connaissances extérieures du cheval, ou moyens de reconnaitre l'aptitude des chevaux aux différents services. Par Benjamin, médecin vétérinaire à Paris. A Paris, chez l'auteur, chez Mᵐᵉ veuve Comon 1854.
18º. 7½ Bog. 4 Fr. 50 C.

Béraud, J. B., Doktor der Medizin in Paris.

84. Manual de physiologie de l'homme et des principaux vertébrés, répondant à toutes les questions physiologiques du programme des examens de la fin d'année. Par J. B. Béraud. Revu par Ch. Robin. Paris, Germer-Baillière. 1853.
12º. 42 Bog. 8 Fr.

85. Eléments de physiologie de l'homme et des principaux vertébrés, répondant à toutes les questions physiologiques du programme des examens de fin d'année, par le docteur B. Béraud, revus par M. Ch. Robin, agrégé à la faculté de médecine de Paris. Deuxième édition. Paris, Germer-Baillière 1857.
18º. 2 Bände von zusammen 868 S. 12 Fr.

Bergmann, Carl Georg Lucas Christian, geboren zu Göttingen, studirte daselbst und in Würzburg, wurde 1840 Privatdozent und später Professor in Göttingen, folgte 1852 einem Rufe an die Universität Rostock, wurde zum Obermedizinalrath und Mitglied der grossh. Medizinal-Kommission ernannt und ist Mitglied der Societät der Wissenschaften zu Göttingen, sowie des Sächsischen und Badischen Vereins für Staatsarzneikunde.

86. Anatomisch-physiologische Uebersicht des Thierreichs. Vergleichende Anatomie und Physiologie. Herausgegeben von den Professoren C. Bergmann und R. Leuckart. Mit 438 in den Text gedruckten Holzschnitten. Stuttgart, J. B. Müller 1852.

Lexic. 8⁰. XII und 692 S. 7 Fl.

Bernard, Antoine, geboren zu Macon (Depart. Saone und Loire) in Frankreich am 13. Februar 1796, kam 1815 znr Thierarzneischule nach Lyon, wurde 1818 Kurschmied und erhielt 1820 nach einem 2 jährigen Besuch der Schule zu Alfort das thierärztliche Diplom. Er praktizirte 6 Jahre im Departement Saone und Loire, wurde 1826 Chef de Service an der Schule zu Lyon, 1829 Lehrer an derselben, kam 1832 als Professor der Klinik und Veterinär-Jurisprudenz an die Schule zu Toulouse, wurde 1837 zum Direktor derselben ernannt, nahm 1846 seine Entlassung und starb 1848.

87. Del tifus contagioso del ganado vacuno, y de las medidas que es necessario poner en uso mientras reine esta enfermedad. Obra premida por la sociedad de agricultura, historia natural y artes utiles de Leon, en 1838, con notas sobre todo lo que concierne a la policia sanitaria de los animales domesticos, por M. Bernard, director de la Escuela real de veterinaria de Leon, traducido libremente al castellano por D. Florencio Paniagua, profesor en medicina veterinaria. Madrid 1852, impr. de J. de Gonzalez, libr. de Bailly-Baillière.

8⁰. 92 S. 6 Rea.

Bernier, Oberarzt im Französischen 8. Dragoner-Regiment.

88. De la Morve et du Farcin, communiquées par infection médiate ou immédiate du cheval à l'homme de guerre et des moyens pratiques propres à en diminuer la fréquence dans l'armée. Par M. Bernier, médecin-major au 8ᵉ régiment de dragons. Paris, imprimerie Henri et Ch. Noblet.

8⁰. T., 3—62 S. 1 Fr. 50 C.

Bertacchi, Daniele, geboren in Piemont, besuchte die Veterinärschule zu Turin, wurde dann als Rossarzt bei dem Regiment Aosta angestellt, später zum Regimentspferdearzt ernannt und als Professor der Hippiatrik an die Militär-Reitschule zu Pinerolo versetzt.

89. Rivista igienica del cavallo di truppa, ovvero nuove ricerche sulla cause della morva. Torino 1851. Tipografia di Biancardi. 8⁰.

Berthaud.

90. Le nouveau parfait bouvier, traité complet de l'élevage des bestiaux, contenant le Parfait bouvier, le Parfait berger, avec des instructions sur la manière de croiser, de propager les races; suivi de conseils sur l'administration d'une basse-cour, etc., et d'un précis sur les chevaux et les bêtes de somme. Par M. Berthaud. Troisième édition, augmentée. A Limoges, chez Ardant; à Paris, quai des Augustins 25. 1853.

12⁰. 8 Bog., 1 KT. 3 Fr.

91. Dass. Troisième édition, augmentée. Ebda 1855. — 12⁰. 8 Bog., 1 KT. 3 Fr.

92. Dass. Troisième édition, augmentée du Répertoire du laboureur et du jardinier. Ebda 1856. — 12⁰. 8 Bog., 1 KT. 3 Fr.

Berthaux, Louis, der Sohn eines Mechanikers, wurde 1823 zu Dijon geboren, trat bei einem Mechanikus zu Lyon in die Lehre, widmete sich später der Zeichnen- und Kupferstecherkunst, und liess sich 1849 als Kupferstecher in Dijon nieder.

93. Le parfait charron, ou Traité complet des ouvrages faits en charronage et ferrure, contenant tout ce qui est relatif à l'agriculture, au commerce,

aux arts; composé, dessiné et gravé sur des modèles existants par Louis Berthaux. A Dijon, chez l'auteur, graveur éditeur 1852.
8º. 36 S., 70 KT. 6 Fr. — Enthält auch den Hufbeschlag.

94. Le parfait carrossier, ou Traité complet des ouvrages faits en carrosserie et sellerie; composé, dessiné et gravé par Louis Berthaux. A Dijon, chez l'auteur 1855.
8º. Titel K., 31 S., 69 KT. 6 Fr. — Enthält auch Zeichnungen und Beschreibungen sämmtlicher Reitzeug- und Geschirr-Stücke.

Berthold, Arnold Adolph, geboren zu Soest am 26. Februar 1802, studirte seit 1822 in Göttingen Medizin, erwarb schon 1823 die Doktorwürde, bildete sich in Paris und Berlin weiter, liess sich 1825 in Göttingen als praktischer Arzt und Privatdozent nieder, wurde 1835 ausserordentlicher, 1836 ordentlicher Professor, 1837 Mitglied der Societät der Wissenschaften und starb ebenda am 3. Januar 1861.

95. Lehrbuch der Physiologie der Menschen und Thiere für Studirende und Aerzte. Dritte nach dem gegenwärtigen Standpunkte der Wissenschaft bearbeitete Auflage. Erster Band. Göttingen, Vandenhoeck und Ruprecht. 1848.
gr. 8º. XII und 382 S. — Zweiter Band. Ebda 1848. — VII und 639 S. 5 Thlr.

Berttier, Thierarzt in Frankreich.

96. Manuel de médecine et de chirurgie vétérinaires, ou l'Art de prévenir, soigner et guérir toutes les maladies des animaux propres à l'exploitation des biens ruraux, tels que chevaux, mulets, taureaux, boeufs, vaches, laitières, veaux, moutons, etc., et généralement tous les animaux des fermes et bassecours; suivi de l'indication des meilleurs procédés connus pour étendre et améliorer les races d'animaux divers, etc., par M. Berttier, vétérinaire, etc. Paris, imprim. de Cosson. 1856.
8º. 35¼ Bog., 4 KT.

Beugnot, ehemals Hülfslehrer an der Veterinärschule zu Alfort.

97. Er bearbeitete hippologische Artikel für das Werk La Maison rustique, s. *Maison* Nr. 1329.

Beyer, Moritz, widmete sich dem Studium der Thierheilkunde, war 1835 Lehrer an der landwirthschaftlichen Schule zu Kranichstein bei Darmstadt, lebte dann in Leipzig mit Arbeiten für landwirthschaftliche Zeitschriften beschäftigt und starb daselbst um 1850.

98. *Allgemeines praktisches Vieharzneibuch der allopathischen und homöopathischen Thierheilkunde. Vollständiger Unterricht zur Erkennung, Behandlung und Heilung der Krankheiten und Gebrechen der landwirthschaftlichen Hausthiere: Pferde, Rinder, Schafe, Schweine, Ziegen, Hunde etc. Mit besonderer Rücksicht auf die homöopathische Heilmethode und nach den besten Quellen bearbeitet von Professor Moritz Beyer und Sig. v. Werneburg. Mit einem Anhange: Die Geburtshülfe bei den Hausthieren, nebst Mitteln gegen das Ungeziefer der Hausthiere. Leipzig, Verlag von Otto Spamer. 1852.
8º. XVI S.: T., Vorw., Inh., 336 S. 1 Thlr. — Uebersetzungen s. die folgende Nummer u. *Dekker.*

99. Sposób i praktyczny, dla gospodarzy wiejskich nieobeznanych z weterynaryą poznawania i leczenia chorób zwierząt domowych przez PP. Werneburg i Beyer, tłumaczyl A. H. Warszawa, w drukarni J. Unger 1854.

(Art und Weise, die Krankheiten der Hausthiere zu erkennen und zu heilen von den Professoren Werneburg und Beyer, übersetzt von A. H. Warschau, in der Druckerei von J. Unger.)
8º. 377 S., 4 KT. 10 Fl.

von Bibra, Ernst, Freiherr, geboren zu Schwabheim in Franken am 9. Juni 1806, studirte zu Würzburg Rechtswissenschaften, später Naturwissenschaften. Er unternahm grössere Reisen, namentlich nach Südamerika und lebt schriftstellerisch thätig theils in Nürnberg, theils auf seinem Gute Schwabheim.

100. Vergleichende Untersuchungen über das Gehirn des Menschen und der Wirbelthiere. Mannheim, Bassermann und Mathy 1854.

gr. 8°. 3 Bl. und 134 S. 2 Fl. 42 Kr.

Biedenweg, Herrmann, geboren im Landdrostei-Bezirk Stade in Hannover, studirte die Rechte und ist seit 1839 als Anwalt in Stade angestellt. Er gehört zu den Begründern des 1839 ins Leben getretenen Stader Vereins für Verbesserung der Pferde- und Viehzucht.

101. *Ueber die Verbesserung der Hannoverschen Landes-Pferdezucht durch das Königliche Land-Gestüt zu Celle, nebst Vorschlägen zu dessen weiterer zeitgemässer Fortbildung, so wie zur gleichzeitigen Hebung unserer Pferdezucht durch die Privat-Beschäler. Vom Obergerichts-Anwalt H. Biedenweg in Stade, zeitigem Vorsitzenden des Stader Vereins für die Verbesserung der Pferde- und Viehzucht. Stade, 1855. Druck von A. Pockwitz.

gr. 8°. T., 3—40 S. 8 Gr.

Rec.: Nicklas 1857 Nr. 40; Hering 1858. 77.

van Biervliet, A. L., Doktor der Medizin zu Louvain in Belgien.

102. Premiers élements de physiologie humaine et comparée par A. L. van Biervliet, docteur en médecine etc. Louvain chez Vanlinthout et Cie. 1853. Bruxelles chez Muquardt.

12°. VIII und 250 S. 5 Fr.

Billing, Johann Samuel, geboren in Schweden, studirte Medizin und Thierarzneikunde, diente dann als Pferdearzt bei einem Artillerie-Regiment, wurde 1834 als Professor an die Thierarzneischule zu Stockholm berufen und starb daselbst 1851.

103. *Undervisning i hästkännedom, af J. S. Billing. Tredje upplagan. Stockholm, 1850. Hos Ad. Bonnier.

12°. T., 3—48 S. 16 Sch. — Erschien zuerst 1837.

Inh.: Exterieur, Alter, Farben, Beschlag, Krankheiten.

104. *Grundlinier till hippologi eller kunskap om hästens byggnad, natur och behandling; utgifne af Johan Samuel Billing, M. Dr., Ch. Mag., Bataillons-Läkare vid Konungens Lif-garde till häst, Lärare vid kongl. Militair-Läroverket på Marieberg, t. f. Theoretices Professor vid kongl. Veterinair-Inrättningen i Stockholm. Stockholm, 1852. Norstedt.

gr. 8°. T., 1 Bl.: Vorw., 3—391 S., 5 KT. — Ist nur ein Wiederabdruck der Ausgabe von 1836. Das 1—3 Stück (Knochen-, Muskel-Lehre, Exterieur) sind von Retzius bearbeitet.

Inh.: Knochen, Muskeln, Exterieur, Alterserkenntniss, Gang, Temperament, Charakter, Race, Eingeweidelehre, Beschlag, Hygiene, Krankheiten.

Billmann, Peter Magnus, geboren zu Lund 1812, studirte Thierarzneikunde, legte 1835 die Prüfungen ab, wurde als Rossarzt bei dem Smaland-Husaren-Regiment angestellt, darauf zugleich zum Provinzial-Thierarzt ernannt und starb 1853 zu Ekesjö.

105. Om Lavementer, sättet att applicera dem, lämpligaste instrumenter dertill och vilkoren för deras begagnande af P. M. Billmann, Djurläkare. Ekesjö 1848.

8°. Ueber Klystiere, ihre Anwendung bei Thieren, Instrumente dazu und Fälle bei denen sie zu empfehlen sind. — Vgl. die folgende Nummer.

106. Handbok i Djur-Medicinen af P. M. Billmann, Läns Djurläkare i Jönköpings-län och Regements Hästläkare vid Smålands kongl. Husar-Regemente. Andra Upplagan, omarbetad och efter författerens död utgifwen. Ekesjö, Nilsson 1854.

8º. 119 S. 24 Sch. — Ein Wiederabdruck der vom Verfasser 1848 und 1849 herausgegebenen kleinen veter. Schriften, nämlich: Behandlung trächtiger Kühe und der Kälber; Mittel zur Bändigung der Stiere; über Klystiere bei Thieren.

Bindley, Charles, geboren 1797, Offizier in der englischen Armee, starb zu Brighton am 16. Februar 1859.

107. Er ist Verfasser mehrerer unter dem Namen «Hicover» veröffentlichten hippologischen Arbeiten, s. *Hieover.*

Blaine, James Pritchett de la Bère, wurde 1766 geboren, kam 1780 zu einem Arzt und Apotheker nach Buckinghamshire in die Lehre, war von 1787—89 bei dem Borough Hospital beschäftigt, trug dann am Thierarznei-Institut Anatomie vor und studirte zugleich daselbst Thierarzneikunde. Er liess sich Ende 1790 zu Lewes als Thierarzt nieder, trat 1791 als Arzt bei der Middlesex-Miliz ein, von der er zur reitenden Artillerie übertrat und wurde dann am Woolwich-Artillerie-Spital angestellt. 1793 nahm er den Abschied, praktizirte erst in London, lebte von 1794—96 auf dem Lande dem Sport, trat dann als Arzt bei dem North-Gloucester-Regiment ein, wohnte dem Feldzug in Irland 1798 bei, machte bei dem 40. Regiment den Feldzug in Holland mit, schied 1800 wieder aus und lebte als Thierarzt erst in Northumberland, dann in London, wo er 1829 starb.

108. Blaine's Encyclopaedia of rural sports; illustrated with several hundred wood engravings. New edition, revised by Harry Hieover, Ephemera and Mr. A. Graham. London: Brown, Green, and Longmans 1852.

8º. 1230 S. mit 600 Abb. 50 Sch. — Erschien zuerst 1822 und enthält auch Jagdreiten, Rennen und Alles, was auf Pferde und Reitkunst Bezug hat. Ephemera (Pseudonym des Master Hamson) bearbeitete in dieser neuen Auflage nur das auf das Angeln Bezug habende.

109. Blaine's Outlines of Veterinary Art, or Treatise on the Anatomy, Physiology and curative Treatment of the Diseases of the Horse and subordinately of those of neat cattle and sheep. Illustrated by surgical and anatomical plates. Sixth edition. By Edward Mayhew, M. R. C. V. S. London: Longman and C. 1854.

8º. 668 S. 24 Sch. — Erschien zuerst 1802.

Inh.: Geschichte der Thierarzneikunde, Exterieur, Alterserkenntniss, Farbe, Gangarten, Condition, Stallwartung, Fütterung, Anatomie, Krankheiten, Hufbeschlag, Kastriren, Englisiren, Brennen, Physik, Pflastern, Arzneimittellehre.

Rec.: Sp. Mag. 1854 II 225; Veterin. 1854. 449, 562.

de Blainville, Henri Maria Ducrotay, wurde am 12. September 1777 zu Arques in der Normandie geboren, widmete sich dem Studium der Medizin und Naturgeschichte, wurde zum Professor der vergleichenden Anatomie am naturhistorischen Museum ernannt, zum Mitglied des französischen Instituts gewählt und starb zu Paris am 1. Mai 1850.

110. Ostéographie, ou Description iconographique comparée du squelette et du système dentaire des cinq classes d'animaux vertébrés récents et fossiles, pour servir de base à la zoologie et à la géologie. Par M. H. M. Ducrotay de Blainville, membre de l'Institut, professeur d'anatomie comparée au Muséum d'histoire naturelle. Ouvrage accompagné de planches lithographiées sous sa direction par M. J. C. Werner. Fascicule 23. Paris chez Arthus-Bertrand 1849.

4º. 19½ Bog. und 9 KT. in Folio. 38 Fr. 50 C.

Dass. Fasc. 24. Ebda 1852. — 11 Bog., 12 KT. 42 Fr.
Dass. Fasc. 25. Ebda 1855. — 9 Bog., 40 KT. 51 Fr. 50 C.
Heft 1—25 enthalten 410 Bog., 321 KT. und kosten 916 Fr.

Bleiweis, Johann, geboren zu Krainburg in der Oesterreichischen Provinz Krain 1808, studirte an der Universität Wien Medizin und erlangte die Grade eines Doktors der Medizin, Magisters der Geburtshülfe und Thierarzneikunde. Er wurde 1836 Repetitor am Thierarznei-Institut zu Wien, 1841 Professor der Seuchenlehre an der medizinischen Lehranstalt zu Laibach, nach deren Aufhebung aber Landesthierarzt für Krain, Direktor der Hufbeschlags-Lehranstalt zu Laibach und Sekretär der Krainischen Landwirthschafts-Gesellschaft.

111. *Praktisches Heilverfahren bei den gewöhnlichsten innerlichen Krankheiten des Pferdes nach den Grundsätzen der praktischen Thierarzneischule in Wien von Johann Bleiweis, Direktor der Hufbeschlag-Lehranstalt und des Thierspitals in Laibach, k. k. Professor etc. Fünfte verbesserte Auflage. Wien 1854 bei Wilhelm Braumüller.

gr. 8°. VI S.: T., Inh., Vorw., 367 S. 1 Thlr 12 Ngr. — Erschien zuerst 1838.

Boehm, Carl, geboren zu Gmünd in Württemberg 1814, besuchte 1830—32 die Thierarzneischule in Stuttgart, praktizirte dann in seiner Vaterstadt, wurde 1839 Lehrer der Thierheilkunde am landwirthschaftlichen Institute zu Hohenheim und 1840 zugleich Oberamtsthierarzt in Stuttgart. Beide Stellungen gab er nach wenigen Jahren auf, ging nach Ungarn und fand eine Anstellung als gräflich Erdödy'scher Gestüts-Rossarzt.

112. Haltung, Pflege und Behandlung der landwirthschaftlichen Haussäugethiere im gesunden und kranken Zustande. Zur Selbstbelehrung für Landwirthe, Viehbesitzer und zum Unterricht an landwirthschaftlichen Lehranstalten von C. Boehm, vormaligem Lehrer der Thierheilkunde am Institute zu Hohenheim und anderen Thierärzten. Reutlingen und Leipzig, Mäcken 1849.

gr. 8°. Zwei Theile mit zusammen XXVIII und 673 S., 8 KT. 3 Fl. 30 Kr. Erschien in neuer Ausgabe anonym 1854, s. *Vieharzneibuch* Nr. 1459.

Inh.: Theil 1. Naturgeschichte, Gesunderhaltung, Arzneimittellehre, Exterieur, Pferdekauf. Theil 2. Thierheilkunde.

Rec.: Hering 1849. 238.

113. Der thierärztliche Rathgeber in den innern und äussern Krankheiten der Pferde, Rinder, Schafe und Schweine. Ein Noth- und Hülfsbuch für Landwirthe und Viehbesitzer jeden Standes. Von C. L. Boehm, praktischem Thierarzte und resign. Lehrer der Thierheilkunde und Pferdezucht an dem landwirthschaftlichen Institute in Hohenheim. Wien. Rudolf Lochner. 1852.

gr. 8°. IV S.: T., Vorw., 159 S. 1 Fl. 20 Kr.

114. *Dass. Zweite, wohlfeile Ausgabe. Ebda 1853. — gr. 8°. IV S.: T., Vorw., 159 S. 1 Fl.

115. Der homöopatihsche Pferde-Arzt. Eine Darstellung der wesentlichen Erfordernisse für Gesunderhaltung des Pferdes, so wie der Grundsätze und Lehren der Homöopathie, mit ausführlicher Angabe ihres Verfahrens zur Heilung der Krankheiten des Pferdes. Pest, Heckenast 1855.

8°. 226 S. 1 Thlr.

Rec.: Hering 1855. 286.

Boehme, Carl, geboren zu Dahlen im Königreich Sachsen 1820, erlernte in Leipzig 1836—1839 das Schmiedehandwerk, besuchte dann die Thierarzneischule in Dresden, ging nach abgelegter Prüfung 1842 nach Leipzig zurück, wo er 1851 zum Stadtthierarzt und 1859 zugleich zum königl. Amtsthierarzt ernannt wurde.

115a. Homöopathischer Haus- und Schiffsarzt. Darstellung der wichtigsten Krankheiten und deren Behandlung nach homöopathischen Grundsätzen von

Doktor Ludwig Reichenbach. Nebst einem Anhang: Die wichtigsten Krankheiten der Hausthiere und deren homöopathische Behandlung vom Rathsthierarzt Carl Boehme. Leipzig, Spamer 1856.

gr. 8⁰. XII S.: T., Vorw., Inh., 261 S. 16 Gr.

Boiteux, François Jules, geboren zu Boulogne in Frankreich am 11. Januar 1830, besuchte seit 1847 die Veterinärschule zu Alfort, erhielt 1852 ein thierärztliches Diplom, wurde als Rossarzt bei der Kavallerie angestellt, nahm 1856 seine Entlassung und wurde als Chef de Service an die Veterinärschule zu Lyon berufen.

116. Er ist seit 1857 Mitherausgeber der thierärztlichen Zeitschrift der Lyoner Schule, s. *Journal* Nr. 1310.

Bondesen, V.

117. Om den traumatiske Skulderluxations Væsen og Theorie stöttet paa en topographisk-anatomisk Betragtning af Skulderen. Af V. Bondesen. Kjöbenhavn 1853. — 8⁰.

Bonneau du Martray, trat in die französische Kavallerie ein, kam 1833 zur polytechnischen Schule, wurde 1835 Unterlieutenant im 11. Regiment der Jäger zu Pferde, 1838 als Lieutenant zum Generalstab versetzt, avancirte 1841 zum Kapitain, diente 1843—46 im Generalstab des General Lamoriciere in Afrika, 1847—48 bei der Armee von Paris, wurde 1850 Adjutant des Kriegsministers, von 1851—57 Adjutant des General Schramm. 1853 avancirte er zum Eskadrons-Chef im Generalstab. Er ist zur Zeit Redakteur des Spectateur militaire.

118. Er übersetzte die Taktik der Kavallerie des Kapitain Nolan in das Französische, s. *Nolan* Nr. 815.

Bonneval, Frédéric, lebte als Thierarzt zu Libourne (Depart. Gironde in Frankreich.

119. Traité du tic des chevaux et de la vieille courbature, ou procédés pratiques pour guérir ces deux vices. Par Frédéric Bonneval, médecin vétérinaire. A Paris, chez Raynal 1853.

12⁰. 2 Bog., 1 KT.

Bonora, Siro, geboren zu Pavia am 7. September 1801, studirte an der dortigen Universität Medizin, besuchte nach beendetem Studium die Thierarzneischule in Wien, wurde nach seiner Rückkehr als Landesthierarzt in der Lombardei angestellt, dann als Lehrer an die Thierarzneischule zu Mailand berufen und 1858 zum Direktor derselben ernannt.

120. Trattato di Zooiatria legale del Dottor Siro Bonora, Professore di Terapia speciale, di Clinica medica, della dottrina delle Epizoozie nell' J. R. Istituto Veterinario di Milano, gia veterinario governatico, Membro di varie Accademie. Milano 1852. Libreria Pirotta e C⁰. — 8⁰.

Borodin, kaiserlich Russischer Staatsrath.

121. Er redigirt das Russische hippologische Journal, s. *Schurnal* Nr. 1417.

Boudin, Jean Charles, der Sohn eines Kapitains der Infanterie, wurde am 27. April 1806 zu Metz geboren, in Mainz erzogen und widmete sich 1823 nach Frankreich zurückgekehrt dem Studium der Medizin. Als Militärarzt wohnte er den Feldzügen in Spanien, Griechenland und Afrika bei und wurde 1848 General-Arzt der Alpenarmee. Nach Paris zurückberufen wurde er 1849 Oberarzt des Hospitals du Roule und nach dessen Auflösung Oberarzt am Hospital zu Vincennes. 1859 organisirte er als Generalarzt des 2. Corps der Alpen-Armee das

Lazarethwesen in Italien. Seit 1844 ist derselbe auch Mitglied des hippischen Komitee im Kriegsministerium.

122. *Statistique de l'état sanitaire et de la mortalité du cheval de cavalerie, par M. J. Ch. Boudin, Médecin en chef do l'hôpital militaire du Roule, Un des Rédacteurs des Annales d'hygiène publique. Paris librairie de J. Dumaine 1850.

8°. T., 3—22 S. 1 Fr. 50 C. — Abdruck aus dem Oktober-Heft 1849 des Spectateur militaire.

Bouley, Henri, geboren 1815, trat 1832 in die Thierarzneischule zu Alfort ein, erhielt 1836 das thierärztliche Diplom, wurde 1837 Chef de Service, 1839 Professor und Lehrer der chirurgischen Pathologie, Operationslehre und des Hufbeschlags, 1845 aber wirklicher Professor an jener Schule. Er war 1848 Mitglied und Sekretär der Kommission zur Prüfung der Lage der Thierarzneiwissenschaften, 1850 Mitglied der Kommission zu Beobachtungen über die Rinderpest, redigirt seit 1837 das Recueil de médecine vétér., ist Sekretär der Central-Veterinär-Gesellschaft, Ehrenpräsident der veterinärischen und agronomischen Gesellschaft des Nord-Departements, Mitglied vieler in- u. ausländischen Gesellschaften und Ritter der Ehrenlegion.

123. Société nationale et centrale de médecine vétérinaire. Bulletin des séances, publié par M. H. Bouley, secrétaire général. Séance publique annuelle de 1849. Paris, chez Labé 1850.

8°. 5¼ Bog.

124. Notices historiques sur M. Alexis-Casimir Dupuy, ancien professeur à l'école vétérinaire nationale d'Alfort, etc.; par M. H. Bouley, professeur. Imprimerie de Penaud à Paris 1850.

8°. 3¼ Bog.

125. *Traité de l'organisation du pied du cheval, comprenant l'étude de la structure, des fonctions et des maladies de cet organe, par M. H. Bouley, Secrétaire général de la Société nationale et centrale de médecine vétérinaire. Avec un Atlas de 34 planches lithographiées dessinées d'après nature par M. Edm. Pochet. Paris, Labé 1851.

8°. XIX S.: T., Widm. (an Prof. Girard), Vorw., Inh., 320 S. Der Atlas in Folio mit demselben Titel besteht aus T., 34 Bl. Text und 34 KT. Mit schwarzen K. 14, mit color. K. 23 Fr. — Enthält ausser der Anatomie und den Hufkrankheiten auch den Beschlag.

Rec.: Recueil 1852. 57, 522; Veterin. 1851. 625, 690, 1852. 32, 86, 150.

126. Nouveau dictionnaire lexicographique descriptif des sciences médicales humaines et vétérinaires, par M. M. Raige Delorme, D. M., bibliothécaire de la Faculté de médecine de Paris, Ch. D'Aremberg, D. M., bibliothécaire à la bibliothèque Mazarine, H. Bouley, professeur de clinique à Alfort, J. Mignon, D. M., ancien chef de service de l'école vétérinaire d'Alfort, avec collaboration de M. Ch. Lamy, pour la chimie. Paris, chez Labé 1857.

gr. 8°. Text in 2 Col. 20 F. — Delorme und Aremberg bearbeiteten die Menschen-, Bouley und Mignon die Thierheilkunde; die 4. und 5. (letzte) Lieferung erschienen 1859 und 1860.

Rec.: Annales 1857. 215.

127. Nouveau dictionnaire pratique de médecine, de chirurgie et d'hygiène vétérinaires. Publié avec la collaboration d'une société de professeurs vétérinaires et de vétérinaires praticiens, par M. M. H. Bouley, professeur de clinique à l'école vétérinaire d'Alfort, etc.; et Reynal, chef de service de clinique à la même école, etc. Tome 1. A—Ap. A Paris, chez Labé; à Lyon, chez Mme Savy; à Toulouse, chez Gimet 1855.

8°. 44¾ Bog.

Dass. Tome 2. App—Cal. 1856. — 47 Bog.

Dass. Tome 3. Can—Cls. 1857. — 762 S. Jeder Band 7 Fr. 50 C. — Vgl. *Raabe* Nr. 906. Mitarbeiter an diesem Wörterbuch sind Broca, Clement, Cruzel, Fischer, Gayot, Gourdon, Lavocat, C. Leblanc, U. Leblanc, Magne, Patté, Renault, Sanson und Verheyen.

Rec.: Journ. d. M. V. 1860. 318; Vet. Rev. I 46, 465.

128. Er redigirt das Bulletin de la Soc. de méd. vét. und das Recueil de méd. vét., und bearbeitete einen Theil der hippologischen Artikel für die Maison rustique du 19ᵉ siècle, s. *Bulletin* Nr. 1241, *Recueil* Nr. 1400, *Maison* Nr. 1329.

Bourgelat, Claude, geboren zu Lyon 1712, studirte in Toulouse Rechtswissenschaften, wurde Advokat in Grenoble, trat dann bei den Musketieren des Königs ein, wurde Chef der Akademie du Roi in Lyon und beschäftigte sich viel mit den Veterinärwissenschaften. Er bewirkte 1761 die Errichtung der Thierarzneischule zu Lyon, wurde Direktor derselben, dann auch Inspekteur sämmtlicher Veterinärschulen und General-Kommissär der Gestüte. 1765 als Direktor an die neu errichtete Veterinärschule zu Alfort versetzt, starb er daselbst am 3. Jan. 1779.

129. Nach seiner 1807 in 4. Auflage erschienenen Anatomie des Pferdes wurden die Erläuterungen zu Brunot's anatomischen Abbildungen zusammengestellt, s. *Brunot* Nr. 154 und sein Hippometer ist in Goedhart's Anleitung zur Verbesserung der Pferde wiedergegeben, s. *Goedhart*.

Braungardt, Friedrich Wilhelm, der Sohn eines Geistlichen, wurde am 1. Dezember 1811 zu Scherbda in Sachsen-Weimar geboren, zu Obbach in Bayern erzogen, besuchte seit 1823 die Gymnasien in Buttstedt und Eisenach, widmete sich der Landwirthschaft, genügte zu Eisenach der militärischen Dienstpflicht, studirte 1832—34 in Jena Thierheilkunde, hörte 1835 Vorlesungen an der Thierarzneischule zu Hannover, 1836 nochmals in Jena und wurde in ebendem Jahre nach bestandener Prüfung als Thierarzt in Waltershausen angestellt, 1840 nach Gamstedt, 1849 nach Ichtershausen, 1852 nach Dietendorf und 1855 als Bezirksthierarzt nach Waltershausen zurückversetzt.

130. *Neues Thierarzneibuch oder die inneren Krankheiten der Pferde, Rinder, Schafe, Schweine und Hunde und deren Heilung. Herausgegeben von Dr. Braungardt, praktischer Thierarzt zu Dietendorf im Herzogthum Sachsen-Coburg-Gotha. Leipzig, 1855. Friedrich Fleischer.

8⁰. X S.: T., Vorw., Einl., Inh., 318 S. 1 Thlr.

131. *Die Augenkrankheiten der Pferde sowie anderer Hausthiere und deren Heilung. Herausgegeben von Dr. Braungardt, praktischem Thierarzt zu Dietendorf im Herzogthum S. Coburg-Gotha. Erfurt, Verlag von Fr. Bartholomäus 1856.

8⁰. T., 3—76 S. 9 Ngr.

132. Er besorgte eine neue Ausgabe des: Bauer als Vicharzt, s. *Bauer* Nr. 1223.

Brèves, Savary de Lancosme —, Comte, 1805 geboren, trat 1821 nach Besuch der Reitschule von Versailles in das Pagen-Korps ein, wurde 1829 Offizier im 1. Karabiniers-Regiment, nahm 1830 seine Entlassung und widmete sich ausschliesslich der Reitkunst. Nach einer Reise durch ganz Europa von 1841—43 begründete er die Rennen zu Mezieres und wurde Mitglied des Generalraths des Departement Indre. Er übernahm 1852 die Manege in der Strasse Duphot und wurde 1859 vom Kriegsminister mit dem Entwurf einer Instruktion zur Dressur der Reiter und Pferde beauftragt.

133. Un mot sur l'administration des haras, par le Comte de Lancosme-Brèves. Imprimerie de Bonaventure à Paris 1852.

8⁰. T., 3—8 S. 75 C.

134. Guide de l'Ami du cheval, revue scientifique, historique et pratique; par le Comte de Lancosme-Brèves. Tome I. 1856. A Paris, chez Mme Bouchard-Huzard.

Dass. Tome II. 1857. 8⁰. — Erscheint in Monatsheften, kostet jährlich 25 Fr. und bespricht vorzugsweise Geschichte und Praxis der Reitkunst, so wie Pferdekenntniss und Pferdezucht.

Briano, Giorgio, in Turin.

135. Er gab die hippologische Zeitschrift L'Amazone heraus, s. *Amazone* Nr. 1204.

Briddon, Thierarzt in England.

136. The diseases of the horse and cow, clearly described, with recipes. Second edition. London 1850.

12⁰. 100 S. 2 Sch. 6 P.

Brief, N., Buchhändler in St. Petersburg.

137. Er liess Ammon's Anweisung zur Zucht grosser Pferde in das Russische übersetzen und gab dieselbe unter seinem Namen heraus, s. *Ammon* Nr. 20.

Briones, Pedro, Oberthierarzt an der Escuela de Herradores zu Alcala de Henares in Spanien.

138. Manual de veterinaria, conocimientos indispensables del esterior del caballo y sus enfermedades, preceptos generales de higiene, veterinaria militar, e ideas sucintas de algunas enfermedades internas y esternas, con un apendice sobre prados artificiales y naturales. Escrito espresamente para la instruccion del arma de caballeria, de orden del Excmo. senor director general de la misma, por los profesores de veterinaria del arma, D. Pedro Briones y D. Juan Abdon Nieto. Madrid 1851. Imprenta de Nunez Amor, libreria de Perez.

gr. 8⁰. Mit 3 KT. 10 Rea.

Brivet, V., Rossarzt bei der 4. Eskadron des Trains der französischen Armee, erhielt 1847 das Ritterkreuz der Ehrenlegion.

139. Précis du squelette pour l'hippiatrique. Paris 1848.

1 Blatt in fol. mit Abb.

Broca, Pierre Paul, geboren zu Foy-la-Grande (Depart. Gironde) am 28. Juni 1824, der Sohn eines Arztes, studirte seit 1841 in Paris Medizin, legte 1843 und 44 die Prüfungen ab, wurde 1846 Gehülfe der Anatomie, 1848 Prosektor der Pariser Fakultät, promovirte 1849, wurde 1853 Chirurg der Hospitäler und Professor und 1861 Chirurg des Hospizes Bicetre. Er ist Sekretär der von ihm 1859 mitbegründeten Gesellschaft für Anthropologie und Generalsekretär der chirurgischen Gesellschaft zu Paris, ausserdem Mitglied vieler anderen medizinischen Gesellschaften.

140. Er ist Mitarbeiter an dem von Bouley und Reynal herausgegebenen Wörterbuche der Veterinär-Wissenschaften, s. *Bouley* Nr. 127.

Brogniez, A. J., geboren zu Sart-la-Baissiere in Belgien 1802, studirte Medizin und Thierheilkunde, wurde dann Lehrer an der Veterinärschule zu Cureghem lez Bruxelles, 1843 Professor, Mitglied der medizinischen Akademie, erhielt 1847 den Leopolds-Orden und starb in seinem Geburtsorte am 28. Dezember 1851.

141. *Manuel du maréchal ferrant par. M. Brogniez, professeur à l'école de médecine vétérinaire de l'état. Bruxelles, G. Stapleaux 1850.

8⁰. T., 79 S. mit 20 Abb. 30 C. — Bildet Nr. 10 der 1. Serie der Bibliothèque agricole instituée par le gouvernement. Uebersetzungen s. die beiden folgenden Nummern.

142. *Handboek voor den hoefsmid. door M. Brogniez, Professor by de veeartsenykundige school van den Staet, ridder van de Leopoldsorde. Brussel. Drukken von G. Stapleaux. 1851.

8°. T., 75 S. mit 20 Abb. 30 C. — Bildet Nr. 8 der 1. Serie der Bibliothek over landbouw.

143. *Der fertige Hufschmied oder Kunst des Hufbeschlags. Nach der Anleitung von M. Brogniez, Ritter des belg. Leop. Ordens und Professor an der Staatsveterinärschule. Ein Hand- und Hülfsbuch für Hufschmiede, sowie für Landwirthe, Kavallerieofficiere und für Pferdebesitzer im Allgemeinen. Mit 10 in den Text gedruckten Abbildungen. Leipzig, Otto Spamer 1856.

8°. Sch. T., T., 22 S. mit 10 Abb. 4 Gr. — Nur ein vom Prof. v. Werneburg übersetzter Auszug aus dem Original und besonderer Abdruck aus Magne's Wahl des Pferdes, s. *Magne* Nr. 705.

144. Eléments de chirurgie vétérinaire, à l'usage des études et de la pratique, par M. Brogniez. Bruxelles 1851.

gr. 8°. Mit Abb. im Text und KT. 16 Fr. — Eine Spanische Uebersetzung s. die folgende Nummer. Enthält auch die Lehre vom Hufbeschlage.

145. Brogniez Cirujia veterinaria, compendiada, arreglada y adicionada con una Zoologia veterinaria aplicada a la Zootechnia, el Arte de herrar en frio y a fuego, y nociones sobre el forjado. Ilustrada con laminas intercaladas en el texto por D. Nicolas Casas, director y catedratico en la Escuela superior de Veterinaria, Vocal del Consejo real de Agricultura, Industria y Comercio, etc., etc. Madrid 1855.

gr. 8°. 2 Bände.

146. Er war Mitherausgeber der Belgischen thierärztlichen Zeitschrift, s. *Journal* Nr. 1309, *Répertoire* Nr. 1410.

Brout, Thierarzt zu Honfleur in Frankreich.

147. Traité des maladies des animaux domestiques, avec des renseignements pour en connaître l'âge et les vices rédhibitoires, par Brout, d'Honfleur. Imprimerie de Baudre, à Honfleur. 1849.

8°. 3¼ Bog.

Brown, Thomas.

148. The complete farrier, a manual of veterinary science; comprising instructions for the care of all diseases incident to horses, cattle, sheep, swine and dogs. By Thomas Brown, M. P. S. London 1848.

8°. 732 S. mit Abb. 13 Sch. 6 P.

von Brudermann, Rudolph, Ritter, diente in der österreichischen Kavallerie, wurde als Oberst Dirigent des Gestüts Babolna und ist seit 1860 Stellvertreter des General-Gestüts-Inspektors. Er ist Ritter des Leopold-Ordens.

149. Seine 1843 erschienene Abhandlung über die Abrichtung des Kampagne-Pferdes im Freien wurde von Nadosy bei Bearbeitung des Kapitels «Abrichtung der Remonten» in dessen Equitationsstudien benutzt, s. *Nadosy.*

Bruecke, Ernst Wilhelm, der Sohn eines Malers, am 6. Juni 1809 in Berlin geboren, besuchte das Gymnasium in Stralsund, studirte seit 1838 in Berlin und Heidelberg Medizin, wurde nach abgelegtem Staatsexamen Assistent am Museum für vergleichende Anatomie zu Berlin und versah zugleich die Stelle eines Prosektors. Bald darauf wurde er zugleich Lehrer der Anatomie an der Akademie der Künste, 1848 Professor in Königsberg, folgte 1849 einem Rufe als ordentlicher Professor der Physiologie nach Wien und wurde in demselben Jahre Mitglied der dortigen Akademie der Wissenschaften.

150. Beiträge zur vergleichenden Anatomie und Physiologie des Gefäss-Systemes. (Aus den Denkschriften der königl. Akad. d. Wissensch.) Wien, Braumüller 1852.

fol. 34 S., 7 lith. und 1 lithochrom. Tafel. 2 Fl.

Bruehl, Carl Bernhard, studirte Medizin, promovirte zum Doktor, studirte dann noch Thierarzneiwissenschaften, wurde Lehrer der Zootomie am Wiener Thierarznei-Institut und 1859 Professor der Zoologie an der Hochschule zu Pesth.

151. *Kleine Beiträge zur Anatomie der Haussäugethiere von Carl Bernhard Bruehl, Med. Dr. etc. etc., d. Z. suppl. Korrepetitor der Zootomie am k. k. Wiener Thierarznei-Institute. Mit 4 Steindrucktafeln. Gelegenheitsschrift vorgelegt dem Professoren-Kollegium des k. k. Wiener Thierarznei-Institutes. Wien, 1850. Carl Gerold und Sohn.

fol. 2 Bl.: T., Widm., Vorw., Inh., 56 S., 4 KT. 2 Thlr. 20 Ngr.

Darin: Der Zungenrückenknorpel des Pferdes, das Mayer'sche Organ an der Zunge, wenig bekannte Zungenmuskeln, Knochendimensionen eines arabischen Vollblutpferdes, zu den Geschlechtstheilen, Zug des Brustfells im hinteren Brusthöhlenraum.

Bruhn, Carl Julius, der Sohn eines königl. Dänischen Oberbereiters, wurde am 19. Juni 1813 zu Kopenhagen geboren, trat 1831 bei der Kavallerie ein, wurde im März 1836 zum Sekonde-Lieutenant im Leib-Regiment Kürassiere ernannt, besuchte die Reitschule auf Christiansburg, avancirte im Mai 1847 zum Premier-Lieutenant, im März 1851 zum Rittmeister, wurde 1852 Lehrer, 1853 Vorsteher der Militär-Manege und erhielt 1856 den Danebrog-Orden.

152. *Veiledning i Rideundervüsningen ved Ritmester Carl Julius v. Bruhn, Forstander for den kgl. militaire Manege. Kjöbenhavn. Forlagt af C. C. Loose en Delbanco. 1854.

gr. 8°. T., 2 Bl.: Vorw., Inh., 6—69 S. 60 Sch. — Ist eine Uebersetzung des ersten Abschnitts von Oeynhausen's Leitfaden zur Abrichtung von Reiter und Pferd, die Abrichtung des Reiters enthaltend, s. *Oeynhausen* Nr. 821.

Brunel, Isambard Kingdom, der Sohn eines Civilingenicurs, wurde 1805 geboren, erst in Paris, dann im College Henri IV. zu Caen erzogen und widmete sich dem Baufache. Er war 1825 bei dem Tunnelbau in London beschäftigt, baute dann selbstständig mehrere Eisenbahnen, den Londoner Glaspallast und die berühmten Schiffe Great Western, Great Britain, Great Eastern. Zu seinen Schöpfungen gehören ferner die Hungerford-Hängebrücke, die Conway- und Britannia-Röhrenbrücke, das Rankivi-Hospital in Konstantinopel. Er war Mitglied vieler gelehrter Gesellschaften, Ritter der Ehrenlegion, seit 1857 Doktor des Civilrechts an der Universität Oxford und starb zu London am 14. September 1859.

153. Er begleitete Youatt's Arbeit über das Pferd mit einer Abhandlung über den Zug, s. *Youatt* Nr. 1192.

Brunot, lebte als Bildhauer in Paris.

154. Anatomie des Pferdes. In Beziehung auf Knochenbau, Muskulatur und Bewegung. In 20 lithographirten Platten, nebst Erläuterungstabelle nach Bourgelat's Anatomie. Zweite Auflage. Carlsruhe, Veith 1848.

Erschien in 5 Heften, deren jedes in der quer-fol. Ausgabe 1 Fl. 20 Kr. u. in der gr. fol. Ausgabe 1 Fl. 48 Kr. kostete. — Das französische Original erschien 1826, die erste deutsche Ausgabe 1831.

155. Anatomische Studien des Pferdes nach Brunot. Neustadt-Eberswalde bei Fr. Ernst 1852.

fol. 8 lith. KT. mit Text. 16 Gr.

de Bruslard, Marquis.

156. Le Cheval, par le Marquis de Bruslard. Imprimerie de Punckoucke à Paris 1856.

8⁰. 1 Bog.

Bruyn, Arys Johannes, geboren zu Delfft in Holland am 4. September 1811, besuchte 1829—34 als Militäreleve die Thierarzneischule zu Utrecht, wurde in letzterem Jahre als Rossarzt bei dem 4. Dragoner-Regiment angestellt, 1840 zum Artillerie-Train nach Delfft versetzt, kam 1846 als Thierarzt 2. Klasse nach dem Haag und 1856 als Thierarzt 1. Klasse mit Hauptmannsrang nach Zutphen in Garnison. Auf seine Anregung erfolgte 1856 die Reorganisation des Militärveterinärwesens. Er ist seit 1845 Mitglied der Niederländischen botanischen und seit 1852 der Central-Veterinär-Gesellschaft.

157. Er übersetzte Hamm's Anleitung zur Pferdezucht in das Holländische, s. *Handleiding* Nr. 1289.

Buccellati, Alessandro, praktischer Thierarzt in Neapel.

158. Del capostorno e balordone dei cavalli. Utile ai proprietari e tenitori d'animali domestici. Napoli 1854. — 8⁰.

Bujault, Jacques, Landwirth zu Chaloue (Departement Deux-Sevres) in Frankreich.

159. Du bétail en ferme. Traité populaire. Extrait des Oeuvres de Jacques Bujault, mis en ordre par N. Basset. Paris, Aug. Goin. 1854.

18⁰. 3 Bog. 60 C.

Darin über Zucht, Fütterung und Wartung der Pferde.

Burmeister, Herrmann, der Sohn eines Hauptzollamts-Kontrolleurs, wurde 1807 in Stralsund geboren, besuchte das Gymnasium daselbst, studirte seit 1826 in Greifswald und Halle Medizin, erwarb 1829 die Doktorwürde, wurde 1837 ausserordentlicher und 1842 ordentlicher Professor der Zoologie an der Universität Halle. Er war 1848 Mitglied der National-Versammlung, unternahm 1850 und 1856 wissenschaftliche Reisen nach Süd-Amerika, und siedelte 1861 ganz dahin über.

160. Er gab mit d'Alton eine Zeitschrift für Zoologie und Zootomie heraus, s. *Alton* Nr. 17.

Burnett, John, Doktor der Medizin und Chirurgie zu Boston in Nordamerika.

161. Er besorgte eine englische Uebersetzung von Siebold's und Stannius vergleichender Anatomie, s. *Siebold* Nr. 1061.

Busse, Philipp Ludwig Theodor, der Sohn eines Rathmanns zu Nordhausen am Harz, wurde daselbst am 3. Februar 1804 geboren, erlernte die Hufbeschlagskunst, besuchte dann die Thierarzneischule zu Wien 2 Jahre, eben so lange die dasige Universität und das polytechnische Institut, von 1830—34 die Thierarzneischule in Berlin, Dresden und München, praktizirte dann bis 1836 in Bernburg und Kalbe, absolvirte in letzterem Jahre das Examen zum Kreis-Thierarzt in Berlin, nahm eine Stellung in der russischen Armee an und wurde im November 1836 Rossarzt der 4. leichten Kavallerie-Division zu Krasnystaw in Polen. 1843 als Gouvernements-Thierarzt nach Petersburg versetzt, begründete er 1846 den thierärztlichen Verein, wurde 1847 Lehrer an der Artillerie-Konnowal-Schule, 1849 Rossarzt des kais. Marstalls, entwarf den Plan zu der Beschlagsschule in Elisabethgrad und wurde 1858 als Oberrossarzt zum Generalstabe des Garde-Korps versetzt.

162. *Memorabilien der Veterinär-Medizin in Russland. Herausgegeben von dem Verein praktischer Thierärzte in St. Petersburg. Redigirt von L. Busse, Veterinärarzt am Marstall Sr. Majestät des Kaisers. Erste Jahreslieferung für das Jahr 1853. St. Petersburg 1855.

gr. 8°. T., 1 Bl.: Vorw., 92 S., 2 Bl.: Inh., Err. 12 Gr.

Memorabilien der Veterinär-Medizin in Russland. Die Beschälseuche der Pferde. Beobachtet auf einer Reise in den südlichen Gouvernements, beschrieben und herausgegeben von L. Busse, Magister der Thierheilkunde am Marstall Sr. Majestät des Kaisers. Zweite Jahreslieferung für das Jahr 1854. Gedruckt auf eigene Kosten. St. Petersburg, Druckerei von M. Ettinger. 1857.

gr. 8°. T., 104 S. 16 Gr.

Rec.: Hering 1856. 85, 1858. 165.

163. In Russischer Sprache. Notizen für die Thierheilkunde. 1—6. Jahrgang. Petersburg 1852—1859.

8°. Jeder Jahrgang 28 bis 30 Bog. mit Abb.

164. In Russischer Sprache. Die Entwickelung und Ausbildung der Bremsen bei unseren Hausthieren. Nach Numan. St. Petersburg.

8°. 6 Bog., 4 KT.

165. In Russischer Sprache. Die veterinär-polizeilichen Maassregeln gegen die Viehseuchen. St. Petersburg.

8°. 10 Bog.

166. In Russischer Sprache. Die Kunst, gesunde, fehlerhafte und kranke Hufe der Pferde zu beschlagen und die Hufkrankheiten zu heilen. St. Petersburg 1856.

gr. 8°. 2 Bde., zusammen 50 Bog., 42 KT.

Campens, Edward, der Sohn eines Landwirthes, wurde am 31. August 1820 zu Seeverghen bei Gent in Belgien geboren, trat 1836 in die Brüsseler Thierarzneischule ein, legte 1840 das Examen zum Thierarzt 1. Klasse ab, praktizirte bis 1850 in Gent und gründete dann zu Oostalker ein Institut, in welchem Naturwissenschaften in ihrer Anwendung auf Ackerbau und Viehzucht gelehrt werden. Er wurde 1857 Sekretär der kgl. Ackerbau-Kommission für Flandern, ist Mitherausgeber des Vlämischen Lese-Museums und Mitglied der Wilhelmsstiftung zur Verbreitung nützlicher Kenntnisse in Vlämischer Sprache und war lange Mitarbeiter an der Belgischen Veterinär-Zeitung.

167. *Ten gebruike van het landbouw-onderwys. Opbrenging en bestiering der nuttige huisdieren, volgens de wetten de Levensleer, Werktuigskunst et Gezondheitsleer, door Ed. Campens, ryks-veeartsnykundig lid van de provinciale landbouw-commissie van Oost-Vlaenderen. Gent, boekwinkel van H. Hoste. 1850.

8°. VIII S.: T., Vorw., 9—117 S. mit 3 Abb., 1 Bl.: Inh., 3 KT. 70 C.

Inh.: Anatomie und Physiologie.

160. *Nr. 2. Opbrenging en bestiering der huisdieren in de verbetering der rassen, door Ed. Campens, 's ryks-veeartsnykundig lid van de provinciale landbouw-commissie van Oost-Vlaenderen. Gent, boekwinkel van H. Hoste. 1851.

8°. Sch. T., T., 119—202 S. 70 C. — Bildet die Fortsetzung der vorhergehenden Nummer.

Inh.: Verbesserung der Racen, äussere Einflüsse, Paarung und Grundregeln derselben.

169. Over de koopvernietigende gebreken en de waerborging in het verkoppen en verwisseln van huisdieren, volgens de grondregels van het burgerlyk wetboek, en de wyzigende wet van 28 January 1850. Door Ed. Campens, s'ryks veeartsnykundig lid van de provinciale landbouw-commissie van Oost-Vlaenderen. Gent, H. Hoste. 1850.

8°. 50 C. — Eine Französische Uebersetzung s. die folgende Nummer.

170. *Des vices rédhibitoires et de la garantie dans les ventes et échanges d'animaux domestiques, d'après les principes du Code civil et la loi modificative du 28 Janvier 1850. Par Ed. Campens, médecin-vétérinaire. Gand, librairie de H. Hoste 1850.

8°. VI S.: Sch. T., T., Vorw., 7—71 S. 75 C.

171. Eenige lessen over praktische veeartseny. Door Ed. Campens, s'ryks veeartsenykundig lid enz. Gent, H. Hoste 1851.

8°. 1 Fr. 80 C.

172. Principes fondamentaux de la production chevaline et du perfectionnement des races, professés par M. Richard, directeur de l'école des haras, résumés par Ed. Campens. Gent chez H. Hoste 1850.

8°. 1 Fr.

Cardini, François, französischer Oberstlieutenant der Kavallerie, gestor-ben zu Paris 1854.

173. Dictionnaire d'hippiatrique et d'équitation. Ouvrage où se trouvent réunies toutes les connaissances hippiques, par F. Cardini, lieutenant colonel en retraite. Deuxième édition, revue, corrigée, augmentée de la moitié et ornée de 70 figures. Tome premier. Paris chez Mᵐᵉ Bouchard-Huzard, Dumaine, St. Jorre et chez l'auteur 1848.

gr. 8°. Der zweite Band erschien ebenfalls 1848; zusammen 84 Bog. 20 Fr. Erschien zuerst 1845.

Carlton, Offizier in der Englischen Armee.

174. Als hippologischer Schriftsteller unter dem Namen Craven bekannt; besorgte eine neue Ausgabe von Walker's manly exercises, s. *Walker.*

Carpenter, William, Doktor der Medizin in London.

175. Principles of comparative physiology by W. Carpenter. Fourth edition. With 300 wood cuts. London, Churchill 1854.

8°. 770 S. mit Abb. 24 Sch.

Carrichon, A.

176. Er ist Verfasser einer Brochüre über Pferdezucht, s. *Réfutation* Nr. 1401.

Carus, Carl Gustav, der Sohn eines Färberei-Besitzers, wurde am 3. Januar 1789 zu Leipzig geboren, besuchte die Thomasschule und seit 1804 die Universität daselbst, auf der er zuerst Chemie, dann aber Medizin zu seinem Hauptstudium machte. Er promovirte 1811, habilitirte sich in demselben Jahre als Privatdocent, übernahm 1813 die Leitung des Französischen Hospitals zu Pfaffen-dorf, wurde 1814 Professor an der medizinisch-chirurgischen Akademie zu Dresden, 1827 kgl. Leibarzt, Hof- und Medizinalrath, 1843 Geheimer Medizinalrath.

177. Erläuterungstafeln zur vergleichenden Anatomie. In Verbindung mit Professor Ed. d'Alton von C. G. Carus. VIII. Heft, enthaltend die Erläuterung des Nervensystems in den verschiedenen Thierklassen. Leipzig, Barth 1853.

Imper. fol. 20 S., 7 KT. 12 Thlr. — Das erste Heft erschien 1826.
IX. Heft. (Schluss) enthaltend die Sinneswerkzeuge. 1855. — V und 15 S., 6 KT. 12 Thlr.

178. Tabulae anatomiam comparativam illustrantes, quas exhibuit junctus cum Professore Doctore Ed. D'Altone Car. Gust. Carus. Textum in latinum ser-monem vertit Dr. F. A. L. Thienemann. Pars VIII. Lipsiae, Barth 1853.

Imp. fol. 19 S., 7 KT. 12 Thlr.
Dass. Pars IX. 1855. V und 14 S., 6 KT. 12 Thlr. — Der erste Theil erschien 1828.

Don Casas de Mendoza, Nicolas, geboren zu Madrid, besuchte die Thierarzneischule daselbst, wurde 1820 Rossarzt bei einem Artillerie-Regiment, erhielt 1827 den Lehrstuhl der Physiologie an gedachter Thierarzneischule, zu deren Direktor er 1841 ernannt wurde.

179. Anatomia patologica veterinaria por D. Nicolas Casas. Segunda edicion. Madrid 1848.

8⁰. Die erste Ausgabe ist von 1833.

180. Elementos de anatomia patologica veterinaria por D. Nicolas Casas. Tercera edicion. Madrid 1855.

8⁰. Eine neue Ausgabe der vorhergehenden Nummer.

181. Higiena veterinaria o policia sanitaria de los animales domesticos. Por D. Nicolas Casas, director de la escuela superior de veterinaria, catedratico de fisiologia, patologia general y de anatomia patologica en el mismo establecimiento, academico numerario de la academia real de ciencias exactas, fisicas y naturales, vocal nato de la junta de agricultura de la provincia de Madrid, censor de la Sociedad economica matritense, individuo de varias corporaciones cientificas y economicas nacionales y estranjeras, etc., etc. Madrid 1849. Imprenta de Gomez Fuentenebro; libreria de Calleja.

8⁰. 22 Rea. — Bildet den 7. Theil der Biblioteca completa del ganadero y agricultor.

182. Elementos del esterior del caballo por D. Nic. Casas. Tercera edicion. Madrid 1850. Libreria de Calleja.

8⁰. Erschien zuerst 1832.

183. Sobre el arte de herrar. Por D. Nicolas Casas. Madrid 1855. Libreria de Calleja. — 8⁰.

184. Esterior de los principales animales domesticos, derecho veterinario comercial, y medicina veterinaria legal. Tercera edicion, corregida, reformada y considerablemente aumentada. Madrid, libreria de Calleja 1855. — 8⁰.

185. Elementos de fisiologia comparada de los animales domesticos, por D. Nicolas Casas, catedratico de dicha asignatura en la escuela superior de veterinaria, ec., ec. Segunda edicion, completamente reformada. Madrid 1855. Imprenta de M. Alegria, libreria de Calleja.

gr. 8⁰. Mit Abb. im Texte. 30 Rea. — Erschien zuerst 1834.

186. Diccionario general de agricultura y ganaderia españolas por D. Nicolas Casas, director y catedratico de la escuela superior de veterinaria, ec. Madrid 1857, impr. de Rivadeneyra, libreria de Calleja y Lopez.

18⁰. 4 Bde. von LX und 360, 458, 514 und 382 S. nebst Atlas in 4⁰. mit 14 KT. 48 Rea.

187. Er übersetzte die Chirurgie von Brogniez, den Pferdearzt von Günther, das Veterinär-Wörterbuch von Delwart in das Spanische und gab Estarrona's Therapeutik neu heraus, s. *Brogniez* Nr. 145, *Delwart* Nr. 272, *Estarrona* und *Günther* Nr. 454.

Cecil, Pseudonym des Mr. Tongue.

188. *The stud farm; or hints on breeding for the turf, the chase and the road. Addressed to breeders of race-horses and hunters, to landed-proprietors, and especially to tenant farmers. By Cecil. London: Longman, Brown, Green and Longmans. 1851.

8⁰. XIII S.: Sch. T., T., Vorw., Inh., 202 S., 2 K. 5 Sch.

Inh.: Beweggründe zur Zucht, Ställe, Paddocks, Wahl der Zuchtthiere, Unfruchtbarkeit, Behandlung der Stuten, Absetzen, Aufzucht, Abrichtung, Physik, Beschlag, Futter.

Auszüge in Vogler 1852 II 1, 17, 33, 65, 79, 89, 190, 205.

Rec.: Veterin. 1851. 561.

189. *Stable practice; or hints on training for the turf, the chase, and the road: with observations addressed to all who are concerned in racing, steeple-

chasing, and fox-hunting. By Cecil, author of «the stud farm.» London: Longman, Brown, Green and Longmans. 1852.

8⁰. XV S.: T., Vorw., Inh., 240 S., 1 K. 5. Sch.

Inh.: Ställe, Uebungsplätze, der Trainer, der Stallbursche und Groom,
Abrichtung, Stallordnung, Training, Schwitzen, Trials, Pflege der Beine
und Hüfe, Beschlag, Bandagen, Physik, Scheeren, Sengen, Rennreiterei,
Handicaps, Gewicht, Wetten, Einfluss der Handicaps auf Zucht u. Rennen.

Rec.: Veterin. 1853. 73; Sp. Mag. 1853 I 68.

190. Er besorgte eine neue Ausgabe von Youatt's the horse, s. *Youatt*
Nr. 1192.

Chapus, Eugène, geboren zu Point a Pitre auf der Insel Grande Terre
(Guadeloupe) 1805, wurde in den Vereinigten Staaten erzogen, kam 1834 nach
Europa, liess sich in Paris nieder, wo er sich ausschliesslich mit der Literatur
des Sport beschäftigt.

191. *Le turf ou les courses de chevaux en France et en Angleterre par
E. Chapus. Paris librairie de L. Hachette et Cⁱᵉ. 1853.

8⁰. T., 380 S. 3 Fr. — Gehört zur Bibliothèque des chemins de fer, 7ᵉ série.

Inh.: Allgemeines über den Turf, Rennen, Training, Züchter, Englands
und Frankreichs Rennbahnen, Reitkunst, berühmte Pferde, Notabilitäten des
franzöc. Turf, Zukunft der Pferdezucht in Frankreich, Ausdrücke des Turf,
Renngesetze.

Rec.: Journ. d. H. 1853 II 48.

192. Dass. Deuxième édition. Ebda 1854. — 16⁰. 12½ Bog. 3 Fr.

193. Le Sport à Paris. Ouvrage contenant: le Turf, la Chasse, le Tir
au pistolet et à la carabine, les Salles d'armes, la Boxe, le Bâton et la Canne,
etc., les Echecs, le Whist, etc. Par Eugène Chapus. A Paris, chez L. Hachette et Cⁱᵉ. 1854.

16⁰. 10 Bog. 2 Fr. 50 C.

Chauveau, Jean Baptiste Auguste, geboren zu Villeneuve-la-Guyard
(Depart. Yonne) in Frankreich am 21. November 1827, besuchte seit 1844 die
Veterinärschule zu Alfort, erhielt 1848 ein thierärztliches Diplom und wurde 1848
als Chef de Service an der Veterinärschule zu Lyon angestellt.

194. Traité d'anatomie comparée des animaux domestiques, par A. Chauveau, chef des travaux anatomiques à l'école impériale vétérinaire de Lyon.
Illustré de 207 figures intercalées dans le texte, dessinées d'après nature. Première partie. Ostéologie. Syndesmologie. Myologie. Paris, chez J. B. Baillière 1854.

8⁰. 328 S. 6 Fr.

Dass. Deuxième partie. Appareils de la digestion, de la respiration,
de la dépuration urinaire, de la circulation, de l'innervation, des sens de la gé-
nération. 1857. — 33 Bog. mit 207 Abb. 8 Fr.

Rec.: Vet. 1855. 169; Annales 1855. 50; Recueil 1855. 35. Vet. Rev. I 238.

195. Quelques notes sur la structure et la secrétion de la corne. In-
fluence du système nerveux sur les propriétés nutritives et secrétoires de la
membrane kératogène et sur la nutrition et les secrétions en général. Par A.
Chauveau, chef des travaux anatomiques à l'école imp. vétér. de Lyon. Lyon
chez Savy jeune. 1853.

8⁰. 3¾ Bog.

196. Er war Mitherausgeber einer thierärztlichen Zeitschrift, s. *Journal*
Nr. 1310.

Chauvel, Louis, widmete sich der Apothekerkunst, legte in Paris die
Prüfung zum Pharmazeut 1. Klasse ab und liess sich als solcher zu Quintin im

Nordküsten-Departement nieder. Er ist seit 1838 Mitglied der medizinischen Jury und seit 1845 Mitglied des Gesundheitsrathes jenes Departements.

117. Petit manuel vétérinaire pratique à l'usage des éleveurs, fermiers et propriétaires ruraux, par Chauvel aîné, pharmacien à Quentin. Saint-Brieuc 1857. Imprimerie Le Maout.

12°. 160 S. 1 Fr. — Enthält die Viehkrankheiten und die Währschaftsgesetze.

Rec.: Publicateur des Côtes du Nord 1857, 6 juin.

Chesterfould, Edward, war königl. Grossbrittanischer Oberstall- und Gestütmeister.

198. Einen Auszug aus seiner Abrichtung der Pferde s. *Gordon.*

Clark, B., Thierarzt in London.

199. The whole Art of Farriery laid open. By B. Clark. London, author 1853.

8°. 10 Sch. 6 P.

Clater, Francis, ein Chemiker und Droguist, welcher zu Anfang dieses Jahrhunderts in London lebte.

200. Every Man his own Farrier. By Francis Clater. 29th edition, edited and enlarged by a Member of the Royal College of Veterinary Surgeons. London, Cradock 1849.

12°. 430 S. 6 Sch. — Erschien zuerst 1806.

201. Dass. 30th edition, corrected by Edward Mayhew. London, Cradock 1854. — 8°. 5 Sch.

Claseret.

202. Er besorgte eine Französische Uebersetzung von Youatt's the horse, s. *Youatt* Nr. 1195.

Cochet de Savigny, P. C. M., zuerst Offizier in der Französischen Kavallerie, später Eskadrons-Chef der Gendarmerie zu Paris.

203. *Cours élémentaire d'hippiatrique et de maréchalerie, à l'usage de la gendarmerie. Par M. P. C. M. Cochet de Savigny. A Paris, chez Léautey 1849.

18°. Sch. T., T., 5—214 S., 6 KT. 1 Fr. 50 C. — Erschien bereits 1844 in erster Ausgabe und ist auch dem ebenfalls 1849 veröffentlichten Dictionnaire de la gendarmerie desselben Verfassers angehängt.

Inh.: Anatomie, Exterieur, Racen, Proportionen, Alter, Farben, Betrügereien der Händler, Gewährsfehler, Untersuchung des Pferdes, Krankheiten, Operationen, Beschlag, Fütterung, Wartung und Pflege.

Cogent, Laurent, der Sohn eines aus Preussen nach Frankreich eingewanderten Gerbers, wurde 1809 zu Brantome im Departement Dordogne geboren, erlernte das Sattlerhandwerk, trat 1829 in die Kavallerie ein und wurde Regiments-Sattler. Als solcher wurde er 1840 Mitglied des Kavallerie-Komitee, kam dann zur Kavallerie-Schule nach Saumur, wurde 1848 Unterlieutenant, 1852 Lieutenant und 1854 Kapitain. Er erhielt 1850 die Ehrenlegion, 1852 den Preussischen rothen Adler-, den Württembergischen Friedrichs- und den Sardinischen Mauritius-, sowie 1854 den Schwedischen Schwert-Orden.

204. *Manuel du harnachement à l'usage des troupes à cheval. Par M. e Capitaine Cogent, Directeur de l'Arconnerie à l'Ecole impériale de Cavalerie, Chevalier de la Légion-d'Honneur et des Ordres royaux de l'Aigle rouge de Prusse, de l'Epée de Suède, des Saints-Maurice et Lazare de Sardaigne, et de la Couronne de Wurtemberg. Paris, imprimerie Félix Malteste et Ce. 1856.

gr. 8°. Sch. T., T., 2 Bl.: Vorw., Einl., Inh., 9—176 S., 40 KT. 3 Fr.

Inh.: Anforderung an die Pferdekleidung, die vollständige Bekleidung des Pferdes und das Aufpassen derselben, Verletzungen durch solche, Zuggeschirr, Betrachtungen über Zäumung, ein Sattel für alle Pferde, eiu neues Kummt.

Cole, S. W., Thierarzt in New York.

205. The American Veterinarian: containing Diseases of Domestic Animals, their Causes, Symptoms, and Remedies; with Rules for Restoring and Preserving Health by good management, also for Training, and Breeding. By S. W. Cole. New York.

8°. Erschien 1849. 3 Sch.

Colet, Achille, Rossarzt im Französischen 11. Dragoner-Regiment.

206. Rapport à S. Exc. M. le maréchal-ministre de la guerre, sur la guérison d'après la méthode de M. Mattei, des maladies cutanées, telles que: gale, dartres, démangeaisons, crevasses, blessures et javarts. Par M. Achille Colet, vétérinaire de 1ʳʳ classe au 11ᵉ régiment de dragons. Imprimerie lithographique de Martinoux, aux Batignolles. 1856.

4°. 1½ Bog. Lithographirt.

Colin, G., Professor der Anatomie und Physiologie an der Veterinärschule zu Alfort in Frankreich.

207. De la comparaison de l'estomac et des intestins dans nos espèces domestiques, par M. Colin, chef de service à l'école d'Alfort. Imprimerie de Penaud à Paris 1850.

8°. 58 S.

208. *Traité de physiologie comparée des animaux domestiques. Par G. Colin, Chef de service d'anatomie et de physiologie à l'école impériale vétérinaire d'Alfort; membre de la Société anatomique. Avec figures, intercalées dans le texte. Tome premier. Paris, chez J. B. Baillière. London, chez H. Baillière. New York, chez H. Baillière. 'Madrid, chez C. Bailly-Baillière. 1854. gr. 8°. VIII S.: T., Widm. (an Prof. Flourens), Vorw., 667 S. mit 57 Abb. 9 Fr.

Dass. Tome second. 1856. — T., 628 S. mit Abb. 58—114. 9 Fr. — Vgl. *Raabe.*

Inh.: Bd. 1. Nervensystem, Sinne, Bewegungsthätigkeit, Verdauung. — 2. Absorption, Respiration, Circulation, Sekretion, Zeugung.

Rec.: Recueil 1855. 913, 1856. 212.

Collins.

209. Er schrieb unter dem Namen Priam: das Leben eines Jockeys, s. *Priam.*

Comparini, Carlo, Thierarzt in Toskana.

210. Del buen governo dei cavalli. Prato 1850. — 8".

Corbet, Henry.

211. *The Steeple-Chase Calendar: containing the sport in Great-Britain and Ireland. For the season 1847—48 (from September, 1847, to May, 1848). The whole properly arranged, with copious index, list of winning horses, rules of steeple-chasing etc. By Henry Corbet, A regular contributor to the Sporting Magazine etc. Henry Wright; Messrs Fores; R. Ackermann. 1848.

8°. XIV S.: T., Inh., Renngesetze, 168 S. 5 Sch. — Erschien in London.

Dass. For the season 1848—49. Ebda 1849. — XIV S.: T., Inh., 156 S. 5 Sch. Der Kalender wurde fernerhin von Osborne herausgegeben, s. *Osborne.*

Cornaz, Charles Auguste Edouard, Doktor der Medizin und Chirurgie zu Neufchatel.

212. Er gab eine ärztliche und thierärztliche Zeitschrift heraus, s. *Echo* Nr. 1268.

Corsi, Vincenzo, Thierarzt in Neapel.

213. Er gab eine landwirthschäftliche und thierärztliche Zeitschrift heraus, s. *Rivista* Nr. 1414.

Corvini, Lorenzo, Doktor der Medizin und Professor an der Thierarzneischule zu Mailand.

214. *Il Veterinario o sia repertorio di zoojatria consecrato all' utile dell' agricoltura ed all progresso della medicina degli animali domestici e scienze affini. Giornale pubblicato del dottor Corvini Lorenzo ripetitore presso l'J. R. Istituto veterinario. Milano tipografia e libreria Pirotta e C. 1854.

8⁰. T., 3—488 S.

Anno II. 1855. —T., 3—480 S. mit 2 Abb.

Anno III. 1856. — T., 3—480 S.

Der 4. Jahrgang erschien erst 1858.

Couesme, Thierarzt zu Saint-Mards-en-Othe (Depart. Aube) in Frankreich.

215. Art hippiatrique. Médecine théorique et pratique vétérinaire réduite à sa plus simple expression, ou véritable manière de bien connaître et de bien traiter les maladies domestiques, par Couesme, exerçant la médecine vétérinaire à Saint-Mards-en-Othe. Troyes chez Caffé. 1857.

8⁰. 575 S., 4 KT. 10 Fr.

de Couto, Don Jose Ferrer.

216. Manual de veterinaria y equitacion, por el comandante Don Jose Ferrer de Couto. Paris, imprimerie Walder; librairie Rosa et Bouret. 1857.

18⁰. 257 S.

Inh.: Pferdekenntniss, Reitkunst und Krankheiten.

Craven, Pseudonym des Master Carlton.

217. Er besorgte unter diesem Namen eine neue Ausgabe von Walker's manly exercises etc., s. *Walker.*

Crocq, Jean, der Sohn eines Universitäts-Pedells, wurde zu Gent in Belgien geboren, studirte in Brüssel Medizin, promovirte daselbst zum Doktor, wurde bald darauf Prosektor an der Universität und 1854 Mitglied der Belgischen Akademie der Medizin.

218. *Die Anwendung der Auskultation und Perkussion in den Krankheiten der Brusthöhle des Pferdes. Von Dr. J. Crocq, Prosektor an der Universität Brüssel. Aus dem Französischen übersetzt und mit Anmerkungen und Zusätzen vermehrt von Med. et Phil. Dr. J. M. Kreutzer, vormaligem Professor an der Central-Thierarznei-Schule in München. Separatabdruck aus der Central-Zeitung für die gesammte Veterinärmedizin mit vergleichender Bezugnahme auf die Menschenheilwissenschaft. Erlangen, Verlag von J. J. Palm und Enke. 1853.

12⁰. VI S.: T., Vorw., 222 S. 16 Gr.

Cros, Carlo, Thierarzt.

219. Er übersetzte Girard's Hippodonteologie in das Italienische, s. *Girard* Nr. 414.

Cruzel, J., widmete sich dem Studium der Thierarzneikunde an der Veterinärschule zu Toulouse, war dann Hülfslehrer an derselben und lebt jetzt als Thierarzt zu Cessales im Departement Haute-Garonne.

220. Er war Mitherausgeber einer thierärztlichen Zeitschrift, s. *Journal* Nr. 1311 und ist Mitarbeiter an dem von Bouley und Reynal herausgegebenen Wörterbuche der Veterinärwissenschaften, s. *Bouley* Nr. 127.

Cuming, A., Thierarzt in Edinburgh.

221. Horse-shoeing, as it is done, and as it ought to be: a Letter addressed to the President and Members of the Saint John Agricultural Society.

With Plates and Illustrations. By **M. A. Cuming**, V. S., Member of the Royal College of Veterinary Surgeons of Edinburgh and London. 1854. 8°. 21 S.

Rec.: Veterin. 1854. 667.

de Curnieu, Louis, Baron, wurde 1810 geboren, trat 1829 bei der Kavallerie ein, kam 1830 zur Militär-Schule in St. Cyr, wurde im Dezember zum Lieutenant befördert, 1831 zur Generalstabs-Schule kommandirt und nahm 1835 den Abschied. Er lebte hierauf in Paris, wurde 1841 als Lehrer der Reitkunst und Pferdewissenschaft an der Gestütsschule zu Pin angestellt, kehrte nach deren Aufhebung 1845 nach Paris zurück, wurde erst Unteroffizier, dann Lieutenant der berittenen Nationalgarde, Präses des Admissionsrathes, 1848 Eskadrons-Chef, erhielt 1853 den Orden der Ehrenlegion und wurde Adjutant bei dem Oberkommando der Nationalgarde des Seine-Departements.

222. *Leçons de science hippique générale ou traité complet de l'art de connaître, de gouverner et d'élever le cheval. Par le Baron de Curnieu. Première Partie. Paris, J. Dumaine. Bruxelles, Leroy. 1855.

gr. 8°. XVI S.: T., Widm. (an General Lawoestine), Vorw., Einl., 436 S. mit 107 Abb.

Deuxième Partie. Ebda 1857. — Sch. T., T., 494 S. mit 61 Abb. Jeder Theil 7 Fr. 50 C., ein dritter soll folgen.

Inh.: Bd. 1. Organisation und Klassification der Wirbelthiere, Gangarten, Farben, Gewohnheiten des wilden Pferdes, Exterieur, Racen, Vollblut. — 2. Aeltere Geschichte und Verfall der Reitkunst, Wahl des Pferdes, Jagdreiten, Steeple-Chase, Wettrennen, Zugpferde, Angespann, Performances, Schnelligkeit, Gründe wesshalb in Frankreich in Bezug auf Pferde wenig geleistet wird.

223. Er ist auch Verfasser einer Brochüre über die Abrichtung des Pferdes zum Ziehen und Reiten, s. *Notions* Nr. 1358.

Cutter, Eunice P., praktischer Arzt in New York.

224. Human and Comparative Anatomy, Physiology, and Hygiene, by Mrs. Eunice P. Cutter. New York 1854.

12°. 132 S. mit 100 Abb. 2 Sch.

de Cuvier, George Leopold Chrétien Dagobert, Baron, der Sohn eines Offiziers, wurde am 23. August 1769 in Mömpelgard geboren, kam 1784 zur Karlsakademie nach Stuttgart, wo er vorzugsweise Naturgeschichte studirte, wurde 1788 Hauslehrer bei dem Graf d'Hericy zu Fiquainville in der Normandie und 1795 als Professor an die Centralschule des Pantheons nach Paris berufen. Er wurde 1796 Mitglied des Nationalinstituts, Generalinspekteur des Unterrichts, Sekretär des Instituts, 1808 Rath der Universität, 1813 Requetenmeister im Staatsrathe, 1814 wirklicher Staatsrath, 1815 Kanzler der Universität, 1818 Mitglied der Akademie und 1819 zum Baron erhoben und in den Kabinetsrath berufen. 1822 Grossmeister der protestantischen Fakultät der Universität, 1826 zum Grossofizier der Ehrenlegion und 1831 zum Pair ernannt, starb er am 13. Mai 1832.

225. Die von ihm selbst oder unter seiner Leitung bearbeiteten Kupfertafeln zur vergleichenden Anatomie wurden von Laurillard und Mercier herausgegeben, s. *Laurillard*.

Dadd, George, Doktor der Medizin und Thierarzt zu Boston in Nordamerika.

226. The Modern Horse-Doctor: containing practical observations on the causes, nature and treatment of disease and lameness in horses. With illustra-

tions. By George H. Dadd, M. D., Veterinary Surgeon, author of „The Anatomy and Physiology of the Horse", and „The Reformed Cattle Doctor". Boston, J. P. Jewett and C°. 1854.

12°. 432 S. 1 Doll.

227. Dass. Ebda 1856. — 8°. 432 S. 1 Doll.

Rec.: Veterin. 1857. 220.

228. Anatomy and Physiology of the Horse, with Anatomical and Questional Illustrations; containing also a Series of Examination on Equine Philosophy and Anatomy; with Instructions in reference to Dissection, and the Mode of making Anatomical Preparations; to which is added, a Glossary of Veterinary Technicalities, Toxicological Chart, and Dictionary of Veterinary Science, by G. H. Dadd. New York, 1857.

8°. Mit color. K. 1 L. 4 Sch.

229. The American veterinary journal; devoted to the diffusion of veterinary knowledge. Edited by George H. Dadd, M. D. Boston, Mass 1851.

gr. 8°. — Ist der erste Jahrgang, ob das Journal fortgesetzt wurde, ist nicht bekannt.

Rec.: Veterin. 1851. 570, 1856. 109.

Dahl, Jasper, Thierarzt zu Grinderslevkloster auf Fünen.

230. Allernyeste og fulstændigste Dyrlægebog, eller 140 paalidelige og letfallelige anvisninger til selv at kjende og behandle alle forekommende sygdomme hos hesten, oxen, faaret og svinet. Tjerde forögede og forbedrede udgave. Odense, Milo 1854.

8°. 228 S. 64 Sch. — Erschien in erster Ausgabe 1835.

Dannstroem, Carl Bernard, wurde 1818 in Schweden geboren, studirte Thierheilkunde, legte 1842 die Prüfung ab, wurde als Provinzial-Thierarzt angestellt, dann als Lehrer der Zoologie und Thierarzneiwissenschaften an die landwirthschaftliche Schule zu Ultuna bei Upsala berufen und starb daselbst 1854.

231. Er übersetzte Hering's Pathologie und Therápie für Thierärzte in das Schwedische, s. *Hering* Nr. 513.

Daudel, Pierre Joseph Isidore, geboren zu Pont St. Esprit in Frankreich am 3. Februar 1826, trat 1844 in das 4. Chasseurs-Regiment ein, kam im Oktober zur Kavallerie-Schule nach Saumur, wurde 1848 Unteroffizier-Instrukteur, 1850 Adjutant-Maitre-de-Manege an derselben, kam 1851 als Unterlieutenant zum 4. Afrikanischen Jäger-Regiment und erhielt die Leitung des Gestütes Mostaganem, wurde 1853 als Lehrer an die Kavallerie-Schule zurückberufen und 1854 zu den Garde-Chasseurs versetzt.

232. *Traité de locomotion du cheval relatif à l'équitation. Nouvelles proportions par J. Daudel. Saumur, imprimerie de P. Godet. 1854.

gr. 8°. XI S.: T., Inh., Einl., 96 S., 5 KT. 2 Fr. — Vgl. *Flandrin* Nr. 361, *Raabe* Nr. 903.

Inh.: Skelett, Funktionen der Knochen und Muskeln, Gleichgewicht, Maasse und Proportionen, Gesetze der Physik, Ursachen der Bewegung, Stellung, Gangarten, Betrachtungen in Bezug auf Reitkunst, Einfluss der Anlehnung auf die Gangarten.

233. *Méthode d'équitation et de dressage basée sur la mécanique animale, contenant: 1. Précis de l'équitation depuis Xenophon jusqu'à nos jours; 2. Etude mécanique du cheval; 3. Equitation proprement dite, ou école du cavalier, d'après une nouvelle méthode; 4. Equitation d'agrément, haute école, fariboles d'équitation, équitation de course, équitation des dames, suivie de dressage des chevaux de remonte, dédiée à la cavalerie, par Daudel, lieutenant au régiment de chasseurs de la garde impériale. A Paris chez Leneveu 1857.

gr. 8°. XV S.: T., Vorw., Geschichte der Reitkunst, 2 Bl.: Einl., 283 S., 11 KT. 7 Fr. 50 C. — Die erste Abtheilung ist ein Abdruck der vorhergehenden Nummer.

Rec.: Bl. f. Kr. 1857. 381.

234. Er bearbeitete mit Lieutenant Quillinan ein unter dessen Namen erschienenes Handbuch der Pferdewissenschaften, s. *Quillinan.*

Daumas, Melchior Joseph Eugène, der Sohn eines Französischen Brigade-Generals, wurde am 4. September 1803 zu Delemont im alten Departement Mont Terrible geboren, trat 1822 in das 2. Regiment der Alpenjäger ein, wurde 1827 zum Unterlieutenant befördert und besuchte bis 1830 die Kavallerie-Schule zu Saumur. Er avancirte 1831 zum Lieutenant, kam 1835 als Kapitain-Instrukteur zum 2. Regiment der Afrikanischen Jäger zu Pferde, wohnte den Expeditionen von Maskara und Tlemcen bei, erhielt für den Kampf bei Sidi Embarek die Ehrenlegion und machte die Expedition nach Sakkak mit. 1837 zum Konsul in Maskara ernannt, erhielt er 1840 beim Wiederbeginn des Krieges eine Eskadron, zeichnete sich am Sig und vor Saida aus, erhielt 1842 das Offizierkreuz der Ehrenlegion und wurde mit Leitung der Algierschen Angelegenheiten betraut. 1842 als Oberstlieutenant zum 1. Afrikanischen Jäger-Regiment versetzt wohnte er den ferneren Expeditionen, stets mit Auszeichnung genannt, bei, wurde 1845 Oberst des 1. Spahi-Regiments, 1847 Kommandeur der Ehrenlegion, befand sich dann in politischer Mission bei dem gefangenen Abdelkader und kehrte 1848 nach Algier zurück. Er befehligte 1849 die Expedition gegen die Beni Sylem und wurde 1850 Brigadegeneral und Direktor der Algierschen Angelegenheiten im Kriegsministerium. 1852 zum Staatsrath, 1853 zum Divisions-General und Senator ernannt, befehligte er erst die Kavallerie-Division von Luneville, jetzt die 14. Division in Bordeaux. Er ist Grossoffizier der Ehrenlegion und des Türkischen Medjidie, Grosskreuz des Nichan Iftikhar, Kommandeur des Spanischen Karls- und Ritter des Toskanischen Joseph-Ordens, Präsident der geographischen und Mitglied mehrerer anderer gelehrten Gesellschaften.

235. *Les chevaux du Sahara par le Général Daumas Commandeur de la Légion-d'Honneur, ancien Directeur central des Affaires arabes, Chef de service de l'Algérie au Ministère de la guerre. Ouvrage publié avec l'Autorisation du Ministre de la guerre. Paris, F. Chamerot. 1851.

gr. 8°. Sch. T., T., VI S.: Vorw., 7—384 S. 10 Fr. — Eine Deutsche Uebersetzung s. unten, in Tennecker's Journal 1854. 113 und im Magazin 1862. 41; es existirt auch eine Spanische Uebersetzung, über die jedoch Näheres nicht zu ermitteln war. Auszüge s. Nicklas 1852 Nr. 17, 18; Giornale 1852. 236, 1853. 121, 151; Holmer 1851 II Nr. 941; Vogler 1852 I 107, 126, 144, 157, 212; Argus XII. 1, 85, 166, 217, 295, 353, 415, 486, 548, 605. — Vgl. *Delard.*

Rec.: Recueil 1852. 45; Jóurn. d. II. 1852 I 241, 1853 II 343.

236. *Dass. par E. Daumas, Général de division, Conseiller d'Etat. Augmentée de nombreux Documents par l'Emir Abd-el-Kader. Paris Schiller aîné. 1853.

gr. 8°. Sch. T., T., 480 S. 10 Fr.

237. Dass. Troisième édition, revue et augmentée avec des commentaires par l'Emir Abd-el-Kader. Paris Michel Lévy frères 1855. — 18°. 3 Fr. 50 C.

238. *Dass. Les Chevaux du Sahara et les moeurs du désert par le général E. Daumas. Quatrième édition, revue et augmentée avec des commentaires par l'Emir Abd-el-Kader. Paris Michel Lévy frères 1857.

18°. Sch. T., T., 438 S. 3 Fr. — Bildet einen Theil der 2. Serie der Bibliothèque contemporaine.

Inh.: Liebe der Araber zum Pferde, Sprüchwörter, Racen, der Hengst, Bedecken, Tragezeit, Geburt, Absetzen, Aufzucht, Ernährung, Pflege,

Farben, Wahl des Pferdes, Beschlag, Zäumung, Pferdearzneikunde, Kastration, das Berber-Pferd und seine Bedeutung für Frankreich, Jagden, Razzias, Sitten der Wüste.

239. *Principes généraux du cavalier arabe par le Général E. Daumas. Paris librairie de L. Hachette et C^{le} 1854.

32°. Sch. T., T., 5—61 S., 1 Bl.: Inh. 50 C. — Eine Deutsche Uebersetzung s. unten.

240. *Dass. Deuxième édition 1854. — 32°. Sch. T., T., 5—61 S. 50 C.

241. *Dass. Troisième édition 1855. — 32°. Sch. T., T., 5—61 S. 50 C.

242. *Dass. Quatrième édition 1855. — 32°. Sch. T., T., 5—62 S. 50 C.

243. *Le cheval de guerre par le Général E. Daumas. Extrait de la Revue des deux mondes livraison du 15 mai 1855. Paris imprimerie de J. Claye 1855.

Lex. 8°. T., 3—24 S. 1 Fr. — Eine Deutsche Uebersetzung s. unten.

244. *Dass. Paris librairie de L. Hachette et C^{le} 1855. — 32°. Sch. T., T., 5—63 S. — 50 C.

Rec.: Mil. Lit. Z. 1859. 495.

245. *Die Pferde der Sahara. Vom General Daumas. Aus dem Französischen von Carl Graefe, Lieutenant und Adjutant im Königl. Preussischen 3. Artillerie-Regiment. Berlin. Allgemeine Deutsche Verlags-Anstalt. 1853.

gr. 8°. VI S.: T., Vorw., Inh., 208 S.

Dass. Zweiter Band. Enthaltend: Des Emir Abd-el-Kader Bemerkungen zu dem gleichnamigen Werke. Des französischen Vice-Konsul in Tarsus J. Mazoillier Mittheilungen über die arabischen Pferde Syriens. Ebda 1854.

gr. 8°. VI S.: T., Inh., Vorw., 114 S. Preis beider Theile 2 Thlr. 6 Gr. Band 1. ist eine Uebersetzung der ersten Auflage des Originals, Band 2 enthält die Zusätze der zweiten Auflage und die Brochüre von Mazoillier, s. *Mazoillier.*

Rec.: M. L. Z. 1853. 236; A. M. Z. 1853 Nr. 63; Wehr-Z. 1852 Nr. 453, 1853 Nr. 472; Vogler 1852 II Nr. 52; Berliner Vossische Zeitg. 1853, 4. Mai.

246. *Die Hauptgrundsätze des arabischen Reiters. Von E. Daumas, Generallieutenant. Magdeburg. Gebrüder Baensch. 1855.

gr. 8°. T., 3—24 S. 4 Gr. — Das Original s. oben, übersetzt vom Lieutenant Graefe.

247. *Das Soldaten-Pferd. Vom Divisions-General Eugène Daumas. Uebersetzt vom Lieutenant Gräfe. Magdeburg, Heinrichshofen 1855.

gr. 8°. T., 3—27 S. 4 Gr. — Das Original s. oben.

Daunassaus, A., Mitglied der landwirthschaftlichen Gesellschaft zu Toulouse und Gutsbesitzer im Departement Ober-Garonne in Frankreich.

248. Er schrieb eine Brochüre über das Pferdefleisch als menschliches Nahrungsmittel, s. *Moyen* Nr. 1351.

Davidis, Henriette.

249. *Praktische Anweisung zur Bereitung des Rossfleisches. Erprobt und bearbeitet von Henriette Davidis. Elberfeld und Iserlohn. Verlag von Julius Bädeker 1848.

8°. T., 3—24 S. 4 Gr.

van Deen, J., Doktor der Medizin und Thierarzneikunde, Professor an der Universität Gröningen.

250. Nadere Mededeeling over de worming der vagina en urethra bij de vrouwelijke en die der vesicula seminales en prostata bij de mannelijke zoogdieren. Zwolle bij W. E. J. Tjeenk Willink, 1849. — 8°.

Defays, François, der Sohn eines Kurschmiedes, wurde 1819 zu Verviers in Belgien geboren, besuchte das College daselbst, studirte dann bis 1842 an der Universität zu Liege Medizin, ging nach beendeten Studien nach seiner Vaterstadt zurück, bildete sich im Hufbeschlag aus und besuchte 1843—47 die Thierarzneischule zu Cureghem. Nachdem er 1849 noch ein Jahr lang auf Staatskosten die Vorträge an der Berliner Thierarzneischule gehört hatte, wurde er als Lehrer der chirurgischen Pathologie und des Hufbeschlags an der Belgischen Thierarzneischule angestellt.

251. *Manuel de médecine vétérinaire par Defays et Husson, Répétiteurs à l'Ecole de médecine vétérinaire et d'agriculture de l'Etat. Première partie. Extérieur, Anatomie, Physiologie, Ferrure et Parturition. Bruxelles. Au Bureau de la Bibliothèque rurale. 1852.

12⁰. T., III S.: Einl., 5—178 S., 1 Bl.: Inh. 55 C. — Bildet Nr. 2 der 2. Serie der Bibliothèque rurale. Eine holländische Uebersetzung s. unten. Den zweiten anonym erschienenen, von Verheyen bearbeiteten Theil s. *Manuel* Nr. 1337. .

252. *Handboek van Veeartsenykunde door Defays en Husson, Lecraers by's Lands veeartseny-en-landbouw-school. Eerste deel. Uitwendig, Ontleedkunde, Levensleer, beslag en baring. Brussel, ten Bureele der Bibliothek over Landbouw. 1854.

12⁰. T., 5—207 S. 55 C. — Eine Uebersetzung der vorhergehenden Nummer, welche Nr. 4 der 2. Serie der Bibliothek over Landbouw bildet. Den 2., von Verheyen bearbeiteten Theil, s. *Verheyen* Nr. 1132.

253. *De la ferrure des chevaux panards et cagneux. Par M. F. Defays, Professeur de pathologie chirurgicale à l'Ecole de médecine vétérinaire de Cureghem.

8⁰. 8 S. — Nicht im Buchhandel, erschien 1857 zu Brüssel bei Tircher.

254. *Description d'un appareil propre à remédier aux déviations du boulet chez le cheval; (avec un dessin de M. Ed. Tschaggeny.) Par F. Defays, professeur de pathologie chirurgicale et de maréchalerie à l'Ecole vétérinaire de Cureghem-lez-Bruxelles.

8⁰. 7 S., 1 K. — Nicht im Buchhandel, erschien 1857 zu Brüssel bei Tircher.

255. *Notice additionelle sur la nouvelle ferrure à glace, par F. Defays, professeur à l'Ecole vétérinaire de l'Etat. Bruxelles. J. B. Tircher 1857.

8⁰. T., 3—7 S., 1 KT. 75 C.

Deigendesch, Johannes, Scharfrichter in Würtemberg, lebte um die Mitte des vorigen Jahrhunderts.

256. Nachrichter's nützliches und aufrichtiges Pferd- und Ross-Arzneibuch, in welchem die innerlichen Krankheiten und äusserlichen Zustände der Rosse auf das deutlichste erklärt werden, sammt Beifügung der dazu gehörigen approbirten Recepte. Nebst einem Anhang von Rindvieh-Arzneien. Alles mit Fleiss zusammengetragen von einem Scharfrichter Johannes Deigendesch. Neue und verbesserte Auflage. Stuttgart, Scheible 1857.

16⁰. 217 S. 6 Ngr. — Bildet Nr. 4 der Kreuzerbücher aus allen Gebieten. Erschien zuerst 1744 in Tübingen.

Dejean, Oscar, Friedensrichter zu Pessac (Departement Gironde) in Frankreich.

257. Traité théorique et pratique de l'action rédhibitoire dans le commerce des animaux domestiques; contenant: la législation, la doctrine et la jurisprudence sur la matière; la définition des vices rédhibitoires; l'explication détaillée des règles de la procédure; un Formulaire de tous les actes nécessaires

et une table chronologique des jugements et arrêts. Par Oscar Dejean, Juge de paix du canton de Pessac (Gironde). A Bordeaux, chez Chaumas 1856. 8⁰. 9½ Bog. 3 Fr.

Dekker, Jacob Adrian, der Sohn eines Thierarztes, wurde am 29. Juni 1812 zu Middelburg in Holland geboren, besuchte seit 1829 die Thierarzneischule zu Utrecht, wurde im August 1833 Thierarzt 1. Klasse und Rossarzt des Husaren-Regiments Nr. 6. Er nahm 1846 den Abschied und liess sich als praktischer Thierarzt in Amsterdam nieder. Er war längere Zeit Thierarzt am zoologischen Garten, wurde 1850 Mitglied und Sekretär der Central-Veterinär-Gesellschaft, 1858 Mitglied des Collegiums zur Begutachtung der Lebensmittel und starb im Januar 1859.

258. *Nieuwe genees-en verloskundig handboek van het vee, bevattende een volledig onderrigt tot herkenning, behandeling en genezing van de ziekten en gebreken der paarden, koeijen, schapen, geiten, varkens, honden, kippen, ganzen, duiven, enz. of gids om zijne dieren zelve te kunnen bijstaan, ten dienste van den landman en veebezitter. Door J. A. Dekker, Oud-Paardenarts, Rijks Veearts der 1e klasse te Amsterdam. Met twee uitslaande platen, benevens eenige middelen tegen het ongedierte der huisdieren. Naar het hoogduitsch. Te Leiden, bij D. Noothoven van Goor.

8⁰. XXIV S.: Sch. T., T., Inh., Erkl. der Abb., Vorw., 322 S., 2 KT. 2,50 Fl. — Erschien 1853 und ist eine Uebersetzung von Beyer und Werneburg's Handbuch der Thierarzneikunde, s. *Beyer* Nr. 98.

Delacroix. — Pseudonym.

259. Le nouveau maréchal expert, ou le Guide du maréchal-ferrant, du vétérinaire, de l'écuyer, etc., avec un précis de la connaissance des chevaux, des ânes et des mulets, de leur éducation et conservation, par M. Delacroix. A Limoges, chez Ardant et à Paris 1853.

12⁰. 8 Bog. 3 Fr. — Erschien zuerst 1834.

260. Dass. Ebda 1855. — 12⁰. 8 Bog., 2 KT. 3 Fr.

261. Dass. Ebda 1856. — 12⁰. 8 Bog., 2 KT. 3 Fr.

Delafond, Henri Mamert Onésime, der Sohn eines Landwirths, wurde am 13. Februar 1805 zu St. Armand (Departement Nievre) in Frankreich geboren, trat 1823 in die Veterinärschule zu Alfort, erhielt 1827 das thierärztliche Diplom, praktizirte zunächst in seiner Heimath, wurde 1828 Hülfslehrer an jener Schule, 1833 Professor der Pathologie, Therapie, Veterinär-Polizei und 1860 Direktor derselben, und starb am 15. Dezember 1861.

262. Sur l'emploi du sel marin dans l'économie des animaux domestiques par M. O. Delafond. Paris, imprim. de Mme Bouchard-Huzard 1850. 8⁰. 24 S. 1 Fr.

263. Rapport présenté au nom de la section d'économie des animaux sur le concours pour des ouvrages et des mémoires sur l'amélioration, l'hygiène et les maladies des animaux domestiques, par O. Delafond. (Société nationale et centrale d'agriculture). Imprimerie de Mme Bouchard-Huzard à Paris 1852. 8⁰. 1½ Bog.

264. Traité de pathologie générale comparée des animaux domestiques, par O. Delafond, professeur en pathologie. Deuxième édition, considérablement augmentée et avec figures intercalées dans le texte. A Paris chez Labé 1855. 8⁰. 48½ Bog. 8 Fr. — Die erste Ausgabe erschien 1838.

Rec.: Annales 1855. 390.

265. Er ist Mitherausgeber einer thierärztlichen Zeitschrift, s. *Recueil* Nr. 1400.

42

Delard, Guillaume Auguste, geboren 1806, trat 1828 bei der Französischen Kavallerie ein, wurde 1830 zur Kavallerie-Schule kommandirt, 1832 zum Unterlieutenant im 2. Husaren-Regiment befördert, 1837 zu den Spahis nach Algier versetzt, wohnte den Feldzügen daselbst bis 1845 bei und wurde während derselben 1838 zum Lieutenant und 1841 zum Kapitain im 9. Kürassier-Regiment ernannt. Im März 1843 zum Eskadrons-Chef im 2. Husaren-Regiment befördert, kam er im Mai zum Generalstab, erhielt 1849 das Ritterkreuz der Ehrenlegion, wurde 1854 Major im 11. Chasseurs-Regiment, im Juni 1856 Eskadrons-Chef der Lanciers der Garde, 1858 Offizier der Ehrenlegion, wohnte dem Feldzuge 1859 in Italien bei, für welchen er den Piemontesischen Militär-Verdienst-Orden erhielt und wurde im Mai 1860 Oberstlieutenant des 1. Dragoner-Regiments.

266. Les Chevaux du Sahara, par le Général Daumas. Compte rendu par G. A. Delard, capitaine au 11e régiment de chasseurs à cheval. Extrait du spectateur militaire. Paris, imprimerie de L. Martinet. 1853.
8°. T., 3—88 S. 75 C. — Vgl. *Daumas* Nr. 235. — Ein gleiches Resume desselben Verfassers über die Perron'sche Uebersetzung El-Naccr's, s. *Nacêri* Nr. 1353.

D'Elbée, trat in das Französische 2. Kürassier-Regiment ein, wurde zur Kavallerie-Schule kommandirt, Lehrer an derselben, kehrte dann als Kapitain-Instrukteur zu seinem Regiment zurück und nahm 1851 den Abschied.

267. Er ist Verfasser des Programme d'un carrousel militaire, s. *Programme* Nr. 1389.

Deloupy, J. P. G., Thierarzt in Frankreich.

268. Statistique générale et raisonnée des principaux animaux domestiques de l'arrondissement de Limoux-sur-Aude, suivie de la nomenclature, de la description et du traitement des maladies les plus communes qui attaquent nos espèces, par J. P. G. Deloupy. Imprimerie de Mme veuve Sens à Toulouse 1852.
8°. 4¼ Bog.

Delvaille, Camille.

269. Er gab die Vorträge von Geoffroy Saint Hilaire über die Benutzung des Pferdefleisches heraus, s. *Geoffroy St. Hilaire* Nr. 399.

Delwart, L. V., studirte zu Alfort Thierarzneikunde, kehrte 1825 in sein Vaterland Belgien zurück, übernahm 1832 die Vorträge über Pathologie und die Klinik an der Thierarzneischule zu Cureghem, wurde 1851 zum Professor ernannt und erhielt 1856 den Leopolds-Orden.

270. Mémoire sur les maladies des cavités nasales des solipèdes que l'on confond souvent avec la morve, considérés principalement au point de vue pratique. Bruxelles 1849. — 8°.

271. Traité de médecine vétérinaire pratique par L. V. Delwart. 3 Volumes. Bruxelles 1849—53.
8°. 36 Fr.

Rec.: Répertoire 1849. 485; Annales 1854. 335.

272. Diccionario de medicina veterinaria pratica, por L. V. Delwart, catedratico de patologia, clinica y epizootias en la escuela veterinaria de Belgica, academico de numero de la Academia real de medicina, presidente de la Sociedad de medicina veterinaria de Belgica, etc., etc. Traducido, compendiado y adicionado por D. Nicolas Casas, director y catedratico de la Escuela superior de veterinaria etc. Madrid 1854, libreria de Calleja.
gr. 8°. 2 Bände. 70 Rea.

273. Er ist Mitherausgeber der Belgischen thierärztlichen Zeitschrift, s. *Journal* Nr. 1309, *Annales* Nr. 1212, *Répertoire* Nr. 1410.

Demarbaix, Alphonse, geboren im Juni 1825 zu Wavre in Belgien, besuchte die Thierarzneischule in Brüssel, erhielt 1851 das Diplom als Thierarzt, wurde in ebendem Jahre Repetitor an jener Schule, besuchte 1852 noch die Universität und die Thierarzneischule zu Utrecht, wurde nach seiner Rückkehr Lehrer der chirurgischen Anatomie an der Brüsseler Veterinärschule, gab diese Stellung aber 1855 auf und liess sich als Landwirth zu Eynthout nieder.

274. Er war Mitherausgeber der Belgischen thierärztlichen Zeitschrift, s. *Annales* Nr. 1212.

Dementhon, F. J., Thierarzt und Pharmazeut zu Lagnieu in Frankreich.

275. *Précis hygiénique sur l'éducation des animaux en général suivi de conseils à M. M. les maitres de poste, entrepreneurs de diligences et autres, propriétaires, amateurs de chevaux, etc. Par F. J. Dementhon, médecin vétérinaire et pharmacien juré à Lagnieu (Ain). Lyon Imprimerie de B. Boursy 1853.
8°. T. mit V., 24 S. 50 C.

Darin: Behandlung der Thiere im Allgemeinen, das vom Verfasser erfundene Gesundheitspulver S. 1—7, Fütterung und Behandlung des Pferdes S. 14—24.

Demilly, Louis, geboren in Frankreich 1819, besuchte die Thierarzneischule zu Alfort, wurde 1835 Thierarzt des Arrondissements Rheims, dann Mitglied der Gesellschaft für Ackerbau u. s. w. zu Chalons, Vizepräsident der Veterinär-Gesellschaft des Departements Marne, Sekretär des Comice agricole, Mitglied der hippischen und Wohlfahrt-Kommission zu Rheims, der dortigen Akademie und der Veterinär-Gesellschaft zu Paris.

276. *Mémoire sur la contracture pelvienne comparée à la paraplégie sur le cheval (ouvrage couronné par la société impériale et centrale de médecine vétérinaire). Par M. Demilly aîné, Vice-Président de la Société vétérinaire de la Marne, etc., etc. Chalons, imprimerie et librairie E. Laurent. 1855.
gr. 8°. T., 3—96 S., 1 Bl.: Err. 1 Fr. 50 C.

277. Nouvelles objections en faveur de la contracture pelvienne sur le cheval, faites dans la séance de la société impériale et centrale de médecine vétérinaire du 12 juillet 1855, par M. Demilly aîné. Imprimerie de Penaud à Paris 1855.
8°. T., 3—16 S. 50 C.

278. *La gale des poules sur le cheval, par Demilly Aîné, Vice-Président de la Société Vétérinaire de la Marne, Médecin-Vétérinaire etc. etc. Extrait du compte-rendu de la Société Vétérinaire de la Marne (année 1847). Rheims, A. Huet 1856.
8°. T.. 3—23 S. 50 C.

Deschamps, Doktor der Medizin und Sekretär des Thierschutz-Vereins zu Paris.

279. De la domesticité chez les animaux, et de la souche des animaux domestiques; par le docteur Deschamps, secrétaire général de la Société protectrice des animaux. Imprimerie de Malteste à Paris 1850.
8°. 10 S. — Abdruck aus der Union médicale, mai 1850.

Desmarest, E.

280. Remarques sur plusieurs cas de pathologie observés chez les animaux, par M. E. Desmarest. Imprimerie de Sapia à Paris 1849.
8°. 8 S. 50 C.

Dias Ramos, Alexandre, geboren 1687 zu Zambujal bei Redondo in Portugal.

280. Thesouro de Lavradores, e nova Alveitaria do gado vaccum, illustrada com varias auctoridades, dividida em quatro livros, etc. Lisboa, na Typ. de A. J. da Rocha. 1848.

8⁰. — Erschien zuerst 1737, dann in neuer Ausgabe 1762 und 1804.

Dickson, James, Viehhändler in England.

281. The Breeding and Economy of Live Stock, being the Results of Forty Years practical Experience in the Management and Disposal of Cattle, Horses, Sheep, and Pigs. By James Dickson, Cattle Dealer. Edinburgh: Adam and Charles Black 1851. — 8⁰.

Rec.: Veterin. 1851. 22.

von Diepenbrock, C. J., Freiherr, der Sohn eines fürstlich Salm-Salm'-schen Hofkammer-Direktors, wurde 1808 zu Bocholt in Westphalen geboren, diente nach beendeten Gymnasialstudien als einjährig Freiwilliger im Preussischen 17. Infanterie-Regiment, war dann Lieutenant im 13. Landwehr-Regiment. Er nahm 1833 den Abschied, trat als Volontair in das Griechische Ulanen-Regiment zu Argos ein, schied im folgenden Jahre aus, trat in das Oesterreichische Dragoner-Regiment Nr. 2 zu Padua ein, nahm aber 1839 seine Entlassung und lebte abwechselnd in Preussen und Bayern. Er schloss sich der revolutionären Bewegung 1848 an, wurde zum Hauptmann der Pfälzischen Armee, später zum Major im Generalstabe ernannt und lebte nach Beendigung der Revolution in der Schweiz und Holland, seit seiner Amnestirung 1858 aber schönwissenschaftlichen Studien in Darmstadt.

282. *Praktischer Reitunterricht für Schule und Feld von C. J. Diepenbrock, Major a. D. Basel, Schweighauser 1855.

12⁰. T., 1 Bl.: Vorw., 63 S. 9 Ngr.

Dieterichs, Joachim Friedrich Christian, der Sohn eines Thoreinnehmers, wurde am 1. März 1792 zu Stendal in Preussen geboren, besuchte die Schule zu Wusterhausen a. D., erlernte 1809—12 das Schmiedehandwerk und trat 1813 in die Berliner Thierarzneischule ein, — woselbst er bald Marstallseleve und Assistent des Professor Naumann wurde. Nach abgelegtem Examen bereiste er 1817 auf Staatskosten Deutschland, Frankreich, Ungarn, wurde zugleich zum Oberthierarzt ernannt und nach seiner Rückkehr 1819 Lehrer der Chirurgie, Gestütskunde, Diätetik und gerichtlichen Thierarzneikunde an der Berliner Schule. Er nahm 1823 seine Entlassung, praktizirte in Berlin, wurde 1830 Lehrer der Pferdekenntniss an der Kriegsschule, errichtete 1835 ein Schmiedegeschäft, wurde 1839 Mitglied der thierärztlichen Prüfungs-Kommission, erhielt 1841 den Titel Professor und übernahm 1842 wieder den Vortrag über Chirurgie an der Berliner Thierarzneischule. Er gab diese Stellungen 1843, die Lehrerstelle an der Kriegsschule aber 1855 auf, zog sich nach Charlottenburg zurück und starb hier am 28. Februar 1858.

283. *Zeitschrift für die gesammte Thierheilkunde und Viehzucht. In Verbindung mit mehreren der vorzüglichsten Thierärzte und Thierzüchter herausgegeben von J. F. C. Dieterichs, Dr. Ernst Ludwig Nebel und Dr. Karl Wilhelm Vix. Fünfzehnter Band. Verlag der J. Ricker'schen Buchhandlung in Giessen. 1848.

8⁰. IV S.: T., Inh., 460 S., 2 KT.

Dass. 16. Band. 1849. — IV S.: T., Inh., 431 S., 1 KT.

Dass. 17. Band. 1851. — T., 1 Bl.: Inh., 448 S., 2 KT.

Die Zeitschrift erschien seit 1834, hörte mit dem 17. Bande auf und kostete jährlich 2 Thlr.

284. *Handbuch der gesammten Hausthierzucht für Landwirthe. Von J. F. C. Dieterichs, Professor an der königlichen allgemeinen Kriegsschule und Oberthierarzt zu Berlin, mehrerer gelehrten Gesellschaften Mitglied. Leipzig: F. A. Brockhaus. 1848.

gr. 8º. XIV S.: Sch. T., T., Vorw., Inh., 417 S. 1 Thlr. 16 Gr.

Darin: Zucht im Allgemeinen S. 1—58, Pferdezucht 62—116.

285. *Sammlung von Abhandlungen betreffend alle Theile der praktischen Thierheilkunde und den Stand der Thierärzte. Von J. F. C. Dieterichs, Königl. Professor und Oberthierarzt zu Berlin, etc. Berlin, A. W. Hayn. 1851.

8º. IV S.: T., Inh., 246 S. 16 Gr.

Darin: über Dämpfigkeit, Dummkoller, Blennorrhoe der Luftsäcke, Buglähme, Sattel- und Geschirrdruck, Aphorismen über Pferdezucht, gerichtliche Thierheilkunde (Koller, Mangel bedungener Eigenschaften), ein Fall aus der Geburtshülfe, die Magenschlundklappe, Knieverletzung, Prozess in Folge Todes nach der Kastration, das Alter der Pferde zu bestimmen, Tragezeit, Fruchtbarkeit in Gestüten.

286. *Handbuch der speziellen Pathologie und Therapie für Thierärzte und Landwirthe. Oder: die Kunst, die innern Krankheiten der Pferde, Rinder, Schafe, Schweine und Hunde zu erkennen, zu verhüten und zu heilen. Bearbeitet von J. F. C. Dieterichs, Professor an der Königlichen allgemeinen Kriegsschule, etc. Dritte völlig umgearbeitete und vermehrte Auflage. Berlin 1851. A. W. Hayn.

gr. 8º. XIII S.: T., Vorw., Inh., Literatur, 718 S. 2 Thlr. 16 Gr. — Erschien zuerst 1828.

287. Handbuch der Veterinär-Akiurgie, oder: Die Lehre von den wichtigsten, an Hausthieren vorkommenden blutigen Operationen. Von J. F. C. Dieterichs, Professor etc. Zweite verbesserte und vermehrte Auflage. Mit Abbildungen. Berlin 1851. A. W. Hayn.

gr. 8º. XVI und 592 S., 1 KT. 2 Thlr. 12 Gr. — Erschien zuerst 1842.

288. *Die Fehler und Gewährsmängel und deren Kennzeichen bei den Pferden. Ein Leitfaden zum Gebrauche für Käufer und Verkäufer von Pferden, überhaupt für jeden Pferdebesitzer. Von J. F. C. Dieterichs, Professor etc. Mit Abbildungen. Leipzig, Baumgärtner 1853.

gr. 8º. T., 126 S., 1 Tab., 4 KT. 27 Ngr. — Die Tabelle ist auch besonders zu haben, s. die folgende Nummer.

Rec.: Roell 1853. 75; Zarncke 1853. 636.

289. *Benennungen der einzelnen Regionen und Theile des äussern Pferdekörpers und Angabe des Sitzes der daran vorkommenden Fehler und Krankheiten. Mit Hinweisung auf das dazu gehörende Werk: Die Fehler und Gewährsmängel bei den Pferden zu erkennen. Von J. F. C. Dieterichs. Leipzig 1853. Baumgärtner.

Eine Tabelle in gr. fol. mit 1 Abb. und Text. 6 Ngr. Vgl. die vorhergehende Nummer.

290. *Handbuch der Veterinär-Chirurgie oder die Kunst, die äusseren Krankheiten der Pferde und anderer Hausthiere zu erkennen und zu heilen. Von J. F. C. Dieterichs, Professor etc. Siebente sehr vermehrte und verbesserte Auflage. Mit 2 Kupfertafeln. Berlin 1856. A. W. Hayn.

gr. 8º. XXIII und 681 S., 4 KT. 2 Thlr. 16 Gr. — Erschien zuerst 1822.

291. *Rath und Hülfe bei plötzlich eintretenden Krankheiten der grösseren Hausthiere bis zur Ankunft des Thierarztes. Für Landwirthe, Besitzer von Thieren, für Gemeinde-Vorsteher und Schulzen. Von J. F. C. Dieterichs. Berlin, Gebrüder Scherk 1857.

1 Bog. imp. fol. 8 Ngr.

292. Handboek der vecartsénykundige heelkunde van J. F. C. Dieterichs. Uit het Hoogduitsch vertaald met eene voorrede en eenige aanteekeningen van Dr. A. Numan. Sneek, von Druten en Bleeker 1851.

8°. Mit KT. 3,90 Fl.

293. Veterinair-Chirurgie, eller lära om kreaturens yttre åkommor, dessas behandling, samt chirurgiska Operationer. Tre Delar. Oefversatt och sammandragen af L. Tiden. Soederhamn, Hamberg 1851.

8°. 47, 40, 43 S. 1 Rd.

Dillon, Harry Luke, der Sohn eines Geistlichen, wurde 1826 zu Colchester in England geboren, in Belgien erzogen und dann bei der Englischen Post-Verwaltung angestellt. Er rückte zum Büreau-Chef auf, war seit 1845 Mitarbeiter an den hippologischen Journalen, ging 1853 als Korrespondent von Bell's Life nach Frankreich und liess sich zu Chantilly nieder, wo er schriftstellerisch thätig lebt.

294. Er begründete mit Chapus 1854 das Journal Le Sport, welches er seitdem redigirt, s. *Sport* Nr. 1431.

Dittweiler, Wilhelm, der Sohn eines Bürgers zu Karlsruhe, wurde daselbst am 3. Juni 1807 geboren, besuchte das dortige Lyceum und seit 1823 die Thierarzneischule, legte 1826 die Staatsprüfung ab, wurde dann Hülfslehrer an jener Schule und bereiste 1827—29 auf Staatskosten die Thierarzneischulen zu München und Wien. Nach seiner Rückkehr wurde er Lehrer der Naturgeschichte, Chemie, Physik, allgemeinen Pathologie und Therapie an der Thierarzneischule, erhielt 1853 den Titel Professor und ertheilte seitdem neben den Vorlesungen über spezielle Pathologie, Thierzucht, Exterieur, Seuchenlehre, Arzneimittellehre und gerichtliche Thierheilkunde auch den klinischen Unterricht. Er starb im Januar 1861.

295. *Anleitung zur thierärztlichen Krankenuntersuchung und Behandlung. Ein Leitfaden beim Unterricht in der Klinik und allgemeinen Therapie, herausgegeben von Wilhelm Dittweiler, Lehrer an der Grossherzoglich Badischen Veterinairschule. Karlsruhe 1850. Buchdruckerei von Th. Gerbracht.

12°. VI S.: T., Vorw., Inh., 131 S. 48 Kr.

Rec.: Fuchs 1850. 128; Hering 1851. 75.

Dixon, Henry, ein Rechtsgelehrter in England.

296. Er schrieb unter dem Namen Druid über Pferdezucht, Rennen, etc., s. *Druid*.

Doll, Carl Gottfried, geboren zu Markgröningen in Württemberg am 30. April 1812, besuchte seit 1832 die Thierarzneischule zu Stuttgart und liess sich 1835 nach abgelegter Prüfung in seinem Geburtsorte als Thierarzt nieder.

297. Die Hauptmängel sämmtlicher Hausthiere für Landwirthe, Viehschauer und Viehhändler. Nebst Anleitung zum Verhalten in vorkommenden Streitfällen. Herausgegeben von C. G. Doll, Thierarzt in Markgröningen. Schwäbisch-Hall, E. Fischhaber 1851.

12°. 1 Bog. 4 Ngr.

298. *Dass. Zweite Auflage. Ebda 1857. — 12°. T. mit V., 3—16 S. 4 Ngr.

Dolomanow, in Moskau.

299. Er ist der Verfasser einer Brochüre über die Moskauer Pferderennen, s. *Pojasnitelnija* Nr. 1382.

Dombasle. — Der Name des verdienstvollen, längst verstorbenen landwirthschaftlichen Schriftstellers Dombasle ist nur aus Buchhändler-Spekulation auf die Titel des nachstehenden Buches gesetzt worden.

300. Le maréchal expert français, contenant une connaissance exacte du cheval, etc., d'après les meilleurs traités d'hippiatrique anciens et modernes, par M. de Dombasle (Meurthe). A Paris, à la librairie populaire. 1851. 12⁰. 7 Bog. 1 Fr.

301. Dass. A Paris chez Renault 1853. — 12⁰. 7 Bog. 1 Fr.

302. Dass. A Paris, rue du Paon-St.-André. 1855. — 12⁰. 7 Bog. 1 Fr.

303. La Maison rustique française. Encyclopédie des campagnes à l'usage de la petite, de la moyenne et de la grande propriété; par M. Henri de Dombasle (Meurthe). Avec planches gravées. Tome second. Les Animaux. Paris, libr. Renault et C⁰. 1857.

8⁰. — Der erste Band handelt vom Ackerbau. Beide Bände 694 S. und 10 Fr. Darin: Zucht, Wartung, Fütterung und Krankheiten der Pferde.

Douterluigne, Pierre, geboren zu Gand in Belgien am 18. Mai 1809, besuchte die Veterinärschule zu Gildenstein bei Utrecht, ging 1830 nach Belgien, trat im Mai 1831 als Rossarzt bei der 9. Feld-Batterie ein, wurde 1832 als solcher zum 2. Regiment der Jäger zu Pferde versetzt und erhielt im November das Diplom als Thierarzt 1. Klasse. Im Juli 1835 nahm er seine Entlassung, zog nach Brüssel, wurde Rossarzt am königlichen Marstall und bei dem Herzog von Aremberg, dann auch bei der Gendarmerie und begründete daselbst ein thierärztliches Etablissement. Seit 1836 Mitglied der Jäger zu Pferde der Brüsseler Bürgergarde, wurde er 1846 Unter- und 1850 Oberlieutenant derselben, erhielt 1850 den Spanischen Isabellen- und 1856 den Belgischen Leopolds-Orden.

304. Sur l'élève des chevaux en Belgique. Par Douterluigne, Senior, Vétérinaire de l'armée belge, Médecin Vétérinaire de S. M. le Roi Léopold et de S. A. le Duc d'Aremberg. Bruxelles 1850.

8⁰. 160 S. 2 Fr. 50 C.
Rec.: Veterin. 1852. 562.

Druid. — Pseudonym des Master Dixon.

305. *The Post and the Paddock: with Recollections of George IV., Sam Chifney, and other Turf Celebrities by the Druid. London: Piper, Stephenson and C⁰.

8⁰. Sch. T., lith. T. mit V., 3 Bl.: Widm. (an W. Cook Russel), Vorw., Inh., 376 S., 1 K. 2 Sch. 6 P. — Ist die zweite, 1856 erschienene Ausgabe, die erste erschien ebenfalls 1856 bei Rogerson und Tuxford in London.

Inh.: Zur Geschichte des Turf, Trainer und Jockeys, Newmarket, Chiffney, König Georg, berühmte Hengste und Stuten, Zucht der Hunters.

Dubourdieu, Charles, Thierarzt in Frankreich.

306. Simples observations sur la ferrure, par Charles Dubourdieu, médecin vétérinaire, Imprimerie de Mons à Bordeaux 1855.

8⁰. T., 3—16 S. 50 C.

Duerler, Arnold, geboren zu St. Gallen in der Schweiz am 25. Februar 1824, studirte an der Universität Bern 1841—43 Medizin und Thierarzneikunde, besuchte dann bis 1845 die Wiener Thierarzneischule, legte in Bern das thierärztliche Examen ab, wurde als Batterie-Rossarzt und später als Stabspferdearzt angestellt. Er bekleidet zugleich die Stelle eines Bezirkspferdearztes für St. Gallen, ist Mitglied der Fleischschau-Kommission und zur Zeit Präsident der Gesellschaft Kanton St. Gallen'scher Thierärzte.

307. *Die äussere Pferdekenntniss bearbeitet von Arnold Dürler, Veterinär in St. Gallen. Lithographie von J. Tribelhorn in St. Gallen.

Ein Blatt gr. fol. mit Text und 164 Abb. — Erschien 1854. 2 Thlr. 10 Ngr.
Rec.: Archiv 1854. 185; Hering 1854. 284; Tennecker 1857. 415.

308. *Erkenntniss des Alters der Pferde an den Zähnen. Von Arnold Dürler. St. Gallen und Bern. Verlag von Huber und C°.
Ein Blatt in fol. mit Text und 29 Abb., nach Wagenfeld (Nr. 1155) zusammengestellt. Erschien 1857. — 12 Gr.
Rec.: Hering 1858. 76.

Dunnewold, Anton, geboren in Holland 1825, besuchte seit 1842 die Thierarzneischule zu Utrecht, wurde 1846 Thierarzt 1. Klasse, im September als solcher zu Wisch in der Provinz Geldern angestellt und 1853 als Provinzial-Thierarzt nach Almelo in Overyssel versetzt.

309. Er übersetzte aus Baumeister's Exterieur des Pferdes die Alterserkenntniss in das Holländische, s. *Baumeister* Nr. 71.

Dureau de La Malle, Mitglied des Französischen Instituts, starb zu Paris 1858.

310. Notice sur les races domestiques des chevaux; par M. Dureau de La Malle, de l'Institut. Imprimerie de Panckoucke à Paris 1855.
8°. 1 Bog. — Abdruck aus dem Moniteur universel vom 16. März 1855.

Duttenhofer, Friedrich Martin, der Sohn eines Kupferstechers, wurde am 7. Mai 1810 in Stuttgart geboren, studirte 1828—32 zu Tübingen Medizin und Chirurgie, promovirte im Januar 1833, besuchte dann die Spitäler in Wien und München, praktizirte seit 1834 in Stuttgart, besuchte im folgenden Jahre auf Staatskosten die Thierarzneischulen in Berlin und Dresden, wurde nach seiner Rückkehr als Lehrer an der Thierarzneischule zu Stuttgart angestellt, 1837 zum Professor und Mitvorstand derselben ernannt, 1838 aber entlassen. Zunächst praktizirte er wieder in Stuttgart, wurde 1847 Rossarzt bei dem 4. Reiter-Regiment, ging nach erhaltenem Urlaub 1853 in Folge einer Aufforderung der Holländischen Regierung als Mitglied einer Kolonisations-Kommission nach Surinam, kehrte Ende 1854 zurück und starb zu Ludwigsburg am 28. Januar 1859.

311. Er gab mit Baumeister ein Handbuch der Thierheilkunde heraus und übersetzte die Geschichten des Pferdes von Martin und Youatt aus dem Englischen, s. *Baumeister* Nr. 65, *Martin* Nr. 715.

Dzieduszycki, Jerzy.

312. Jerzy Dzieduszycki, Obserwacye należące do koni i stad polskich, napisane w r. 1705 z rękopismu biblioteki Złauskich po pierwszy raz wydał Stan. Przylęcki. Lwów 1852.

(Bemerkungen zu der Beschreibung der Pferde und des Rindviehes' in Polen im Jahre 1705, aus einer Handschrift der Zaluskischen Bibliothek zum ersten Male herausgegeben von Stan. Przylecki. Lemberg 1852).
8°. 24 S.

Eberhard, G., Baumeister.

313. *Das neue herzogliche Marstallgebäude in Gotha. Auf höchsten Befehl Seiner Hoheit des regierenden Herzogs Ernst von Sachsen-Coburg-Gotha ausgeführt von G. Eberhard. Mit sechs Tafeln in Tondruck. Berlin und Potsdam, Riegel 1856.
Imp. fol. T., 7 S. mit 6 Abb., 6 KT. 2 Thlr. — Auch als Heft 16 des Architektonischen Albums redigirt vom Architekten-Verein zu Berlin.

Eberhard, Philipp, geboren zu Rzeszow in Galizien am 26. April 1797, erlernte seit 1813 das Schmiedehandwerk, besuchte 1818—19 die Thierarzneischule in Wien, wurde 1820 als Rossarzt bei dem Gestüt Janow in Polen angestellt und leitete seit 1824 die bei demselben errichtete Thierarzneischule. In den Jahren 1825, 33, 36, 38, 43, 57 wurde er zu Pferdeankäufen nach England geschickt,

1833 zum Vize-Inspektor des Gestüts Janow ernannt, erhielt 1842 den Stanislaus-Orden und wurde Mitglied des Renn-Kommitee für Polen, 1846 wirklicher Gestüts-inspektor und Mitglied der Generaldirektion für die Rennen, bereiste 1856 Deutschland, die Schweiz, Frankreich, Italien, Ungarn, Galizien und erhielt den Titel eines Kollegien-Assessors und wurde 1857 Ritter des Annen-Ordens.

314. O chowie i ulepszeniu rasa koni z pogledem na chow koni w Anglii. Warszawa 1856.

(Ueber Erziehung und Verbesserung der Pferde mit Hinblick auf die Erziehung der Pferde in England).

8⁰. V S.: T., Vorw., Inh., 490 S. 3 Gld.

Echegaray, Jose, zu Saragossa geboren, studirte in Madrid Medizin, wurde als Arzt am Institut San Carlos angestellt, erhielt dann die Professur der allgemeinen Landwirthschaft zu Murcia und wurde 1847 als Professor der Zootechnic und Landwirthschaft an die Thierarzneischule zu Madrid berufen.

315. Zootechnia, Produccion animal. Segunda parte de la agricultura o sea la ciencia que enseña a multiplicar y mejorar los animales utiles al hombre, por D. Jose Echegaray, doctor en medicina y cirujia, catedratico de agricultura aplicada y de zootechnia en la escuela superior de veterinaria. Madrid 1857, imprimeria de Fortanet, libreria de Lopez, Bailly-Baillière y Gaspar y Roig.

gr. 8⁰. 688 S. 30 Rea.

Ehrhardt, Friedrich August, der Sohn eines Rendanten, wurde am 14. Mai 1790 zu Berlin geboren, widmete sich ebenda und in Stettin der Handlung, und liess sich 1812 als Kaufmann zu Landsberg a. W. nieder. Er diente 1813 dem General Tschernitscheff als Führer nach Berlin, wurde auf dem Rückweg von den Franzosen gefangen und entging nur durch glückliche Flucht der über ihn verhängten Todesstrafe. Im April trat er als Freiwilliger in das Strelitz'sche Husaren-Regiment, wurde Unteroffizier und Quartiermeister, musste aber 1814 schwer verwundet ausscheiden. Genesen wurde er als Assistent bei dem Russischen Magazin in Landsberg angestellt, 1815 Preussischer Feld-Magazin-Rendant, 1816 Kontroleur des Proviantamts Erfurt, 1828 Proviantmeister in Minden, 1834 Vorstand des Proviantamts Insterburg, nahm 1841 seine Entlassung und lebt seit 1857 in Erfurt.

316. *Praktisches Handbuch für Oekonomen, Pferdezüchter, Pferdehalter und Pferdeliebhaber, über Pferdekenntniss, Pferdehandel, die Entwickelung, Geburt und Ausbildung des Fohlens und die Heilmittel der gewöhnlichen Krankheiten des Pferdes. Gesammelt aus eigenen Erfahrungen, deren tüchtiger Praktiker und Rossthierärzte von F. A. Ehrhardt. Insterburg, 1854. Wilhelmi'sche Buchdruckerei.

gr. 8⁰. VIII S.: T., Vorw., Inh., 126 S. 12 Gr.

Inh.: Pferdekenntniss, Race, Stellung und Bewegung, Farbe, Alter, Erb-, Schönheits- und Gebrauchsfehler, Abrichtung, Handel, Geburt und Ausbildung des Fohlens, Behandlung der Mutterstute, Krankheiten.

von Einsiedel, Kurt Heinrich Ernst, Gräf, der Sohn des königl. Sächsischen Oberschenk Graf Heinrich von Einsiedel, wurde am 14. März 1811 zu Paris geboren, besuchte das Kadetten-Korps zu Leipzig, studirte seit 1829 Rechtswissenschaft und hörte Vorträge über Veterinärkunde zu Leipzig, legte 1833 das juristische Examen ab, setzte seine Studien in Göttingen fort, wo er sich auch in der Reitkunst ausbildete, besuchte dann die Reitbahnen und Gestüte in Hannover, Lippe, Braunschweig und kehrte 1835 in die Heimath zurück. Er unternahm hippologische Reisen nach Oestreich, Ungarn, 1839 nach England, übernahm 1842 die Standesherrschaft Reibersdorf, deren Verbesserung er sich fortan widmete. Er wurde 1851 Vorstand des Rennklubs in Sachsen, bereiste 1857 Egypten, Palästina, Syrien und die Türkei, dann wiederholt England, richtete eine Lehrschmiede auf seinem Gut Milkau ein und hat sich namentlich um die Verbesserung des Hufbeschlags in Sachsen grosse Verdienste erworben. Er ist Mitglied der ersen Kammer der Sächsischen Ständeversammlung.

317. Er ist Verfasser zweier Brochüren über Pferdewissenschaft und Hufbeschlag, s. *Aphorismen* Nr. 1218, *Worte* Nr. 1463.

Ellerbrock, Ignatz, wurde in Holland 1811 geboren, studirte zu Utrecht Thierarzneikunde, wurde 1832 Militär-Rossarzt, nahm 1840 seinen Abschied, liess sich als Thierarzt zu Zeyst bei Utrecht nieder, war auch einige Jahre lang Lehrer an dem landwirthschaftlichen Institut des H. Enklaar und starb 1855.

318. De betriegerijen, kunstgrepen, roskammen-en andere streken, welke in den paardenhandel plaats grijpen. Eene handleiding voor eigenaars en liefhebbers van paarden, paarden-artsen, paarden-handelaren, officieren der kavallerie en artillerie. Uit practische onderwinding opgeteekend door J. Ellerbrock, Practised Veearts der Eerste Klasse, etc. Amsterdam, bij Gebroeders Diederichs. 1851.

8°. 4½ Bog. 75 Cts.

319. *Dass. Tweede verbeterde Druck. Amsterdam, Gebroeders Diederichs. 8°. XII S.: Sch. T., T., Vorw., Inh., 71 S. 75 Cts. — Erschien 1853.

320. *De droes van het paard. Eene op ondervinding steunende praktische handleiding; om den droes, zoo als hij in zijne verschillende vormen bij het paard voorkomt, op eene gemakkelijke en zekere wijze te onderkennen, en hem door eene doelmatige behandeling zeker en spoedig te genezen. Voor Lanhuishoudkundigen, Veeartsen, Officieren der Kavallerie en Artillerie, Paardenhandelaars, Bezitters en Liefhebbers van Paarden, enz. door Ignatz Ellerbrock. Veearts der Eerste Klasse, Oud-Paardenarts bij de Nederlandsche Artillerie; Oud-Leeraar in de Dierenkunde en Verteelt van het Landhuishoudelijk Instituut onder direktie van den Heer Enklaar, enz., enz. Oudewater, Roldanus 1852.

8°. T., 1 Bl.: Inh., 40 S. 40 Cts.

321. *Algemeene paardenkennis. Eene handleiding voor eigenaars en liefhebbers van paarden, paarden-handelaren, paarden-artsen, officieren der kavallerie en artillerie, enz., enz. Bevattende de natuurlijke historie van het paard; de algemeene kennis der onderscheidene kleuren en rassen; de kennis van den ouderdom; de kennis en beordeling van de uitwendige deelen des paards in den gezonden toestand, en naauwkeurige beschrijving en onderkenning der uitwendige gebreken; de onderkenning en beordeling der inwendige hoofdgebreken; de noodige voorzorgen en maatregeln, welke bij den koop en verkoop van paarden dienen in acht genomen te worden, om zich voor schade te hoeden. Benevens eene uitvoerige en naauwkeurige opgave der bedriegerijen en kunstgrepen, welke in den paardenhandel gepleegd worden. Door Ignatz Ellerbrock, Veearts enz., enz. Amsterdam, Gebroeders Diederichs.

8°. IV S.: T., Inh., 180 S. 1 Fl. — Erschien 1852.

322. *De nederlandsche Paarden-Fokkerij, in haren geheelen Omvang. Bevattende: algemeene Grondregelen der Paardenfokkerij; de Keus van Dek-Hengst en Fok-Merrien; hunne Oppassing en Verpleging; Behandeling der Merrien in haren Draagtijd en Verpleging van den Spring-Hengst; Verlossing in natuurlijke en tegennatuurlijke Gevallen; Behandeling van de Ziekten der Veulen-Merrien et van het Veulen, bij en na de Verlossing; Behandeling der Merrien en van het Veulen gedurende den Zoogtijd en bij het Spenen van het Veulen; Verpleging der Veulens tot op hunnen vollen Wasdom als Paard; Hoef-Beslag bij jonge Paarden, en het Geschickt Maken tot den Arbeid en den Verkoop. Handleiding voor iederen Fokker van Paarden; voor alle Stoeterijen en Paarden-Fokkerijen; ten Dienste van Landbouwers, Paarden-Artsen, Officieren der

Kavallerie en Artillerie. Door J. Ellerbrock, Practisered Veearts, enz. Amsterdam, Gebroeders Dieterichs.

8⁰. VIII S.: Sch. T., T., Inh., 223 S. 1,40 Fl. — Erschien 1853.

von Elpons, Carl Franz Michael, der Sohn eines Oberstlieutenants, am 29. September 1814 zu Hennerwitz in Schlesien geboren, trat 1831 in das 6. Husaren-Regiment ein, wurde 1833 Fähnrich, 1838 Sekonde-Lieutenant, besuchte 1839—40 die Lehreskadron, wurde 1850 zum Premier-Lieutenant, 1853 zum Rittmeister befördert und 1854 als Lehrer zur Militär-Reitschule kommandirt. Er erhielt 1857 den rothen Adler-Orden, trat 1858 von seinem Kommando in das Regiment zurück und wurde 1861 zum Major befördert.

323. *Leitfaden für den theoretischen Unterricht wie dieser in der Königlichen Militär-Reitschule betrieben wird, nebst einem aphoristischen, auf das nähere Verständniss der Reit-Instruktion zielenden Vorwort. Bearbeitet von C. von Elpons, Rittmeister im Königlich 6. Husaren-Regiment, Lehrer bei der Königlichen Militär-Reitschule. Berlin 1856. Decker'sche Geheime Ober-Hofbuchdruckerei.

8⁰. XLVIII S.: Sch. T., T., Vorw., 86 S., 2 S.: Inh. 18 Gr.

Inh.: Vom Pferde, seiner Bewegung, dem Sitz, der Führung, Faust und Schenkel, Dressur, Zäumung.

Rec.: Bl. f. Kr. 1856 Nr. 12.

Enklaar, Ernst Cornelis, geboren zu Nymwegen am 5. März 1799, der Sohn des dortigen Schuldirektors, studirte seit 1818—22 zu Leyden Literatur und Philosophie, wurde im November des letzten Jahres Präzeptor an der lateinischen Schule zu Zwolle, nahm 1825 seine Entlassung, lebte zunächst in Nymwegen, trat 1830 als Lieutenant in die Nationalgarde ein, wurde später zum Oberlieutenant der Artillerie befördert, nahm 1835 den Abschied und zog auf ein ererbtes Gut. Hier gründete er 1841 die erste landwirthschaftliche Schule in Holland, die aber bei dem Verkauf des Guts 1855 einging. Er lebt seitdem schriftstellerisch thätig zu Hattem in der Provinz Geldern.

324. Er übersetzte Haubner's Gesundheitslehre der Haussäugethiere, s. *Haubner* Nr. 486, und Hamm's Physiologie der Thiere, s. *Hamm* Nr. 471.

Ercolani, Giovanni Battista, geboren zu Bologna am 28. Dezember 1817, studirte Medizin und Chirurgie, widmete sich aber später der Thierheilkunde, wurde 1852 Professor an der Turiner Thierarzneischule und 1853 Mitglied der Veterinär-Gesellschaft zu Paris.

325. *Ricerche storico analitiche sugli scrittori di Veterinaria per G. B. Ercolani Dottore in Medicina e Chirurgia, della Societa medico-chirurgica, della Societa Agraria e dell' Accademia dell' Istituto delle Scienze di Bologna, gia Dissettore d'Anatomia comparata, Aggiunto alla Clinica Veterinaria nell' Universita di Bologna, Ispettore di Sanita militare, ecc. Volume I. Torino tipografia Ferrero e Franco 1851.

8⁰. T., 2 Bl.: Vorw., 7—530 S.

Volume II ed ultimo. Torino tip. Scolastica di Sebastiano Franco e figli e comp. 1854. — T., 1 Bl.: Vorw., 5—340 S. 10 Lir. — Zusätze hierzu erschienen im Giornale di veterinaria 1856. 368.

Rec.: Recueil 1855. 392; Annales 1855. 389; Hering 1855. 106; Corvini I 271.

326. Er war Mitherausgeber der Jahrgänge 1 und 5 der Turiner thierärztlichen Zeitschrift, s. *Lessona* Nr. 663 und *Valluda.*

Erkens, H. G., war Thierarzt in Wassenberg in der Preussischen Rheinprovinz, verliess diesen Ort 1853, zog ohne bleibenden Wohnsitz auf den Märkten der Provinz umher und soll im Herbst 1861 verstorben sein.

4*

327. *Neues Vieharzneibuch für Jedermann. Ein gründlicher Unterricht zur Behandlung der Krankheiten der Pferde, des Rindviehes, der Schafe, Ziegen, Schweine und Hunde. Nach vieljähriger Erfahrung herausgegeben von H. G. Erkens, praktischem Thierarzte. Dritte verbesserte Auflage. Aachen, J. Hensen und C°. 1852.

8°. T., 1 Bl.: Vorw., 5—248 S. 12 Gr. — Erschien zuerst 1835.
Darin S. 5—104 Stallung, Fütterung, Krankheiten der Pferde.

von Eschstruth, Georg Ernst Adolph Wilhelm, der Sohn eines kurhessischen Stabsoffiziers der Kavallerie, wurde am 7. Juli 1801 zu Homberg in Kurhessen geboren, trat 1815 in das Kadettenkorps zu Kassel ein, verliess es 1820 als Sekonde-Lieutenant der Infanterie, wurde 1821 zum 2. Husaren-Regiment versetzt, 1827 zum Premier-Lieutenant befördert, 1831 zur Garde du Corps versetzt, 1833 zum Rittmeister ernannt und 1843 als Major zum 2. Dragoner-Regiment versetzt. Er versah seit 1847 die Stelle eines Landgestütdirektors, avancirte 1848 zum Oberstlieutenant, erhielt 1851 die Landgestütdirektion definitiv und 1859 den Charakter als Oberst.

328. Eine auf lange Erfahrung gegründeter guter Rath an Kurhessens Pferdezüchter, um grosse und gut ausgebildete Pferde zu erziehen. Von Georg von Eschstruth, Oberstlieutenant im 1. (Leib) Husarenregiment und mit der Direktion des Kurhessischen Landgestüts beauftragt. Druck von H. Hotop in Kassel. 1849.

8°. — Ein beinahe wörtlicher Abdruck der gleichartigen Arbeit Ammon's (Nr. 19), welcher auch später als Plagiat unterdrückt wurde.

Rec.: Dieterichs 1851. 213.

Estarrona, Jose Maria, geboren zu Madrid, studirte daselbst Medizin und Thierarzneikunde, wurde 1830 Lehrer und 1834 Professor der Therapeutik und Arzneimittellehre an der dortigen Thierarzneischule.

329. Tratado elemental de materia medica y terapeutica veterinaria. Segunda edicion de la obra de Estarrona por D. Nicolas Casas. Madrid, libreria de Calleja 1850.

8°. — Erschien in erster Ausgabe 1841.

d'Eurville de Grangues, Marquis, Grundbesitzer im Departement Calvudos in Frankreich.

330. Question importante négligée pendant la paix, rappelée par la guerre. Reproduit par l'Argus des Haras et la Presse du Calvados. L'élévage, le commerce et la remonte. Paris, Martinon; Caen, Villeneuve 1854.

8°. T., 3—24 S. 1 Fr. — Handelt über die Pferdezuchtzustände Frankreichs.

331. Zwei andere Brochüren über die Pferdezucht Frankreichs erschienen anonym, s. *Etat* Nr. 1273 und *Haras* Nr. 1291.

Faber, Wilhelm Eberhard, der Sohn eines Pfarrers, wurde am 31. Dezember 1787 zu Jusingen bei Tübingen in Württemberg geboren, kam 1801 zu einem Apotheker in die Lehre, war seit 1807 Apotheker-Gehülfe in Basel, bezog 1810 die Universität Tübingen um Medizin zu studiren, legte 1813 die Examina ab und wurde im Dezember Oberarzt am Militärhospital zu Hohenheim und liess sich nach dessen Auflösung 1814 in Schorndorf nieder, wo er 1817 das Oberamts-Physikat, 1853 den Kronen-Orden erhielt und erst 1860 seine Praxis aufgab. Er ist Mitglied der Württembergischen Vereine für Landwirthschaft, Medizin, Thierarzneikunde, Naturkunde und Geschichte, der medizinischen Gesellschaft zu Erlangen und der Badischen Gesellschaft für Staatsarzneikunde, und gründete 1832 den ärztlichen Verein zu Canstatt.

332. Die Wuthkrankheit der Thiere und des Menschen, mit Benützung der Akten des Königlich würtembergischen Medicinal-Collegiums dargestellt vom Oberamtsthierarzt Dr. W. E. Faber. Mannheim, Bensheimer 1850.

8°. Zwei Theile mit zusammen XXIV und 588 S. 2 Thlr. Ist nur eine neue Titelausgabe und erschien zuerst 1846 und 1847. Der erste Theil enthält die Wuthkrankheiten der Thiere.

Falke, Johann Ernst Ludwig, geboren zu Rudolstadt am 20. April 1805, besuchte bis 1824 das Gymnasium daselbst, studirte bis 1827 in Dresden und Berlin Naturwissenschaften, Medicin und Thierheilkunde, wurde in Schwarzburg als Thierarzt approbirt, 1830 Repetitor und klinischer Assistent an der Dresdner Thierarzneischule, 1832 Hofrossarzt in Schwarzburg und 1840 zugleich Oberthierarzt ebenda, ging 1847 als Lehrer der Thierarzneikunde an das landwirthschaftliche Institut zu Jena und wurde 1849 Professor an der dasigen Universität, auch Landesthierarzt und thierärztlicher Physikus.

333. *Lehrbuch über den Hufbeschlag und die Hufkrankheiten. Von Dr. E. Falke, Kustos des Grossherzoglichen zootomischen Kabinets und Docenten der Thierheilkunde am landwirthschaftlichen Institute zu Jena. Leipzig, Baumgärtner's Buchhandlung. 1848.

8°. XVI S.: T., Vorw., Inh., 78 S. 6 Gr.

Inh.: Bau, Pflege, Krankheiten des Hufs, Beschlag.

Rec.: Hering 1848. 255.

334. *Die veterinär-chirurgische Instrumenten-, Verband- und Operationslehre. Von Dr. E. Falke, Kustos etc. Leipzig, Baumgärtner. 1848.

8°. X S.: T., Vorw., Inh., 118 S. 8 Gr.

335. *Die Hippologie. Von Dr. E. Falke, Kustos etc. Leipzig, Baumgärtner. 1849.

8°. VIII S.: T., Vorw., Inh., 108 S. 8 Gr.

Inh.: die einzelnen Körpertheile, Geschlecht, Alter, Höhe, Farben, Abstammung, Zucht, Gestüte, Kauf, Verkauf.

336. *Lehrbuch der Gesundheitspflege der landwirthschaftlichen Hausthiere. Von Dr. J. E. L. Falke, Professor an der Universität und Lehrer der Thierheilkunde am landwirthschaftlichen Institute zu Jena. Leipzig, Baumgärtner. 1850.

8°. XII S.: T., Vorw., Inh., 117 S. 8 Gr. — Eine neue Auflage s. die folgende Nummer.

Inh.: Atmosphäre, Clima, Aufenthalt, Nahrung, Pflege, Ruhe, Bewegung, Hufpflege, Beschlag.

337. *Lehrbuch über die Diätetik oder Gesundheitspflege der landwirthschaftlichen Hausthiere. Von Dr. J. E. L. Falke, Professor der Thierarzneiwissenschaft an der Universität und dem damit verbundenen landwirthschaftlichen Institute, Grossherzoglichem Landthierarzte und thierärztlichem Physikus zu Jena. Zweite, stark vermehrte Ausgabe. Leipzig, Baumgärtner. 1854.

8°. XII S.: T., Vorw., Inh., 138 S. 12 Ngr. — Die erste Auflage s. die vorhergehende Nummer.

338. Compendium der Veterinär-Jurisprudenz. Von Dr. J. E. L. Falke, Professor etc. Braunschweig, Vieweg und Sohn. 1850.

8°. XVI S.: T.: Vorw., Inh., 156 S. 20 Gr.

Rec.: Fuchs 1850. 158; Dieterichs 1851. 296.

339. *Propädeutik oder encyclopädische Uebersicht der Thierheilkunde nebst ihrer neuern bessern Literatur. Von Dr. E. Falke, ausserordentlichem Professor etc. Leipzig, Baumgärtner. 1849.

8°. IV S.: T., Inh., 78 S. 6 Gr.

340. *Lehrbuch der allgemeinen Veterinär-Therapie. Von Dr. J. E. L. Falke, Professor etc. Leipzig, Baumgärtuer. 1851.

8°. IV S.: T., Inh., 5—36 S. 4 Gr.

341. *Die allgemeine Veterinär-Pathologie und der Krankenexamen. Von Dr. J. E. L. Falke, Professor etc. Leipzig, Baumgärtner. 1852.

8°. VI S.: T., Vorw., Inh., 92 S. 4 Gr

342. *Die Anatomie und Physiologie der nutzbaren Hausthiere in ihrer praktischen Verbindung mit der Pathologie. Von Dr. J. E. L. Falke, Grossherzoglichem Landthierarzte, thierärztlichem Physikus und Professor etc. Leipzig, Baumgärtner. 1852.

8°. VIII S.: T., Vorw., Inh., 332 S. 27 Ngr.

343. Staatsthierarzneikunde. Von Dr. J. E. L. Falke, Professor etc. Leipzig, Baumgärtner. 1853.

8°. 46 S. 3 Ngr.

344. *Dass. Zweite stark vermehrte und verbesserte Ausgabe. Ebda 1855. — 8°. T., 1 Bl.: Inh., VIII S.: Vorw., 9—46 S. 6 Ngr.

Inh.: Währschaftsgesetze, Veterinärpolizei, Beschälseuche, Milzbrand, Wuth, Nervenfieber, Rotz, Wurm, Räude.

345. *Specielle Veterinär-Nosologie und Therapie. Von Dr. J. E. L. Falke, Professor der Thierarzneiwissenschaft an der Universität und an den damit verbundenen landwirthschaftlichen Institute, etc. Leipzig, Baumgärtner. 1854. — 8°. XII S.: T., Vorw., Inh., 323 S. 27 Ngr.

346. Lehrbuch der gesammten Thierarzneiwissenschaft. Von Dr. J. E. L. Falke, Professor etc. Zweite vollständige Ausgabe. Leipzig, Baumgärtner. 1855.

8°. 3 Bände von zusammen LXVIII S.: T., Vorw., Inh., 1862 S. 4 Thlr. Dieses Lehrbuch besteht nur aus den unveränderten, zusammengeklebten und mit einem Register versehenen vorstehend aufgeführten kleineren Arbeiten des Verfassers.

Fenwick de Porquet, L. P. R.

347. Le système Wedlake pour le concassage des avoines, ou Moyen économique de nourrir un cheval pour à peu près un franc par jour, par M. Fenwick de Porquet, esq. Paris, chez Blandin 1856.

8°. 2 Bog. 1 Fr. — Ebenda erschien zugleich eine Italienische Uebersetzung; der Titel des Englischen Originals war nicht zu ermitteln.

348. *Neue wichtige Erfindung wohlfeilster Pferdeernährung. Wie ernährt man Ein Pferd für wenige Groschen täglich und Zwei Pferde mit den Kosten eines Einzigen? Nebst Angabe vieler Vortheile über wohlfeile Rindviehfütterung und den Anbau und Verwendung des Stechginsters als Ersatzmittel für den Hafer von L. P. R. Fenwick de Porquet. Ulm 1857, Ebner.

12°. IV S.: T. mit V., Vorw., 5—23 S. 8 Gr.

349. Er veröffentlichte mit Wedlake eine Brochüre über die Verwendung des Stechginsters als Pferdefutter, s. *Wedlake.*

Fernandez y Perez, Juan Zoilo, Lehrer der Pharmazie an der Thierarzneischule zu Madrid und Mitglied der landwirthschaftlichen Junta daselbst.

350. Catecismo elemental de agricultura pratica, zootecnia, horticultura, jardineria, montes y plantios; con una breve resena de economia y administracion rural, y un sencillo metodo de agricultura y aforo de liquidos y aridos. Escrito al avance de los ninos, para que pueda servir de texto en las escuelas de ambos sexos, por D. Juan Zoilo Fernandez y Perez, licenciado en farmacia, individuo de la junta general de agricultura y regente de quimica. Madrid 1856, imprimeria de la V. de Vazquez e hijos.

gr. 16°. VIII und 144 S. 6 Rea. — Enthält ein besonderes Kapitel über Zucht und Behandlung der Pferde.

Field, J., Thierarzt in London.

351. An Essay on the Therapeutical Effect of Purgatives on the Horse. By J. Field, M. R. C. V. S. London: Longman, Brown, Green, Longmans, and Roberts 1857.

8⁰. 50 S. 2 Sch.

Rec.: Veterin. 1857. 172.

de Filippi, Francesco, Doktor der Medizin und Chirurgie, so wie Direktor des zoologischen Museums in Turin.

352. Delle funzioni riproduttive degli animali in compimento all' edizione italiana del Corso Elementare di Zoologia del signor Milne Edwards por F. de Filippi, Dottore in medicina e chirurgia, Direttore del Museo zoologico di Torino ecc. Segunda edizione rielaborata ed accresciuta. Milano, Vallardi 1856.

16⁰. 110 S. mit Abb.

Fischer, F. C., Thierarzt.

353. Der sicher und geschwind heilende Vieh-Arzt, oder Anweisung, wie man die Krankheiten der Pferde, des Rindviehes, der Schafe, Ziegen, Schweine und des Federviehes erkennen und bald und gründlich heilen kann. Nebst praktischer Anweisung zur Erkenntniss des Pferdes für den Bauersmann. Von F. C. Fischer, praktischer Vieharzt. Zehnte verbesserte Auflage. Einbeck, H. Ehlers. 1855.

8⁰. T., 3—112 S. 6 Gr. — Erschien in erster Auflage 1804.

354. *Dass. Elfte verbesserte Auflage. Mit der Abbildung eines Pferdes, um seine einzelnen Theile, und der Abbildung dessen Zähne, um sein Alter daran kennen zu lernen. Einbeck, H. Ehlers.

8⁰. T., 3—109 S. mit 2 Abb., 1 Bl.: Inh., 2 KT. 6 Gr. — Erschien 1856. Darin: Bau des Pferdes, seine Theile und deren Verhältniss, Farben, Zähne, Beschlag, Krankheiten S. 3—54, Aderlassen und Fontanelle 105—109.

Fischer, G. M. S., Thierarzt.

355. Der Pferdearzt nach 40jähriger Erfahrung eines praktischen Rossarztes. Ein nothwendiges Hülfsbuch für Pferdebesitzer. Zweite Auflage. Quedlinburg, Ernst 1848.

8⁰. X und 138 S. 10 Gr. — Nur ein neuer Titel zu dem bereits 1832 und 1837 erschienenen Buche.

Fischer, Eugène, der Sohn eines Landwirthes, wurde 1821 zu Cessingen bei Luxemburg geboren, besuchte seit 1838 die Veterinärschule zu Cureghem-lez-Bruxelles, kehrte nach abgelegtem Examen 1842 in seinen Geburtsort zurück und zwar als Thierarzt 1. Klasse und Landwirth. Er wurde 1843 Mitglied der grossherzoglichen landwirthschaftlichen Kommission, bereiste seit 1846 Deutschland, England und Frankreich, war 1848—1856 Mitglied der Legislative des Grossherzogthums, erhielt 1860 das Ritterkreuz der Eichenkrone und wurde 1861 zum Präsident der landwirthschaftlichen Kommission ernannt. Er ist ausserdem Munizipal-Thierarzt von Luxemburg, Redakteur der Annalen für Landwirthschaft und Mitglied vieler gelehrten Gesellschaften.

356. *Nouveau traitement curatif de l'immobilité; Par M. Fischer, Vétérinaire à Cessingen-lès-Luxembourg.

8⁰. 3 S. — Abdruck aus dem Recueil de médecine vétér. Erschien zu Paris in der Druckerei von Penaud.

357. Er ist Verfasser einer Abhandlung über die Verbesserung der Thierzucht im Grossherzogthum Luxemburg, s. *Considération* Nr. 1257 und Mitarbeiter an Bouley und Reynal's Wörterbuch der Veterinärwissenschaften, s. *Bouley* Nr. 127.

Flandrin, Antoine, der Sohn eines Professors der Thierarzneikunde, wurde 16. März 1777 zu Alfort in Frankreich geboren, studirte an der dortigen Thierarzneischule, wurde 1803 Sekretär derselben und 1811 Lehrer der zu ihr kommandirten Offiziere. Er wurde 1812 zum General-Einnehmer der Armee in Spanien ernannt, 1815 als Professor der Hippiatrik an der Militärschule von St. Cyr angestellt und 1824 in gleicher Eigenschaft zur Kavallerie-Applikations-Schule versetzt. Er bearbeitete hier die lange Zeit gültig gewesene Reitinstruktion für die Kavallerie, nahm 1836 seine Entlassung und lebte seitdem in Paris, wo er im März 1857 starb.

358. *Instruction de la cavalerie. Quelques observations sur l'état de la question par A. Flandrin. Se trouve: Chez Mlle Niverlet, à Saumur, Et à la Librairie Militaire à Paris. 1852.

8°. T., 1 Bl.: Vorw., 5—30 S. 1 Fr.

Inh.: Bericht der Kommission über den neuen Leitfaden für die Kavallerie; die alte Reitinstruktion und die neue des Graf D'Aure.

359. *Matériaux d'Hippigie. (Etude du cheval en santé.) Leçons normales d'équitation militaire professées à l'école de cavalerie de Saumur En l'année 1825, retouchées en 1853, par A. Flandrin. De la position et de la tenue. Paris, chez l'auteur, à la Librairie militaire de J. Dumaine, 1853.

gr. 8°. T., 3—39 S., 1 KT. 1 Fr.

360. *Instruction de la Cavalerie. Nouvel état de la question. 1. Lettre à M. le comte d'Aure, sur son ouvrage de 1853; 2. Quelques observations sur la méthode de M. Baucher, dans son application à la cavalerie; 3. Notice et historique de l'Equitation militaire jusqu'à ce moment, par A. Flandrin. Se trouve: chez Mlle Niverlet à Saumur, Et à la Librairie militaire, à Paris. 1854.

gr. 8°. T., 3—94 S., 1 Bl.: Anmerkg. 1 Fr. 50 C.

361. *Instruction de la cavalerie. Matériaux d'Hippygie. 1. Revue rétrospective, Mme Isabelle; 2. Des aides, Suite à la position et à la tenue, Par A. Flandrin. Se trouve: A Saumur chez Mlle Niverlet; à Paris, à la Librairie militaire, Et chez l'auteur. 1855.

gr. 8°. T., 39 S. 1 Fr. 50 C.

Inh.: Benennung, die der Kavallerieschule in Saumur zukommt, die hippologischen Arbeiten von Daudel und Mussot; Mad. Isabelle an der Reitschule; Hülfen des Reiters.

362. *Instruction de la cavalerie. Matériaux d'Hippygie. Par A. Flandrin. Se trouve: A Saumur, chez Mlle Niverlet; A Paris, à la Librairie militaire, Et chez l'auteur. 1855.

gr. 8°. T., 1 Bl. Widm. (an meine Schüler), 50 S., 1 Bl. Nachschrift. 1 Fr. 50 C.

Inh.: Meine früheren Arbeiten; die seit 1814 in Saumur befolgten Systeme; Gegenstände die einem hippischen Leitfaden angehören müssen, der bewegliche Reiterschenkel, das Carrousel, Instruktion und Personal der Kavallerieschule zu Saumur.

363. Einen neuen Abdruck des vorzugsweise von ihm bearbeiteten Leitfadens der Militär-Reiterei, s. *Cours* Nr. 1260.

Flemming, Gustav Johann Georg Friedrich, der Sohn eines Försters, wurde am 23. Juni 1824 zu Slate bei Parchim in Mecklenburg geboren, studirte seit 1845 an der Universität Greifswald Kameral-, Natur-, Veterinär-Wissenschaften und Landwirthschaft, besuchte dann das landwirthschaftliche Institut Eldena, legte 1847 die Prüfungen ab, praktizirte als Thierarzt in Parchim und seit 1849 in Lütz. Er promovirte 1850 in Jena zum Doktor der Philosophie, ist Mitglied des Mecklenburgischen patriotischen Vereins, der Vereine Mecklenburgischer Thierärzte und der Freunde der Naturgeschichte, auch seit 1851 Sekretär des thierärztlichen Vereins.

364. Ueber den chemisch-physiologischen Process der Ernährung bei Pflanzen und Thieren. Didactisch-historische Erörterungen. Teterow und Schwerin 1851. — 8⁰. 8 Sch.

365. *Sammlung veterinär-medicinischer Abhandlungen. Aus der Registratur des Vereins mecklenburgischer Thierärzte zur Ergänzung der Berichte über die zweite, dritte, vierte und fünfte Versammlung dieses Vereins herausgegeben von G. J. G. F. Flemming, Dr. phil., Grossherzoglich Mecklenburg-Schwerinschem Thierarzte. Laage. 1852. Meyer.

gr. 8⁰. T., 1 Bl.: Vorw., Inh., 32 S. 12 Sch.

Darin: Uebergang der Influenza in Wurm S. 1, Krämpfe 3, Tod durch Blitz 6, Erbrechen 12, Caries der Halswirbel, Ankylose des Rückgraths, degenerirte Testikel Ursache von Darmverschlingung, Kastration, Schenkelbrüche 16, künstliche Hufe 26, rotzähnliches Leiden 30.

366. *Sammlung aller neueren für Landwirthe und Thierärzte wichtigen im Grossherzogthum Mecklenburg-Schwerin erlassenen landesherrlichen medicinalpolizeilichen Gesetze und Verordnungen. Herausgegeben vom Thierarzt Dr. Flemming. Laage, 1852. C. F. Meyer.

gr. 8⁰. T., 2 Bl.: Widm. (Mecklenburg-Schwerin's Thierärzten und Landwirthen), Vorw., Inh., 78 S. 24 Sch.

Darin: Vorschriften bei Rotz und Wurm S. 30.

367. *Hufbeschlags-Katechismus zum Unterrichte und zur Selbstbelehrung für Hufschmiede, zunächst in den Grossherzogthümern Mecklenburg. Auf Veranlassung des Mecklenburgischen patriotischen Vereins 'abgefasst von Gustav Johann Georg Friedrich Flemming, Doctor der Philosophie, Grossherzoglich Mecklenburg-Schwerinschem Thierarzt, etc. Laage, 1853. Meyer.

gr. 8⁰. VIII S.: T., Vorw., Inh., 52 S. 18 Sch.

Inh.: Anatomie des Hufs, Beschlag.

368. Er übersetzte Louchard's Uebertragung des Rotzes aus dem Französischen, s. *Louchard* — und gab die Berichte über die 6—12. Versammlung des Vereins Mecklenburgischer Thierärzte (Laage, bei Meyer 1851—57) heraus.

Franconi, Victor, in Paris.

369. *Le Cavalier. Cours d'équitation pratique par Victor Franconi. Paris, Michel Lévy frères 1855.

8⁰. Sch. T., T., 5—188 S. 3 Fr.

Inh.: Haltung des Reiters, Faust und Zügel, Doubliren, Changiren, Seitengänge, Zirkel, Galopp, hohe Schule, Gesundheit des Pferdes, Widersetzlichkeit.

Rec.: Journ. d. H. 1855 I 411.

von Frantzius, Alexander, studirte Medizin und Naturwissenschaften, habilitirte sich nach seiner Promotion als Dozent an der Universität Breslau, wurde Assistent am physiologischen Institut daselbst und siedelte 1858 nach San Jose in Costarica über.

370. Er besorgte eine Deutsche Uebersetzung von Aristoteles, über die Theile der Thiere, s. *Aristoteles* Nr. 26.

Frey, J., Thierarzt, Assistent und Prosektor an der Thierarzneischule zu Zürich.

371. *Etymologisches Wörterbuch der Veterinär-Medicin. Mit einem Anhange über Veterinär-Literatur von J. Frey, gerichtlicher Veterinärarzt, klinischer Assistent und Prosector an der Thierarzneischule zu Zürich. Stuttgart. Ebner und Seubert. 1852.

8⁰. IV S.: T., Vorw., 178 S. 45 Kr.

Rec.: Archiv 1852. 182; Hering 1852. 77.

Fries, Martin, geboren in Württemberg, erlernte die Landwirthschaft, besuchte das Institut zu Hohenheim, legte 1838 die Prüfung ab und verwaltete dann die Domänen Heuchlingen, Oedheim, das Gut Schmittshausen in Rheinhessen und ist zur Zeit Wirthschafts-Direktor zu Verrenberg bei Oehringen in Württemberg.

372. Praktische Anleitung zur allgemeinen und speciellen Viehzucht. Mit besonderer Rücksicht auf Selbstbehandlung der Thiere in Erkrankungs- und Unglücksfällen. Heilbronn bei Landherr 1851.

A. u. d. T.: Handbuch der praktischen Landwirthschaft. Zweiter Theil. gr. 8º. Beide Theile VI und 1287 S. kosten 2 Thlr. 16 Gr.

373. *Dass. Von Martin Fries, Wirthschafts-Direktor. Zweite vermehrte und verbesserte Auflage. Mannheim, 1853. Bassermann und Mathy. gr. 8º. T., 2 Bl.: Vorw., 453 S. mit 3 Abb., X S.: Register. 1 Thlr. 9 Ngr.

Darin: Viehzucht im Allgemeinen S. 1—26, Pferdezucht, Exterieur, äussero Fehler, Alter, Farben, Racen, Stellung und Bewegungen, Zucht, Erbfehler, Behandlung der Zuchtthiere und Fohlen, Fütterung, Wartung, Beschlag, Geschirr, Hauptmängel, Krankheiten 146—285.

Rec.: Frankf. Post-Zeitg. 1853 handelspolit. Beil. Nr. 42.

Friis, Christian Lauritz, besuchte die Thierarzneischule zu Kopenhagen, legte 1845 das Examen ab, wurde Rossarzt bei dem 3. Dragoner-Regiment zu Aarhuus und 1856 zum 6. Dragoner-Regiment versetzt.

374. I hvilken Wexelwirking staaer Brystkastens Form og Rumfang hos Huuspattedyrene med den ovrige Organisme, og hvad Hensyn bor man tage hertil ved Bedommelsen af Hesten? Opgave med Concurrencen til Lectorat ved den kongl. Veterinairskole i April 1853. Kjöbenhavn 1853.

8º. 48 S. 24 Sch.

Fritsch, C. A., praktischer Landwirth in Sachsen-Altenburg.

275. *Handbuch zum Betriebe der Viehzucht oder kurzgefasste Anleitung einer sachgemässen Zucht, Fütterung, Wartung und Pflege unserer Landwirthschaftlichen Hausthiere, nebst der Angabe, wie die bei denselben vorkommenden Krankheiten von jedem Viehbesitzer leicht erkannt, und auf wohlfeile Weise gründlich und schnell geheilt werden können. Zum allgemeinen Gebrauch für Landwirthe und Viehbesitzer von C. A. Fritsch, praktischem Oekonom. Altenburg, J. Helbig 1848.

gr. 8º. T., 1 Bl.: Vorw., 3—174 S. 1 Fl. 48 Kr.

Inh.: Zucht, Fütterung, Wartung, Krankheiten des Pferdes S. 5—35, Aderlass, Fontanelle, Haarseile, Klystiere 164—169.

Froidmont, Professor an der Belgischen Veterinärschule zu Cureghem-les-Bruxelles.

376. Er ist Mitherausgeber der Belgischen thierärztlichen Zeitschrift, s. *Journal* Nr. 1309.

Froriep, Robert, der Sohn eines grossherzoglich Sächsischen Medizinalraths, wurde am 21. Februar 1804 zu Jena geboren, besuchte bis 1823 das Gymnasium in Weimar, studirte dann Medizin, promovirte 1828 in Bonn, wurde 1830 Professor der Heilkunde in Jena, 1838 Professor der Medizin, Prosektor und Konservator des pathologischen Museums der Charite in Berlin, trat 1835 als Medizinalrath, später als Mitglied der wissenschaftlichen Deputation des Ministerii der Medizinal-Angelegenheiten in die Verwaltung ein, verliess aber 1846 den Staatsdienst, um seinem Vater die Leitung des Landes-Industrie-Comptoirs in Weimar abzunehmen, nach dessen Verkauf 1856 er ebenda als praktischer Arzt und schriftstellerisch thätig lebte und am 15. Juni 1861 starb.

377. *Die Pferde-Racen. Zusammengestellt von Robert Froriep. Dritte vermehrte und verbesserte Auflage. Weimar. Verlag des Landes-Industrie-Comptoirs. 1852.

Ein Blatt gr. fol., welches den Text und 104 Abb. enthält. 1 Thlr. — Erschien zuerst 1845.

378. *Dass. Vierte Auflage. Weimar: Landes-Industrie-Comptoir. 1 Thlr. Unveränderte Auflage, erschien 1857.

Fuchs, Christoph Joseph, wurde zu Zülpich geboren, widmete sich der Apothekerkunst, studirte dann in Berlin Thierarzneikunde, wurde als Kreisthierarzt zu Schleiden in der Rheinprovinz angestellt, dann als Repetitor an die Berliner Thierarzneischule berufen, später zum Departements-Thierarzt in Bromberg ernannt, folgte 1844 einem Rufe an die Thierarzneischule zu Karlsruhe und erhielt 1848 den Titel eines Professors.

379. Thierärztliche Zeitung. Herausgegeben von C. J. Fuchs. Fünfter Jahrgang 1848. Carlsruhe, Brunn.

4°. 192 S. Preis des Jahrgangs 2 Fl. 15 Kr.

Dass. 6. Jahrg. 1849. — 192 S.

Dass. 7. Jahrg. 1850. — 192 S. Wurde nicht weiter fortgesetzt.

380. *Wegweiser in die Thierheilkunst. Vorlesungen von Chr. Jos. Fuchs, Professor an der grossherzoglichen Thierarzneischule in Karlsruhe. Berlin 1850 Veith und C°.

gr. 8°. Sch. T., T., 3—75 S. 8 Gr.

Rec.: Fuchs 1850. 32.

381. *Neuer Katechismus der deutschen Hufbeschlagkunst. Ein Handbuch für den Schulunterricht und die Selbstbelehrung. Von Christian Joseph Fuchs, Professor an der grossherzoglich badischen Thierarzneischule zu Karlsruhe. Mit 50 in den Text gedruckten Holzschnitten. Erlangen 1853. F. Enke.

8°. XXII S.: T., Vorw., Inh., 1 Bl.: Err., 200 S. mit 50 Abb. 1 Thlr.

Rec.: Roell 1853 II 73.

382. *Grundzüge der allgemeinen thierärztlichen Heilungslehre als Leitfaden beim Schul- und Selbst-Unterricht von C. J. Fuchs, Professor an der grossherzoglich badischen Thierarzneischule zu Carlsruhe. Erlangen 1852. F. Enke.

gr. 8°. VI S.: T., Vorw., Inh., 108 S. 1 Fl.

Rec.: Hering 1853. 90.

383. *Das Seelenleben der Thiere insbesondere der Haussäugethiere im Vergleich mit dem Seelenleben des Menschen. Vorträge, gehalten zu Karlsruhe in der Gesellschaft „Eintracht" im Winter 1853—54 von Ch. J. Fuchs, Professor. Erlangen 1854. F. Enke.

8°. T., 3—104 S.

Fuerstenberg, Moritz Heinrich Friedrich, der Sohn eines Pferdehändlers, wurde am 15. Mai 1818 zu Berlin geboren, ging nach England, wo er sich mit Landwirthschaft und Viehzucht beschäftigte, studirte nach seiner Rückkehr 1838 Thierarzneikunde, dann Medizin und Chemie, erhielt 1843 die Approbation als Thierarzt und die Qualifikation als Kreisthierarzt. Er promovirte 1844 zum Doktor der Medizin und wurde Kreisthierarzt zu Soldin, 1848 Repetitor an der Berliner Thierarzneischule, 1849 Departements-Thierarzt in Liegnitz und 1853 Lehrer der Thierheilkunde an der landwirthschaftlichen Akademie zu Eldena und zugleich Departements-Thierarzt des Regierungs-Bezirks Stralsund.

384. *Die Fettgeschwülste und ihre Metamorphose. Von Dr. Moritz Fürstenberg, Königlicher Departements-Thierarzt zu Liegnitz. (Besonders ab-

gedruckt aus dem „Magazin für Thierheilkunde" Jahrg. XVII). Berlin 1851. Bei Aug. Hirschwald.

8°. T., 1 Bl.: Vorw., 109 S. 12 Gr.

Fuhrmeister, Friedrich, Thierarzt; Professor der Thierheilkunde, als welcher er auf dem Titel des von ihm herausgegebenen Buches angeführt wird, ist derselbe aber nicht gewesen.

385. Der sicher heilende Pferde- und Rindvieharzt, oder wie kann der Städter und Landmann die vorkommenden äussern und innern Krankheiten bei Pferden und Rindvieh und die so wichtige Lungenseuche bei dem Rindvieh nicht nur erkennen, sondern auch auf die einfachste Art selbst heilen (sowohl nach dem allöopathischen als auch nach dem homöopathischen Heilverfahren). Nebst Unterricht über die Zucht, Wartung und Fütterung dieser Thiere. Von Fr. Fuhrmeister, Professor der Thierheilkunde. Mit drei erklärenden Abbildungen. Zweite verbesserte Auflage. Quedlinburg, Ernst. 1855.

8°. XII und 215 S. 16 Gr. — Erschien zuerst 1842.

Darin: Erziehung, Wartung, Fütterung der Pferde, Krankheiten, Beschlag, Fontanelle, Haarseile, Aderlass.

Funke, Carl Friedrich Wilhelm, um 11. November 1807 zu Gersdorf im Königreich Sachsen geboren, besuchte die Dresdner Thierarzneischule, studirte dann in Leipzig Medizin, liess sich daselbst als praktischer Arzt nieder und las auch an der Universität über Veterinärkunde. 1835 siedelte er nach seinem Geburtsort über und starb daselbst am 5. Oktober 1857.

386. *Handbuch der speciellen Pathologie und Therapie der grösseren nutzbaren Haussäugethiere. Ein Hilfsbuch bei Vorträgen für Lehrer der praktischen Thierheilkunde, sowie zum Selbstunterrichte für Stabsärzte, Polizeibeamte, Thierärzte und gebildete Oeconomen, von Carl Friedrich Wilhelm Funke, Doctor der Medizin und Chirurgie, praktischem Arzte, Königlich Sächsischem Bezirksthierarzte, Inhaber der Königlich Sächsischen Preismedaille in Silber etc. Zweite wesentlich verbesserte Auflage. Erster Band. Krankheiten des Mechanismus der Blutbewegung, des Blutlebens und der parenchymatösen Urbildungsfähigkeit. Leipzig. Verlag von R. Friese. 1850.

gr. 8°. — Dieser Band erschien in zweiter Auflage in 3 Abtheilungen 1845, 1847, 1850, und in einer neuen Titelausgabe 1852. Die 1. Abth. mit Haupt-T., T., IV S.: Vorw., 1 Bl.: Inh., 176 S. enthält die Krankheiten des bildenden Lebens, die 2. Abth. (Fortsetzung der Krankheiten des bildenden Lebens) T., S. 227—440, die 3. Abth. (Schluss der Typen und Entzündungen) T., 2 Bl.: Inh., 328 S.

Dass. Zweiter Band. Krankheiten des Verdauungssystems, Lymph- und Drüsensystems, des Respirationssystems, uropoëtischen und Genital-Systems, der Haut, der Spezialbildung und des höheren thierischen Lebens. Ebda 1852.

Dieser Band erschien ebenfalls in 3 Abtheilungen, die 1. 1850 und mit neuem Titel 1852 enthält T., 3—192 S., die 2. erschien 1851 mit S. 193—480, die 3. 1852 mit IX S.: T., Vorw., Inh. und S. 481—715.

Die erste Auflage, bei deren zweitem Bande Professor Prinz Mitarbeiter war, erschien 1836—39, während die 2. Auflage von Funke allein umgearbeitet ist. Preis 6 Thlr. 6 Ngr., jetzt herabgesetzt auf 3 Thlr. 10 Ngr.

Galgoczy, Karoly, landwirthschaftlicher Schriftsteller zu Pesth in Ungarn.

387. Er übersetzte Koppe's Viehzucht in das Ungarische, s. *Koppe.*

Galisset, Charles Michel, geboren zu Neu (Departement Loir-et-Cher) in Frankreich 1791, trat 1808 bei der Artillerie ein, wurde 1815 Kapitän, nahm aber in demselben Jahre den Abschied, studirte die Rechte, wurde nach einander Advokat, Tribunalspräsident, Advokat am Kassationshofe und ist jetzt Präfekt des Departements Somme.

388. Nouveau traité des vices rédhibitoires et de la garantie dans les ventes et échanges d'animaux domestiques, d'après les principes du Code civil et la loi modificative du 20 mai 1838, ou Jurisprudence vétérinaire; contenant, en outre, la description des Vices rédhibitoires, la Législation sur la Vente et l'Echange des animaux atteints de maladies contagieuses, sur la Garantie en cas de Vente d'animaux destinés à la consommation et sur les Epizooties; la procédure à suivre devant les tribunaux et les arbitres, enfin, les formules et requêtes, ordonnances, procès-verbaux, rapports etc. Par Galisset, ancien avocat au conseil d'Etat et à la Cour de cassation; Armand Galisset, substitut du procureur impérial près le tribunal de Chateau-Thierry; et J. Mignon, docteur en médecine, ex-chef de service de physique, de chimie et d'anatomie à l'Ecole d'Alfort. Deuxième édition. Paris chez Labé 1852.

8°. 6 Fr. — Erschien zuerst 1842.

Galisset, Armand, der Sohn des Vorigen, wurde 1823 zu Orleans geboren, war zur Marine bestimmt, widmete sich dann aber juristischen Studien, wurde 1847 Advokat zu Paris, dann Substitut des Prokurators zu Chateau-Thierry und ist seit 1856 Prokurator des Bezirks Bourganeuf im Departement Creuse.

389. Er gab mit seinem Vater und mit Mignon eine Veterinär-Jurisprudenz heraus, s. Nr. 388.

de Gama Machado, Comthur und Grande von Portugal, ein reicher Sonderling, lebte seit längerer Zeit in Paris und starb daselbst im März 1862.

390. De l'Hérédite de la morve et de la rage, par M. le commandeur de Gama Machado. Imprimerie de Claye à Paris 1853.

8°. 8 S. 50 C. — Abdruck aus der Gazette des hôpitaux, 29 janvier 1853.

Gauglia, Paolo, besuchte die Thierarzneischule zu Turin und ist zur Zeit Munizipal-Veterinär in Cagliari.

391. Osservazioni critiche all'opuscolo del D. Giuseppe Lessona, sul perfezionamento del cavallo nell'isola di Sardegna. Cagliari 1857.

8°. — Vgl. *Lessona* Nr. 664.

Gautier-Mille, Thierarzt in Paris.

392. La morve et le farcin ne sont plus incurables, par M. Gautier-Mille. A Paris chez l'auteur. 1856.

8°. 8 S. 50 C.

Gayot, Nicolas Eugène, der Sohn eines Französischen Offiziers und Gestütinspektors des Königs Joachim Murat, wurde am 9. Juli 1808 zu Aversa in Neapel geboren, besuchte 1824—29 die Thierarzneischule zu Alfort, beschäftigte sich dann mit Landwirthschaft und Viehzucht, wurde Mitglied mehrerer gelehrten Gesellschaften und redigirte längere Zeit das landwirthschaftliche Journal der Marne. 1834 bei dem Gestütewesen angestellt, wurde er bald Direktor des Gestüts Puy, dann des zu Pompadour. Er organisirte 1841 die 1853 wieder aufgehobene Gestütsschule, ist der Begründer des englisch-arabischen Vollbluts in Frankreich, wurde Direktor der Gestütsverwaltung, nahm aber, da er den nachtheiligen Einfluss der Partei des Jockey-Club nicht zu beseitigen vermochte, 1853 seine Entlassung und lebt seitdem schriftstellerisch thätig in Paris.

393. *La France chevaline. 1re Partie. Institutions hippiques. Par Eug. Gayot, membre de plusieurs Sociétés scientifiques. Paris, au comptoir des imprimeurs-unis; au bureau du Journal des haras. 1848.

gr. 8°. Sch. T., T., 2 Bl.: Vorw., Inh., 440 S.

Tome II. Paris, Mme Veuve Bouchard-Huzard, et au bureau du Journal des haras. 1849. — Sch. T., T., 2 Bl.: Inh., 464 S.

Tome III. Ebda 1849. — Sch. T., T., 438 S.

Tome IV. Paris, Mme Veuve Bouchard-Huzard; Dusacq. 1854. — VI S.: Sch. T., T., Inh., 401 S.

Dass. 2^e Partie. Etudes hippologiques. Tome premier. Paris, Mme Veuve Bouchard-Huzard, et au bureau du journal des haras. 1850. — VIII S.: Sch. T., T., Inh., 434 S.

Tome II. Ebda 1850. — VI S.: Sch. T., T., Inh., 433 S., 1 Tab.

Tome III. Ebda 1852. — VIII S.: Sch. T., T., Inh., 426 S.

Tome IV. Ebda 1853. — VIII S.: Sch. T., T., Inh., 395 S.

Preis des ganzen Werkes 52 Fr.

Inh.: Theil I Bd. 1. Einmischung des Staats in die Pferdezucht. 2. Aufmunterungen zur Zucht, Prämien, Rennen. 3. Rennen. 4. Rennen in Frankreich. — Theil II Bd. 1. Die alten und neuen Racen, Vollblut, Regeneration, Akklimatisation, Reproduktion. 2. Verwandtschaft, Vollblutzucht in England und Frankreich. 3. Zucht des englischen und des englisch-arabischen Vollbluts in Frankreich, Produktion des Zug- und Halbblutpferdes, Französische Racen. 4. Französische Racen, Beschälen, Wartung der Beschäler, Empfängniss, Tragezeit.

Auszüge s. Holmer 1849 II Nr. 822—824, 826, 828, 1850 I 850, 852, 854—856, 860, 868. Die Uebersetzung eines Kapitels aus, dem 3. Bd. des 2. Theils s. unten.

Rec.: Journ. d. H. 1853 I 339, II 49; Journ. agric. 1849. 33; Journ. de M. V. 1849. 33, 83, 129, 1850. 186, 218, 280; Holmer 1849 I Nr. 792, 793.

394. *Administration des haras. Atlas statistique de la production des chevaux en France; documents pour servir à l'histoire naturelle-agricole des races chevalines du pays, réunis par M. Eug. Gayot, inspecteur-général chargé de la direction des haras; Desseins de M. Hyp. Lalaisse, Professeur à l'Ecole Polytechnique; publié par ordre de M. le Ministre de l'agriculture et du commerce. Paris imprimerie administrative de Paul Dupont. 1850. Imper. fol. T., 28 Bl.: Text, 27 color. Karten, 31 KT. 75 Fr.

Rec.: Journ. d. H. 1851 II 41, 1852 I 153, 323; Recueil 1852. 137.

395. *Guide du Sportsman ou traité de l'entrainement et des courses de chevaux; par Eug. Gayot, chevalier de la légion d'honneur, ancien directeur de l'administration des haras, membre de plusieurs sociétés scientifiques. Deuxième édition entièrement refondue. Paris, imprimerie et librairie d'agriculture etc. de Mme Veuve Bouchard-Huzard, Dusacq, librairie agricole, Bureau du journal des haras. 1854. gr. 8°. Sch. T., T., 170 S. 3 Fr. 50 C. — Erschien in erster Ausgabe 1839.

Inh.: Eigenschaften des zu trainirenden Pferdes, Abrichtung des Fohlens, Wartung des Pferdes im Training, Terrain, Trainiren, Purgiren, Schwitzen, Vorbereitungen des Renn-, Steeplechase-Pferdes und Trabers, Rennreiterei, Behandlung nach dem Rennen, Training der Jockeys, Rennreglement, Arten der Rennen, Preise, Wetten, die Renn-Kommissäre, Rennkalender.

396. *Die Zucht des arabischen und englischen Vollbluts in Frankreich und die anglo-arabische Vollblut-Familie. Nach Eugène Gayot von C. Gräfe, Lieutenant der Artillerie. Magdeburg, Heinrichshofen. 1854. gr. 8°. T., 3 Bl.: Vorw., Inh., 224 S. 1 Thlr. 8 Gr. — Uebersetzung aus dem 3. Bd. des 2. Theils von Gayot's France chevaline, s. oben.

397. Er ist Verfasser der Chronique équestre, s. *Chronique* Nr. 1251 und Mitarbeiter an dem von Bouley und Reynal herausgegebenen Wörterbuch der Veterinärwissenschaften, s. *Bouley* Nr. 127.

Geoffroy Saint-Hilaire, Isidore, der Sohn des berühmten Naturforschers Etienne G., wurde am 16 Dezember 1805 in Paris geboren, widmete sich dem Studium der Naturgeschichte, wurde 1824 Assistent seines Vaters am naturhistorischen Museum, eröffnete 1830 Vorlesungen an demselben, wurde 1833 Mitglied der Akademie, erhielt dann die Professur der Zoologie an jenem Museum, begründete die Akklimatisationsgesellschaft, deren Direktor er 1855 wurde, war seit 1849 Generaldirektor der Studien und starb am 10. November 1861.

398. Lettres sur les subsistances alimentaires et particulièrement sur la viande de cheval; par M. Isid. Geoffroy Saint-Hilaire, membre de l'Institut. A Paris, chez Victor Masson 1856.

18°. 7½ Bog. — 2 Fr. 50 C. — Ein Auszug steht in den Annales 1856. 549.

399. De l'usage alimentaire de la viande de cheval. Leçons faites au Muséum d'histoire naturelle par M. Isidore Geoffroy Saint-Hilaire. Recueillies et rédigées par M. Camille Delvaille. Imprimerie de Gros à Paris 1856.

8°. 1 Bog. — Nicht im Buchhandel. Auszug aus der Revue des cours publics 1856, 6 mars.

Geoffroy Saint-Hilaire, Albert, der Sohn des Vorigen, Sekretär der Kommission für Algier im Französischen Ministerium.

400. Er schrieb mit Richard über die Hausthiere Afrika's, s. *Richard* Nr. 942.

Géraud, P. Eugène, studirte Thierarzneikunde, stand längere Zeit als Rossarzt bei einem Kavallerie-Regiment in Algier, dann in Frankreich und ist jetzt nach Konstantinopel detachirt.

401. Ressources en chevaux que la colonie d'Afrique offre à la consommation de l'armée, par P. E. Géraud, vétérinaire militaire. A Paris 1856.

8°. 3 Bog.

Gerlach, August Carl, geboren zu Wedderstedt bei Quedlinburg am 15. Mai 1811, besuchte 1830—35 die Berliner Thierarzneischule, diente bis 1836 als Kurschmied im 10. Husaren-Regimente, wurde 1846 als Repetitor an jene Schule berufen, 1848 zum Lehrer an derselben und 1859 zum Professor und Direktor der Thierarzneischule zu Hannover ernannt.

402. *Mittheilungen aus der thierärztlichen Praxis im Preussischen Staate. Mit Bewilligung Sr. Excellenz des Herrn Staatsministers v. Raumer aus den Veterinair-Sanitäts-Berichten der Königlichen Regierungen zusammengestellt von Gerlach und Leisering, Lehrern an der Königlichen Thierarznei-Schule zu Berlin. Erster Jahrgang. (Bericht 1852—53). Als Supplement-Heft zum Magazin für die gesammte Thierheilkunde, Jahrgang 1854. Berlin, 1854. A. Hirschwald.

8°. VIII S.: T., Vorw., 120 S.

Zweiter Jahrgang. (1853—54). Ebda 1855. — T., 161 S.
Dritter Jahrgang. (1854—55). Ebda 1856. — T., 142 S.
Vierter Jahrgang. (1855—56). Ebda 1857. — T., 160 S.
Wird fortgesetzt; der 1—4. Jahrgang kosten 2 Thlr. 18 Ngr.

Rec.: Hering 1855. 103.

403. *Lehrbuch der allgemeinen Therapie für Thierärzte von A. C. Gerlach, Lehrer an der königlichen Thierarzneischule zu Berlin und Departements-Thierarzt. Berlin 1853. A. Hirschwald.

gr. 8°. VI S.: T., Inh., 573 S. 2 Thlr. 24 Ngr.

Rec.: Hering 1853. 356.

404. *Krätze und Räude. Entomologisch und klinisch bearbeitet von A. C. Gerlach, Lehrer an der Königlichen Thierarzneischule zu Berlin und Departements-Thierarzt. Mit 8 Tafeln Abbildungen. Berlin bei A. Hirschwald 1857. Lexic. 8°. T., 1 Bl.: Inh., 178 S., 8 KT. 1 Thlr. 25 Ngr.

Rec.: Magazin 1860. 371, 1862. 86. Vet. Rev. I 53, 163.

Gherardi, Giuseppe, Thierarzt in Florenz.

405. *Opuscoli d'ippologia ovvero ragionamenti sul cavallo scritti da Giuseppe Gherardi. Firenze tipografia di Mariano Cecchi 1853.

8°. T., 3—409 S. 4 Lir.

Inh.: Naturgeschichte, Exterieur, Hygiene, Gebrauch, Racen, Zucht und Verbesserung, Behandlung.

Ghilardi, Luigi, Thierarzt in Mailand.

406. Quadro zooetologico, ovvero guida per conoscere nel modo piu facile e pronto l'eta degli animali domestici dall'esame dei denti e della corna. Milano 1852.

Ein Blatt gr. fol. 1¾ Pa.

407. Er übersetzte das Exterieur des Pferdes von Lecoq in das Italienische, s. *Lecoq* Nr. 651.

Giebel, Christoph Gottfried, der Sohn eines Gypsbrennerei-Besitzers, wurde am 13. September 1820 zu Quedlinburg geboren, besuchte das dortige Gymnasium, studirte 1841—44 in Halle Mathematik und Naturwissenschaften, promovirte 1845 und habilitirte sich 1848 für Geognosie und Paläontologie. Er vertrat 1850 und 56—60 während Burmeisters Reisen den zoologischen Lehrstuhl, wurde ausserordentlicher und 1862 ordentlicher Professor der Zoologie und Direktor des zoologischen Museums. Er gründete 1847 den naturwissenschaftlichen Verein in Halle und liest jetzt ausschliesslich über Zoologie und vergleichende Anatomie.

408. Odontographie. Vergleichende Darstellung des Zahnsystems der lebenden und fossilen Wirbelthiere. Leipzig, Abel 1854.

gr. 4°. XX und 129 S., 52 KT. 17 Thlr. 8 Gr.

Gigon, Claude, Doktor der Medizin und Arzt an den Hospitälern und Gefängnissen zu Angouleme.

409. Recherches expérimentales sur l'albuminurie normale chez l'homme et chez les animaux vertébrés, par le docteur Claude Gigon, médecin des hôpitaux et des prisons de la ville d'Angoulême. Paris, imprimerie Malteste et C°. 1857. — 8°. 23 S. 50 C. Abdruck aus der Union médicale 1857, 13 und 17. August.

Giles, Jose Maria, Professor der Thierarzneikunde zu Ecija in Spanien.

410. Higiene veterinaria por el profesor D. Jose Maria Giles. Ecija 1848. Imprenta de Toresano. — 8°.

411. Cria caballar en nuestras provincias del Mediodia. Memoria escrita por el profesor D. Jose Maria Giles al optar a la nueva categoria cientifica de veterinario de primera clase. Ecija 1850. Imprenta de T. P. y Toresano, Madrid, libreria de Monier.

4°. 6 Rca.

Gillet, Louis, Thierarzt zu Valencay (Departement Indre) in Frankreich.

412. Traité sur les maladies charbonneuses comparées à la maladie de sang chez les animaux domestiques, par L. Gillet, vétérinaire à Valencay (Indre), élève de l'Ecole d'Alfort. Imprimerie de Joubert-Moreau à Ramorantin 1853.

8°. 3 Bog.

Girard, Jean, der Sohn eines Landmannes, wurde am 19. Mai 1770 in dem Dorfe Fohet in der Auvergne geboren, besuchte das College zu Clermont. Ferrand und seit 1790 die Veterinärschule zu Alfort, an welcher er alsdann Repetitor und Prosektor wurde. Er erhielt 1793 den Lehrstuhl der Anatomie und Physiologie, verwaltete 1797—98 und von 1801 an die Krankenställe, übernahm

1812—16 die klinischen Vorträge und wurde 1813 zweiter, 1814 erster Direktor jener Schule. Nachdem er 1831 seine Entlassung genommen, zog er nach Paris, wurde 1844 Ehrenpräsident der Veterinär-Gesellschaft und starb ebenda im Januar 1852.

413. Er gab seines Sohnes Anleitung zur Erkenntniss des Pferdealters heraus, s. Nr. 414 nnd war Mitherausgeber einer thierärztlichen Zeitschrift, s. *Recueil* Nr. 1400. Auszüge aus seiner 1841 erschienenen Veterinär-Anatomie s. *Quillinan.*

Girard, François Narcisse, der Sohn des Vorigen, wurde am 29. März 1796 in Paris geboren, besuchte das College zu Orleans und zu Versailles, seit 1812 die Veterinärschule zu Alfort, erhielt 1814 das Diplom als Kurschmied und 1816 als Thierarzt, ging zu seiner weiteren Ausbildung nach Paris, wurde im Oktober Veterinär-Inspektor des Remontedepots Caen, kehrte 1819 nach Paris zurück, wo er Medizin studirte und bald als Hospitalarzt angestellt wurde. Er erhielt 1821 die Professur der Anatomie und Physiologie an der Alforter Schule, wurde 1823 Mitglied der medizinischen Akademie, übernahm 1824 die Leitung des thierärztlichen Journals und starb zu Alfort am 22. Oktober 1825.

414. Ippodonteologia, accresciuta del trattato sull'età del bove, della pecora, del cane e del maiale. Versione con note ed aggiunte di Carlo Cros, eseguita sulla terza edizione di Parigi. Con 4 tavole. Milano 1853.

8°. 15¾ Pa. Das nach des Verfassers Tode von dessen Vater herausgegebene Original erschien 1834. Dieselbe italienische Uebersetzung erschien bereits zu Mailand 1845.

Girou de Buzareinques, Charles, geboren zu St. Geniez in Frankreich am 1. Mai 1773, Mitglied des Französischen Instituts, starb zu Paris am 25. Juli 1856.

415. Mémoire sur les suites possibles de l'accouplement des animaux domestiques. Paris 1853. — 8°.

Gjersing, Niels, der Sohn eines Dänischen Kammerraths, wurde am 23. Juni 1783 geboren, besuchte seit 1801 die Universität Kopenhagen, wurde 1806 juristischer Candidat und erwarb in demselben Jahre das Gut Godset Noragergaard im Amt Holbek. Bis 1827 war er dann Mitglied der Tiende-Commission im Amt Ny-Holbek, wurde hierauf Vorsteher des Ackerbau-Instituts Monrup, 1830 Kammerrath, unternahm in demselben Jahre eine wissenschaftliche Reise durch Deutschland und starb am 8. Januar 1835.

416. *Om Hestes, Qvægs og Faars Fodring m. v. Af Niels Gjersing, Tiende-Commissair in Ny Holbeks Amt, Eier af Hesselberg og Appelsberg. Kjöbenhavn. J. H. Schubothes Boghandling. Trykt hos E. C. Löser.

8°. VI S.: T., Vorw., Inh., 74 S. 32 Sch. — Erschien 1848 und ist ein Abdruck der bereits 1826 erschienenen Ausgabe.

Darin: S. 1—39 Fütterung und Behandlung des Pferdes.

Goedhart, Christian Carel, geboren in Holland 1812, widmete sich auf der Veterinärschule zu Utrecht der Thierarzneikunde, verliess dieselbe 1835 als Thierarzt 1. Klasse, liess sich zu Hoorn in Nordholland nieder und starb daselbst 1859.

417. *Beknopte handleiding tot verbetering van het paarden-ras in de Nederlanden. Benevens de voornaamste regelen bij het aanfokken van paarden in acht te nemen. Door C. C. Goedhart, Rijks-Veearts der Eerste Klasse, te Hoorn. Amsterdam, Gebroeders Diederichs. 1853.

8°. VIII S.: T., Inh., 34 S. 50 Cts.

Inh.: Naturgeschichte, Racen, Kreuzung, der Hippometer Bourgelats.

Goodwin, W. J., Thierarzt der Königin von England zu London.

418. Pedigree of the Thorough-Bred Horse, from three original sources. Published by W. J. Goodwin. London 1853.

Ein Blatt imp. fol. 3 Sch. 6 P.

419. *Pedigree of the Thorough-Bred Horse, from the original sources. Comprising the most successfull covering stallions for the year. 1856. Published by W. J. Goodwin. Printed and sold at J. Netherclift's Lithographic Office.

Ein Blatt imp. fol. 3 Sch. 6 P. — Eine neue, 1856 erschienene Ausgabe der vorhergehenden Nummer.

Rec.: Vogler 1856 I Nr. 234.

Gordon, Edward, Rittmeister in der englischen Kavallerie.

420. *Die englische Pferdedressur in Ritt und Zug. Anleitung zur Pferdebehandlung überhaupt, zur Zähmung und Brauchbarmachung wilder, beim Beschlagen widersetzlicher, im Reiten und Fahren stätiger, dann zur Abrichtung roher und scheuer Pferde insbesondere; ferner zur Erlernung der Reitkunst in kurzer Zeit und ohne Lehrer, nebst Beschreibung einer neu erfundenen Wagenvorrichtung, mittelst welcher man bei jedem Ausreissen der Pferde vor Unglück gesichert wird. Von Eduard Gordon, Esq., Rittmeister in der k. Grossbritt. Armee, und Eduard Chesterfould, Esq., k. Grossbritt. Ober Stall- und Gestütmeister etc. Nach der neunten Londoner Ausgabe für Deutsche bearbeitet von einem deutschen Kunstbereiter. Dritte verbesserte Auflage. Mit zwei Tafeln Abbildungen. Wien 1852. Sallmayer und Co.

12°. IV S.: T., Vorw., 120 S., 2 KT. 16 Gr. — Die erste Auflage dieser Uebersetzung erschien 1820.

Goubaux, Armand, seit 1846 Professor der Anatomie, Physiologie und des Exterieur an der Veterinärschule zu Alfort.

421. De la cryptorchidie chez l'homme et les principaux animaux domestiques. Mémoire lu à la Société de biologie, dans la séance du 8 mars 1856, par M. Arm. Goubaux, professeur d'anatomie et de physiologie à l'Ecole imp. vétér. d'Alfort, et M. E. Follin, professeur agrégé à la Faculté de médecine de Paris. Paris, imprimerie Penaud 1857.

8°. 44 S. 75 C. — Der ärztliche Theil ist von Follin, der thierärztliche von Goubaux bearbeitet.

422. Er ist Mitherausgeber der Pariser thierärztlichen Zeitschrift, s. *Recueil* Nr. 1400.

Gould, Augustus A., praktischer Arzt zu Boston in Nordamerika.

423. Er gab mit Agassiz eine vergleichende Physiologie heraus, s. *Agassiz.*

Gourdon, Jean, geboren zu Lyon am 28. Februar 1824, besuchte seit 1840 die dortige Veterinärschule, erhielt 1844 das thierärztliche Diplom, wurde 1845 Rossarzt des 3. Genie-Regiments zu Oran in Algerien, 1847 Professor der Anatomie und Chirurgie an der Veterinärschule zu Toulouse, übernahm 1848 die Vorträge über Hygiene, Zoologie, Botanik und Jurisprudenz, und trägt seit 1850 Chirurgie vor. Er erhielt 1850 die goldene Medaille der Central-Veterinär-Gesellschaft, wurde 1858 Doktor der Medizin an der Universität Montpellier und ist seit 1861 wieder Redakteur des Journal des vétérinaires du Midi.

424. Eléments de chirurgie vétérinaire, par J. Gourdon, chef de service à l'école vétérinaire de Toulouse. Tome premier. Toulouse chez Chauvin; Paris chez Labé 1855.

8°. 780 S. mit Abb.

Tome second. Ebda 1857. — Preis beider Bände 21 Fr.

Rec.: Annales 1857, 47; Recueil 1854. 914; Journal de Lyon 1856 août.

425. Er redigirte 1848—51 die Zeitschrift der Toulouser Veterinärschule, s. *Journal* Nr. 1311 nnd ist Mitarbeiter an dem von Bouley und Reynal herausgegebenen Wörterbuch der Veterinärwissenschaften, s. *Bouley* Nr. 127.

Goux, geboren in Frankreich, widmete sich der Thierarzneikunde, wurde nach beendeten Studien Departementsthierarzt des Departements Lot und Garonne zu Agen, bei Eröffnung des Feldzugs 1859 zum Italienischen Hauptquartier kommandirt und dann zum Oberpferdearzt der kaiserlichen Garde ernannt. Er ist seit 1858 auch Mitglied der Kommission für hippische Hygiene.

426. Manuel de l'éleveur de chevaux, ou Exposition simple des principes les plus rationnels d'élevage, par Goux, vétérinaire. A Agen, chez Bertrand. 1849.

8⁰. 4¼ Bog., 1 KT. 1 Fr. 50 C.

427. *Traité de l'élève du cheval dans le department de Lot-et-Garonne, suivi d'une Instruction où sont exposés les Principes les plus rationnels d'élevage et les règles qui doivent guider les Propriétaires dans les soins à donner aux Poulinières et à leurs produits, par M. Goux, vétérinaire du département de Lot-et-Garonne, Membre correspondant de la Société nationale et centrale de Médecine vétérinaire. Agen, chez Bertrand 1849.

gr. 8⁰. T. mit V., 171 S. 3 Fr.

Inh. Eingeborene und importirte Pferde, Zucht, die Beschälerdepots Villeneuve und Agen, Prämien, Approbation der Beschäler, Weiden, Futter, Beschälen, Tragezeit, Geburt, Aufzucht, Kastration, Beschlag, Abrichtung, Gewährsfehler.

Goyau, Louis Pierre, geboren zu Chateau Gautier im Departement Mayenne am 3. Mai 1829, besuchte seit 1845 die Veterinärschule zu Alfort, wurde dann als Rossarzt der Kavallerie angestellt, war längere Zeit in Algier und ist jetzt Rossarzt 1. Klasse bei der Kavallerieschule zu Saumur.

428. *Etude sur le cheval de guerre par L. Goyau, aide vétérinaire de 1ʳᵉ classe au 5ᵉ hussards. Extrait de l'Argus des Haras et des Remontes. Sèvres imprimerie de M. Cerf. 1857.

8⁰. T., 62 S. 1 Fr.

Inh.: Entartung und Regeneration des Soldatenpferdes in Frankreich, Mangel an Bewegung, Wartung, Lüftung der Ställe, nothwendige Hygiene.

Graefe, Carl Heinrich Eduard, der Sohn eines Medizinalrathes, wurde am 3. Januar 1824 zu Spremberg in der Preussischen Lausitz geboren, trat 1841 in die Brandenburgische Artillerie-Brigade ein, in welcher er 1843 zum Sekonde-, 1855 zum Premier-Lieutenant, 1859 zum Hauptmann und 1862 zum Kompagnie-Chef befördert wurde.

429. *Die Zäumung des Pferdes mit dem Mors régulateur des Herrn Casimir Noël. Mitgetheilt von C. Graefe, Lieutenant und Adjutant im 3. Artillerie-Regiment. Mit einer Abbildung. Berlin, 1853. E. S. Mittler und Sohn.

8⁰. T., 3—64 S., 1 KT. 16 Ngr. — Ist eine Uebersetzung der Brochüren von Noël Nr. 804 und Montigny Nr. 764.

Rec.: Vogler 1853 I 65; Mil. Lit. Z. 1853. 429; Tennecker 1854. 346.

430. *Das Reitzeug und die Geschirre der Batterieen und Kolonnen der Preussischen Artillerie nebst Anweisung zum Satteln, Schirren und Packen. Herausgegeben von Carl Graefe, Königl. Preuss. Artillerie Offizier. Mit 53 in den Text gedruckten Holzschnitten. Berlin, 1855. Mittler's Sortiments-Buchhandlung. (A. Bath).

12⁰. VIII S.: T., Vorw., Inh., 96 S. mit 53 Abb. 8 Gr.

Rec.: Hirtenfeld 1855 Nr. 99.

431. *Die Haltung und der Sitz des Reiters. Ein Beitrag zur Geschichte der Reitkunst. Mit Benutzung von „Mussot Commentaires sur l'équitation" bearbeitet von Carl Graefe, Königlich Preussischen Artillerie-Offizier. Mit 22 Tafeln. Weimar, 1855. B. Fr. Voigt.

gr. 8°. XVI S.: T., Vorw., Inh., 376 S., 22 KT. 1 Thlr. 20 Gr. Vgl. *Mussot* Nr. 779.

Rec.: Tennecker 1857. 407.

432. Er ist ausserdem Verfasser der unter *Pegasus*, *Observations* Nr. 1359 und *Pedigree* Nr. 1376, so wie Uebersetzer der unter *Daumas* Nr. 245, 246, 247 und *Gayot* Nr. 396 aufgeführten Bücher.

Graf, Leopold, geboren zu Wien 1791, studirte an der dortigen Universität Medizin, verliess dieselbe als Wund-, Geburts-, Zahn-, Thierarzt und Magister der Augenheilkunde, war 1809—16 Militärarzt, dann Sekundärchirurg am allgemeinen Krankenhause und der Irrenanstalt in Wien, wurde 1824 Professor der Veterinärkunde und Anatomie am Lyceum zu Klagenfurt, 1833 Professor der Seuchenlehre und Veterinärpolizei, später auch der gerichtlichen Medizin zu Salzburg und 1843 Professor der Anatomie, Physiologie und des Exterieurs am Wiener Thierarznei-Institut. Er wurde 1849 ohne Pension entlassen und privatisirt seitdem in Wien.

433. Die Muskellehre des Pferdes in 13 Blättern. Von Leopold Graf, ord. öff. Professor etc. Unter seiner Leitung gezeichnet und lithographirt von Johann Zürnich. Wien, Paterno's Wittwe und Sohn. 1848.

Imper. fol. 13 zum Theil color. KT. 8 Thlr.

434. *Bericht über eine Bereisung der vorzüglichsten ungarischen Gestüte, Schäfereien und landwirthschaftlichen Anstalten, in den Monaten Juli und August 1848. Von Leopold Graf, Professor der Zootomie etc. und Dr. Franz Müller, Correpetitor am k. k. Thierarznei-Institute zu Wien. Wien, 1849. Gedruckt bei den Edlen von Ghelen'schen Erben.

gr. 8°. T., 3—72 S., 1 Tab. 12 Gr.

435. *Anleitung zur Kenntniss des Pferdes nach seiner äusseren Körperform. Als Leitfaden bei seinen Vorlesungen. Von Leopold Graf, ordentlicher öffentlicher Professor der Zootomie, Zoophysiologie und des Exterieurs am Wiener k. k. Thierarznei-Institute. Zweite, vermehrte Auflage. Mit 4 Abbildungen in Farbendruck und 150 in den Text eingedruckten Holzschnitten. Wien 1851. W. Braumüller.

gr. 8°. T., VIII S.: Vorw., Inh., 199 S. mit 148 Abb., 4 color. KT. 1 Thlr. 12 Gr. — Erschien zuerst 1846.

Inh.: Naturgeschichte, Race, Temperament, Charakter, Grösse, Alter, Zähne, Farbe, Skelett, Exterieur, Bewegungen, Gebrauch, Wahl, Gewohnheiten, Kauf und Verkauf, Gewährsmängel, Wartung.

436. Handbuch der Zoophysiologie der nutzbaren Haussäugethiere, als Leitfaden zu seinen Vorlesungen. Von Leopold Graf, ord. öff. Professor der Zootomie, u. s. w. Zweite Auflage. Wien, 1851. Braumüller.

gr. 8°. XXXV und 396 S. 1 Thlr. 18 Gr. — Nur ein neuer Titel zu der Auflage von 1847.

Graham.

437. Er besorgte im Verein mit Bindley und Hamson eine neue Ausgabe von Blaine's rural sports, s. *Blaine* Nr. 108.

Grajewski, N., Vorsteher des Petersburger Renn-Komitee.

438. Рысистые заводы въ россіи, составленные изъ описей владѣльцевъ заводовъ комитета императорскихъ рысистыхъ бѣговъ распорядителемъ. Н. Граевскимъ. С. Петербургъ. Въ типографіи ш отдѣленія собственной его императорскаго величества канцеляріи. 1854.

(Die Träber-Gestüte in Russland, zusammengestellt aus den Verzeichnissen der Gestütbesitzer von dem Vorstcher des Komitee der Kaiserlichen Trab-Rennen N. Grajewski. St. Petersburg. Druckerei der 3. Abtheilung der Kaiserlichen Privatkanzlei).

8°. XXIV S.: T., Widm. (an Generaladjutant Graf Kisselew), Geschichte der Orlow'schen Träber, 1498 S. 11 Rb.

439. Er ist ausserdem Redakteur des Russischen Gestütbuches, s. *Zawodkaja* Nr. 1466.

Grandhomme, J., seit 1837 Sekretär des Französischen Jockey-Clubs zu Paris.

440. Er giebt seit 1841 den von 1834 bis dahin von Thomas Bryon angefertigten Französischen Rennkalender heraus, s. *Calendrier* Nr. 1242 und bearbeitet die Zusammenstellungen der verschiedenen Reglements und Mitglieder-Verzeichnisse der Französischen Gesellschaft zur Verbesserung der Pferdezucht, s. *Société* Nr. 1429.

Graux, Professor der Medizin an der Universität Brüssel.

441. Er ist Mitherausgeber der Belgischen thierärztlichen Zeitung, s. *Journal* Nr. 1309.

Griem, Chr., Pseudonym des Predigers Rathgeber.

442. *Der homöopathische Haus-Thierarzt. Praktische Anweisung für Landwirthe und Viehbesitzer überhaupt, alle Krankheiten und äusserlichen Verletzungen der Pferde, des Rindviches, der Schafe, Ziegen, Schweine und Hunde auf homöopathischem Wege schnell und gründlich zu heilen. Nach den in neuester Zeit gemachten Erfahrungen bearbeitet von Dr. Chr. Griem. Quedlinburg und Leipzig, G. Basse 1851.

8°. IV S.: T., Vorw., 194 S. 16 Gr. — Behandelt die Krankheiten in alphabetischer Reihenfolge.

Grognier, Louis Furcy, der Sohn eines Huissier am Gerichtshofe von Haute Garonne, wurde zu Aurillac am 20. April 1774 geboren, besuchte bis 1790 das dortige College, wurde erst für den Priesterstand, dann für die Marine bestimmt und ging zu diesem Behuf nach Bordeaux. Er kehrte aber bald zurück, trat 1792 in die Thierarzneischule zu Lyon ein, nahm Theil an dem Sturm auf das Stadthaus, wurde 1793 Offizier der Munizipalgarde, nach der Einnahme der Stadt gefangen gehalten und dann zur Armee in die Vendee geschickt. Er verliess letztere aber bald, besuchte seit 1796 wieder die Lyoner Schule, wurde 1798 Professor der Pharmazie, Chemie und Botanik an derselben, stellte die Ackerbau-Gesellschaft wieder her, deren Sekretär er von 1810 bis an seinen Tod war, gehörte zu den Gründern der litterarischen, der medizinischen und der Linneischen Gesellschaft, wurde Mitglied der Lyoner Akademie, der medizinischen Gesellschaft und des Gesundheitsrathes, übernahm 1825 den Lehrstuhl der Hygiene und Viehzucht und starb am 7. Oktober 1837.

443. Zoologia veterinaria. Traduccion de la obra de M. Grogniez por D. F. San Pedro y Guzman, profesor veterinario. Madrid 1852, libreria de Calleja.

8°. — Das Französische Original erschien 1833.

444. Einzelne Kapitel seines 1833 und 1839 erschienenen Handbuches der Veterinär-Hygiene befinden sich in Quillinan's Elementen der Hippologie, s. *Quillinan.*

Grollier, Eugène, Advokat erst zu Louhans (Departement Saone und Loire) in Frankreich, seit 1857 zu Montcontoux in demselben Departement.

445. L'Agriculture délivrée, ou Moyens faciles pour retirer de la terre quatre fois plus de revenu qu'elle n'en rapporte généralement. Cet ouvrage

apprend aussi à préserver les chevaux et les mulets de la fluxion périodique. Par Eugène Grollier, avocat. A Louhans, chez l'auteur; à Paris, chez Dusacq. 1854. — 8°. 19¼ Bog. 7 Fr.

Gross, Johann. Christoph, geboren 1791, besuchte die Thierarzneischule in Stuttgart, wurde 1812 als Eskadrons-Schmied bei der Württembergischen Kavallerie angestellt, 1821 als Lehrschmied an jene Schule berufen und starb am 17. Oktober 1851.

446. *Theorie und Praxis der Hufbeschlagskunst. Eine Anleitung zum Beschlag, zur Erkenntniss, Beurtheilung und Behandlung gesunder und kranker Hufe der Pferde etc. von J. C. Gross, Lehrer des theoretischen und praktischen Hufbeschlags, ausübendem Thierarzte, Aufseher und Oekonomen an der Königlichen Thierarzneischule zu Stuttgart, der Gesellschaft schweizerischer Thierärzte Ehrenmitglied etc. Mit 115 eingedruckten Original-Holzschnitten. Zweite verbesserte und umgearbeitete Auflage. Stuttgart, 1850. J. F. Steinkopf. 8°. XVI S.: T. mit V., Widm. (an den König von Württemberg), Vorw., Inh., 271 S. mit 115 Abb. 1 Thlr. 4 Gr. — Erschien in erster Auflage 1842.

Inh.: der Huf, Stellungen und Bewegungen des Pferdes, zur Geschichte des Beschlags, Beschlag, Gesundheitspflege und Krankheiten des Hufs, Prüfung der Hufschmiede, Literatur.

Rec.: Hering 1850. 84; Magazin 1855. 120.

Grosskopf, Johann Friedrich Gottlieb, 1814 in Berlin geboren, besuchte 1833—37 die Thierarzneischule daselbst, wurde dann Kurschmied im 8. Ulanen-Regiment, nahm 1847 seine Entlassung und wurde als Kreisthierarzt in Prüm angestellt, nahm 1854 den Abschied, um nach Amerika auszuwandern und starb auf der Ueberfahrt.

447. Vollständiges Vieh-Arzneibuch. Oder gründlicher Unterricht alle innerlichen und äusserlichen Krankheiten der Pferde, des Rindviehes, der Schafe, Ziegen, Schweine und Hunde zu erkennen und zu heilen. Nebst einer kurzgefassten und praktischen Belehrung über die Wartung, Pflege und Zucht der nutzbaren Hausthiere. Für Oeconomen, Viehzüchter und Viehbesitzer bearbeitet von J. F. Grosskopf, Kreisthierarzt. Prüm (Aachen, Benrath und Vogelgesang) 1856. 8°. XXX und 602 S. 1 Thlr. 8 Gr. — Der Verfasser hatte das Manuscript unvollständig hinterlassen und wurde dasselbe vom Kreisthierarzt Anacker revidirt und vervollständigt.

Gruber, Wenzel, Doktor der Medizin und Hofrath zu St. Petersburg.

448. Abhandlungen aus der menschlichen und vergleichenden Anatomie. Mit 11 Tafeln. St. Petersburg 1852. Leipzig, Voss. gr. 4°. VIII und 160 S., 11 KT. 3 Thlr. 27 Ngr.

Guenther, Friedrich August, geboren zu Gotha am 1. Mai 1802, besuchte das dortige Gymnasium, studirte in Jena Theologie und Philosophie und wurde dann als Hülfsprediger an der Stiftskirche und Lehrer am Schullehrer-Seminar zu Gotha angestellt. Er gerieth 1833 durch Unterstützung des homöopathische Arzneien selbst dispensirenden Dr. Plaubel in Conflikt mit dem Consistorium, nahm 1834 seine Entlassung und zog nach Langensalza, wo er sich ausschliesslich dem Studium der Homöopathie widmete und praktisch und literarisch thätig lebt. Er wendete die Homöopathie zuerst auf die Veterinärwissenschaften an, begründete in seinem Wohnort einen Gewerbeverein, eine Sonntagsschule und eine Kinderbewahranstalt, wofür ihm das Ehrenbürgerrecht der Stadt verliehen wurde.

449. Magazin für die neuesten Beobachtungen und Erfahrungen im Gebiete der homöopathischen Thierheilkunde. Jahrgang 1848. Erstes Bändchen. 4. Heft. Sondershausen, Eupel.

gr. 8º. S. 281—376. 12 Gr. Das 1. Heft erschien 1845; es wurde nicht fortgesetzt.

450. *Die Krankheiten des Pferdes und ihre homöopathische Heilung. Ein Hülfsbuch für Cavallerie-Officiere, Landwirthe und Pferdebesitzer, bearbeitet und herausgegeben von Dr. Friedrich August Günther. Des homöopathischen Thierarztes erster Theil. Sechste vermehrte und verbesserte Auflage. Sondershausen, Eupel 1850.

A. u. d. T.: Der homöopathische Thierarzt. Erster Theil. Die Krankheiten des Pferdes.

gr. 8º. XXIV S.: T., Vorw., Inh., 320 S. 1 Thlr. — Erschien zuerst 1836. Neue. Auflagen und Uebersetzungen s. unten.

451. *Dass. Siebente vermehrte und verbesserte Auflage. Ebda 1852. gr. 8º. XL S.: T., Vorw., Inh., 304 S. 1 Thlr.

452. *Dass. Achte vermehrte und verbesserte Auflage. Ebda 1855. gr. 8º. XL S.: T., Vorw., Inh., 304 S. 1 Thlr.

453. *Dass. Neunte, vermehrte und verbesserte Auflage. Ebda 1857. gr. 8º. XL S.: T., Vorw., Inh., 308 S. 1 Thlr.

454. Tratado completo di medicina veterinaria homeopatica o tratamiento homeopatico de los enfermedades del caballo, mula y asno, del buey, oveja, cabra, cerdo, perro, gato, aves de corral y enjauladas, seguido de una farmacopea homeopatico-veterinaria y de un memorandum terapeutico, para el uso de los profesores, de los ganaderos, labradores y simples particulares. Por Gunther y W. Traducidos del aleman al frances por Martin y Sarrazin, y al castellano con muchas adiciones por D. Nicolas Casas, director y catedratico en la escuela superior de veterinaria. Madrid, 1850. Imprenta del collegio de Sordo-mudos; libreria de Bailly-Baillière.

8º. 24 Rea. — Die Französische Uebersetzung von Martin war 1846 erschienen.

455. Hasonszenvi allatorvos. Dr. Friedr. Aug. Günther „Der homöopathische Thierarzt" ik bövittet, es javitott kiadasa utan irta s sajat. Költsegen kiadta Naray Imre, ügyed. Aradon, Nyamatott Goldscheider Henriknel. 1857.

8º. — Eine vom Thierarzt Naray Imre besorgte Ungarische Uebersetzung des homöopathischen Thierarztes.

456. New Manual of Homoeopathic Veterinary Medicine; or, the Homoeopathic Treatment of the Horse, the Ox, the Sheep, the Dog, and other Domestic Animals, by F. A. Günther. Translated from the German. Boston 1856. 8º. 368 S. 8 Sch.

457. Nach der 7. Auflage seines homöopathischen Thierarztes arbeitete Schrek das Handbuch der Veterinär-Homöopathie von Rush um, s. *Rush*.

Guérin, Etienne Joseph Alexandre, geboren zu Gien in Frankreich am 20. März 1817, trat 1836 in das 1. Lanciers-Regiment ein, kam 1837 zur Kavallerie-Schule, wurde 1839 Brigadier, 1840 maréchal des logis, 1841 sous-maître de manege, 1845 Unterlieutenant, 1846 Unterstallmeister, 1848 Lieutenant, 1850 lieutenant-écuyer und 1851 als Kapitän zum 12. Chasseurs-Regiment versetzt. Er kam 1852 als Capitaine écuyer zur Kavallerie-Schule zurück, wurde 1855 écuyer en chef derselben, mit Beibehalt welcher Stellung er 1857 als Eskadrons-Chef zum 1. Spahi-Regiment versetzt wurde. Er erhielt 1853 den Portugiesischen Orden der heiligen Jungfrau und 1855 den Schwedischen Schwert-Orden.

458. *Ecole du cavalier au manège basée sur les principes de l'ordonnance de cavalerie à l'usage des instructeurs. Par A. Guérin, capitaine-écuyer à l'école de cavalerie. Saumur, imprimerie de Paul Godet. 1851.

gr. 8º. Sch. T., T., 1 Bl.: Widm. (an General Goyon), 233 S., 18 KT. 5 Fr. Dem Gange der Ordonnance de cavalerie folgend behandelt der Verfasser die Abrichtung des Reiters, die Pferdebekleidung, deren Anpassung und giebt die Beschreibung eines Carroussels zur Prüfung der Reitfertigkeit.

Guesdon, Constant, geboren zu Rouvres (Departement Calvados) in Frankreich 1793, besuchte die Thierarzneischule zu Lyon, praktizirte nach beendeten Studien in jenem Departement, liess sich 1832 zu Gacé im Departement Orne nieder und starb daselbst am 21. April 1858.

459. Nosologie vétérinaire pratique, Ouvrage utile aux propriétaires, fermiers, cultivateurs, maréchaux, maîtres de poste, relayeurs de diligences, marchands de chevaux, herbagers, bouviers, bergers, Et à toutes personnes chargées du soin des chevaux, des bestiaux et des bêtes à laine. Par Guesdon (Constant), Exercant l'Art vétérinaire à Gacé (Orne). Quatrième édition. A Gacé (Orne), Cet Ouvrage se trouve chez l'Auteur 1852.

8º. 6 Bog. 5 Fr. — Die erste Auflage erschien 1841.

460. Dass. Cinquième édition. Ebda 1856. — 8º. 6 Bog. 5 Fr.

461. *Dass. Sixième édition. Ebda 1856. — 8º. Sch. T., T., 5—156 S. 5 Fr. Inh.: Pferdekrankheiten S. 7—74, Gewährsfehler 123—135, Veterinärpolizei 139—151.

Guitard, in England geboren, trat 1837 in das Preussische 9. Husaren-Regiment ein, in welchem er 1839 zum Sekonde-, 1853 zum Premier-Lieutenant, 1858 zum Rittmeister und 1859 zum Eskadrons-Chef befördert wurde.

462. Er übersetzte Miles, Huf des Pferdes aus dem Englischen in das Deutsche, s. *Miles* Nr. 742.

Gurlt, Ernst Friedrich, wurde am 13. Oktober 1794 zu Drentkau in Preussisch Schlesien geboren, studirte in Breslau, promovirte 1819 daselbst als praktischer Arzt und Operateur, wurde 1820 Repetitor an der Berliner Thierarzneischule, 1824 Lehrer der Physiologie und Anatomie an derselben, 1825 Oberlehrer, 1827 Professor, 1849 Direktor derselben und erhielt 1850 den Charakter als geheimer Medizinalrath.

463. *Anatomische Abbildungen der Haussäugethiere von E. F. Gurlt, Professor an der Kgl. Thierarzneischule zu Berlin. Supplement. 26 Tafeln. Berlin 1848. G. Reimer.

fol. 26 KT., dazu: Text zu den Anatomischen Abbildungen etc. — gr. 8º. T., I S.: Vorw., 54 S. 5 Thlr. — Das Hauptwerk war 1829 erschienen.

464. *Nachträge zum ersten Theile des Lehrbuches der pathologischen Anatomie der Haus-Säugethiere von Dr. E. F. Gurlt, Professor an der Königl. Thierarzneischule zu Berlin. Berlin, G. Reimer. 1849.

gr. 8º. IV S.: T., Vorw., 143 S. 18 Gr. — Das Lehrbuch selbst erschien 1831.

Rec.: Fuchs 1850. 31.

465. *Magazin für die gesammte Thierheilkunde. Herausgegeben von Dr. E. F. Gurlt und Dr. C. H. Hertwig, Professoren an der Königlichen Thierarzneischule zu Berlin. Vierzehnter Jahrgang. Mit vier Tafeln Abbildungen. Berlin, 1848. August Hirschwald.

gr. 8º. VI S.: T., Inh., 522 S., 4 KT.

15. Jahrgang 1849. — VI, 526 S., 4 KT.
16. Jahrgang 1850. — VI, 522 S., 4 KT.
17. Jahrgang 1851. — VI, XVIII, 497 S., 4 KT.

18. Jahrgang 1852. — VI, 506 S., 4 KT.
19. Jahrgang 1853. — VI, 514 S., 4 KT.
20. Jahrgang 1854. — IV, 512 S., 4 KT.
21. Jahrgang 1855. — VI, 506 S., 4 KT.
22. Jahrgang 1856. — VII, 512 S., 4 KT.
23. Jahrgang 1857. — VI, 506 S., 4 KT.
Erscheint seit 1835 und kostet jährlich 2 Thlr. 16 Gr. Vom 23. Jahrgang
an ist dasselbe mit Lateinischen Lettern gedruckt und seit 1854 sind demselben
„Mittheilungen aus der thierärztlichen Praxis" in besonderen Heften beigegeben,
s. *Gerlach* Nr. 402.

466. Er schrieb das Vorwort zu Rodloff's Beschälkrankheit der Pferde,
vgl. *Rodloff*.

Gurlt, Ernst Julius, der Sohn des Vorigen, wurde am 13. September
1825 zu Berlin geboren, studirte ebenda 1844—48 Medizin, war 1852—56 Assistenz-
Arzt an der chirurgischen Universitäts-Klinik und ist seit 1853 an der Universität
als Privatdozent habilitirt.

467. *Beiträge zur vergleichenden pathologischen Anatomie der Gelenk-
krankheiten von Dr. E. Gurlt, prakt. Arzte und Assistenz-Arzte der chirur-
gisch-augenärztlichen Klinik der Universität zu Berlin. Berlin, G. Reimer.
1853. — gr. 8°. XVI S.: T., Vorw., Inh., 656 S. 2 Thlr. 16 Gr. — Das
Schlusskapitel handelt speziell von den Erkrankungen der Phalangengelenke bei
Thieren.

Haidvogl, Giuseppe, Thierarzt in Mailand.

468. Trattato popolare pel buen governo, per la moltiplicazione e pel
miglioramento degli animali che servono alla economia campestre, da Giuseppe
Haidvogl, veterinario. Mantova 1856. — 8°.

Hamm, Wilhelm, der Sohn eines Geheimen Hofraths, wurde 1820 zu
Darmstadt geboren, besuchte das landwirthschaftliche Institut zu Kranichstein,
war dann Volontär und Verwalter in der Pfalz und Hessen. Nach einjährigem
Besuch der Akademie zu Hohenheim, war er ebensolange Verwalter im Dienst
des Graf Solms-Laubach, bereiste hierauf Deutschland, Frankreich, Belgien, England und studirte nach seiner Rückkehr in Giessen Naturwissenschaften und Ca-
meralia. Er erhielt später einen Ruf an die landwirthschaftliche Schule zu Hofwyl, übernahm bald darauf die Direktion der Ackerbauschule zu Rütti, wurde
1847 zur Redaktion der Agronomischen Zeitung nach Leipzig berufen, erwarb das
Eigenthumsrecht derselben und gründete in Eutritzsch eine Fabrik landwirthschaftlicher Maschinen.

469. Anviisning ut uppföda Hästar. Öfwersättning. Stockholm 1852.
8°. — Das Original s. *Anleitung* Nr. 1208.

470. Grundzüge der Physiologie der Pflanzen und Thiere für den Landwirth. Zum Selbststudium und für Schulen. Mit vielen in den Text gedruckten
Abbildungen. Leipzig 1855. Voigt und Günther.
gr. 8°. XII und 312 S. 1 Thlr. 16 Gr.

471. Grundtrekken der natuurkunde van planten en dieren, ten dienste
van landbouwers. (Naar het Hoogduitsch.) Bewerkt door E. C. Enklaar. Zwolle,
W. E. J. Tjeenk Willink. 1857.
gr. 8°. 6 und 302 S. mit Abb. 3,50 Fl.

472. Er ist Verfasser einer Anleitung zur Pferdezucht, s. *Anleitung* Nr.
1208, von der eine Schwedische und Holländische Uebersetzung erschienen, s.
Nr. 469 und *Handleiding* Nr. 1289.

von Hammer-Purgstall, Joseph, Freiherr, der Sohn eines Oesterreichischen Gubernialraths, wurde 1774 zu Grätz in Steiermark geboren, besuchte

bis 1788 das Barbara-Stift in Wien, dann die orientalische Akademie, wurde 1796 Sekretär des im auswärtigen Ministerium angestellten Freiherrn v. Jenisch, kam 1799 als Sprachknabe zum Internuntius von Herbert nach Konstantinopel, machte als Dollmetsch unter Hutchinson den Feldzug gegen Moreau mit, ging 1801 über Malta und Gibraltar nach London und kam 1802 nach Wien zurück. In ebendem Jahr ging er als Legations Sekretär abermals nach Konstantinopel, wurde 1806 Konsularagent in der Moldau, 1807 aber in Wien angestellt, 1811 zum wirklichen Rath und Hofdollmetsch und 1817 zum Hofrath ernannt. Als Erbe der Gräßn v. Purgstall 1835 in den Freiherrnstand erhoben, bekleidete er 1847—49 die Stelle eines Präsidenten der neugestifteten Akademie und starb zu Wien am 24. November 1856.

473. *Das Pferd bei den Arabern. Von Dr. Freiherrn Hammer-Purgstall. Aus dem VI. und VII. Bande der Druckschriften der philosophisch-historischen Classe der kaiserlichen Akademie der Wissenschaften besonders abgedruckt. Wien. Aus der kaiserlich-königlichen Hof- und Staatsdruckerei. 1856. Imp. 4⁰. T., 3—96 S. mit 6 Abb., 1 chromolith. KT. 1 Thlr. 20 Gr.

Inh.: Einleitung, Bibliographie, Philologisches (Pferdenamen, Metonymen, Sprüchwörter, Gedichte), Physiologisches (Kenntniss der Pferde, Racen, Geschlecht, Alter, Eigenschaften, Glieder, Farbe und Abzeichen, Bewegungen, Futter, Bekleidung, Pflege, Verwendung, Beschlag).

Hannover, Adolph, der Sohn eines königlichen Beamten, wurde zu Kopenhagen am 24. November 1814 geboren, studirte ebenda seit 1832 Medizin und Naturwissenschaften, legte 1838 das Examen ab, disputirte 1839 für den Grad eines Lizentiat der Medizin, unternahm dann eine Reise nach Berlin und Paris, wo er seine Studien fortsetzte und kehrte 1841 zurück. Er wurde als Arzt am Frederiks-Hospital angestellt, war 1850—51 Oberarzt des Solvgadens-Lazareth. Seit 1843 las er an der Universität pathologische Anatomie und allgemeine Pathologie, wurde nach wiederholten wissenschaftlichen Reisen nach Deutschland und Schweden 1852 Ehrendoktor der Universität Grüningen, erhielt 1856 vom Französischen Institut den ersten Montyon'schen Preis und wurde 1856 zum Professor ernannt.

474. Ueber die Entwickelung und den Bau des Säugethierzahns. Mit 8 Kupfertafeln. Berlin und Bonn, Weber 1856.

gr. 4⁰. T., S. 799—937, 8 KT. 4 Thlr. — Abdruck aus dem: Nova acta Academiae Caesareae Leopold. Carol. Vol. XXV.

Rec.: British and foreign medico-chir. review 1857 Januar S. 229; British Journ. of dentistry 1857. 163.

Hansen, Hans Jacob, geboren in Dänemark 1819, studirte in Kopenhagen Veterinärkunde, legte 1845 das thierärztliche Examen ab und wurde 1854 als Rossarzt bei dem 1. Artillerie-Regiment angestellt.

475. Regler for Föllets og Folens Behandling, samt de hensigtsmässigste Midler til at fremme Udviklingen in den fordeelagtigste Retning. Kjöbenhavn 1853. — 8⁰. 24. Sch.

476. Concurrence-Afhandling over Spörgsmaalet: Hvilken Indflydelse yttre Rogt og Pleie paa det unge Dyrs Udvikling og hvorledes indrettes de hensigtmacssigst for Follet og Folen. Kjöbenhavn 1853. — 8⁰.

Harke, B. — Pseudonym des Pfarrers Rathgeber.

477. Der Dorfarzt. Homöopathisches Noth- und Hülfsbüchlein für Prediger und Lehrer auf dem Lande. Zweiter Theil. Die Krankheiten der Thiere. Langensalza, Schulbuchhandlung des Thüringischen Lehrer-Vereins 1852.

8⁰. 175 S. 18 Gr. — Der erste Theil enthält die Krankheiten des Menschen.

Harting, P., Doktor der Medizin zu Tiel in den Niederlanden.

478. Er besorgte eine Holländische Uebersetzung von Schmidt's vergleichender Anatomie, s. *Schmidt* Nr. 1039.

Hartmann, Carl Friedrich Alexander, geboren zu Zorge am Harz am 8. Januar 1796, trat 1813 bei der Braunschweigischen Kavallerie ein, wurde zum Offizier befördert, nahm aber 1816 den Abschied und widmete sich dem Bergbau. Er wurde Braunschweigischer Oberbergkommissar, zog sich, nachdem er seine Entlassung als solcher genommen, nach Leipzig zurück, wo er in der technischen und bergmännischen Literatur thätig lebt. Er ist auch Doctor juris publ.

479. Er schrieb unter dem Namen Harzer über Hufeisen und Hufbeschlag, s. *Harzer.*

Harvey, Alexander, Doktor der Medizin und Dozent an der Universität zu Aberdeen.

480. On a remarkable Effect of Cross-Breeding. By Alexander Harvey, M. D. Lecturer on the Practice of Medicine in the University and King's College, Aberdeen, etc. Edinburgh, Blackwood 1851.'

8⁰. 40 S. 1 Sch. — Auszüge in Roell 1852. 11 und Froriep's Berichte über die Fortschritte der Natur- und Heilkunde 1851 Nr. 395.

Harzer, Friedrich. — Pseudonym des Doktor Hartmann.

481. *Der geschickte Grob- und Hufschmied, oder vollständige Anweisung zur Verfertigung aller Arten regulärer und irregulärer Hufbeschläge, der verschiedenen Wagen- und Chaisenbeschläge, Radreifen, Kutschfedern, Ketten, Nägel und Ackergeräthschaften, sowie der am meisten vorkommenden Bau- und Eisenbahnarbeiten, so weit sie der Schmied fertigt. Nebst einem Anhange über das Schmieden der Aexte, Beile, Ackerwerkzeuge, und andere gröbere Schmiedewerkzeuge, sowie einem Wörterbuche des Schmiedes. Von Friedrich Harzer. Mit 17 lithographirten Foliotafeln. Zweite, um 3 Bogen und 2 Tafeln vermehrte und ergänzte Ausgabe. Weimar, 1852. Verlag, Druck und Lithographie von B. F. Voigt.

A. u. d. T.: Neuer Schauplatz der Künste und Handwerke. Hundertundneunundsechzigster Band.

8⁰. XV S.: T., Vorw., Inh., 541 S., 17 KT. 2 Thlr. 6 Gr. — Die erste Auflage erschien 1848.

Darin von den Hufeisen und dem Hufbeschlag S. 375—417 nebst Tafel 14.

von Hassell, Wilhelm, der Sohn eines hannöverschen Stabsoffiziers und Drosten, wurde am 15. November 1796 zu Verden geboren, auf der Ritterakademie zu Lüneburg erzogen, trat 1813 als Fähnrich in ein in Meklenburg formirtes Bataillon ein, mit dem er den Blokaden von Haarburg und Hamburg beiwohnte und 1814 nach Belgien marschirte. Im Oktober als Cornet zum 1. Husaren-Regiment der Englisch-Deutschen Legion versetzt, focht er bei Waterloo, ging dann mit nach Frankreich und kehrte 1816 mit seinem zum Garde-Husaren-Regiment ernannten Truppentheil nach Hannover zurück. Er leitete fortan die Remontirung seines Regiments im Inlande, wurde 1827 Rittmeister und ging 1833 mit dem neu formirten Regiment nach Verden. Er bearbeitete 1837 einen alsbald genehmigten Plan zur Remontirung der Armee, wurde Präses der Remonte-Kommission und 1838 als Eskadrons-Chef zum Cambridge-Dragoner-Regiment nach Walsrode versetzt, wo er einen Parforce-Verein begründete. Er trat 1845 in den Armee-Stab über und avancirte 1855 zum Oberst.

482. *Welche Einwirkungen können die neueren Prinzipien der Züchtung und Behandlung der Pferde auf die Haltung der Cavallerie gewinnen? Eine Erörterung, welche Stände-Mitgliedern, -Besitzern, Pferde-Händlern und

Liebhabern auch zu empfehlen sein dürfte. Von W. von Hassell, Obristlieutenant und Director der Königlich Hannoverschen Armee-Remonte-Commission, Ritter des Königlichen Guelphen-Ordens, Inhaber der Medaillen für 1813 und 1814 und Waterloo. Berlin, Alexander Duncker. 1851.

gr. 8°. XII S.: T., Vorw., Inh., 192 S. 18 Gr.

Inh.: Wie kauft man Remonten, denen das Attribut grösserer Schnelligkeit und Dauer zukommt? Kenntniss des nicht gerittenen Pferdes, Aufstellung und Dressur der Remonten, zu junge Remonten und Krieg, Belehrung der Mannschaft (Huf, Beschlag, Methode von Miles, Schritt, Schenkel, Kopf, Sattelung), Reitgebrauch, Gebrauch im Gliede, Abgang und Ersatz, Urlaubsgang, Gewicht.

Rec.: Holmer 1851 I. 113, 129; Zarncke 1851. 89.

Haubner, Gottlieb Carl, 1806 zu Hettstedt in der Grafschaft Mansfeld geboren, besuchte die Thierarzneischule zu Berlin, wurde 1829 anatomischer Gehülfe an derselben, 1831 Kreisthierarzt zu Ortelsburg, 1836 Lehrer der Thierheilkunde am landwirthschaftlichen Institut zu Eldena und Kreisthierarzt daselbst, 1842 zugleich Departements-Thierarzt, erhielt 1845 den Titel Professor, folgte 1852 einem Rufe an die Dresdner Thierarzneischule, wurde Landthierarzt und 1859 Medizinalrath daselbst.

483. *Die inneren und äusseren Krankheiten der landwirthschaftlichen Haussäugethiere. Ein Lehrbuch für höhere landwirthschaftliche Lehranstalten und zum Selbstunterrichte für angehende Thierärzte und Landwirthe. Von Dr. G. C. Haubner, Professor an der Königlich Preussischen staats- und landwirthschaftlichen Akademie zu Eldena, und Departementsthierarzte des Stralsunder Regierungs-Bezirks. Anclam, 1848. W. Dietze.

A. u. d. T.: Landwirthschaftliche Thierheilkunde in gemeinfasslicher Darstellung. Zweite gänzlich umgearbeitete Auflage des Handbuchs der populären Thierheilkunde.

gr. 8°. XVI S.: T., Vorw., Inh., 594 S. 3 Thlr. 6 Gr. — Die erste Auflage erschien 1838.

Rec.: Archiv 1848. 369; Hering 1849. 234; Dieterichs 1849. 425.

484. Dass. Dritte gänzlich umgearbeitete und verbesserte Auflage. Anclam, W. Dietze.

gr. 8°. Der 1. und 2. Theil, III und 384 S. erschienen 1857, der 3. Theil 1858. 3 Thlr. 6 Gr.

485. Bericht über das Veterinärwesen im Königreich Sachsen für das Winter-Semester 1856—57. Herausgegeben von der Königlichen Commission für Veterinärwesen durch Professor Haubner. Zugleich als Programm der Königlichen Thierarzneischule für das Schuljahr 1856—57. Dresden (Arnold) 1857.

gr. 8°. T., 87 S. 8 Gr.

Rec.: Hering 1858. 79.

486. Gezondheidsleer der landhuishoudelijke huisdieren. Uit het Hoogduitsch vertaald door E. C. Enklaar. Te Zwolle, bij Tjenk Willink. 1850.

gr. 8°. — Erschien 1849 und 1850 in 9 Heften und kostet 4,50 Fl. Das Original erschien 1845.

487. Nach des Verfassers Krankheiten der Haussäugethiere bearbeitete Nadosy die Kapitel: Pferdekrankheiten und Gewährsmängel in seinen Equitations-Studien, vgl. *Nadosy.*

Havez de Montlaville.

488. *Physiologie de toutes les races de chevaux du monde, Organisation des haras étrangers, et la question chevaline en France. Par Havez-Montlaville. Paris, chez Mme Veuve Bouchard-Huzard, et chez l'auteur. 1850.

gr. 8°. T., 228 S. 4 Fr.

Haycock, William, Thierarzt und Mitglied des Veterinär-Kollegii zu Edinburg.

489. Elements of Veterinary Homoeopathy; embracing Hints on the Application of Hydropathy; or, a Treatise on the Diseases of the Horse and Cow; with Remarks on the General Management and Principal Diseases incidental to the Sheep and Hog. By W. Haycock, V. S., Member of the Veterinary College, Edinburgh. London; Aylott and Jones 1852.
8°. 438 S. 10 Sch. 6 P.
Rec.: Veterin. 1852. 620. Vet. Rev. I 182.

490. On Hysteric in the Mare, with illustrative Cases. By W. Haycock, V. S. and M. R. C. V. S. London; Aylott and Jones 1854.
8°. 27 S. 1 Sch.
Rec.: Veterin. 1854. 87.

Hayne, Anton, geboren 1787 zu Krainburg im Herzogthum Krain, absolvirte die medizinisch-chirurgischen Studien in Wien, leistete einige Jahre Dienste im dortigen allgemeinen Krankenhause, wurde 1811 Repetitor am Thierarznei-Institut, kam 1813 als Professor der Seuchenlehre an die Universität Olmütz, welche Stelle er 1817 mit der eines Landesthierarztes für Mähren vertauschte, wurde 1842 als Professor der Pathologie und medizinischen Klinik an das Wiener Thierarznei-Institut berufen, nahm 1852 seine Entlassung und starb 1854.

491. *Theoretisch-praktisches Lehrbuch der Entzündung, ihrer Ausgänge: Reaktion, Kongestion, Blutung, und ihrer Uebergänge: Fehler der Horngebilde, krankhafte Absonderung von Schleim, Serum, Ausschwitzung von Lymphe, Bildung von Er- und Verhärtungen, Tuberkeln, Würmern, Eiter, Jauche, Brand, als pathologische Grundprozesse aller sporadischen und seuchenartigen, äusserlichen und innerlichen Krankheiten der nutzbaren Hausthiere, in Bezug ihrer Erkenntniss, Ursachen, Schätzung, Heilung, Verhüthung, Vergleichung, veterinär-polizeilichen, gerichtlichen Behandlung — oder Ausmittelung der fünf diagnostischen und therapeutischen, in der angehängten Fragtabelle angegebenen Punkte. Nebst einer ausführlichen Einleitung zur Begründung des Vorgetragenen und Regelung der Bedingungen des Lebens und seiner bildenden, bewegenden und empfindenden Kräfte zu verschiedenen Heil- und Gebrauchszwecken. Bearbeitet von Anton Hayne, öff. ord. Professor der speciellen Pathologie und Therapie etc. am k. k. Thierarznei-Institute. Zweite verbesserte und vermehrte Auflage. Wien 1849, Wilhelm Braumüller.
gr. 8°. X S.: T., Vorw., 1 Bl.: Inh., 410 S. 4 Fl. 24 Kr. — Erschien in erster Auflage 1830.
Rec.: Hering 1849. 153.

492. *Handbuch der Zoo-Pathologie und der Therapie oder: planmässige, methodische, mittelrechte Erkenntniss des Charakters, Sitzes, der Art, Ursache und Grösse, sowie kurative, präservative, veterinär-polizeiliche, gerichtliche und vergleichende Behandlung der sporadischen und seuchenartigen Krankheiten der Haussäugethiere. Von A. Hayne, öffentlicher ordentlicher Professor etc. Zweite verbesserte Auflage. Wien, 1852, W. Braumüller.
gr. 8°. XXX S.: T., Vorw., 738 S. 3 Thlr. 8 Gr. — Erschien in erster Auflage 1844.

Du Hays, Jean Charles Aimé, einer alten Normannischen Adelsfamilie angehörig, wurde am 22. September 1819 zu St. Germain in der Normandie geboren, studirte zu Paris die Rechte und wurde Advokat zu Mortagne im Departement Orne. Sein Interesse für Pferde und Förderung der Pferdezucht war Veranlassung, dass ihn 1851 das Ministerium zum Mitglied einer Kommission zur Bearbeitung des Gestütbuchs für die Normandie und 1852 zum Sekretär der Normännischen Abtheilung der Redaktion der Statistik Frankreichs ernannte, wie er auch 1855 Mitglied der Akklimatisations-Gesellschaft in Paris wurde.

493. La Plaine de Caen. Visite à l'établissement hippique de M. Basly; par Ch. du Hays. Imprimerie de Loncin à Mortagne 1855.

8°, 16 S. 50 C.

Hechenberger, Johann Georg, der Sohn eines Thierarztes, wurde 1805 zu Thenn in Tyrol geboren, widmete sich zu Wien dem Studium der Arzneikunde, wurde 1836 Distriktsarzt zu Mussau, 1843 in gleicher Eigenschaft nach Prutz versetzt, 1852 pensionirt und lebt seitdem zu Wildau bei Innsbruck.

494. Hygiea Tirols oder fassliche Belehrung über Gesundheitspflege und einige vorzügliche Gebrechen. Naturgetreu dargestellt von Dr. Georg Hechenberger, k. Distriktsarzte und emeritirtem Mitgliede des Tiroler Landwirthschaftsvereines. III. Theil. Original-Geburtstechnik bei Hausthieren. Innsbruck (Wagner) 1851.

8°. T., 3—19 S. 3 Ngr.

Hecquet d'Orval, E., lebt zu Abbeville in Frankreich.

495. *Amélioration de la race chevaline par E. Hecquet d'Orval. Rapport fait au congrès des comices réunis du département de la Somme, Session de 1850. Abbeville, imprimerie de C. Paillart.

8°. T., 3—25 S. 50 C. — Erschien 1850.

496. *Notices sur les courses d'Abbeville par M. E. Hecquet d'Orval. Extrait du Bulletin de la Société hippique du mois d'Avril 1855. Abbeville, typographie de P. Briez. 1855.

gr. 8°. T. mit V., 3—24 S. 50 C.

Heine, Friedrich Rudolph, der Sohn eines Geistlichen, wurde zu Viesen in der Preussischen Provinz Sachsen am 28. Juni 1799 geboren, besuchte das Gymnasium zu Brandenburg, studirte 1818—22 in Halle und Berlin Medizin, war bis 1824 praktischer Arzt in Brandenburg, bis 1828 in Oderberg, dann in Pasewalk, kam 1837 als Kreisphysikus nach Bitterfeld und war 1844—50 zugleich Generalsekretär des landwirthschaftlichen Vereins der Provinz Sachsen.

497. *Denkschrift über die Beförderung der Landespferdezucht im preussischen Staate. Vom General-Secretär Dr. Heine zu Zörbig. Zörbig, 1850. Selbstverlag des Verfassers. In Commission bei Ed. Heynemann in Halle.

gr. 8°. IV S.: T., Vorw., 63 S. 8 Gr.

Rec.: Holmer 1850 I 104, 172.

Heinrich, Julius Heinrich, geboren zu Magdeburg am 17. Juni 1822, besuchte die Berliner Thierarzneischule 1841—45, diente bis 1847 als Kurschmied bei dem 11. Husaren-Regiment und bis 1850 bei der 3. Artillerie-Brigade, privatisirte demnächst in Magdeburg, wurde technischer Beirath der dortigen Vieh-Versicherungs-Gesellschaft und 1858 Kreisthierarzt in Nordhausen.

498. *Thierärztliches Handbuch zur Belehrung für Landwirthe, Viehbesitzer, Thierärzte und Agenten von Viehversicherungs-Gesellschaften. Enthaltend das Wichtigste der Gesundheits- und Krankheitslehre der nutzbaren Hausthiere. Von J. Heinrich, Thierarzt I. Klasse und Directions-Mitglied der Magdeburger Vieh-Versicherungs-Gesellschaft. Mit mehreren Abbildungen. Magdeburg. Im Selbstverlage des Herausgebers. In Commission bei A. Falkenberg und Co. 1856.

12°. T., 3—80 S., 3 KT. 8 Gr. — Das Buch ging später in andere Commission über, weshalb es auf dem Titel einiger Exemplare heisst: Magdeburg. In Commission Schäfer's Buchhandlung (Hugo Krah). 1857.

Darin S. 11—40 das Pferd, sein Haar, Farbe, Alterserkenntniss, Racen, Gebrauch, Fütterung und Krankheiten.

Heinrichs, Joseph. — Wahrscheinlich eine fingirte Persönlichkeit.

499. *Der rationelle Pferdezüchter. Zucht, Wartung und Pflege der Pferde, ihre Krankheiten und deren homöopathische Heilung. Oder: Ueber die

Natur des Pferdes, dessen Vollkommenheiten und Schönheiten: die Pferderacen und ihre Befähigung zur Dienstleistung, von der Aufzucht, Ernährung und Pflege der Pferde, wie auch die Beschreibung und homöopathische Heilung von 167 Pferde-Krankheiten. Von Joseph Heinrichs, Thierarzt. Quedlinburg und Leipzig. Ernst. 1852.

8⁰. VIII S.: T., Inh., 166 S. 25 Ngr.

Inh.: Natur, Vollkommenheiten und Schönheiten des Pferdes, Racen, Kreuzung, Aufzucht, Ernährung, Pflege, Krankheiten.

Heinze, Amadeus Theodor, geboren zu Dresden am 31. März 1818, war 1832—38 Bereiterscholar der kgl. Sächsischen Schulbahn, wurde alsdann Unterbereiter an derselben, unternahm 1841 eine hippologische Reise durch Deutschland, wurde 1843 wirklicher Bereiter, bereiste 1844 Frankreich, Belgien, England und wurde 1845 Vorsteher des königlichen Wagenstalles in Dresden, nahm 1859 den Abschied und lebt als Reitmeister in Dresden.

500. Er schrieb über die Gangarten des Pferdes, s. *Bewegungslehre* Nr. 1233.

Heckmeyer, Franciscus Cornelis, der Sohn eines Notars, wurde am 9. September 1809 zu Utrecht geboren, besuchte 1826—30 die dortige Thierarzneischule und liess sich als Thierarzt 1. Klasse zu Baarn nieder. Er trat 1831 als Rossarzt bei der reitenden Artillerie ein, kam 1840 zum 6. Husaren-Regiment, dann zur Artillerie nach Nymwegen und dem Haag, wurde 1848 Lehrer an der Militärakademie zu Breda, nahm 1851 den Abschied aus Militärdiensten und wurde als Lehrer an die Veterinärschule zu Utrecht berufen.

501. Het Repertorium. Tijdskrift voor de Geneeskunde in al haren Omvang. Door F. Rienderhoff, officier van gezondheid 3ᵉ klasse en F. C. Hekmeijer, vee-arts 1ᵉ klasse, paarden-arts bij het regement rijdende artillerie. Eerste aargang 1847—1848. Amersfoot 1848.

4⁰. 422 S. und 25 S. Bibliographie.

2 Aargang 1848—1849. Amersfoort 1849. — 413 und 30 S.

Dass. Door Dr. van Hasselt, leeraar aan de School voor Militaire geneeskundigen te Utrecht en F. C. Hekmeyer. 3 aargang. Te Leiden bij Noothoven van Goor 1850. — 416 und 44 S.

Dass. 4 aargang. Ebda 1851. — 418 und 24 S.

Dass. 5 aargang. Ebda 1852. — 415 und 24 S.

Dass. 6 aargang. Ebda 1853. — 415 S.

Dass. Door Dr. C. Gobée, 1ᵉ Offizier van Gezondheid der 2 klasse te Amsterdam en F. C. Hekmeyer. 7 aargang. Enkhuizen 1855. — 413 S. Preis des Jahrgangs 6,50 Fl. Als thierärztliches Organ hörte das Repertorium 1855 mit dem Ausscheiden Hekmeyer's aus der Redaktion auf.

Hellmund, J. M., zu Gotha geboren, war Glasermeister und Glaswaarenfabrikant daselbst, erhielt von dem bekannten Homöopathen Doktor Plaubel Unterricht in der Homöopathie und beschäftigte sich mit derselben und mit der Anfertigung homöopathischer Arzneien bis zu seinem 1853 erfolgten Tode.

502. Repertorium der Thierheilkunde nach homöopathischen Grundsätzen, enthaltend alle bis jetzt bekannten homöopathischen Krankheitsheilungen und Beobachtungen an Hunden, Katzen, Pferden, Rindern, etc. Ein Hülfsbuch für jeden Viehbesitzer. Gotha, Gläser 1848.

16⁰. XXII S.: T., Vorw., Inh., 217 S. 18 Gr.

Hengeveld, Gerardus Johannes, geboren in den Niederlanden, studirte Thierheilkunde, wurde 1836 als Thierarzt zu Oestgeest angestellt und später zum Professor an der Veterinärschule zu Utrecht ernannt.

503. Er ist Mitarbeiter an einer periodisch erscheinenden Sammlung thierärztlicher Aufsätze, s. *Verzameling* Nr. 1452.

Henry, Gustave, zu Rheims geboren, leitete daselbst eine Privat-Manege, gab dieselbe 1853 auf, ging nach Paris und wurde bei der Polizei angestellt.

504. *Cours élémentaire d'équitation pour dames et pour hommes, apprenant l'art de monter à cheval sans le secours d'aucun maître, par Gustave Henry, Professeur d'Equitation à Reims, etc. Reims, chez Maréchal-Gruat, chez Brissart-Binet, et chez l'auteur. 1852.

12⁰. 2 Bl.: T., Vorw., 7—58 S. 1 Fr. 50 C.

Hensler, J., Thierarzt in St. Petersburg.

505. Ручная конская книга, для ветеринаровъ, кавалеристовъ, ремонтеровъ, коннозаводчиковъ и вообще, любителей лошадей, составленная И. Генслеромъ. Санкт-Петербургъ. Въ типографіи Якова Трея. 1851.

(Hand-Pferdebuch für Thierärzte, Kavalleristen, Remonteoffiziere, Pferdezüchter und überhaupt jeden Pferdeliebhaber, verfasst von J. Hensler. Sankt-Petersburg. Druckerei von Jakob Treu).

16⁰. XII S.: T., Widm. (an Generaladjutant Baron Meiendorf), Vorw., Inh., 274 S.

Inh.: Pferdekenntniss, Wartung und Pflege, Fütterung, Beschlag, Krankheiten.

Hentze, H. W. — Hat in Amsterdam nicht als Thierarzt gelebt, wie dies auf dem Titel des Buches angegeben ist.

506. *Pferdefleisch und das Pferdefleisch-Essen. Von H. W. Hentze, Arzt und Thierarzt aus Amsterdam. Elberfeld und Iserlohn, J. Bädeker 1848.

8⁰. 2 Bl.: T., Inh., 5—35 S. 4 Gr.

Herbert, Henry William.

507. Frank Forester's Horse and Horsemanship of the United States and British Provinces of North America, by Henry William Herbert. With Steel-engraved original Portraits of celebrated Horses. New York 1857.

gr. 8⁰. 2 Bände von 552 und 576 S. 3 L. 3 Sch.

Herbst, Johann August, der Sohn eines Hufschmiedes wurde am 17. Februar 1800 zu Sulzbach in Bayern geboren, erlernte die väterliche Profession, trat 1817 als Eleve in die Veterinärschule zu München ein, wurde 1820 als Thierarzt absolvirt, blieb aber bis 1824 als Assistent bei derselben, wurde während dem 1822 zum Gestüt Rohrenfeld kommandirt und unternahm 1823 eine Reise zum Besuch der Gestüte und Thierarzneischulen Oestreichs, Ungarns, Preussens und Sachsens. Im Oktober 1824 kam er als Rossarzt zum Hofmarstall nach München, wurde 1825 zum Ankauf von Hengsten nach der Normandie geschickt, 1826 zum Gestüts-Rossarzt in Rohrenfeld und 1839 zum Gestütmeister daselbst ernannt.

508. *Praktischer Unterricht über Pferdezucht. Zum Gebrauche für grössere und kleinere Landwirthe. Von Johann August Herbst, königlichem bayerischen Hofgestütmeister in Rohrenfeld bei Neuburg an der Donau. Zweite verbesserte Auflage. Mit zwei lithographirten Pferde-Abbildungen. München 1854. Cotta'sche Buchhandlung.

gr. 8⁰. VIII S.: T., Widm. (an Oberstallmeister Frh. v. Lerchenfeld), Vorw., Inh., 155 S., 2 KT. 16 Ngr. — Erschien in erster Auflage 1836.

Inh.: Auswahl der Zuchtpferde, Gestütsanstalten Bayerns, Paarung, Verbesserung der Pferde, Belegen, Trächtigkeit, Geburt, Aufzucht, Behandlung der Zuchtpferde, Fütterung, Weiden, Stallung, Fohlenkrankheiten.

Rec.: Tennecker 1855. 376.

Hering, Eduard, geboren zu Stuttgart 1799, bereitete sich seit 1819 auf der Universität Tübingen zum Studium der Thierheilkunde vor, dem er sich dann auf den Thierarzneischulen zu Wien, Berlin und Kopenhagen widmete. 1822 wurde er als Lehrer der Anatomie, Physiologie und Heilmittellehre bei der Stuttgarter Thierarzneischule angestellt, besuchte 1826 Cuvier's Vorlesungen in Paris und die Veterinärschule zu Alfort und übernahm 1828 auch die Klinik an der Stuttgarter Schule, vertauschte aber 1835 seine Vorträge gegen die über Operationslehre und spezielle Pathologie. Er wurde 1834 Mitglied der Landgestüt-Kommission, in deren Aufträge er Reisen durch Deutschland, Holstein, Frankreich, England machte, erhielt 1843 den Titel Medizinalrath, wurde 1845 zum Professor ernannt und erwarb die Doktorwürde an der Universität. Er ist ausserdem Beisitzer des Medizinal-Kollegii und Mitglied vieler gelehrten Gesellschaften.

509. *Repertorium der Thierheilkunde, herausgegeben von Prof. E. Hering als Vorstand des thierärztlichen Vereins für Württemberg etc. Neunter Jahrgang. Stuttgart. Verlag von Ebner und Seubert. 1848.

8°. VI S.: T., Inh., 340 S., 1 Tab.

10. Jahrgang 1849. — VI, 334 S., 2 KT.
11. Jahrgang 1850. — T., 1 Bl.: Inh., 352 S.
12. Jahrgang 1851. — VI, 373 S., 2 KT.
13. Jahrgang 1852. — VI, 364 S., 1 KT.
14. Jahrgang 1853. — VI, 368 S., 2 KT.
15. Jahrgang 1854. — T., 1 Bl.: Inh., 378 S., 1 KT.
16. Jahrgang 1855. — T., 1 Bl.: Inh., 378 S., 2 KT.
17. Jahrgang 1856. — T., 1 Bl.: Inh., 364 S.
18. Jahrgang 1857. — T., 1 Bl.: Inh., 368 S.

Erscheint seit 1841 und kostet jährlich 2 Fl. 15 Kr.

510. Jahresbericht über die Fortschritte der Thierheilkunde im Jahre 1851. Bearbeitet von Medicinal-Rath Prof. Dr. Hering, und redigirt von Prof. Dr. Scherer, Prof. Dr. Virchow und Dr. Eisenmann. Würzburg, Stahel. 1852.

A. u. d. T.: Canstatt's Jahresbericht über die Fortschritte der gesammten Medicin in allen Ländern im Jahre 1852. Bd. V.

Hoch 4°. 1 Bl. und 65 S. 18 Ngr. — Die früheren Jahrgänge s. *Jahresbericht* Nr. 1296.

Dass. 1852. Ebda 1853. — 1 Bl. und 71 S. 18 Ngr.
Dass. 1853. Ebda 1854. — 1 Bl. und 68 S. 18 Ngr.
Dass. 1854. Ebda 1855. — 1 Bl. und 71 S. 18 Ngr.
Dass. 1855. Ebda 1856. — 1 Bl. und 66 S. 18 Ngr.
Dass. 1856. Ebda 1857. — 1 Bl. und 70 S. 20 Ngr.

Rec.: Hering 1853. 92; Annales 1857. 450.

511. Specielle Pathologie und Therapie für Thierärzte. Zum Gebrauche bei Vorlesungen und zu eigener Belehrung. Zweite vermehrte Auflage. Stuttgart, Ebner und Seubert 1849.

gr. 8°. XI, 644 S. 2 Thlr. 16 Gr. — Erschien in erster Auflage 1842; eine Schwedische Uebersetzung s. unten.

512. *Handbuch der thierärztlichen Operationslehre von Dr. Eduard Hering, Medizinalrath, Professor an der k. würtemb. Thierarzneischule, etc. Mit 12 lithographirten Tafeln und 182 Holzschnitten nach Originalzeichnungen. Stuttgart 1857. Ebner und Seubert.

gr. 8°. VIII S.: T., Vorw., Inh., 316 S. mit 182 Abb., 12 KT. 2 Thlr. 12 Ngr.

Rec.: Nicklas 1856 Nr. 49, 1857 Nr. 45; Veterin. 1858. 111.

513. Husdjurens Sjukdomar, deras kännetecken, orsaker och behandling, eller speciel Veterinaer-Pathologi och Therapi. Bearbetad och tillockt af C. L. Dannstroem, ord. Laerare vid Landbruk institut. Häft 1. Stockholm 1848.

8°. Heft 2 erschien ebda 1848, Heft 3 zu Upsala 1848. Jedes Heft kostet 1 Rd. 8 Sch.

514. Er bearbeitete den Text zu: die Pferdezucht in Württemberg, s. *Pferdezucht* Nr. 1381, und übersetzte das Englische Werk The horse, s. *Pferd* Nr. 1377.

Hermes, Wilhelm, Besitzer einer artistischen Anstalt in Berlin.

515. *Wilhelm Hermes, Berliner Zeichen-Lehrer. Eine Sammlung von Vorlagen für geübtere Zeichner. V Abth. Thiere. Heft 61—64. Pferde. Berlin, Wilhelm Hermes.

Klein quer-fol. — Erschien 1855. Jedes Heft mit 4 K. in Umschlag kostet 8 Gr.

516. *Wilhelm Hermes, Berliner Systematische Zeichen-Schule für Lehrer und zum Selbst-Unterricht. Lithographie, Druck und Verlag von W. Hermes in Berlin. VI. Abtheilung. Thierzeichnen. Heft 91—93. Pferde.

quer gr. 8°. — Erschien 1855; jedes Heft mit 6 K. in Umschlag, welche meist Kopien nach V. Adam sind, kostet 6 Ngr.

von Herrmann, E. M., Preussischer Oekonomie-Kommissar zu Bautzen.

517. *Das Zugpferd, dessen Eigenschaften, Behandlung und Gebrauch. Eine Sammlung vieljähriger Erfahrungssätze zum nützlichen Selbstunterrichte für Besitzer von Zugpferden und Alle, die damit umgehen, von E. M. von Herrmann, Oeconomie-Commissar. Zweite Auflage. Leipzig, Kittler 1850.

8°. VI S.: T., Vorw., Inh., 82 S. 6 Gr. — Erschien zuerst 1847.

Inh.: Eigenschaften, Wartung, Futterung, Behandlung, Beschlag, Geschirr, Anspannung und Führung, Unarten, Hausmittel bei Krankheiten, Hauptregeln zur Selbstzüchtung und Alterserkenntniss.

Herstatt, Conrad, geboren zu Cölln am 1. Juli 1809, trat 1826 in das Preussische 5. Ulanen-Regiment ein, wurde 1831 zum Sekonde-, 1844 zum Premier-Lieutenant, 1850 zum Rittmeister ernannt und 1857 unter Beförderung zum Major in das 7. Ulanen-Regiment versetzt. Er erhielt 1858 den Badischen Orden vom Zähringer Löwen, kommandirte während der Mobilmachung 1859 das 7. Landwehr-Ulanen-Regiment und erhielt im August den erbetenen Abschied als Oberstlieutenant.

518. *Cavallerie-Katechismus. Fragen und Antworten über Reiterei. Zusammengestellt von C. Herstatt, Rittmeister und Escadronschef im Königlich Preuss. 5. Ulanen-Regiment. Düsseldorf 1851. Verlag von Wilhelm Kaulen.

12°. T., 3—38 S. 6 Ngr.

Rec.: Zarncke 1851. 350.

519. Er gab ausserdem eine Anweisung zum Satteln und eine Reitinstruktion heraus, s. *Anweisung* Nr. 1216, *Reitinstruction* Nr. 1409.

Hertwig, Carl Heinrich, geboren zu Ohlau in Preussisch Schlesien am 10. Januar 1789, besuchte das Gymnasium zu Brieg, studirte dann in Breslau Chirurgie, in Wien, München, Berlin Medizin und Thierheilkunde, wurde 1823 Repetitor an der Berliner Thierarzneischule, übernahm bald darauf die Vorträge über Chirurgie und Arzneimittellehre, wurde zum Oberthierarzt ernannt, promovirte zum Doktor der Medizin und erhielt die Leitung eines Theiles der Krankenställe der Thierarzneischule. Nach einer auf Staatskosten unternommenen Reise durch Deutschland, die Schweiz, Frankreich, England und Holland wurde er 1829 zum Oberlehrer ernannt, übernahm 1830 die Leitung aller Krankenställe, wurde 1833 Professor, Lehrer der Pferdekenntniss an der Artillerie-Schule und Assessor im Medizinal-Kollegium der Provinz Brandenburg, reiste 1844 auf Kosten der Russischen Regierung zur Beobachtung der Rinderpest nach Russland und erhielt 1846 den St. Annen-Orden.

520. *Praktisches Handbuch der Chirurgie für Thierärzte. Von Dr. H. C. Hertwig, Professor an der Königlichen Thierarzneischule zu Berlin. Berlin, 1850. August Hirschwald.

gr. 8°. XII S.: T., Vorw., Inh., 811 S. 4 Thlr.

Rec.: Archiv 1851. 272; Hering 1851. 181.

521. *Taschenbuch der gesammten Pferdekunde. Für jeden Besitzer und Liebhaber von Pferden. Von Dr. C. H. Hertwig, Professor an der Königl. Thierarzneischule zu Berlin. Mit neun Tafeln Abbildungen. Berlin, 1851. August Hirschwald.

8°. X S.: T., Widm. (an Prinz Adalbert v. Preussen), Vorw., Err., Inh., 364 S., 9 KT. 1 Thlr. 20 Gr.

Inh.: Naturgeschichte, Anatomie, Physiologie, Exterieur, Diätetik, Beschlag, Handel, Erklärung der Abbildungen, Register.

Rec.: Tennecker 1854. 412.

522. *Dass. Zweite verbesserte Auflage. Ebda 1857. — 8°. X S.: T., Widm., Vorw., Inh., 345 S., 9 KT. 1 Thlr. 20 Ngr.

523. Er giebt mit Gurlt das Magazin für Thierheilkunde heraus, s. *Gurlt* Nr. 465.

Herzog, A., Doktor der Medizin und Thierarzneikunde in den Vereinigten Staaten von Nordamerika.

524. Lehrbuch der Thierheilkunde in alphabetischer Ordnung herausgegeben von Dr. A. Herzog. Philadelphia, Schäfer und Conradi 1857.

8°. 262 S. 1 Thlr. 16 Gr.

Heusinger, Carl Friedrich, der Sohn eines Geistlichen, wurde 1792 zu Fernroda bei Eisenach geboren, studirte Medizin, wurde Preussischer Militär-Arzt, stand als solcher bis 1819 in Thionville und Sedan, wurde 1820 als Professor an der Universität Jena angestellt, 1824 als Professor der Anatomie und Physiologie nach Würzburg und 1829 als Professor der Medizin nach Marburg berufen.

525. *Die Milzbrandkrankheiten der Thiere und des Menschen. Historisch-geographisch-pathologische Untersuchungen von Dr. Carl Friedrich Heusinger. Erlangen, Ferdinand Enke 1850.

gr. 8°. XVI S.: T., Vorw., Inh., 808 S. 6 Fl.

Inh.: Literatur, chronologische Uebersicht, geographische Verbreitung, Aetiologie, verschiedene Formen, Wesen der Krankheit.

Rec.: Fuchs 1850. 6.

Heusmann, F., studirte Thierarzneikunde, wurde Rossarzt bei der Hannöverschen Kavallerie und nach erhaltenem Abschied Prosektor und Lehrer an der Thierarzneischule zu Hannover.

526. *Bemerkungen über Gegenstände der militärischen Veterinärkunde von F. Heusmann, Stabsthierarzt a. D., Prosektor und Hülfslehrer an der königlichen Thierarzneischule zu Hannover. Hannover 1854. Telgener'sche Hofbuchdruckerei.

8°. T., 1 Bl.: Inh., 76 S. 12 Ngr.

Inh.: Aufstellung, Abhärtung, Boxes, Paddocks, Reinerhaltung der Stallluft, Futter, Getränk, Putzen, Bewegung, Geschirr, Beschlag.

Rec.: Hering 1855. 98.

Hey, Wilhelm, geboren zu Leina im Gothaischen am 26. März 1790, studirte in Jena Theologie und Philologie, wurde Pfarrer zu Tüttlingen, dann Hofprediger in Gotha und endlich Superintendent zu Ichtershausen, wo er am 19. Mai 1854 starb.

527. *Das Leben eines Kriegspferdes. Gezeichnet und radirt von Max Prätorius. In Worten wiedergegeben von Wilhelm Hey. Zweite Auflage. Gotha: Justus Perthes. 1853.

4°. 8 Bl.: Text, 8 K. 12 Gr.

von der Heyde, W. G., trat bei der Preussischen Infanterie ein, wurde zum Offizier befördert, 1806 bei Jena gefangen, nach Frankreich transportirt, 1807 auf Ehrenwort entlassen und nahm nach den Feldzügen den Abschied. Er wurde als Polizeidirektor in Merseburg angestellt, war dann Regierungs-Sekretär in Magdeburg, wurde 1822 in Calbe zum Bürgermeister gewählt und lebte nach Ablauf seiner Wahlzeit erst in Magdeburg und seit 1850 in Stettin. Er erhielt den Anhalt-Bernburgischen Hofrathstitel.

528. Landwirthschaftlich polizeiliches Handbuch. Eine Sammlung sämmtlicher Gesetze in Betreff der Viehkrankheiten, deren Abwehr und Heilung. Zweite Auflage. Magdeburg, Baensch 1850.

8°. VI, 278 S. 1 Thlr. — Erschien in erster Auflage 1847.

Hieover, Harry. — Pseudonym des Master Bindley.

529. The Pocket and the Stud: or, practical hints on the management of the stable. By Harry Hieover. London: Longman, Brown, Green and Longmans. 1848.

8°. 215 S., 1 K. 5 Sch.

530. *Dass. Second edition. Ebda 1851. — 8°. XX S.: T., Vorw., Inh., 218 S., 1 K. 5 Sch.

Inh.: Pferdehandel, Stallwartung, Fütterung, Beurtheilung des Pferdes.

Rec.: Veterin. 1848. 642.

531. Stable Talk and Table Talk; or spectacles for young sportsmen. New edition. By Harry Hieover. London: Longman, Brown, Green and Longmans. 1848.

8°. 2 Bände. 24 Sch. — Behandelt alle Gegenstände des Sport, darunter die Rennen, Reitkunst, Abrichtung und den Pferdehandel.

532. *The Stud, for practical purposes and practical men. By Harry Hieover, author of „the pocket and the stud". London: Longman, Brown, Green, and Longmans. 1849.

8°. IX S.: T., Vorw., Inh., 205 S., 2 K. 5 Sch.

Inh.: Gesundheit und Krankheiten, äussere Fehler, Kondition.

533. *Practical horsemanship. By Harry Hieover. London: printed for Longman, Brown, Green, and Longmans. 1850.

8°. XIX S.: T., Vorw., Inh., 213 S., 2 K. 5 Sch.

Inh.: Sitz, Bügellänge, Gewicht, verschiedene Art des Reitens, das Reitpferd, Zäumung und sonstige Pferdebekleidung, Pferdekauf, Pfeifen und Krippensetzen.

534. *A treatise on the proper condition for all horses. By Harry Hieover. London: Newby 1852.

8°. XIV S.: T., Vorw., 1 Bl.: Inh., 204 S., 2 K. 5 Sch.

Inh.: das Rennpferd, der Hunter, das Damenpferd, der Hack, das Wagen- und Karrenpferd.

535. The world and how to square it. By Harry Hieover. London: Newby 1854. — 8°. 5 Sch.

536. Hints to Horsemen; showing How to Make Money by Horses. By Harry Hieover. Second edition. London: Newby 1856.

8°. 224 S. 5 Sch.

537. Precepts and Practice. By Harry Hieover. London: Newby 1857. 8°. 5 Sch.

538. Er besorgte mit Ephemera und Graham eine neue Ausgabe von Blaine's rural sports, s. *Blaine* Nr. 108.

Higgins, Jacob.

539. Er veröffentlichte unter dem Namen „Omnium" ein Buch über das leichte Pferd, s. *Omnium.*

Hitzinger, Georg, geboren 1791 zu Zwerndorf in Niederösterreich, trat 1810 bei der Miliz ein, diente 1811 und 1812 bei dem Husaren-Regiment Nr. 9, besuchte dann auf Staatskosten die Wiener Thierarzneischule, nach deren Absolvirung er als Militär-Rossarzt angestellt wurde. Seit 1830 war er Rossarzt am Remonte-Depot zu Crema, wurde 1835 Lehrer an der Thierarzneischule zu Mailand und starb zu Mantua am 13. September 1854.

540. Precetti elementari di ferratura teorico-pratica, del maestro in Mascalcia Giorgio Hitzinger, ridotti a migliore lezione dal Cav. Dottore Alessandro Volpi. Milano, Volpato e C". 1856.

16°. 72 S. 17 Ngr.

Rec.: Giornale 1856. 95.

von Hochstetter, Conrad, geboren zu Stuttgart am 19. November 1780, kam 1797 zu seinem Grossonkel dem Stallmeister von Bühler nach Tübingen, um sich der Reitkunst zu widmen. Er besuchte zugleich die dortige Universität und seit 1804 die Berliner Thierarzneischule, bereiste 1805 Preussen, Dänemark, England, Schottland, wurde nach seiner Rückkehr am königlichen Marstall zu Stuttgart angestellt, folgte aber 1811 einem Ruf als Stallmeister der Stadt und Republik Bern. Hier blieb er bis 1831, wo er als Dirigent der Reitbahnen des königlichen Marstalls nach Berlin berufen wurde; nachdem er 1844 den Abschied genommen lebte er zunächst in Berlin und seit 1849 in Freienwalde.

541. *Militair- und Civil-Reiter-Schule neuerer Zeit. Zur gründlichen Anleitung in der einzig wahren Reiter-Praxis mit VII Original-Steindrücken von C. von Hochstetter, Königl. Preussischem Reitbahn-Dirigenten a. D. Berlin 1850. Mittler's Sortiments-Buchhandlung. (A. Bath).

8°. T., 1 Bl.: Widm. (an den König v. Preussen), XVI S.: Einl., 2 Bl.: Inh., 229 S., 7 KT. 1 Thlr. 12 Gr. — Neuer Titel zu der 1839 erschienenen Ausgabe.

Inh.: Zustand der Reitkunst in neuerer Zeit; vorbereitender technischer und instruktiver Theil; einübender und mechanischer Theil; selbstthätiger, versammelnder Theil; Voltigir-Theil, praktische Dressur, Damenreiterei.

Hocquart, E.

542. Le bouvier modèle, traitant des soins à donner aux chevaux, à l'étable, à la bergerie, à la porcherie, à la basse-cour, etc; par E. Hocquart. A Paris, chez Langlumé 1849.

18°. 11 Bog., 1 KT.

Hodgson, T. R., war Rossarzt bei der Englischen Armee in Ostindien, später Civilthierarzt in London.

543. Illustrative farriery: A Series of Lithographs of the different Varieties of Horse's Feet, the states Unshod and Shod by different Methods; with Explanations of practical Utility. By T. R. Hodgson, Veterinary Surgeon,

Finchley, late of the Hon. East India Company's Service. London 1849. — 4°.
50 KT. mit Text.

Rec.: Veterin. 1849. 140.

Hoehning, C. J. F., besuchte 1844—45 die Thierarzneischule zu Stuttgart, 1846 die zu Berlin und liess sich dann als Thierarzt in Württemberg nieder.

544. Ueber die Verwendung der thierischen Ueberreste unserer Hausthiere, das Pferdefleischessen und die Aufhebung der Kleemeistereien. Eine
Abhandlung für Staatsbeamte, Amtsversammlungen, Landwirthe, landwirthschaftliche Vereine, Thierbesitzer und Thierärzte, namentlich Württembergs. Stuttgart bei Hoffmann 1848.
gr. 8°. X und 84 S. 45 Kr.

Rec.: Dieterichs 1848. 342.

Hök, C. T., Doktor der Medizin in Stockholm.

545. Redogörelse i Swenska Läkare-Sellskapet för Carl Siebolds afhand-
ling: Ueber die Band- und Blasenwürmer nebst einer Einleitung über die Entstehung der Eingeweidewürmer. Leipzig 1854. Stockholm, Beckmann 1854.
8°. 11 S. — Vgl. *Siebold* Nr. 1058.

Hofer, Dominik, geboren in Bayern, studirte Medizin, promovirte zum
Doktor, widmete sich dann dem Studium der Veterinärwissenschaften, wurde
Privatdozent derselben an der Universität München, 1850 als dritter Professor an
die dortige Veterinärschule berufen, bei der er 1851 zum zweiten Professor aufrückte.

546. *Spezielle Naturgeschichte der Hausthiere. Ein praktisches Handbuch für Thierärzte, Landwirthe und alle Freunde der Hausthiere von Dr. D.
Hofer, königl. Professor. Regensburg. G. J. Manz. 1852.
gr. 8°. IV S.: T., Vorw., 2 Bl.: Inh., 184 S. 18¼ Ngr.
Darin: Naturgeschichte und Racen des Pferdes S. 5—49.

Hoffmann, J. B., war Thierarzt in Bayern und ist schon vor längerer
Zeit verstorben.

547. Vollständiges Vieharzneibuch oder Unterricht über die Erziehung,
Wartung, Fütterung, Krankheiten und deren Heilung von Pferden, Rindvieh,
Schafen, Schweinen, Federvieh und Hunden. Nebst einem Anhang über die
Krankheiten der Stubenvögel und deren Heilung. Von J. B. Hoffmann. Zweite
vermehrte und verbesserte Auflage. Augsburg, Jaquet 1850.
8°. X S.: T., Vorw., Inh., 132 S. 9 Ngr. — Die erste Auflage erschien
1828, die zweite ist vom Thierarzt Merk umgearbeitet.
Darin: S. 4—40 Pferdekrankheiten.

Hoffmeister, Friedrich Wilhelm, geboren zu Kottbus in der Preussischen Lausitz am 13. Dezember 1805, trat 1821 als Civileleve in die Berliner
Thierarzneischule ein, wurde nach abgelegtem Examen 1824 Kurschmied bei der
Garde-Artillerie, besuchte in dieser Stellung 1830—31 nochmals die Thierarzneischule, erhielt 1832 die Approbation als Thierarzt erster Klasse, wurde 1834 zum
Brigade-Rossarzt befördert und ist seit 1840 zugleich Lehrer des Hufbeschlags an
der Thierarzneischule.

548. *Kritische Beleuchtung des Miles'schen Hufbeschlags und Vergleichung desselben mit dem deutschen. Von Hoffmeister, Brigade-Rossarzt und
Lehrer des Hufbeschlags an der Thierarzneischule in Berlin. Separat-Abdruck
aus dem achtzehnten Jahrgang des „Magazins für die gesammte Thierheilkunde".
Berlin, 1853. Gedruckt bei Julius Sittenfeld.
gr. 8°. T., 31 S. 6 Ngr.

Rec.: Archiv 1854. 148.

Hofmeister, Georg Christian Melchior, geboren zu Agathenburg in Hannover am 29. April 1774, wurde 1806 bei der Fürstlich Lübeckschen Kammer und Fideicommiss-Administration als Kammerrath angestellt und starb zu Eutin 1847.

549. Er schrieb eine Brochüre über Pferdezucht, s. *Dutzend* Nr. 1267.

von Holmer, Magnus Friedrich, Reichsgraf, geboren zu Eutin im Lauenburgischen am 25. November 1780, besuchte die Universitäten Kiel und Göttingen und lebte dann einige Zeit in England, wo er sich mit Vorliebe dem Gestütfach widmete. Nach seiner Rückkehr bewohnte er das väterliche Gut Taugstedt und nach dessen Verkauf Kiel, wo er die hippologischen Blätter gründete, die er auch bis 1852 fortführte, wo Kränklichkeit und andere Verhältnisse ihn zu deren Aufgeben bewogen. Er war längere Zeit Direktor des Kieler Kunstvereins und Sekretär des Norddeutschen Jockey-Klubs, und starb als letzter Lübischer Domkapitular und letzter Träger seines Namens zu Kiel am 3. April 1857.

550. *Hippologische Blätter. Eine Zeitschrift für veredelte Pferdezucht. Herausgegeben vom Grafen von Holmer. 1848. Sechszehnter Jahrgang. Erster Band. Kiel. Expedition der Hippologischen Blätter.

gr. 8°. VI S.: T., Inh., 386 S. — Zweiter Band. VI S.: T., Inh., 414 S.

1849. 17. Jahrgang. 1. Band. — VI S.: T., Inh., 386 S. — 2. Bd. VI, 426 S.

1850. 18. Jahrgang. 1. Band. — VI, 414 S. — 2. Bd. VI, 410 S.

1851. 19. Jahrgang. 1. Band. — VI, 414 S. — 2. Bd. VI, 414 S.

Erschien in wöchentlichen Nummern, kostete jährlich 5 Thlr. 16 Gr., war 1833 begründet und fand eine Fortsetzung in Vogler's Blättern über Pferde und Jagd. Vgl. *Vogler* Nr. 1139.

551. *Der Hippologischen Blätter Beiblatt. Herausgegeben vom Grafen von Holmer. 1848. Erste Sammlung. Nr. 149—157. Kiel. Expedition der Hippologischen Blätter.

gr. 8°. T., 1 Bl.: Inh., 104 S. — Begründet 1843, Preis des aus 2 Sammlungen bestehenden Jahrganges 3 Thlr. Von der 2. Sammlung 1848 erschienen nur noch Nr. 158—160 mit 28 S.

Horlock, J., ein Master of Hounds in England.

552. Er schrieb unter dem Namen : Scrutator : über Behandlung der Pferde, s. *Scrutator*.

Houel, Ephrem, geboren zu Torigny (Departement Manche) in Frankreich am 29. Juli 1807, wurde im April 1830 bei den Staatsgestüten angestellt, 1838 Direktor des Beschäler-Depots Langonnet in der Bretagne, 1846 Direktor des Remonte-Depots zu Paris, 1847 Gestütsdirektor zu Pin und 1850 Gestütsinspekteur des zweiten Bezirkes mit dem Wohnsitz zu Saint-Lo.

553. *Histoire du cheval chez tous les peuples de la terre depuis les temps les plus anciens jusqu'à nos jours par Ephrem Houel. Tome premier. Paris en vente au bureau du journal des haras 1848.

8°. Sch. T., T., 253 S. — Tome deuxième. 1852. — Sch. T., T., II S.: Inh., 355 S. 10 Fr.

Inh.: Bd. 1. Schöpfung des Pferdes. Erste Geschichte: Egypten, Assyrien, Medien, Persien, Parthien, Israel, Griechenland. Wanderungen des Pferdes: Scythen, Sarmaten, Germanen, Gallier, Iberer, Numidier, Indier. Rom. Franken, Bretonen, Normannen. Der Orient. Das Pferd der Ritter. — Bd. 2. Das Pferd des Mittelalters und der neueren Zeit.

Rec.: Journ. d. H. 1852 I 258, 318.

554. *Cours de science hippique Professé à l'Ecole des haras, par M. Ephrem Houel, pendant les années 1848, 1849 et 1850. Paris, au bureau du journal des haras. 1853.

gr. 8°. Sch. T., T., 1 Bl.: Widm. (à mes anciens élèves), 7—192 S. — Nicht zu Ende geführter Abdruck der im Journal des haras 1853—55 mitgetheilten Vorträge.

Inh.: Einleitung, natürliche Racen, Vollblut, Abstammung, Gestütbuch, Zucht, Entartung, Verwandtschaft, Inzucht.

555. Er schrieb ausserdem eine Geschichte der Pferderacen des Departement La Manche, s. *Histoire* Nr. 1293 und ist Redakteur des Journal des haras, s. *Journal* Nr. 1308.

Hubert, Eugène.

556. Er ist der Verfasser zweier Briefe über Pferdezucht, s. *Lettre* Nr. 1322, 1323.

Hurtrel d'Arboval, Louis Henri Josephe, geboren zu Montreuil-sur-Mer in Frankreich am 7. Juni 1777, widmete sich dem Studium der Medizin und Thierarzneikunde, und starb als Professor derselben in seinem Geburtsorte am 20. Juli 1839.

557. Auszüge aus seinem 1837 in 2. Auflage erschienenen Wörterbuche der Thierheilkunde (Kastration und Aderlass) befinden sich in Quillinan's Elementen der Hippologie, s. *Quillinan.*

Huschke, Emil, der Sohn eines Arztes, wurde am 14. Dezember 1797 zu Weimar geboren, studirte seit 1814 in Jena Medizin und Naturwissenschaften, später dieselben Fächer in Berlin und Wien, promovirte 1818, habilitirte sich 1821 in Jena als Dozent, wurde nach mehrfachen Reisen durch Deutschland, Frankreich, Italien 1827 Honorar-Professor und 1838 ordentlicher Professor der Anatomie und Physiologie ebenda, wurde 1837 zum Hofrath, 1847 zum Geheimen Hofrath ernannt, war Ritter 1. Klasse des Falkenordens und vieler gelehrten Gesellschaften ordentliches und Ehrenmitglied und starb zu Jena am 19. Juni 1858.

558. Schädel, Hirn und Seele der Menschen und der Thiere nach Alter, Geschlecht und Race. Dargestellt nach neuen Methoden und Untersuchungen. Nebst 6 Steintafeln mit photographischen Abbildungen. Jena, Mauke 1854.

gr. fol. VIII, 194 S., 6 KT. 6 Thlr.

Husson, J. B., geboren zu Aubange in Luxemburg 1825, studirte zu Arlon, besuchte seit 1845 die Thierarzneischule zu Brüssel, wurde 1849 Repetitor der Anatomie an derselben, hörte dann noch ein Jahr Physiologie in Göttingen, wurde 1853 Mitglied der Belgischen medizinischen Akademie und 1855 Professor der Zootechnie und pathologischen Anatomie an der Belgischen Thierarzneischule.

559. Er gab mit Defays ein Handbuch der Thierarzneikunde heraus, s. *Defays* Nr. 251, und gehört zu den Herausgebern der Belgischen thierärztlichen Zeitschrift, s. *Annales* Nr. 1212.

Huzard, der Sohn des berühmten Generalinspekteurs der Französischen Thierarzneischulen, lebt als Thierarzt in Paris.

560. *Société impériale et centrale d'agriculture. Du métissage général des chevaux français de selle et de carrosse par le pur sang anglais, comme moyen d'améliorer les premiers. Note lue à la Société imp. et centrale d'agriculture, dans sa séance du 22 mars 1854, par M. Huzard, membre de la Société.

gr. 8°. 15 S. — Erschien zu Paris bei der Wittwe Bouchard Huzard 1854. Dasselbe steht auch in Nabat XIII 391 und eine Deutsche Uebersetzung in Vogler 1854 II 139, 188.

Hyrtl, Joseph, geboren zu Eisenstadt in Ungarn 1811, studirte in Wien Naturwissenschaften und Anatomie, wurde 1833 Prosektor an der dortigen Universität, promovirte 1835, kam 1837 als Professor der Anatomie nach Prag, 1845 in gleicher Stellung nach Wien zurück und ist seit 1847 Mitglied der kaiserlichen Akademie.

561. Beiträge zur vergleichenden Angiologie. (Aus dem I. Bande der Denkschriften der mathematisch-naturwissenschaftlichen Classe der k. Akademie der Wissenschaften abgedruckt). Wien, Braumüller 1850.

fol. 16 S., 3 KT. 20 Gr.

Jacob.

562. Petit manuel de l'éleveur de chevaux, ou Exposé simple des règles qui doivent guider dans les soins à donner aux poulinières et à leurs produits, suivi de considérations sur la production et l'amélioration du cheval, par M. Jacob. Nanci, imprim. de Dard 1850.

12⁰. 2 Bog.

Jacoby, Ferdinand Rudolph, geboren zu Berlin am 12. Juni 1821, besuchte 1839—43 die Thierarzneischule daselbst, praktizirte nach abgelegtem Examen zum Thierarzt 1. Klasse in Bernau, wurde 1844 Kreisthierarzt in Stolp, promovirte 1851 als Doktor der Philosophie, legte 1857 das Examen zum Departements-Thierarzt ab und wurde 1859 als solcher nach Erfurt versetzt.

563. *Anleitung zur äussern Pferdekenntniss, zugleich als Rath beim Pferdekauf. Für Landwirthe, Cavallerieofficiere, Pferdezüchter und Pferdeliebhaber von Dr. Ferdinand Rudolph Jacoby, Königlichem Kreisthierarzte zu Stolp. Mit einer Tafel Abbildungen. Stolp 1852. H. M. Fritsch.

gr. 8⁰. T. mit V., VIII S.: Widm. (an Bar. v. Kleist), Vorw., Inh., 260 S., 1 Bl.: Erkl. d. Abb., Err., 1 KT. 1 Thlr. 6 Gr.

Inh.: Naturgeschichte, Racen, Anatomie, Exterieur, Beschlag, Alterserkenntniss, Farben, Gangarten, Proportionen, Temperament, Auswahl und Untersuchung, Gewährleistung.

564. *Dass. Zweite Auflage. Ebda 1854. — 8⁰. X S.: T. mit V., Widm. Vorw., Inh., 252 S., 1 Bl.: Erkl. d. Abb., 1 KT. 1 Thlr. — Unveränderter Abdruck.

565. *Katechismus der Pferdezucht, zugleich eine Beschreibung der Krankheiten der Zuchtthiere enthaltend. Von Dr. Ferdinand Rudolph Jacoby, Königlichem Kreisthierarzte in Stolp. Stolp 1853. H. M. Fritsch.

8⁰. T., 2 Bl.: Vorw., Inh., 142 S. 12 Gr.

Inh.: Allgemeines, die Zuchtthiere, Gesundheitspflege, Beschälen, Tragezeit, Geburt, Saugezeit, Behandlung des Füllens, Krankheiten der Zuchtthiere und der Füllen.

Jacquemin, François Maxime, geboren zu Tours in Frankreich am 1. April 1795, trat 1813 in das Regiment der Ehrengarde ein, wohnte den Feldzügen 1813—15 in Sachsen und Frankreich bei, wurde in letzterem Jahre Maréchal des logis im 7. Lanciers-Regiment, 1819 Unterlieutenant des Dragoner-Regiments La Manche, wohnte dem Feldzug in Spanien bei und erhielt den Spanischen Orden Karls III. und den Neapolitanischen St. Georgen-Orden. Er wurde 1825 Lieutenant, 1828 Unter-Stallmeister und 1830 Kapitain-Stallmeister der Kavallerie-Schule, und erhielt 1831 die Ehrenlegion. 1840 zum Eskadrons-Chef im 5. Husaren-, 1845 zum Oberstlieutenant im 4. Lanciers-Regiment ernannt, wurde er wieder zur Kavallerie-Schule kommandirt, 1848 Oberst des 9. Husaren-Regiments und zweiter Kommandant jener Schule. Nachdem er 1850 Brigade-General und Kommandeur der 1. Subdivision der 20. Division geworden unterdrückte er die Emeute in Aubiere, wurde 1854 Militär-Kommandant der Departements Cantal und Hte. Loire, und erhielt 1855 das Kommandeur-Kreuz der Ehrenlegion. Er ist Präsident der Gesellschaft für Ackerbau etc. im Departement Indre und Loire,

Mitglied der Akademie zu Clermont und der archäologischen und geologischen Gesellschaft.

566. *Cours d'hippiatrique à l'usage des officiers et sous-officiers de cavalerie. Comprenant: 1. Un précis anatomique du cheval; 2. Un résumé d'extérieur; 3. Une notice sur l'hygiène; 4. Une petite thérapeutique vétérinaire. Quatrième édition, corrigée et augmentée d'une monographie des boiteries du cheval. Par Maxime Jaquemin, Colonel commandant en second l'école de cavalerie. Strasbourg, chez Ve Levrault. 1850.
32°. XVI S.: Sch. T., T., Vorw., Inh., 387 S., 8 KT. 2 Fr. 50 C. — Erschien in erster Ausgabe 1826; die Monographie über die Lahmheiten erschien auch besonders, s. die folgende Nummer.
Inh.: Anatomie, Exterieur, Lahmheiten, Farbe und Abzeichen, Wartung, Pflege, Beschlag, Therapeutik, Gewährsfehler.

567. Petite Monographie des boiteries du cheval. Par Maxime Jaquemin, Colonel commandant en second l'école de cavalerie. A Saumur chez Dubosse; à Paris, chez Dumaine, chez Mme Bouchard-Huzard 1850.
8°. 12 S. 75 C. — Besonderer Abdruck aus der vorigen Nummer.

Rec.: Journ. d. H. 1853 I 182.

Janné, Auguste Jacques, geboren zu Maastricht in Holland am 6. Mai 1817, besuchte die Veterinärschule zu Lüttich bis 1837, dann bis 1841 die zu Utrecht, liess sich nach abgelegtem Examen als Thierarzt 2. Klasse zn Heerlen nieder, wurde Distrikts-Thierarzt daselbst, kam 1848 in gleicher Eigenschaft nach Valkenburg und dann nach Ruremonde.

568. Bijdrage tot de kennis en de behandling von de ziekte der Hoeven bij het paard, bekend onder den Naam van Straal-of Hoefkanker. Amersfoort 1848. — 8°. Mit Abb.

Jennes, seit 1851 Professor der Thierarzneikunde zu Utrecht.

569. Mitherausgeber einer Holländischen thierärztlichen Zeitschrift, s. *Verzameling* Nr. 1452.

Jessen, Peter, der Sohn eines Geistlichen, geboren am 5. März 1801 zu Katharinenheerd in Schleswig, studirte 1819—22 in Kopenhagen Thierheilkunde und wurde in letzterem Jahre dem Behufs Ankaufs von Hengsten Dänemark bereisenden Russischen Rittmeister v. Marwitz beigegeben. Er praktizirte zunächst in Oldesloe, ging aber 1823 in Folge einer an ihn ergangenen Aufforderung nach Russland und wurde als Rossarzt der 1. Grenadier-Brigade der Nowgorod'schen Militäransiedlung angestellt. Er legte 1827 bei der medizinisch-chirurgischen Akademie in Petersburg das Veterinär-Examen ab, war 1828—32 Rossarzt am Hofmarstall, privatisirte dann in Petersburg und wurde 1834 Veterinär bei dem Chevalier-Garde-Regiment und 1840 zugleich bei der Garde zu Pferde. In dieser Stellung war er 5 Jahre Mitglied des Komitee für Veterinär-Medizin und bereiste die Russischen Gestüte. 1848 wurde er an die Dorpater Veterinärschule versetzt und zu deren Direktor ernannt. Er unternahm 1853 und 1855 längere Reisen nach Südrussland, um die dortige Viehzucht kennen zu lernen und zur Impfung der Rinderpest, wurde 1858 auf sein Ansuchen als Direktor pensionirt, ist aber als Professor an jener Schule verblieben.

570. *Mittheilungen aus dem Veterinairfache. Von P. Jessen, Professor, Director der Veterinairschule in Dorpat, etc. Dorpat, Verlag von E. J. Karow. 1849. — gr. 8°. VIII S.: T., Widm. (dem Verein prakt. Thierärzte), Vorw., Inh., 76 S. 12 Gr.
Inh.: die russische Träber-Race, Fütterung und Haltung der Gestütspferde, sind Thierärzte auf Gestüten nöthig?, Benutzung 4jähriger Pferde zur

Zucht, Beschälkrankheit, Darmvorfälle, Robertson's Kastrationsmethode, über thierärztliche Vereine.

Rec.: Hering 1850. 249.

571. *Die nothwendigsten Huf- und Klaueneisen, und die Hauptregeln beim Hufbeschlage. Als Erläuterung zu der von dem stellvertretenden Lehrschmied Carl Friedrich Arndt angefertigten Sammlung von Muster-Hufeisen. Von P. Jessen, Director der Dorpater Veterinairschule. Dorpat 1853. Gedruckt bei J. C. Schünmann's Wittwe und C. Mattiesen.

8°. T., 3—38 S., 4 KT. 16 Gr.

572. *Neu zusammengestellter Hufbeschlagkasten. Von P. Jessen. Mit einer Tafel Abbildungen. (Aus den Mittheilungen der Kaiserl. freien ökon. Gesellschaft besonders abgedruckt). St. Petersburg, 1857.

gr. 8°. T., 8 S., 1 KT. 12 Ngr.

Rec.: Hering 1857. 341.

Jmré, Naray, Thierarzt zu Aradon in Ungarn.

573. Er übersetzte Günther's homöopathischen Thierarzt in das Ungarische, s. *Günther* Nr. 455.

John, Christian Friedrich, geboren zu Stapelburg in Preussen am 2. Dezember 1792, besuchte das Gymnasium zu Wernigerode und Braunschweig, studirte in Göttingen, wurde Landwirth, wendete sich dann aber zur Thierarzneikunde, wurde 1820 Kreisthierarzt zu Koswig in Anhalt-Bernburg, organisirte 1821 das dortige Landgestüt, wurde zum Inspektor desselben, und dann auch zum Landrichter und Sekretär des landwirthschaftlichen Vereins zu Koswig ernannt. Er starb am 31. August 1862.

574. *Die Aufstallung, Fütterung, Wartung und Behandlung der Hausthiere. Von C. F. John, Herzogl. Anhalt-Bernburgischem Amtsthierarzt, Inspector vom Herzogl. Landgestüt, Landrichter und Secretair des landwirthschaftlichen bäuerlichen Vereins in Coswig. Nebst einem Anhange über Pferdezucht und Verbesserung der Pferderacen. Zerbst, 1848, Kummer'sche Buchhandlung. (R. Behm).

gr. 8°. T., 1 Bl. Widm. (dem landw. Verein in Rosslau), 80 S. 6 Gr.

Darin: S. 5—20 Pferdeställe, 32—50 Fütterung, Wartung und Behandlung der Pferde, 74—80 Pferdezucht.

Johnson, Jacob, geboren in Livland 1811, studirte 1829—33 auf der Universität Dorpat Landwirthschaft, Technologie und Forstwissenschaften, war 1833—41 Taxator der Kronländereien in Kurland, dann bis 1844 bei der Abtheilung für Reichspferdezucht in Petersburg angestellt und ist seitdem Redakteur des Journals der ökonomischen Gesellschaft, so wie Besitzer einer Buchdruckerei. Er hat sich die Würden eines Doktors der Philosophie, Magisters der Agronomie, Technologie und Forstwissenschaften, so wie eines kais. Titularrathes erworben, ist Ritter des Wladimir-Ordens und Mitglied von 16 in- und ausländischen landwirthschaftlichen und naturforschenden Gesellschaften.

575. *Das Nothwendigste dessen, was beim Ankauf von Pferden zu berücksichtigen ist. Von Dr. J. Johnson. Mit 14 in dem Texte befindlichen Abbildungen. St. Petersburg, 1853. In Commission bei Robert Hoffmann in Leipzig.

gr. 8°. T., 26 S. mit 14 Abb. 8 Ngr.

576. Практическія правила для руководства при покупкѣ лошадей. Сочиненіе Якова Іонсона. Съ 14 политипажными рисунками въ текстѣ. С. Петербургъ 1853. Въ типографіи Я. Іонсона.

(Praktische Winke für den Ankauf von Pferden. Verfasst von Jacob Johnson. Mit 14 im Text befindlichen Abbildungen. St. Petersburg. Druckerei von J. Johnson). — 8°. 32 S.

577. Dass. Изданіе второе. Ebda 1855. — (Zweite Ausgabe). 8°. 32 S.

Joly, N.

578. Etudes d'anatomie philosophique sur la main et le pied de l'homme et sur les extrémités des mammifères, ramenées au type pentadactyle. Par N. Joly et A. Lavocat. Avec deux planches. Toulouse, impr. de Chauvin 1853. 8°. 52 S., 2 KT. 3 Fr.

579. Lettres à Eglé sur l'anatomie et la physiologie comparées. 1re lettre. Considérations générales sur la vie physique et sur ses principales manifestations. Par N. Joly. Toulouse, impr. Douladoure 1857. 8°. 28 S.

Isabelle, Marie, eine Reitkünstlerin, welche in den 50er Jahren zur Verbreitung einer von ihr erfundenen Pferdeabrichtungs-Methode Oestreich, Russland und England bereiste und auch an der Kavallerie-Schule zu Saumur Unterricht ertheilte, aber sehr bald wieder verscholl.

580. Dressage des chevaux. Nouvelle méthode par Mme Marie Isabelle. Paris 1854. 8°. T., 3—36 S. — Nicht im Buchhandel; vgl. *Aure* Nr. 36, *Flandrin* Nr. 361.

581. *„Surfaix Cavalier"; a new system of breaking-in and training horses. By Madame Marie Isabelle. The breaking-in and training of cavalry and race-horses and hacks, in twelve lessons; the breaking-in of carriage-horses in six lessons. First Edition. London: Bosworth and Harrison; Edinburgh: J. Menzies; Dublin: Glashan and Gill. 1856. gr. 8°. VI S.: T., Widm. (den Brittischen Offizieren), Inh., II S.: Vorw., 3—148 S., 7 KT. 10 Sch. 6 P.

582. Dressage par le Surfaix Cavalier des chevaux de cavalerie, d'attelage et de course, en six et douze leçons. Nouvelle méthode par Mme Marie Isabelle. Approuvée et achetée par S. Exc. le ministre de la guerre, pour être mise en usage dans toutes les écoles de Dressage de l'armée. Adoptée par S. M. l'empereur Nicolas, pour être misse en usage dans toute la cavalerie de l'armée russe. Paris, imprim. et libr. Plon. 1857. gr. 8°. 130 S., 8 KT.

Iwanow, kais. Russischer Hauptmann.

583. Er schrieb über die Pferde der Krimm, s. *Loschadach* Nr. 1326.

Kaestner, Christian Nicolaus, der Sohn eines Thierarztes, wurde 1795 zu Hof in Bayern geboren, genoss den Unterricht seines Vaters und hospitirte ein Jahr an der Berliner Thierarzneischule. 1812 ging er als Gehülfe des Pferde-Spitals 1. Armeekorps mit der Bayerischen Armee nach Russland, wurde 1813 Fahnenschmied im 1. Chevauxlegers-Regiment, besuchte in dieser Stellung 1816 die Thierarzneischule zu München und nahm 1819 seine Entlassung aus dem Militärdienst. Er praktizirte nunmehr in Zweibrücken, trat aber 1828 zum Zollamtsdienst über, wurde Grenz-Oberaufseher in Passau und starb 1851.

584. *Praktisch-thierärztlicher Rathgeber gegen die meisten, sowohl innerlichen, als äusserlichen Krankheiten der Pferde. Mit einer Abhandlung über einige allgemeine Krankheiten, dann einem Anhang von verschiedenen Gattungen der besten Clystiere, und einer Zugabe von dem kalten Fieber und Rotz; nebst den dagegen dienlichen Fürsehungs- und Heilungsmitteln. Aus eigener Erfahrung und Prüfung zusammengetragen und geschrieben von Christian Nikolaus Kaestner, weiland kgl. Grenz-Oberaufseher. Neue Ausgabe. Passau. Carl Pleuger. 1853. 16°. XIV S.: T., Vorw., 15—296 S., 16 S.: Register, Err. 6 Ngr. Nur neuer Titel zu der Ausgabe von 1842.

93

Kaiser, F., Maler und Kupferstecher zu Karlsruhe in Baden.

585. *Thierzeichnen. 1tes Heft. Das Pferd. Anfangsgründe in Umrissen. Blatt 1—12 von F. Kaiser. Allgemeine Zeichenschule IIte Abtheilung. Carlsruhe, J. Veith.

4°. 12 K. in Umschlag. 18 Gr. — Erschien 1855.

Kappel, Carl Anton, geboren zu Frankfurt a. M. den 20. Februar 1823, wurde für den Kaufmannsstand bestimmt, widmete sich aber später dem Studium des Pferdes und der Reitkunst, lebte zu diesem Behufe längere Zeit in Berlin, Wien, Paris und trat dann als Theilnehmer bei der Direktion einer Privatmanege in seiner Geburtsstadt ein. Als Bewerber um die städtische Reitbahn legte er eine Prüfung bei dem Hessischen Obermarstall-Amt in Darmstadt ab und erhielt durch Senatsbeschluss vom September 1851 die Leitung jener Bahn.

586. *Die Elementarlehre der Reitkunst. Ein Leitfaden zum Unterricht im Schul- und Campagnereiten, nebst einer kurzgefassten Reitlehre für Damen und einem Anhange über das Verhalten auf Reitbahnen; allen Reitliebhabern vorzugsweise seinen Schülern und Schülerinnen gewidmet von Carl Anton Kappel, Director der Reitunterrichtsanstalt in den Marstall-Localitäten der freien Stadt Frankfurt am Main. Frankfurt am Main. Franz Benjamin Auffarth. 1852.

8°. XIII S.: T., Vorw., Inh., 163 S. 1 Thlr.

Rec.: Tennecker 1853. 405.

von Karacsay de Wallje-Szaka, Fedor, Graf, der Sohn eines Oesterreichischen Feldmarschalls, wurde 1787 geboren, trat 1804 bei der Oesterreichischen Kavallerie ein, war während der Freiheitskriege Rittmeister und Galoppin bei dem Fürst Schwarzenberg, wurde mehrfach ausgezeichnet und zu diplomatischen Sendungen verwendet, 1835 zum Oberst und Kommandant von Cattaro, später zum Kommandant von Mantua ernannt und 1848 pensionirt. Er trat 1855 als Generalstabs-Chef in Persische Dienste, kehrte aber 1857 zurück und lebt in Brünn.

587. *Der Ungarische Sattel so wie er sein soll. Zum Gebrauch der Kavallerie. (Mit sieben Plänen). Herausgegeben von Fedor Grafen von Karacsay, k. k. Obrist. Wien, 1850. J. B. Wallishauser.

gr. 8°. T., 1 Bl.: Vorw., 5—62 S., 7 KT. 1 Fl. — Eine neue Ausgabe eines bereits 1832 erschienenen Buches.

Kegel, Carl, trat in die Oesterreichische Armee ein, schied als Oberlieutenant wieder aus und wurde 1806 Stall- und Gestütmeister der hippiatrischen Schule zu Keszthely in Ungarn, an welcher er zugleich Vorträge über Hippologie hielt. Nachdem er diese Stellung aufgegeben wurde er Poststallmeister in Bamberg, besass dann ebenda eine Reit- und Dressur-Anstalt, wurde 1830 Nassauischer Stallmeister in Wiesbaden und starb 1844.

588. *Mittheilungen aus dem Umfange der Pferdezucht, Pferdekenntniss, Reitkunst und denen dahin einschlagenden Wissenschaften; auch Nachrichten von Gestüten, Pferdehandel, Moden und Preisen neuer Reitzeuge, Geschirre und Wägen etc. Herausgegeben von Carl Kegel, Herzogl. Nassauischem Stallmeister. Fünfte Lieferung. Zweite Auflage. Leipzig, F. A. Falk 1850.

A. u. d. T.: Neueste Theorie der Reitkunst nach vernünftigen Grundsätzen des gesunden Menschenverstandes verfasst von Karl Kegel. Nebst einem Beitrage von seinem Sohne Martin Kegel, Bereiter und Kunstreiter. Zweite Auflage.

gr. 8°. VIII S.: T., Vorw., Inh., 344 S. 1 Thlr. — Die 1. Ausgabe erschien 1842, die 1—4. Lieferung der Mittheilungen 1820—33.

Inh.: Reitkunst, Behandlung der Füllen bis ins vierte Jahr; Reit- und Abrichtungskunst der Kunstreiter von Martin Kegel.

Kegel, Martin, der Sohn des Vorigen, zu Bamberg geboren, bildete sich unter seinem Vater und bei verschiedenen Kunstreiter-Gesellschaften aus, wurde 1820 Hofstallmeister in Bamberg und trat dann als solcher in die Dienste des Baron von Jankovich zu Buszak in Ungarn.

589. Er versah die 2. Auflage der Theorie der Reitkunst seines Vaters mit einem Anhange über die Reit- und Abrichtungskunst der Kunstreiter; s. die vorhergehende Nummer.

Keikuatow, A., Fürst.

590. Er schrieb über Zucht und Wartung der Pferde, s. *Nastawlenie* Nr. 1355.

Keller, Knud Christian, geboren in Dänemark, besuchte die Thierarzneischule zu Kopenhagen, erhielt 1840 das Diplom als Thierarzt und lebt als solcher zu Aalborg in Jütland.

591. Fremstilling af Hesteavlens Tilstand i Danmark, ledsaget af en kort Veiledning til den hensigtmæssigste Behandling af Hestetillæget. En af det Kongl. danske Landhuusholdningsselskab kronet Priisafhandling. Kjöbenhavn 1854. — 8°.

Kennedy, John, Thierarzt zu New-York.

592. Horse-shoe Robinson. By John P. Kennedy. New-York, G. P. Putnam 1852. — 8°.

Kerpelani.

593. Le véritable et parfait bouvier moderne, contenant: 1. l'art de connaître, élever, etc. tous les animaux domestiques; 2. un traité sur les étangs et viviers; 3. une instruction sur la manière de détruire les animaux nuisibles; 4. la législation rurale; 5. des observations et découvertes nouvelles, etc. Ouvrage entièrement neuf, rédigé sur les manuscrits de Kerpelani. A Paris, chez Vialat. 1849.

12°. 7 Bog. 2 Fr.

594. Dass. A Paris, chez Bernardin-Béchet. 1856. — 12°. 7 Bog. 2 Fr. 30 C.

Khuen, Andreas, lebt in Wien.

595. *Konske maso muze se jisti. Swobodne slowo k ponauceni obecenstwa a na odpor protiavnikum od Ondreje Khuen-a, tajemnika dolnorakourske jednoty pro ochranu zwirat, zcestis a rozmnozil Josef Stanislaw Mensik. W Jnidrichown Hradci 1854. Tisk Aloisia Josefa Landfrasa.

(Das Pferdefleisch kann gegessen werden etc. von A. Khün. In das Ungarische übersetzt von J. St. Mensik).

gr 8°. T. mit V., 3—22 S. 4 Gr. — Das Deutsche Original ist nicht im Buchhandel.

Kirchhoewell, August Ferdinand, geboren zu Strelitz in der Provinz Posen am 17. Februar 1820, wurde Polizei-Sekretär und Kommunal-Kassen-Verwalter, trat 1840 in das Preussische 6. Husaren-Regiment ein, wurde Wachtmeister in demselben, nach seinem Ausscheiden Zahlmeister des 4. Landwehr-Dragoner-Regiments und 1858 als solcher zum 18. Landwehr-Regiment versetzt.

596. *Instruction über die marsch- und dienstfähige Einkleidung der Kavallerie besonders der Landwehr-Kavallerie, nebst einem Anhange über Satteldruckschäden und einer Anleitung zur Anfertigung und Anwendung der verschiedenen Strohmatten, Sattelpolster und anderer Hülfsmittel (dazu 2 Blatt Zeichnungen) von Kirchhöwell, Zahlmeister des 4. Landwehr-Dragoner-Regiments. Im Selbstverlage des Verfassers. Gedruckt bei W. Pfingsten in Liegnitz.

8°. T., 1 Bl.: Inh., Err., 89 S., 2 KT. 6 Gr. — Erschien 1855. Darin: Bau des Pferdes zur Sattellage, der Bock und sein Aufpassen S. 1—26, die Zäumung und deren Sitz 27—45, Druckschäden und Hülfen gegen solche 71—89.

Klemm, Heinrich, der Sohn eines Bauern, wurde 1819 zu Altenfranken bei Dresden geboren, als Waise von der Gemeinde erhalten und zu einem Böttcher in die Lehre gegeben. Er bildete sich während seiner Lehrzeit selbständig weiter, gab das Handwerk auf, erwarb seinen Unterhalt durch Arbeiten für technische Zeitschriften und übernahm endlich die Redaktion einer solchen. Hierdurch gewann er die Mittel seiner, alten Passion für Pferde und Reitkunst zu leben, er brachte die Privat-Manege zum Fürstenthale bei Halle in seinen Besitz, ging aber, als diese durch das Hochwasser 1845 vernichtet war, nach Dresden, beschäftigte sich dort literarisch und ist jetzt Besitzer einer Kommissions-Buchhandlung daselbst.

597. *Der kleine Stallmeister. Theoretisch-praktische Regeln der Reitkunst, nebst allen beim Umgange mit Pferden erforderlichen Wissenschaften. Zur Erleichterung des Unterrichts in öffentlichen Reitbahnen, so wie zur Selbstübung bearbeitet von J. H. G. Klemm, vormals Stallmeister und Besitzer eines Reitinstituts. Zweite Auflage. Mit 24 von Strassberger entworfenen Abbildungen sämmtlicher Positionen und Gangarten, so wie der Kennzeichen des Pferdealters. Leipzig, 1850. Selbstverlag des Verfassers. In Commission bei Will. Schrey.

12°. VIII S.: T., Inh., 160 S., 14 KT. 18 Gr. — Erschien in erster Auflage 1847. Inh.: Reitkunst, Abwartung, Verhalten auf Reisen, Unarten der Pferde, Kennzeichen des kranken Pferdes, Pferdekauf, Farbe und Abzeichen, Racen, Alterserkenntniss.

598. *Dass. Dritte Auflage. Dresden, H. Klemm's Verlag. — 12°. VIII S.: T., Inh., 160 S., 14 KT. 16 Gr. — Erschien 1855; unveränderter Abdruck.

Knoll, Charles, geboren im Elsass 1822, besuchte die Thierarzneischule zu Lyon mit Auszeichnung, liess sich dann als Thierarzt im Elsass nieder und wurde 1850 als Professor der Zootechnie an der Landwirthschaftsschule zu Sultz im Departement Oberrhein angestellt.

599. Zootechnie, ou Science qui traite du choix des animaux domestiques, de leur conservation, de leur rendement et des principales maladies dont ils peuvent être affectés, par Charles Knoll aîné, vétérinaire d'arrondissement, professeur de zootechnie à la ferme-école du Haut-Rhin. Tome premier. A Guebviller, chez Jung 1853.

8°. 21 Bog., 52 KT.

Tome second. Ebda 1854. — 534 S., 25 KT. Beide Bände 12 Fr.

Koch, Christoph Ernst Julius, der Sohn eines Schultheissen, wurde am 24. März 1816 zu Pferdingsleben im Herzogthum Gotha geboren, kam 1831 auf das Schullehrer-Seminar nach Gotha, legte 1836 das Kandidaten-Examen ab, wurde demnächst Hauslehrer bei dem Präsident v. Henning daselbst und versah zugleich die Stellen als Lehrer an der Kleinkinderschule, der Karolinenschule und als Organist am Hospital Maria Magdalena. Im Jahre 1838 wurde er als Organist und Mädchenschullehrer zu Burgtonna bei Gotha angestellt, erwarb dort einen ländlichen Besitz und widmete sich nächst dem Studium der Musik vornehmlich dem Landwirthschaft und der Homöopathie.

600. *Unfehlbare Heilung des Milzbrandes der Pferde, Rinder, Schweine, Schafe und Ziegen mit homöopathischen Mitteln von Julius Koch, Vorstandsmitgliede des homöopathischen Vereins im Herzogthum Gotha. Gotha, 1850 C. Gläser.

8°. T., 3—32 S. 6 Ngr.

Rec.: Zeit. f. Sachs. 1850 Nr. 16.

Koerber, F. X., der Sohn eines Pächters, wurde 1804 auf der Domaine Gielsdorf bei Bonn geboren, besuchte seit 1822 die Berliner Thierarzneischule, verliess sie 1825, trieb zunächst Privatpraxis im elterlichen Hause lebend und erhielt 1827 provisorisch und 1828 definitiv die Stelle als Kreisthierarzt zu Mühlheim am Rhein. Er wurde 1831 Repetitor an der Berliner Thierarzneischule und 1833 Departements-Thierarzt zu Merseburg mit der Verpflichtung zugleich die kreisthierärztlichen Verrichtungen im Merseburger, im Saal- und See-Kreise, so wie in der Stadt Halle wahrzunehmen.

601. Belehrungen über die für Menschen und Thiere höchst gefährlichen Folgen der Ansteckung durch die ansteckenden Krankheiten der Hausthiere, nebst Angabe der geeigneten Mittel und Wege zur Vermeidung derselben, besonders den Viehbesitzern und Ortsvorstehern gewidmet. Merseburg (Garcke) 1848. — gr. 8°. 150 S. 25 Ngr.

602. *Der Hausthier-Arzt. Ein zuverlässiger Rathgeber bei der Behandlung erkrankter Haussäugethiere mit besonderer Berücksichtigung des Rindviehs. Nach den bewährtesten Heilmethoden der Wissenschaft und Praxis für Landwirthe, Viehbesitzer und Thierärzte, herausgegeben von F. X. Körber, Departements- und Kreisthierarzte, etc. Neue vermehrte Ausgabe. Erster Theil. Berlin 1855. Verlag von Carl Heymann.
8°. IV S.: T., Inh., 344 S. — Zweiter Theil. Ebda 1855. — IV S.: T., Inh., 326 S. 1 Thlr. 16 Gr. — Die erste Auflage erschien 1839.

> Inh.: Theil 1. Fieber, Kongestionen, Entzündungen, Milzbrand; 2. Krankheiten der Haut, der Ab- und Aussonderungsorgane, Kachexien, Nervenkrankheiten, Rezeptformeln.

Kolb, Carl, geboren zu Stuttgart am 25. November 1808, studirte in Tübingen Medizin und lebt seit seiner Promotion 1834 als praktischer Arzt in seiner Geburtsstadt.

603. Grundriss der vergleichenden Anatomie, nebst systematischer Uebersicht des Thierreichs und einer einleitenden Entwicklungsgeschichte. Mit 127 Abbildungen in Stahlstich auf 10 Tafeln. Stuttgart, Krabbe 1854.

A. u. d. T.: Medicinische Repetitorien und Examinatorien. Band 1.
8°. VIII und 334 S. 1 Thlr. 18 Ngr.

Koppe, J. G., der Sohn eines Büdners, wurde am 21. Januar 1782 zu Beesdau bei Luckau geboren, besuchte bis 1797 das Lyceum zu Lübben, erlernte die Landwirthschaft und wurde Verwalter zu Gräfendorf bei Jüterbogk. 1811 wurde er als Lehrer und Verwalter an die Akademie Möglin berufen, 1814—27 administrirte er die Eckard'schen Güter, pachtete 1827 die Domäne Wollup und 1830 die Domäne Kienitz, wurde 1842 Mitglied des Landesökonomie-Kollegii, bald darauf Landesökonomie-Rath, 1846 Mitglied der Berliner General-Synode und 1849 in die erste Kammer berufen.

604. A földmiveles és allattenyesztés. Utmutatas a mezei gazdasag sikeres es mineltöbb haszonnali üzesere. A hetedik kiadas utan forditotta Galgoczy Karoly. Pest, 1855. Heckenast.
gr. 8°. IV und 619 S. 2 Thlr. — Eine Ungarische Uebersetzung des 1821 und öfter erschienenen Unterrichts im Ackerbau und in der Viehzucht durch C. Galgoczy.

Koptew, Basill.

605. Er schrieb mehrere Brochüren über Pferderennen, die Rennen in Moskau im Besonderen, Russische Pferdezucht und Wartung der Pferde, s. *Begjach* Nr. 1224, *Begi* Nr. 1226, *Osnatschenic* Nr. 1375, *Porodach* Nr. 1383, *Wsglead* Nr. 1464.

von Krane, Friedrich Wilhelm Carl Theodor Maria, geboren zu Hamm in der Grafschaft Mark am 16. November 1812, trat 1830 in das Preussische 4. Kürassier-Regiment ein, wurde 1831 zum Sekonde-, 1845 zum Premier-Lieutenant und 1849 zum Rittmeister befördert, 1857 als Major in das 4. Husaren-

Regiment versetzt, 1860 zum Kommandeur des 3. kombinirten jetzigen 2. Schlesi-schen-Dragoner-Regiments ernannt und 1861 zum Oberstlieutenant befördert.

606. *Die Beurtheilung des Pferdes beim Ankauf. Vortrag in der Lese-gesellschaft des Landwirthschaftlichen Hauptvereins zu Münster, gehalten von dem Mitgliede desselben von Krane II. Rittmeister im 4. Kuirassier-Regiment. Besonderer Abdruck aus der Landwirthsch. Zeitung und dem Gewerbe-Blatte für Westfalen. Münster 1854. Eigenthum der Redaction der Landwirthschaft-lichen Zeitung.

gr. 8°. T., 1 Bl.: Vorw., 5—34 S. mit 10 Abb., 1 KT. 6 Ngr.

607. *Dass. Zweite Auflage. Münster 1854. In Commission bei Coppen-rath. — gr. 8°. T., 1 Bl.: Vorw.. 5—32 S. mit 10 Abb., 1 KT. 6 Ngr.

608. *Dass. Dritte Auflage. Ebda 1854. — gr. 8°. T., 1 Bl.: Vorw., 5—32 S. mit 10 Abb., 1 KT. 6 Ngr.

609. *Die Dressur des Reitpferdes (Campagne- und Gebrauchs-Pferdes) mit Rücksichtnahme auf die Ausbildung von Soldatenpferden in Abtheilungen. Von Fr. von Krane, Rittmeister und Eskadron-Chef im 4. Cürassier-Regiment. Münster. Verlag der Coppenrath'schen Buchhandlung. 1856.

gr. 8°. T., XIV S.: Widm. (an den Grossherzog v. Oldenburg), Vorw., Inh., 298 S. mit 38 Abb. 2 Thlr.

Inh.: Exterieur, Gang des Pferdes, Verständniss zwischen Mensch und Thier, Bearbeitung des Pferdekörpers, Gang der Dressur, Wartung und Pflege.

Rec.: Bl. f. Kr. 1856.

Kress von Kressenstein, Carl, Freiherr, am 24. März 1781 zu Nürnberg geboren, trat 1797 in das Oesterreichische 56. Infanterie-Regiment ein, wurde 1798 zum Fähnrich, 1799 zum Unterlieutenant im 3. Kürassier-Regiment befördert, machte fortan alle Feldzüge mit, wurde 1805 bei Wertingen verwundet, gefangen, nach Frankreich transportirt und 1806 ranzionirt. Er wohnte dem Feldzug 1809 bei dem 3. Ulanen-Regiment bei, wurde 1810 zweiter Kommandant der Militär-Equitation, 1811 Major, trat 1813 in die Armee und 1814 zur Reit-schule zurück, war 1815 als Oberstlieutenant Generalstabs-Chef der Hauptarmee, trat nach dem Frieden zur Equitation zurück, 1818 aber wieder in sein Regiment ein. Er wurde 1820 Oberst und Regiments-Kommandeur, 1830 Generalmajor und Brigadier, 1837 Feldmarschall-Lieutenant und Divisionär, 1844 Kommandant von Theresienstadt und 1845 von Ofen. 1848 ging er zur Einholung von Instruktionen nach Wien, blieb daselbst, wurde 1849 Generalinspekteur der Central-Equitation in Salzburg und erhielt 1850 den erbetenen Abschied als General der Kavallerie. Er wurde zum kais. Kämmerer ernannt, erhielt die Geheimeraths-Würde und die Inhaberstelle des Ulanen-Regiments Kaiser Alexander v. Russland und starb zu Wien am 26. Januar 1856.

610. *Der Reuter und sein Pferd. Ein kavalleristisches Fragment von Carl Freiherrn Kress von Kressenstein, k. k. Feldmarschall-Lieutenant, Sr. k. k. apostolischen Majestät wirklicher Kämmerer, Oberst-Inhaber des siebenten Che-vauxlegers-Regiments, Festungs-Commandant zu Ofen, Ritter des russisch-kai-serlichen St. Annen-Ordens zweiter Klasse und des französischen Militär-St.-Ludwig-Ordens. Wien. Gedruckt bei Carl Gerold. 1848.

gr. 8°. T., XXX S.: Vorw., Inh., 108 S., 1 KT. 16 Gr.

arzneischule berufen, 1849 zum Professor ernannt, verlor diese Stellung 1850 wegen deutsch-katholischer Agitationen und wurde aus dem Staatsdienst entlassen. Er ging nach Erlangen, studirte Medizin, promovirte daselbst und nahm sich in einem Anfall von Wahnsinn 1855 das Leben.

611. *Central-Archiv für die gesammte Veterinär-Medicin und für die veterinär-ärztlichen Unterrichts-, Standes- und Vereins-Angelegenheiten. Unter Mitwirkung von mehreren Thierärzten herausgegeben von Dr. J. M. Kreutzer, königlichem Professor an der k. Central-Veterinär-Schule zu München. III. Jahrgang. Augsburg 1848. C. A. Fahrmbacher.
. gr. 8°. T., II S.: Inh., 615 S.
Dass. IV Jahrgang. 1848. — IV S.: T., Inh., 548 S. — Preis des Jahrgangs 2 Thlr. 12 Ngr. Das Archiv erschien seit 1845 und wurde 1851 in der Central-Zeitung (s. die folgende Nummer) fortgesetzt.
Rec.: Archiv 1848. 376, 1851. 382; Dieterichs 1849. 187.

612. Central-Zeitung für die gesammte Veterinär-Medizin und ihre Hülfswissenschaften, mit vergleichender Bezugnahme auf die Menschenheilwissenschaft herausgegeben von Dr. J. M. Kreutzer. Erster Jahrgang. 1851. Erlangen, Palm und Enke.
4°. — Erschien in 14 tägigen Nummern zu 1 Bog. und kostete jährlich 1 Thlr. 22 Ngr.
Dass. 2—5. Jahrgang 1852—55. Die Zeitung hörte mit letzterem Jahre auf und wurden 1856 alle 5 Jahrgänge auf 10 Fl. herabgesetzt.

613. *Grundriss der gesammten Veterinär-Medizin, mit ausführlicher Darstellung aller in sanitäts- und veterinär-polizeilicher, gerichtlicher, practischer und comparativ-wissenschaftlicher Hinsicht besonders wichtigen Krankheiten. Zum Gebrauche bei Vorlesungen für Studirende der Medizin, und zum Selbstgebrauche für Medizinalreferenten, Physicats- und practische Aerzte und Thierärzte bearbeitet von Dr. J. M. Kreutzer, o. Professor etc. Erlangen 1853. Verlag von Palm und E. Enke. (Adolph Enke).
Lexic. 8°. 7 Bl.: T., Vorw., Inh., LVI S.: Einl., 2020 S. 5 Thlr. 2 Ngr.
Inh.: Geschichte der Veterinärmedizin, Naturgeschichte, Zucht, Diätetik, Anatomie, Physiologie, Pathologie und Therapie, Chirurgie, Geburtshülfe, Beschlag, polizeiliche und gerichtliche Veterinärkunde.
Rec.: Archiv 1852. 184; Roell III H. 1; Hering 1853. 88; Prager Vierteljahrschrift X Jahrg. 2 Bd. Günsburg's Zeitsch. f. klin. Mediz. IV; Wilda's landw. Centralblatt 1853 Septb.; Auszüge in Nicklas 1850 Nr. 35- 52.

614. Die in Bayern geltenden Gesetze, Statutar- und Gewohnheitsrechte bezüglich der Viehgewährschaft, mit Einschluss der einschlägigen gesetzlichen Bestimmungen der Nachbarstaaten. Zum praktischen Gebrauche für Richter, Rechtsanwälte, gerichtliche Thierärzte, Landwirthe, Viehverkäufer und Käufer gesammelt und nach Kreisen und Bezirken geordnet. Erlangen 1854, Palm und Enke. — gr. 8°. X S.: T., Vorw., Inh., 201 S. 1 Thlr.
Rec.: Hering 1855. 97; Aerztliches Intelligenzblatt 1855 Nr. 10; Roell 1855 II 137; Loebe's landw. Dorfzeitung 1854 Nr. 47.

615. *Lehrbuch der gerichtlichen Veterinär-Medicin. Zum Gebrauche bei Vorlesungen und zum Selbstunterrichte für Thierärzte, Gerichtsärzte, Richter, Advocaten, Landwirthe bearbeitet von Professor Dr. J. M. Kreutzer. Erlangen 1855. Verlag von Palm und Enke (A. Enke).
8°. VIII S.: T., Vorw., 154 S. 1 Fl. 24 Kr.

616. Er besorgte eine Deutsche Uebersetzung von Crocq's Auskultation bei Brustkrankheiten der Pferde, s. Crocq.

Kreyssig, W. A., geboren in Ostpreussen 1782, war seit 1797 Eleve, dann Wirthschaftsschreiber und endlich Pächter grösserer Wirthschaften in jener

Provinz, trat 1827 als Lehrer der Landwirthschaft in Königsberg auf und starb als einer der tüchtigsten theoretischen wie praktischen Landwirthe seiner Zeit im Jahre 1852.

617. Er besorgte eine neue Ausgabe von Ammon's Mittel zur Zucht grosser Pferde, s. *Ammon* Nr. 19.

Krueger, Adolph.

618. *Neuer practischer Reitunterricht oder 25 Anweisungen in kurzer Zeit, ohne fremde Anleitung, ein Pferdekenner und guter Reiter zu werden, wie auch über das Zäumen und Satteln, über Abwartung der Pferde, und wie hitzige und träge Pferde zu behandeln sind, ferner von den Kennzeichen gesunder und kranker Pferde. Zum Selbstunterricht für Reitlustige von Adolph Krüger. Vierte verbesserte Auflage. Quedlinburg und Leipzig. Ernst. 1848.

12°. VIII S.: T., Vorw., Inh., 117 S., 2 KT. 12 Gr. — Erschien in erster Auflage 1831.

> Inh.: Pferdekenntniss, Regeln beim Kauf, Alterskennzeichen, Zaum, Sattel, Reitunterricht, Wartung, Fütterung, Behandlung, Stallung, Krankheiten.

619. *Neuer praktischer Reitunterricht, oder Anweisung, in kurzer Zeit, ohne fremde Anleitung, ein Pferdekenner und guter Reiter zu werden; wie auch nützliche Belehrungen über Abwartung der Pferde, Kennzeichen eines guten Fohlens und wie hitzige und träge Pferde zu behandeln sind. Zum Selbstunterricht für Reitlustige von Adolph Krüger. Vierte verbesserte Auflage. Quedlinburg und Leipzig, 1852. Verlag der Ernst'schen Buchhandlung.

12°. VIII S.: T., Vorw., Inh., 109 S., 1 KT. 12 Gr. — Unveränderter Abdruck mit Fortlassung des Kapitels über die Krankheiten.

620. *Neuer praktischer Reitunterricht oder 25 Anweisungen, in kurzer Zeit, ohne fremde Anleitung, ein Pferdekenner und guter Reiter zu werden; wie auch über das Zäumen und Satteln u. s. w. (Titel wie Nr. 618). Vierte verbesserte Auflage. Quedlinburg und Leipzig, 1857. Ernst.

8°. VIII S.: T. mit V., Vorw., Inh., 112 S., 2 KT. 12 Gr. — Unveränderter Abdruck der Ausgabe von 1848.

Kruge, Herrmann, geboren zu Braunsberg in Preussen am 17. Oktober 1826, trat 1843 in das 5. Kürassier-Regiment ein, wurde in demselben 1845 zum Sekonde-, 1858 zum Premier-Lieutenant befördert, ist seit 1857 als Adjutant zur 10. Kavallerie-Brigade kommandirt und wurde 1859 zum Rittmeister ernannt.

621. *Der Kavallerie-Unterofficier als Reiter, Reitlehrer und Zugführer. Ein Leitfaden zur Selbstbelehrung für Kavallerie-Unterofficiere der Linie und Landwehr, sowie für 1jährige Freiwillige der Kavallerie. Als Anhang: Der Felddienst der Kavallerie, und der Garnison-Wachdienst. Zusammengestellt von Kruge, Lieutenant im Königl. Preuss. 5. Cuirassier-Regiment. Gubrau 1855. Gedruckt bei A. Zichlke.

8°. X S.: T.: Vorw., Inh., 474 S. 1 Thlr.

> Darin: S. 1—289 Skelett, Exterieur, Farbe, Alterserkenntniss, Reitkunst, Pferdebekleidung, Satteln, Wartung, Pflege, Beschlag, Krankheiten, Remontirung, Gewährsfehler, Fourage.

> Rec.: Zarncke 1856. 490; Neue Mil. Ztg. 1856 Nr. 9.

Lacordaire, Th.

622. Er übersetzte mit Spring die vergleichende Anatomie von Siebold und Stannius in das Französische, s. *Siebold* Nr. 1060.

Lacoste, J., Thierarzt in Frankreich.

623. De la Castration des Chevaux, par M. J. Lacoste. Imprimerie de Chauvin, à Toulouse 1851.

8°. 4¼ Bog.

7*

Lafosse, zur Zeit Professor der Pathologie, Therapie und Klinik an der Thierarzneischule zu Toulouse.

624. Er schrieb mit Yvart über eine Pferde-Epizootie, s. *Yvart* Nr. 1197 und ist Mitherausgeber einer thierärztlichen Zeitung, s. *Journal* Nr. 1311.

de Laiglesia y Darrac, Francisco, Oberst in der Spanischen Kavallerie und Direktor der Militär-Reitschule.

625. Elementos de Equitacion militar para el uso de la caballeria espanola; escritos para los alumnos de la escuela militar de equitacion, por el coronel de caballeria D. Francisco de Laiglesia y Darrac, director que fue de dicha escuela. Madrid, 1853, libreria de Cuesta.
4º. Mit 13 KT. 24 Rea.

de La Moricière, Christophe Léon Louis Juchault, geboren zu Nantes am 5. Februar 1806, besuchte die polytechnische Schule zu Paris, dann die Applikationsschule zu Metz und trat in das Geniekorps ein. Er wurde 1830 Lieutenant und kam zur Armee nach Afrika, wo er schnell avancirte. 1846 wurde er in die Deputirtenkammer gewählt, am 24. Februar 1848 zum Kommandant von Paris ernannt, welche Stelle er nach seiner Verwundung bei dem Strassenkampf aufgab. Er sass dann in der konstituirenden Versammlung, kommandirte in den Julitagen gegen die Barrikaden, war unter Cavaignac Kriegsminister und ging 1849 in diplomatischer Sendung nach Petersburg. Zurückgekehrt nahm er seine Entlassung, stimmte 1851 gegen die Revision der Verfassung, wurde desshalb im Dezember verhaftet, erst nach Ham und 1852 über die Grenze gebracht. Er lebte nunmehr abwechselnd in Deutschland, England, Belgien. Er übernahm 1861 die Reorganisation der päpstlichen Truppen, wurde aber bei Castelfidardo von den Piemontesen geschlagen, legte das Oberkommando nieder und ging nach Belgien zurück.

626. *Ministère de l'agriculture et du commerce. Conseil supérieur des haras. Rapport sur les travaux de la session de 1850, fait par M. le général De La Moricière. Paris. Imprimerie nationale. MDCCCL.
4º. T., 1 Bl.: Inh., 307 S., 3 color. Karten. 6 Fr. — Vgl. *Ministère* Nr. 1344.

    Inh.: Errichtung und Thätigkeit des Gestütrathes, Pferdestand Frankreichs, Intervention des Staates, die Remontirung in Bezug auf die Zucht, die Bestimmungen über die Gestütsverwaltung, Berichte der Kommissionen, Ein- und Ausfuhr, Bedarf der Armee, Beschälerdepots, Militärställe, Remontirung.

de Lamotte, P. E., Doktor der Medizin und Thierarzneikunde zu Lesmoval im Departement Eure in Frankreich, Mitglied der hippischen Kommission desselben Departements.

627. *Etudes basées sur l'anatomie et la physiologie pour servir à l'élève et au dressage des chevaux de selle par le docteur P. E. de Lamotte. Paris E. Dentu 1853.
gr. 8º. T., 1 Bl.: Vorw., 87 S., 6 KT. 5 Fr. — Auszüge in Nabat 1854. 275, 363.
    Rec.: Journ. d. H. 1854 I 110.

Langenbacher, Johann, geboren zu Rappoltenkirchen bei St. Pölten in Nieder-Oesterreich 1775, absolvirte den Kursus für Kurschmiede, diente als solcher in den kais. Hofstallungen, wurde 1806 Lehrschmied, 1809 Professor des theoretischen Hufbeschlags, der chirurgischen Klinik und Operationslehre am Wiener Thierarznei-Institute, trat 1842 in den Pensionsstand und starb am 4. Februar 1846.

628. Die 1840 erschienene Auflage seiner Hufbeschlagslehre wurde von Nadosy zu Bearbeitung des Kapitels : Hufbeschlag : in den Equitations-Studien benutzt, s. *Nadosy*.

Langer, Carl, geboren zu Wien 1819, widmete sich an der dortigen Universität dem Studium der Medizin, wurde als Professor an die Hochschule zu Pesth berufen und ist jetzt Professor an der medizinisch-chirurgischen Josephs-Akademie.

629. Ueber das Sprunggelenk der Saeugethiere und des Menschen. Mit 2 lithographirten Tafeln. (Aus den Druckschriften der k. Akademie der Wissenschaften.) Wien (Braumüller) 1856.

gr. 4°. 20 S., 2 KT. 17 Ngr.

Langley, W. H.

630. Er giebt Ruff's Guide to the Turf seit 1857 heraus, s. *Ruff.*

Lanusse, Joannès, geboren in Frankreich 1822, besuchte die Veterinärschule zu Toulouse, erhielt 1847 ein Diplom als Thierarzt und liess sich als solcher zu Tonneins im Departement Lot und Garonne nieder. Er ist Mitglied der Veterinär-Gesellschaft und der Gesellschaft für Ackerbau etc. zu Agen.

631. *Action de la Jusquiame à faible dose sur la résorption de l'épanchement chronique produit dans la chambre antérieure de l'œil à la suite de la fluxion périodique par J. Lanusse, vétérinaire à Tonneins. Extrait du journal de l'Art médical. Paris chez J. Charavay 1855.

gr. 8°. T., 3—12 S. 50 C.

Larroque, Lucien, geboren zu Monleon-Magnoac (Departement Ober-Pyrenäen) in Frankreich am 8. Januar 1815, besuchte seit 1837 die Veterinärschule zu Toulouse, erhielt 1841 das thierärztliche Diplom, wurde im August Hülfslehrer der Physik, Chemie und Pharmazie und 1847 Professor der Physik, Chemie, Pharmazie und Pharmakologie an eben jener Schule. Er ist Mitglied der Central-Veterinär-Gesellschaft und der Veterinär-Gesellschaft des Departements Lot und Garonne.

632. Er ist Mitherausgeber einer französischen thierärztlichen Zeitschrift, s. *Journal* Nr. 1311.

Lassaigne, Jean Louis, der Sohn eines Mechanikers, wurde am 22. September 1800 in Paris geboren, studirte Medizin und Chemie, wurde 1826 Professor der Chemie an der Handelsschule zu Paris, später an der Veterinärschule zu Alfort und starb 1859.

633. Er ist Mitherausgeber einer thierärztlichen Zeitschrift, s. *Recueil* Nr. 1400.

de Lastic Saint-Jal, Philippe Ursul Charles, Comte, der Sohn eines ehemaligen Oberstlieutenants der Brittischen Armee von St. Domingo, wurde am 22. Januar 1802 zu Paris geboren, 1827 als Surveillant bei dem Gestüt Rozieres angestellt, 1829 als agent spécial zum Beschäler-Depot Corbigny versetzt und dann nach einander zum Direktor der Depots Braisne, Napoleon-Vendee und endlich Villeneuve ernannt. Er ist Ritter der Ehrenlegion.

634. *L'ami de l'éleveur réflexions pratiques sur l'espèce chevaline. Ouvrage orné de 16 Desseins et de 50 Vignettes par V. Adam. A B C du métier par le Cte De Lastic Saint-Jal, Officier des Haras, Chevalier de l'ordre impérial de la Légion d'honneur. Paris librairie Henri Plon. 1856.

gr. 8°. T., 306 S. mit 50 Vign., 1 Portr., 16 KT. 8 Fr.

Inh.: Pferdezucht, Kastration, Beschlag, Wartung, Fütternng, Reitkunst, Pferdebekleidung, Fahrkunst, Rennen, Training, Stallung, Exterieur, Krankheiten, Farben, Gewährsmängel, Französische Racen.

Rec.: Journ. d. H. vol. 61. 242.

de La Tour du Pin Chambly, Comte, zu Paris.

635. Mémoire à M. M. les membres composant la Société d'encouragement pour l'amélioration de la race chevaline du département de l'Aisne, par
M. le Comte La-Tour-Du-Pin-Chambly. Orléans, imprimerie de Gatineau. 1848.
8°. 24 S. 50 C.

Laurillard, Charles Leopold, Konservator des anatomischen Kabinets
des naturgeschichtlichen Museums zu Paris, geboren zu Montbeliard am 21. Januar
1783, gestorben zu Paris am 27. Januar 1853.

636. Anatomie comparée. Recueil de planches dessinées par George
Cuvier, ou exécutées sous ses yeux par M. Laurillard. Publié sous les auspices
de M. le Ministre de l'instruction publique et sous la direction de M. M. Laurillard, conservateur du cabinet d'anatomie comparée au Muséum d'histoire naturelle, et Mercier, statuaire. Paris, 1850. Librairie agricole de la Maison
rustique.

fol. 6½ Bog., 40 KT. — Die Kupfertafeln sind von Laurillard, der Text
von Mercier.

Lavigne, B., Thierarzt in Frankreich.

637. Le livre du propriétaire et de l'éleveur de bestiaux; par M. B.
Lavigne, médecin vétérinaire, etc. A Paris, au comptoir des imprimeurs-unis.
1851. — 8°. 2 Bände von 34¾ Bog., 12 KT. 6 Fr.

Lavocat, A., der Sohn eines Professors der Thierarzneikunde, wurde 1817
zu Alfort bei Paris geboren, besuchte 1829—1833 das College Charlemagne in
Paris, wurde in letzterem Jahre Baccalaureus, besuchte hierauf die Veterinärschule
zu Alfort, erhielt 1837 ein thierärztliches Diplom und trat als Rossarzt bei dem
4. Lanciers-Regiment ein. 1840 wurde er als Hülfslehrer der Anatomie an die
Veterinärschule zu Toulouse berufen und 1846 zum Professor der Anatomie, Physiologie und des Exterieurs ernannt. Er ist Mitglied der Akademie der Wissenschaften zu Toulouse, der Central-Veterinär-Gesellschaft, der naturwissenschaftlichen
Gesellschaften zu Agen und Cherbourg, der anatomischen Gesellschaft zu Paris
und der Veterinär-Gesellschaft von Lot und Garonne.

638. Traité complet de l'anatomie des animaux domestiques. Par M.
Rigot. 5e livraison. Angéiologie et Névrologie, par A. Lavocat. Paris, Labé
1848.

8°. 26 Bog. 4 Fr. — Das Werk wurde seit 1847 von Rigot herausgegeben
und nach dessen Tode von Lavocat beendet, s. *Rigot.*

639. Etude comparative de l'os de bras dans l'homme et quelques mammifères. Toulouse, Douladoure 1855.

8°. 24 S. 1 Fr.

640. Er ist Mitherausgeber einer thierärztlichen Zeitung, s. *Journal* Nr.
1311, bearbeitete mit Joly eine philosophische Anatomie der Extremitäten, s.
Joly Nr. 578 und ist Mitarbeiter an dem von Bouley und Reynal herausgegebenen Wörterbuch der Veterinärwissenschaften, s. *Bouley* Nr. 127.

Lazaro, Ramon Llorente, zu Madrid geboren, besuchte die Thierarzneischule daselbst, wurde als Lehrer der Naturgeschichte an dem Institut zu Lugo
angestellt, 1845 an jene Thierarzneischule berufen und 1846 zum Professor der
Pathologie ernannt.

641. Compendio de las generalidades de patologia y therapeutica veterinaria. Con nociones de policia sanitaria. Por D. Ramon Llorente Lazaro,
Catedratico en la Escuela superior de Veterinaria. Madrid, libreria de Calleja,
1854. — gr. 8°. 282 S.

Leyh, Friedrich August, besuchte die Thierarzneischule zu Stuttgart, wurde 1838 Prosektor und Repetitor, 1846 Hauptlehrer und Mitvorsteher, 1849 Professor an derselben. Er ist Ehrenmitglied der Gesellschaft Schweizerischer und Mitglied des Vereins Bayerischer Thierärzte und seit 1851 Vorsteher der ambulanten Rindviehklinik.

671. *Handbuch der Anatomie der Hausthiere. Mit besonderer Berücksichtigung des Pferdes. Zum Gebrauche bei Vorlesungen und zu eigener Belehrung von Friedrich A. Leyh, Professor an der königl. württembergischen Thierarznei-Schule zu Stuttgart, etc. Mit Holzschnitten nach Originalzeichnungen. Stuttgart. Ebner und Seubert. 1850.

gr. 8°. XVI S.: T., Vorw., Inh., 590 S. mit 213 Abb. 3 Thlr. 8 Gr. Wurde von Nadosy zur Bearbeitung des Kapitels : Anatomie : in seinen Equitations-Studien benutzt, s. *Nadosy.*

Rec.: Hering 1850. 80., 1851. 73; Fuchs 1850. 11; Archiv 1851. 189; Dieterichs 1851. 90, 441.

Leyon, Mathias, der Sohn eines Unteroffiziers im Schwedischen Husaren-Regiment Mörner, wurde am 27. Februar 1800 zu Cimbrishamn in der Provinz Skåne geboren, trat 1818 in dasselbe Regiment ein, wurde 1819 Unteroffizier, nahm 1827 seine Entlassung, ging als Unteroffizier der Deutschen Truppen in Brasilianische Dienste, wurde zum Sergeant-Adjutant befördert, kehrte nach der im November 1830 erfolgten Auflösung jener Truppen nach Schweden zurück und nahm wieder bei der Kavallerie Dienste. Er wurde 1834 als Bereiter bei der Stuterei Ottenby auf Oeland angestellt und zum Kornet ernannt, 1838 Stallmeister im Leib-Husaren-Regiment, bereiste wiederholt Deutschland, Frankreich und England, avancirte zum Lieutenant und 1859 zum Rittmeister. Er ist Ritter des Wasa-Ordens und seit 1860 Mitglied der Akademie zu Stockholm.

672. *Hästens fot och bästa sättet att vårda densamma med synnerligt afseende på Skoningen. Bearbetning fran Egelskan af M. Leyon. Med 4 plancher. Stockholm. På A. Bonniers förlag. 1848.

8°. T., 1 Bl.: Inh., 5—44 S., 4 KT. 24 Sch. — Ein Auszug aus dem Werke von Miles, s. *Miles* Nr. 739.

673. *Handledning i hästafveln af M. Leyon. Örebro, N. M. Lindhs Boktryckeri, 1849.

8°. VI S.: T., Vorw., 1 Bl.: Inh., 133 S. 1 Rd.

674. Handledning i Ridkonsten för herrar och damer, samt uti konsten att köra två och fyra hästar, förnämligast till selfundervisning. Af M. Leyon. Med tvänne plancher. Malmö 1849.

8°. 40 Sch. — Eine neue Ausgabe des bereits 1844 erschienenen Buches.

675. *Utkast till hästafvelssystem för Sverige, med afseende på den enskilda landthästafveln. Af M. Leyon. Ett försök att besvara åtskilliga af de frågor i hästafvelsväg, hvilka förekomma till diskussion vid femte allmänna landtbruksmötet i Örebro. Örebro, N. M. Lindhs Boktryckeri, 1850.

gr. 8°. T., 3—41 S. 20 Sch.

676. *Tankar i Sveriges hästafvelsfråga af M. Leyon. Örebro, N. M. Lindhs Boktryckeri, 1851.

8°. T., 3—44 S. 20 Sch.

677. Er ist ausserdem Verfasser zweier Brochüren über Pferdezucht, s. *Arsberättelse* Nr. 1220 und *Rad* Nr. 1395.

Liasse, Albert, geboren in Frankreich 1821, trat 1839 bei der Kavallerie ein, kam 1840 zur Kavallerie-Schule nach Saumur, wurde 1842 Instruktor an derselben, 1846 Unterlieutenant im 3. Lanciers-Regiment, 1849 wiederum Instruktions-offizier an der Kavallerieschule, kehrte 1852 als Kapitain in sein Regiment zurück und nahm in demselben Jahre den Abschied.

678. Théorie pratique, progressive et méthodique de l'ordonnance de 1829 sur les exercices et les évolutions de la cavalerie, rédigée d'après les progressions actuellement suivies à l'école de Saumur, par Albert Liasse. Saint-Germain-en-Laye, imprimerie de Beau 1857.

18⁰. 9⅓ Bog. — Vgl. *Observations* Nr. 1359.

Lindau, Conrad, trieb ein Agentur-Geschäft zu Oschatz im Königreich Sachsen und starb daselbst 1860.

679. Die landwirthschaftliche rationelle Viehzucht. Leipzig, G. Thenau 1851.

A. u. d. T.: Universal-Buch der deutschen Landwirthschaft. Zweiter Band. 8⁰. VIII u. 224 S. 1 Thlr.

Rec.: Zarncke 1851. 178.

Linsley, D. C.

680. Morgan Horses: a Premium Essay of the Origin, History, and Characteristics of this remarkable American Breed of Horses; tracing the Pedigree from the Original Justin Morgan, through the most noted of his progeny, down to the present time; to which are added, Hints for Breeding, etc. etc. by D. C. Linsley. With numerous Portraits. New York, 1857.

12⁰. 340 S. 7 Sch. 6 P. — Auszug in Vogler 1857 II 173.

Lisch, Georg Christian Friedrich, geboren zu Strelitz in Mecklenburg am 29. März 1801, studirte in Rostock Philologie, wurde 1827 Lehrer am Gymnasium zu Schwerin, 1834 Staatsarchivar am grossh. Geheimen und Haupt-Staats-Archiv, Regierungsbibliothekar und Direktor der Alterthümer- und Münz-Sammlung, 1849 Doktor der Philosophie, 1853 Konservator der Kunstdenkmäler des Landes und 1856 Archivrath. Er ist vieler gelehrten Gesellschaften Mitglied.

681. *Zur Geschichte der Pferdezucht in Mecklenburg, von Dr. G. C. F. Lisch, grossherzogl. mecklenburgischem Archivar. Separatabdruck aus dem Archiv für mecklenburgische Landeskunde. Schwerin, 1856. Hofbuchdruckerei von A. W. Sandmeyer.

Lexic. 8⁰. T., 3—24 S. 10 Gr.

Loebe, William, geboren zu Treben in Sachsen-Altenburg am 28. März 1815, besuchte bis 1833 das Gymnasium zu Altenburg, widmete sich dann zu Rüssdorf im Schönburgischen der Oekonomie, war später Verwalter in Burg Ranis, administrirte nach einer Reise durch Deutschland, Ungarn, Polen das Gut Schwarzbach im Thüringerwalde, pachtete endlich Reschwitz bei Saalfeld und siedelte 1840 nach Leipzig über. Hier beschäftigte er sich mit staats- und national-ökonomischen Studien, begründete die landwirthschaftliche Dorfzeitung, betheiligte sich als Lehrer an der landwirthschaftlichen Lehranstalt zu Lütschena, redigirte auch 1840—47 die Zeitschrift für sächsische Landwirthe und lebt noch jetzt literarisch thätig daselbst.

682. Kurzgefasstes Lexikon der gesammten Haus- und Landwirthschaft in einem Bande. Enthaltend in Artikeln in alphabetischer Reihenfolge den Acker- und Wiesenbau, die Viehzucht, die Thierheilkunde, den Garten- und Weinbau etc. Nebst Erklärung der in der Landwirthschaft vorkommenden Fremdwörter. Leipzig 1856. O. Wigand.

Lexic. 8⁰. 1V und 1812 S. 2 Thlr.

Loeffler, Friedrich Berthold, der Sohn eines Predigers, geboren zu Gerdauen in Ostpreussen am 27. Dezember 1826, studirte seit 1848 in Berlin Medizin, promovirte 1852, setzte seine Studien an der Wiener Universität fort,

legte 1853 das Staatsexamen ab, wurde als Kreiswundarzt in Braunsberg angestellt und 1859 als solcher nach Schievelbein versetzt.

683. De plexibus choroideis hominum atque animalium vertebratorum.
Dissertatio inauguralis. Regiomonti Prussorum, Dalkowski 1852.

8°. 32 S.

Loiset, Alexandre Benoit, geboren zu Valenciennes in Frankreich am
17. Februar 1797, trat 1813 in die Veterinärschule zu Alfort ein, erhielt 1818
ein Diplom, liess sich als Veterinär in Lille nieder, war dann 2 Jahre lang Rossarzt in der Garde Ludwig's XVIII und ging dann nach Lille zurück. Er war 1848
—1851 Mitglied der Constituante, lebte dann praktisch thätig zu Lille, wo er am
25. September 1858 starb.

684. De l'affection typhoide de l'espèce chevaline et de ses rapports avec
la fièvre typhoide de l'homme. Lille, Lefebure-Ducrocq. 1853.

8°. 3 Bog.

685. Premier mémoire sur l'enzootic foudroyante (myélite dorso-lombaire),
attaquant toutes les espèces herbivores dans le nord de la France, par Loiset,
ancien représentant à la Constituante et à la Législative, médecin vétérinaire.
Imprimerie de Lefebure-Ducrocq, à Lille. 1853.

8°. 3 Bog.

686. Rapport sur le concours départemental d'animaux réproducteurs,
tenu à Lille le 8 septembre 1855, par M. Loiset. Imprimerie de Lefebure-
Ducrocq, à Lille 1856.

8°. 20 S.

Lommatzsch, Gottfried Leberecht, geboren zu Burkhardswalde im
Königreich Sachsen am 1. Oktober 1803, widmete sich der Landwirthschaft zu
Tharand und übernahm 1826 die Pachtung des Rittergutes Wunschwitz bei Meissen. Er begründete 1847 den Pferdezüchter-Verein im Meissener Kreise und
erhielt für seine Bemühungen zur Hebung der Pferdezucht den Sächsischen Al-
brechts-Orden.

687. *Aphorismen über Pferdezucht, den sächsischen Landwirthen gewidmet von Gottfried Leberecht Lommatzsch in Wunschwitz, Mitglied des Pferde-
züchtervereins im Meissner Kreise. Meissen, E. F. Klinkicht und Sohn.

gr. 8°. T., 3—16 S. 4 Gr. — Erschien 1855.

Longet, F. A., Professor.

688. Anatomie und Physiologie des Nervensystems des Menschen und
der Wirbelthiere mit pathologischen Beobachtungen und mit Versuchen an höhern
Thieren ausgestattet. Eine von dem Französischen Institut gekrönte Preisschrift.
Aus dem Französischen übersetzt und mit den Ergebnissen deutscher, englischer
und französischer Forschungen aus den letzten Jahren bis auf die Gegenwart
ergänzt und vervollständigt von Dr. J. A. Hein. Zweiter Band. Leipzig, Brockhaus und Avenarius. 1849.

gr. 8°. XVI und 579 S. mit K. Der 1. Bd. (XXII und 730 S., 2 KT.) erschien 1847. 8 Thlr.

Lotze, August, der Sohn eines Hufschmiedes, wurde zu Jena am 18. April
1799 geboren, erhielt Unterricht von seinem Vater, kam 1821 als Gehülfe zum
Hofrossarzt Brauell nach Weimar, besuchte 1826—28 die Thierarzneischule zu
Jena, hierauf nach abgelegtem Examen auf grossh. Kosten noch die Thierarzneischulen in Hannover und Berlin, wurde aber schon 1829 zurückberufen und 1830
zum Hofrossarzt ernannt. Seit 1832 Mitglied des landwirthschaftlichen Vereins
zu Belvedere wurde er 1836 dessen Ehrenmitglied, 1847 Mitglied des Vereins
Württembergischer Thierärzte, 1848 thierärztlicher Examinator in Weimar und
1848 Mitglied der Medizinal-Kommission.

689. *Zur Selbstbelehrung für Reiter, sowohl von der Bürgerwehr-Cavalerie, als auch für angehende Reit-Liebhaber, enthaltend die Commando's und Exercitien, Regeln und Vorschriften über den Sitz, die Zäumung, die Führung, die Hülfen, das Satteln und die richtige Behandlung des Pferdes und seiner innern und äussern Krankheiten. Von A. Lotze, Bürgerwehrmann zu Weimar, grossherzogl. sächs. Hofrossarzt, etc. Weimar, 1849. B. F. Voigt.
   12⁰. VIII S.: T., Widm. (an Lieut. v. Plüskow), Inh., 74 S., 2 Bl.: Signale. 8 Gr.

690. *Wegweiser beim Pferdekauf oder Rath und Hülfe zur Beurtheilung des Pferdes, Enthüllung der Geheimnisse und Handelsvortheile der Pferdehändler, sowie auch der Kunstgriffe zum Vortheil der Käufer beim Mustern und beim Handel. Von A. Lotze, Grossherzogl. Sachsen-Weimarischem Hofrossarzte, etc. Mit 6 Tafeln. Weimar, Druck und Verlag des Landes-Industrie-Comptoirs. 1851.
   8⁰. XII S.: Sch. T., T. mit V., Widm. (an den Erbgrossherzog v. Sachsen-Weimar), Vorw., Inh., 176 S., 6 KT. 1 Thlr. 9 Ngr.
   Inh.: Exterieur, Farbe, Gangarten, Untersuchung des Pferdes, Handel, über Schulreiterei und Gleichgewicht.

Louchard, A., besuchte die Veterinärschule zu Alfort, erhielt 1844 das thierärztliche Diplom, wurde später als Oberrossarzt am Remonte-Depot Auch angestellt und erhielt die Ehrenlegion.

691. Betrachtungen über die Uebertragung der Rotzkrankheit vom Pferde auf den Menschen. Aus dem Französischen übersetzt von Dr. G. J. G. F. Flemming. Teterow, 1851. Schwerin, Kürschner in Comm.
   8⁰. 29 S. 4 Gr.

Ludwiger, Fürchtegott.

692. *Der vollkommene Pferdekenner, oder die Kunst, den Gesundheitszustand und die gewöhnlich verheimlichten Gebrechen des Pferdes sofort zu erkennen, eine kurze und durch genaue bildliche Bezeichnung veranschaulichte Darstellung aller Gebrechen und Krankheiten des Pferdes, nebst neuer und bewährter einfacher Anweisung zu wirklicher schneller Heilung von Spat, Lähme und Rotz. Von Fürchtegott Ludwiger. Grimma und Leipzig, Verlag-Comptoir 1850.
   16⁰. VI S.: T., Einl., 1 Bl. mit Abb., 23 S. 4 Ngr.

Luepke, Johann Georg Carl, der Sohn eines Schmiedes, wurde am 10. September 1795 zu Emden in Preussen geboren, erlernte in Neubaldensleben die Schmiedeprofession, trat 1813 in das Lützow'sche Freikorps ein und 1815 als Gefreiter und Beschlagschmied zum Preuss. 10. Husaren-Regiment über. Er kam 1823 als Militäreleve zur Thierarzneischule, wurde 1825 nach abgelegter Prüfung Kurschmied in seinem Regiment, wurde 1831 zum 7. Kürassier-Regiment versetzt, nahm 1837 den Abschied und lebt seitdem als praktischer Thierarzt in Egeln.

693. Praktische Abhandlung über Kolik, Hunde- und Lungenseuche des Rindviehes. Ein auf Erfahrung begründetes Hülfsbüchlein für Landwirthe, Jäger und angehende Thierärzte. Zweite verbesserte und sehr vermehrte Auflage mit einer Abbildung. Quedlinburg, Ernst 1852.
   8⁰. XII und 138 S. 12 Gr.

Lussana, P., Doktor der Medizin in Mailand.

694. Del centro nervoso olfattivo anatomia comparata. Con tavola litografica. Milano 1854.
   8⁰. 40 S.

Luton, Thierarzt in Frankreich.

695. Er ist Mitherausgeber einer thierärztlichen Zeitschrift, s. *Journal* Nr. 1310.

Łyskowski, Ignatz, zu Mileszewach in Siebenbürgen.

696. Gospodarz. I. Rolnictwo. II. Chodowanie i choroby koni, bydła i owiec. III. Ogrodownictwo. IV. Pszczelnictwo. Brodnica, Koehler 1853. (Der Landwirth. 1. Ackerbau. 2. Zucht und Pflege der Pferde, des Rindviehes und der Schafe. 3. Gärtnerei. 4. Bienenzucht). 8°. X und 216 S. 12 Gr.

Macé, P., Thierarzt zu Saint-Père en Retz in Frankreich.

697. De la Péripneumonie, par P. Macé, vétérinaire à Saint-Père en Retz. Imprimerie de Fetu, à Paimbœuf. 1856. 12°. 4½ Bog.

de Macedo Pinto, Jose Ferreira, geboren in Lissabon, Doktor und Lehrer der Medizin an der Universität Coimbra, Mitglied der Akademie der Wissenschaften zu Lissabon und des Instituts zu Coimbra.

698. Compendio de veterinaria, ou curso completo de zooiatrica domestica, approvada pelo Conselho superior de instrucção publica. Por Jose Ferreira de Macedo Pinto. Coimbra, na Imp. da Universidade. 1852. gr. 8°. 2 Bände.

699. Dass. Segunda edição, reformada e muito accrescentada. Ebda 1854. — gr. 8°. 2 Bände.

700. Guia de alveitar, ou vade-mecum do veterinario: memorial patologico e therapeutico, formulario pharmacologico. Segunda edição augmentada. Coimbra, na Imp. da Universidade 1854. — 8°.

Maesnow, P.

701. Er gab eine Anweisung zur Vorbereitung der Pferde zu den Rennen heraus, s. *Sametschanija* Nr. 1415.

Magne, Jean Henry, geboren zu Sauveterre (Departement Aveyron) in Frankreich am 15. Juli 1804, besuchte seit 1824 die Thierarzneischule zu Lyon, wurde 1828 Chef de Service an derselben, erhielt 1837 den Lehrstuhl der Agrikultur und Hygiene, und wurde 1843 als Professor der Agrikultur, Botanik, Hygiene und Viehzucht an die Thierarzneischule zu Alfort versetzt und 1861 zum Direktor derselben ernannt.

702. *Choix du cheval ou appéciation de tous les caractères à l'aide desquels on peut reconnaître l'aptitude des chevaux aux divers services. Par J. H. Magne, professeur d'agriculture et d'hygiène à l'école impériale vétérinaire d'Alfort. Avec figures. Paris comptoir des imprimeurs-unis, Ve Comon. 1853. 8°. VIII S.: T., Einl., 151 S., 5 KT. 3 Fr. — Eine Deutsche Uebersetzung s. unten.

703. Hygiène vétérinaire appliquée. Etudes de nos races d'animaux domestiques et des moyens de les améliorer, suivis des règles relatives à l'entretien, à la multiplication, à l'élevage du cheval, de l'âne, du mulet, du bœuf, du mouton, de la chèvre et du porc; par J. H. Magne, professeur etc. Deuxième édition, revue, corrigée et considérablement augmentée, accompagnée de nombreuses figures intercalées dans le texte. Tome premier. Paris, Labé 1857.

8°. VIII und 412 S. — Tome deuxième. Ebda 1857. — 836 S. 16 Fr. — Die erste Ausgabe, von der 1855 eine Deutsche Uebersetzung erschien (s. unten) ist von 1842. Der erste Band ist u. d. T.: „Etude du cheval, de l'âne et du mulet" auch besonders zu haben und kostet 8 Fr.

Inh.: Verbesserung der Hausthiere, Mittel zu derselben anzuregen, Konsum und Verkauf, das Pferd, seine Racen, Stallung, Wartung, Fütterung, Beschlag, Geschirr, Zucht, Aufzucht, Abrichtung.

Rec.: Recueil 1858. 460, 580.

704. *Handbuch der gesammten Landwirthschaftlichen Viehzucht. Ein Lehrbuch zum Selbstunterricht in der Züchtung, Wartung, Veredlung, Mästung, Verwendung und Gesundheitspflege aller landwirthschaftlichen Hausthiere, mit Berücksichtigung der Vortheile beim Ein- und Verkauf derselben. Nach den neuesten Erfahrungen und Grundsätzen von: Thaer, Schwerz, Pabst, Schmalz, Favre, Dombasle, Dr. Low etc., bearbeitet und herausgegeben von Dr. J. H. Magne, Professor an der Thierarzneischule und dem landwirthschaftlichen Institute zu Alfort, etc. etc. Mit zahlreichen in den Text eingedruckten Abbildungen. Berlin, 1855. Preuss. Literatur-Comptoir.

4º. T., 470 S. mit 31 Abb., 2 S.: Register, 1 KT. 3 Thlr.

Darin S. 146—274 Abstammung, Racen des Pferdes, Wahl der Zuchtthiere, Alterserkenntniss, Züchtung, Stallung, Ernährung, Aufzucht, Beschlag, Kastration, Putzen, Geschirr, Krankheiten.

705. Die Wahl des Pferdes. Würdigung aller Kennzeichen zur Ermittelung der Tüchtigkeit der Pferde zum Reiten wie zum Fahren, zum Kriegsdienst, zur Landwirthschaft, zum Post- und Fahrwesen u. s. w. Ein Hand- und ·Hülfsbuch für Pferdebesitzer im Allgemeinen, sowie für Cavallerieofficiere, Pferdekäufer und Verkäufer, Postmeister, Landwirthe u. s. w. Von J. H. Magne, Professor der Landwirthschaft und Thierheilkunde an der K. Thierarzneischule zu Alfort. Nebst einem Anhang: Die Kunst des Hufbeschlages. Nach Anleitung des Ritters M. Brogniez, Professors an der königl. belg. Staatsveterinärschule. Mit 30 in den Text gedruckten Abbildungen. Leipzig, O. Spamer. 1856.

8º. VIII S.: T., Vorw., Inh., Einl., 102 S. mit 30 Abb. 12 Gr. — Das Original von Magne s. oben, das von Brogniez Nr. 141. Der Anhang erschien auch für sich, s. *Brogniez* Nr. 143. Uebersetzer ist der Professor v. Werneburg.

Rec.: Vogler 1856 I Nr. 210; Schw. Mil. Ztg. 1856 Nr. 16.

706. Er ist Mitherausgeber einer thierärztlichen Zeitschrift, s. *Recueil* Nr. 1400, Mitarbeiter an dem von Bouley und Reynal herausgegebenen Wörterbuch der Veterinärwissenschaften, s. *Bouley* Nr. 127, sowie Herausgeber des seit 1848 erscheinenden Moniteur agricole, welcher sich vorzugsweise mit Zucht, Haltung und Pflege der Hausthiere beschäftigt.

Maillard, Thierarzt zu Meulan im Departement Seine und Oise in Frankreich.

707. Er ist Mitherausgeber der Maison rustique, s. *Maison* Nr. 1329.

Major, Joseph, Thierarzt in London.

708. Major's British Remedy for the cure of ringbone, spavins, curb, and all tumours and ossifications in the horse. Also, Major's synovitic lotion (the remedy No. 2,) and Major's bursalgic liniment (the remedy, Nr. 3.) With plan and easy directions for their use, and the manner of applying the remedies in the various diseases. By Joseph Major. London 1852.

gr. 8º. 1 Sch.

709. Dass. Second edition. London 1852. — gr. 8º. 1 Sch.

710. *Dass. Third edition, corrected and enlarged. London: printed by Geo. Nichols. 1853.

gr. 8º. T., 3—46 S. 1 Sch.

Marquard, Georg.

711. Der wohlerfahrene thierärztliche Rathgeber oder die besten und zuverlässigsten Mittel gegen die Krankheiten der Pferde, des Rindviehes, der Schafe, Schweine, Ziegen, Hunde, des Federviehes und der Stubenvögel. Eisenberg, Schöne 1848.

8º. — Diese Auflage kam nicht in den Buchandel.

712. Dass. Zweite verbesserte und vermehrte Auflage. Ebda 1848. — 8º. VIII und 109 S. 12 Ngr.

713. Dass. Dritte verbesserte und vermehrte Auflage. Ebda 1851. — 8⁰. VIII und 109 S. 12 Ngr. — Ist die 2. Auflage mit neuem Titel.

Marquart, Friedrich, Gerichtsthierarzt und Professor der Seuchenlehre und Veterinär-Polizei an der k. k. chirurgischen Lehranstalt zu Olmütz.

714. Wahrnehmungen über die Rotzkrankheit der Pferde, ihre Ursachen und Vorbauung. Olmütz, Neugebauer. 1852.
12. 33 S. 6 Ngr.

Martin, William C. L.

715. *Die Geschichte des Pferdes, sein Ursprung, seine körperliche und psychische Charakteristik, seine Varietäten und Stammverwandten. Von C. L. Martin. Nebst einem Anhange W. Youatt's: Ueber die Krankheiten des Pferdes. Nach dem Englischen bearbeitet von Dr. F. M. Duttenhofer. Mit vielen Abbildungen. Stuttgart. Rieger 1851.
8⁰. T., 3—237 S. mit 31 Abb., 1 Bl.: Inh. 27 Ngr. — Das Original erschien 1845, die Deutsche Uebersetzung, von der das vorstehende Buch ein/unveränderter Abdruck ist, bereits 1847.
Inh.: Fossile Ueberreste, wilde und halbwilde Pferde, die Pferde des Alterthums, Charakteristik, Racen, Krankheiten.

Martin Saint-Ange, Gaspard Joseph, der Sohn eines Französischen Offiziers, wurde am 29. Januar 1803 zu Nizza geboren, im Kollegium zu Salerno und im College Henri IV zu Paris erzogen, studirte ebenda seit 1822 Medizin, wurde Hospital-Eleve und Prosektor an der Universität, promovirte 1829, wurde 1831 Mitglied der Sanitäts-Kommission des Bezirks Jardin-des-Plantes, 1832 Präsident der Cholera-Kommission desselben, erhielt 1834 die Ehrenlegion und wurde 1837 Arzt des Bureau de Bienfaisance des 12. Bezirks. Er wurde 1847 Offizier der Ehrenlegion, ist Ritter des Russischen Annen- und Spanischen Karls-Ordens und Mitglied der medizinischen und naturwissenschaftlichen Gesellschaften zu Paris, Bordeaux, Lille, Dijon, Rouen, Caen, Catania und Rio de Janeiro.

716. Etude de l'appareil reproducteur dans les cinq classes d'animaux vertébrés, au point de vue anatomique, physiologique et zoologique; par G. J. Martin Saint-Ange, docteur en médecine. A Paris, chez J. B. Baillière. 1854.
gr. 4⁰. 30 Bl., 17 zum Theil color. KT. — Abdruck einer von der Akademie gekrönten Abhandlung aus den Mémoires présentés par divers savants à l'Académie des Sciences, Tome XIV.

de Martini, Alessandro, Doktor der Medizin und Chirurgie in Neapel.

717. Compendio de fisiologia umana i veterinaria di A. de Martini. Libro primo. Generazione. Con 120 Figure inc. in legno interposte nel testo. Napoli 1849.
gr. 8⁰. — Ob dasselbe weiter erschienen, ist nicht bekannt.

Martins, Charles, geboren zu Paris am 6. Februar 1806, studirte daselbst Medizin, wurde 1829 Arzt am Civil-Hospital ebenda, 1832 botanischer Gehülfe der medizinischen Fakultät, bereiste 1836 Südfrankreich und die Seealpen, 1838—39 Schweden, Norwegen, Lappland und die Faröer, wurde 1840 Doktor der Naturwissenschaften und erstieg 1841 den Faulhorn. 1842 wurde er Lehrer der medizinischen Zoologie, 1843 auch der Botanik an der Universität zu Montpellier, unternahm 1845 eine Besteigung des Montblanc, bereiste dann die Schweiz und Italien, und wurde 1851 zum Professor der Naturgeschichte und Direktor des botanischen Gartens zu Montpellier ernannt.

718. *Nouvelle comparaison des membres pelviens et thoraciques chez l'homme et chez les mammifères déduite de la torsion de l'humérus par Charles Martins, professeur d'histoire naturelle médicale à la faculté de médecine de

Montpellier. Extrait des Mémoires de l'Académie des Sciences et Lettres de Montpellier, tom. III pag. 471—542. 1857. Montpellier, Boehm 1857.

4°. T., 1 Bl.: Widm. (an Prof. Duges), S. 471—540, 1 Bl.: Inh., 3 KT. 4 Fr. — Vergleicht hauptsächlich die betreffenden Theile des Menschen und Pferdes.

von der Marwitz, Friedrich August Ludwig, der Sohn eines Preussischen Kammerherrn, wurde am 29. Mai 1777 in Berlin geboren, trat 1790 in das Regiment Gensdarmes ein, wurde 1791 Kornet, 1797 Sekonde-, 1802 Premier-Lieutenant, nahm in letzterem Jahre den Abschied und ging auf sein Gut Fredersdorf. Als 1805 der Ausbruch des Krieges drohte, trat er als Rittmeister und Adjutant des Prinz Hohenlohe wieder in die Armee, war dann abermals kurze Zeit ausser Dienst und wurde 1806 bei Prenzlau gefangen. Ausgewechselt errichtete er ein Freikorps, wurde Major, ging nach dem Frieden auf sein Gut und erhielt 1813 das Kommando einer Landwehr-Brigade. Er avancirte 1814 zum Oberstlieutenant, erhielt 1815 den Orden pour le mérite, kommandirte nach dem Frieden als Oberst eine Kavallerie-Brigade, wurde 1817 Generalmajor und erhielt 1827 den erbetenen Abschied als Generallieutenant. Er wurde in den Staatsrath berufen, erhielt noch den Stern zum rothen Adler-Orden 2. Klasse und starb am 7. Dezember 1887.

719. *Die Zäumung mit der Kandare. Aus dem Nachlasse Friedrich August Ludwigs von der Marwitz auf Fredersdorf, Königlich Preussischen General-Lieutenants a. D. Mit XXIX lithographirten Abbildungen auf zwölf Tafeln. Berlin, 1852. E. S. Mittler und Sohn.

gr. 8°. IV S.: T., Vorw., 2 Bl.: Inh., Verz. d. Abb., Err., 48 S., 12 KT. 24 Ngr.

Rec.: Zarncke 1852. 280: Mil. Lit. Z. 1852. 424.

Marzo, Miguel, Oberrossarzt der Spanischen Kavallerie und Professor an der Thierarzneischule zu Madrid.

720. Er übersetzte ein homöopathisches Thierarzneibuch in das Spanische, s. *Manual* Nr. 1331.

Masch, A., Thierarzt zu Altenburg in Ungarn.

721. Landwirthschaftliche Thierheilkunde. Ein Leitfaden des thierärztlichen Unterrichtes an ökonomischen Lehranstalten. Zweite verbesserte Auflage. Wien, Braumüller 1857.

gr. 8°. VIII und 418 S. 2 Thlr.

May, Georg, geboren zu Ebern in Bayern 1807, besuchte 1839—42 die Veterinärschule in München, wurde dann als Thierarzt in Hassfurth angestellt, bestand 1844 einen Konkurs für den Veterinär-Sanitätsdienst, wurde 1846 Rossarzt im 4. Chevauxlegers-Regiment zu Augsburg, 1848 städtischer Thierarzt daselbst und in dieser Eigenschaft Mitglied des Kreis-Medizinal-Ausschusses und Hülfsarbeiter im Medizinal-Referate. 1852 wurde er als Professor der Thierproduktionslehre und Thierheilkunde an die Landwirthschaftliche Centralschule zu Weihenstephen berufen und erhielt 1856 die Doktorwürde der medizinischen Fakultät zu Giessen.

722. Er gab mit Adam und Nicklas eine thierärztliche Zeitschrift heraus, s. *Nicklas.*

Mayer, Franz Joseph Carl, geboren zu Gmünd in Würtemberg 1787, promovirte 1812 in Tübingen als Doktor der Medizin, wurde in demselben Jahre Prosektor an der Akademie zu Bern, 1819 als Professor der Anatomie und Physiologie und Direktor des anatomischen Instituts nach Bonn berufen, legte letzteres

Amt 1855 nieder und liest seitdem bloss über spezielle Theile der Anatomie und Physiologie.

723. Ueber den Bau des Organes der Stimme bei dem Menschen, den Säugethieren und einigen grössern Vögeln, nebst physiologischen Bemerkungen. Mit 28 Steindrucktafeln. Breslau und Bonn, Weber 1852. gr. 4°. 110 S., 28 KT. 6 Thlr.

724. Anatomische Untersuchungen über das Auge der Cetaceen nebst Bemerkungen über das Auge des Menschen und der Thiere. Mit 6 Steintafeln. Bonn, 1852. Henry und Cohen in Commission. gr. 8°. 55 S., 6 KT. 24 Ngr.

Mayhew, Edward, Professor der Thierarzneikunde in London.

725. The Horse's Mouth : showing the Age by the Teeth : containing a full Description of the Periods when the Teeth are cut, the Appearances they present, etc. By Edward Mayhew, M. R. C. V. S. Embellished with numerous coloured Engravings, from Drawings made expressly for the Work, taken from authenticated Mouths. London, Fores 1849. 8°. 194 S. 10 Sch. 6 P.

Rec.: Veterin. 1849. 354.

726. Er besorgte eine neue Ausgabe von Blaine's Thierarzneikunde, s. *Blaine* Nr. 109 und von Clater's Pferdearzt, s. *Clater* Nr. 201.

Mazoillier, J., Französischer Vizekonsul zu Tarsus in Kleinasien.

727. *Les chevaux arabes de la Syrie. Par J. Mazoillier, Vice-consul de la France à Tarsous. Paris Just Rouvier. 1854. 8°. T., 3 Bl.: Widm. (an General Daumas), 9—92 S., 4 S.: Anhang. 2 Fr. Eine Deutsche Uebersetzung s. *Daumas* Nr. 245.

Inh.: Zucht, Dressur, Racen und Reitkunst im Orient; Eigenschaften, Abzeichen, Charakter der arabischen Pferde; Ursachen, welche die Einführung arabischer Pferde nach Frankreich erschwert haben.

Meckel von Hemsbach, Johann Heinrich, der Sohn eines Professors der Medizin, wurde 1821 zu Halle geboren, in Bern erzogen, auf dem Pädagogium in Halle weiter gebildet, besuchte seit 1840 die dortige und die Berliner Universität, promovirte 1845 zum Doktor der Medizin, habilitirte sich als Dozent in Halle, folgte 1851 einem Rufe als Professor nach Berlin, ging Krankheits halber nach Kairo und starb nach seiner Rückkehr in Berlin 1856.

728. Zur Morphologie der Harn- und Geschlechtswerkzeuge der Wirbelthiere in ihrer normalen und anormalen Entwickelung. Mit 3 Kupfertafeln. Halle, Schwetschke und Sohn 1848. gr. 8°. 63 S., 3 KT. 24 Ngr.

Menschik, Josef Stanislaus, geboren 1811, Ingrossist der Mährischen ständischen Buchhaltung und vieler gelehrten Gesellschaften Mitglied, starb zu Brünn am 6. Februar 1862. (Auf den Titeln der von ihm veröffentlichten Schriften heisst er auch Mensik und Menssik).

729. Er übersetzte Khün's Brochüre über das Pferdefleisch in das Ungarische, s. *Khuen.*

Mercier, Bildhauer in Paris.

730. Er gab mit Laurillard eine vergleichende Anatomie heraus, s. *Laurillard.*

Merk, Thomas, der Sohn eines Lehrers, wurde am 23. Dezember 1779 zu Roth in Bayern geboren, trat 1802 in das 2. Infanterie-Regiment ein, kam in demselben Jahre zur Veterinärschule nach München, legte 1806 die Prüfung ab und wurde als Oberschmied bei dem Fuhrwesens-Bataillon angestellt, 1811 zum Regiments-Pferdearzt ernannt, 1825 als solcher zum 1. Artillerie-Regiment versetzt, 1831 zum Regiments-Pferdearzt 1. Klasse befördert und 1843 pensionirt. Er starb auf seinem Gute Schwabing bei München am 22. Mai 1852.

731. **Vollständiges Handbuch der practischen Hausthierheilkunde**, enthaltend: alle innerlichen und äusserlichen Krankheiten der Pferde, des Rindviehes, der Schafe, der Schweine, Ziegen und Hunde. Mit einer kurzen Anleitung zur Zucht und Wartung der Hausthiere, von Th. Merk, königl. bayr. Regimentsveterinärarzt 1. Klasse. Vierte vermehrte und verbesserte Auflage. München, Fleischmann 1851.

A. u. d. T.: Der Haus-Thierarzt als Hausfreund bei allen Krankheiten und Seuchen der Pferde, des Rindviehes, der Schafe, Schweine, Ziegen und Hunde. Mit einer kurzen Anleitung zur Zucht und Wartung der Hausthiere. Ein nützliches Handbuch für Landwirthe.

12°. XXVI und 447 S. 1 Thlr. — Die 1. Auflage erschien 1833.

Rec.: Hering 1851. 76.

732. Er gab Hoffmann's Vieharzneibuch in vollständiger Umarbeitung heraus, s. *Hoffmann*.

van Merlen, J., Baron, der Sohn eines bei Waterloo gebliebenen Holländischen Kavallerie-Generals, wurde am 25. August 1800 in Gröningen geboren, trat 1814 in das 5. Dragoner-Regiment ein, kam 1815 zur Militärschule nach Delft und wurde 1819 Sekonde-Lieutenant im 10. Lanciers-Regiment. Er rückte 1825 zum Premier-Lieutenant auf, erhielt im Feldzuge 1830 den Wilhelms-Orden, wurde 1831 Rittmeister, 1836 Lehrer an der Militär-Akademie zu Breda und erhielt 1841 den Niederländischen Löwen-Orden. 1842 wurde er als Major zum 4. Dragoner-Regiment versetzt, kam 1846 als solcher in das 2. Dragoner-Regiment, avancirte 1849 zum Oberstlieutenant und 1852 zum Oberst und Kommandeur desselben Regiments. Er erhielt 1854 den Orden der Eichenkrone, wurde 1855 Generalmajor und Kommandeur der 1. Kavallerie-Brigade, erhielt im November 1857 den Abschied und lebt seitdem in Bommel.

733. De handdressuur en het afrigten en verbeteren van bedorvene en kwade paarden, uit het Hoogduitsch vertaald, door B. van Merlen. Te Amsterdam, bij Gerard Bentinck 1848.

gr. 8°. 1,50 Fl. — Eine Uebersetzung der 1846 erschienenen Dressur difficiler Pferde von Seidler.

734. Handleiding tot het gewennen van de paarden aan de wapens, de schijf en aan het vuren. Door B. van Merlen, Majoor bij het 2ᵉ Regiment Dragonders. Te Amsterdam, bij P. Kraaij Ir. 1850.

gr. 8°. 0,25 Fl.

735. Het op adem brengen (entraineren) van Kavallerie-officieren-en jagtpaarden. Uit het hoogduitsch door Jonkhr. B. van Merlen. Haarlem bij van Loghem, 1850.

8°. 0,30 Fl.

736. Handleiding tot de afrigtings en rijkunst, benevens het voltigeren, voor de Kadetten der Kavallerie en Artillerie aan de Kon. Akademie te Breda. Tweede druk. 1850.

8°. — Erschien zuerst 1846.

Middendorf, A. Th., Mitglied der kais. Akademie zu Petersburg.

737. О задачахъ мипологіи въ отношеніи къ потребностямъ кавалеріи. Ак. Миддендорфа. (Перепечатано изъ 1 го тома ученыхъ записокъ Императорскои Академіи наукъ по первому и третьему отдѣленіямъ.)

(Von den Leistungen der Hippologie in Bezug auf die Kavallerie. Vom Akademiker Middendorf. Abdruck aus dem 1. Bande der wissenschaftlichen Arbeiten der K. Akademie der Künste und Wissenschaften, 1. und 3. Abtheilung). gr. 8°. S. 295—327. — Erschien zu Petersburg 1852.

Mignon, Jacques, der Sohn eines Landwirths, wurde am 24. Juli 1811 zu Puiseaux (Departement Loiret) in Frankreich geboren, trat 1830 in die Veterinärschule zu Alfort ein, erhielt 1834 das thierärztliche Diplom, wurde im Oktober Hülfslehrer an jener Schule, nahm 1841 seine Entlassung, studirte nun noch Medizin, wurde 1848 Doktor der Pariser Fakultät, war 1848—50 Chirurgien-Aide-Major der republikanischen Garde, unternahm 1850 und 51 eine Reise um die Welt und liess sich 1853 in Orleans nieder. Er ist Mitglied des Gesundheitsrathes des Departement Loiret und mehrerer gelehrten Gesellschaften.

738. Er ist Mitherausgeber eines Wörterbuches der Veterinärwissenschaften, s. *Bouley* Nr. 127 und schrieb mit Galisset über die Gewährsfehler, s. *Galisset* Nr. 388.

Miles, William, diente einige Zeit in der Englischen Kavallerie und lebt jetzt als Privatmann zu Dixfield bei Exeter.

739. *The horse's foot and how to keep it sound. With Illustrations. By William Miles Esq. Seventh edition, with an appendice on shoeing in general and hunters in particular. London: Longman, Brown, Green, and Longmans. Exeter: Henry J. Wallis and J. Spreet. 1850.

4°. XX S.: T., Widm. (an Oberst Greenwood), Inh., Vorw., 2 Bl. mit Abb., 58 S., 37 S.: Anhang mit 12 Abb., 10 KT. mit 11 Bl. Erklär. 10 Sch. 6 P. — Erschien zuerst 1846, eine Deutsche Uebersetzung s. unten. Vgl. *Hassel, Hoffmeister, Leyon* Nr. 672, *Peters* und *Worte* Nr. 1463.

Rec.: Recueil 1851. 191.

740. *Dass. Eight edition. London: Longman, Brown, Green and Longmans. 1856. — Lexic. 8°. XX S., 2 Bl. mit Abb., 61 S., 39 S. Anhang, 12 KT. mit 12 Bl. Erklär. 12 Sch. 6 P.

741. A Plain Treatise on Horse-Shoeing, by William Miles Esq. London, Longman. 1855.

16°. 2¼ Bog. 5 Sch. — Eine Deutsche Uebersetzung s. unten.

742. *Der Huf des Pferdes und dessen fehlerfreie Erhaltung. Nebst einem Anhange über den Beschlag im Allgemeinen und den der Jagdpferde insbesondere, von William Miles Esq. Aus dem Englischen nach der siebenten Auflage ins Deutsche übertragen von Guitard, Lieutenant im Königlich Preussischen 9. Husaren-Regiment. Mit 12 erläuternden Tafeln und in den Text gedruckten Holzschnitten. Frankfurt am Main. Carl Jügels Verlag. 1852.

gr. 8°. XX S.: T., Vorw., Inh., 2 Bl. mit Abb., 118 S. mit 12 Abb., 10 KT. 1 Thlr. 6 Gr.

Inh.: Beschreibung des Hufs, Beschlag, Boxes, Maulkorb, Gesunderhaltung des Hufs, Hufkrankheiten.

Rec.: Magazin 1852. 184; Vogler 1852 I Nr. 23; Zarncke 1852. 408; Tennecker 1854. 384.

743. *Praktische Belehrungen über den Hufbeschlag. Aus dem Englischen von William Miles, Esq., Verfasser des grösseren Werkes „der Huf des Pferdes etc." Mit 8 erläuternden Tafeln und eingedruckten Holzschnitten. Frankfurt a. M. Carl Jügel's Verlag. 1855.

8°. VIII S.: T., Vorw., 56 S. mit 4 Abb., 8 KT. 17 Ngr.

Mills, John, geboren in England 1773, studirte Thierarzneikunde, lebte als Thierarzt erst in London, dann in der Provinz, wurde Vicepräsident des Veterinärkollegs und Friedensrichter zu Nottingham, und starb zu Alcaston bei Derby am 18. April 1851.

744. Life of a Race-Horse. By John Mills, Esq. New and revised Edition, with Illustrations. London: Ward and Lock 1854.
12°. 1 Sch.

745. Dass. Fifth edition. Ebda 1856. — 12°. 106 S. 1 Sch.

Milne Edwards, H., Professor am naturhistorischen Museum zu Paris.

946. Leçons sur la physiologie et l'anatomie comparée de l'homme et des animaux, faites à la Faculté des sciences de Paris; par H. Milne Edwards, O. L. H., C. L. N., Doyen de la Faculté des sciences de. Paris, etc. Tome premier. Paris, librairie V. Masson. 1857.
gr. 8°. 542 S. — Tome second. Ebda 1857. 655 S. 18 Fr.

747. Seine Elemente der Anatomie wurden von Quillinan zur Bearbeitung der Kapitel : flüssige Körpertheile und Assimilation: in dessen Elementen der Hippologie benutzt, s. *Quillinan.*

Minameyer, Wilhelm August Eduard, der Sohn eines Preussischen Hauptmanns, wurde am 22. November 1816 zu Magdeburg geboren, besuchte das Gymnasium daselbst und trat 1835 in die 3. Artillerie-Brigade ein, in welcher er 1838 zum Sekonde-, 1852 zum Premier-Lieutenant, 1855 zum Hauptmann und 1858 zum Kompagnie-Chef befördert wurde.

748. Er ist Verfasser eines Compendiums der Pferdekenntniss, s. *Compendium* Nr. 1253.

Minot, Nicolas Jules, geboren zu Paris am 19. Januar 1821, besuchte die Veterinärschule zu Alfort, erhielt 1844 ein Diplom als Thierarzt und liess sich als solcher zu Lizy-sur-Ourcq nieder.

749. Appréciation des chevaux, d'après les caractères du pouls et l'examen des formes et des habitudes extérieures, par J. Minot, vétérinaire à Lizy-sur Ourcq. Paris, Mme Ve Bouchard-Huzard 1850.
8°. 3½ Bog. — Kam nicht in den Buchhandel, erschien aber in ausführlicherer Bearbeitung wieder, als:

750. *Appréciation du cheval, des qualités intrinsèques de cet animal pour le travail et la reproduction; guide-pratique Indiquant les caractères à l'aide desquels on peut reconnaître avec précision: la force et le dégré de la force, le fonds, l'ardeur, la paresse, la mollesse, le train, la vitesse ou la lenteur des mouvements, la nature du cheval, etc. A l'usage des cultivateurs, des éleveurs, des vétérinaires, des officiers de cavalerie, et de tous les propriétaires et amateurs des chevaux. Par J. Minot, Vétérinaire. Paris, Leneveu. 1853.
gr. 8°. VIII S.: T., Vorw., 264 S. 5 Fr. — Auszüge in Argus 1854. 456, 525, 607, 651, 747; 1855. 16,334.
    Inh.: Untugenden des Pferdes, Geeignetheit zur Arbeit, Temperament, Puls, Vortheile des physiologischen Studiums, Wahl für besondere Dienstzwecke.

751. Traitement de la maladie de sang, ou sang de rate chez les animaux domestiques, par J. Minot, vétérinaire à Lizy-sur-Ourcq (Seine et Marne). A Meaux, chez l'auteur. 1855.
8°. 16 S. 2 Fr.

Minvielle, Israel.

752. Petit traité, ou Manuel dédié uniquement aux propriétaires, colons et fermiers des campagnes, concernant les maladies les plus contagieuses et dangereuses contre les animaux domestiques, manière de les connaître et moyens pour les préserver et pour les traiter. En 5 parties distinctes. Par Israël Minvielle. Imprimerie de Lespès, à Bayonne 1854.
12°. 48 S.

Miquel, Pierre, geboren zu Béziers in Frankreich am 21. Januar 1799, besuchte die Thierarzneischule zu Lyon, erhielt 1820 ein Diplom und starb 1860.

753. Er ist Mitherausgeber einer Französischen thierärztlichen Zeitschrift, s. *Journal* Nr. 1311.

Miramont, geboren zu Reignat Espinat in der Auvergne am 5. Januar 1812, besuchte bis 1829 das College zu Brillon, widmete sich dann ebenda und zu Clermont der Pharmazie, arbeitete seit 1832 zu Paris in mehreren Pharmazieen, wurde 1834 bei einem Hospital angestellt, erhielt 1835 ein Diplom, liess sich als Pharmazeut in Courpieres nieder und siedelte 1843 nach Meru im Departement Oise über.

754. *Des animaux domestiques malades et des premiers soins à leur donner, par Miramont, pharmacien, membre de plusieurs sociétés scientifiques, à Meru (Oise). Manuel indispensable aux propriétaires et aux éleveurs d'animaux domestiques. Paris, typographie Malteste et Cie. 1852.

8°. T. mit V., 36 S. 40 C.

Mirus, Oberstlieutenant und Commandeur des Preussischen 3. Garde-Ulanen-Regiments.

755. *Hülfsbuch beim theoretischen Unterricht des Kavalleristen für jüngere Offiziere und Unteroffiziere. Zugleich zur Selbstbelehrung. Nach den neuesten Verordnungen zusammengestellt und bearbeitet von Mirus, Rittmeister und Eskadron-Chef im Königlichen Preussischen 10ten Husaren-Regiment. Berlin 1855. E. S. Mittler und Sohn.

gr. 8°. XVI S.: T., Vorw., Inh., 380 S., 1 Bl.: Err., 1 Tab. 1 Thlr. 12 Gr. Darin: S. 177—250 Wartung und Pflege des Pferdes, Stalldienst, Fourage, Huf, Beschlag, Zäumung, Satteln, 364—371 Erklärung von Bezeichnungen und Fremdwörtern das Pferd und die Reitkunst betreffend.

756. Leitfaden für den Kavalleristen bei seinem Verhalten in und ausser dem Dienste. Zum Gebrauch in den Instruktions-Stunden. Zugleich zur Selbstbelehrung. Nach den neuesten Verordnungen zusammengestellt und bearbeitet von Mirus, Rittmeister und Eskadrons-Chef im Königlichen Preuss. 10. Husaren-Regiment. Berlin, 1856. E. S. Mittler und Sohn.

16°. XII und 338 S. 6 Gr. — Ist ein Auszug aus der vorigen Nummer und enthält dieselben Gegenstände nur in geringerer Ausführlichkeit.

Rec.: Zarncke 1856. 652; Bl. f. Kr. 1856 Nr. 8.

Mohammed Aliad, ein arabischer Scheikh, geboren zu Tantida in Egypten, wurde 1847 als Lehrer der Arabischen Sprache an die kaiserliche Akademie zu Petersburg berufen.

757. Er schrieb eine Abhandlung über berühmte Arabische Pferde, s. *Perron*.

Mohammed El-Safadi, geboren zu Nazareth in Syrien 1809, begleitete Herrn de Portes auf seiner Reise durch Palästina, kam 1850 nach Paris und kehrte im Juni 1851 in seine Heimath zurück.

758. Er schrieb eine Abhandlung über die Syrischen Pferde, s. *Perron*.

Moleschott, Jacob, der Sohn eines Arztes, wurde am 9. August 1822 zu Herzogenbusch in Holland geboren, besuchte seit 1842 die Universität Heidelberg Behufs Studiums der Medizin, promovirte 1845 zum Doktor der Medizin, Chirurgie und Geburtshülfe, ging nach Holland zurück und liess sich in Utrecht als praktischer Arzt nieder. 1847 habilitirte er sich als Privatdozent in Halle, gründete daselbst 1853 ein physiologisches Laboratorium, verlor 1854 die Stelle an der Universität und folgte 1856 einem Rufe als Lehrer an das Polytechnikum zu Zürich und 1861 nach Turin.

759. Untersuchungen zur Naturlehre des Menschen und der Thiere. Herausgegeben von Jacob Moleschott. Erster Band. Frankfurt a. M., Meidinger Sohn und Cp. 1856.

gr. 8⁰. 4 Hefte von 7—8 Bog. 2 Thlr. 12 Gr.

Zweiter Band. Ebda 1857. — 3 Thlr. 12 Gr.

Moll, E., einer alten adligen Elsässischen Familie angehörig und Sohn eines Prokurators zu Wissembourg, wurde ebenda 1809 geboren, besuchte die Kreuzschule zu Dresden, erlernte zu Zöbicker bei Leipzig die Landwirthschaft, wurde 1829 Verwalter zu Lumpzig in Altenburg, kehrte 1830 nach Frankreich zurück, wurde Lehrer der Landwirthschaft zu Noville, 1836 Professor am Konservatorium der Künste und Handwerke, bereiste späterhin Holland, Belgien, Deutschland, die Schweiz, Algier, wurde 1846 Eigenthümer des Gutes Lespinasse im Departement Vienne und 1857 Direktor des Versuchs-Gutes zu Vauzours.

760. Er bearbeitete einen Theil der hippologischen Artikel für das Werk: La Maison rustique etc., s. *Maison* Nr. 1329.

von Monteton, Ludwig Wilhelm Otto Dijeon, Freiherr, am 22. Januar 1822 zu Magdeburg geboren, im Berliner Kadettenhause erzogen, verliess letzteres 1840, kam als Lieutenant zum 10. Husaren-Regiment, wurde 1855 zum Premier-Lieutenant befördert, nahm 1856 den Abschied und lebt als Rittergutsbesitzer zu Alt-Berckow in der Altmark.

761. *Populäre Vorlesungen über Reiterei. Zur Unterhaltung und zum Selbstunterricht von Dijeon Freiherrn v. Monteton, Premier-Lieutenant im Königlich Preussischen 10. Husaren-Regimente. Magdeburg und Leipzig. Verlag von Gebrüder Baensch.

gr. 8⁰. VI S.: T., Vorw., 148 S. 16 Gr.

Inh.: Das normale Pferd, Gliedmassen, Kopf, Hals, Temperament, Charakter, der Reiter, Sitz, Faust, Schenkel, Zäumung, Dressur, Gleichgewicht, Versammlung, Schnelligkeit, Gewandheit, Gehorsam.

de Montigny, Vicomte, wurde 1814 zu Paris geboren, widmete sich seit 1837 der Reitkunst, wurde Besitzer einer Privatmanege und bald darauf Professor der Reitkunst an der Generalstabs-Schule. Er gab 1842 diese Stellung auf, ging nach Oestereich, trat als Lieutenant und Stallmeister bei dem 3. Husaren-Regiment ein, nahm aber 1848 den Abschied, kehrte nach Frankreich zurück, wurde Stallmeister an der Gestüts-Schule, 1853 Stallmeister 1. Klasse an der Kavallerie-Schule, blieb in dieser Stellung bis zur Aufhebung der Civil-Stallmeister-Stellen und lebt seitdem zu Napoleon-Vendee.

762. *Manuel de l'éleveur ou Méthode simplifiée de dressage des chevaux au montoir et au trait. Par M. le Vicomte de Montigny, ancien officier de cavalerie hongroise, ex-écuyer professeur à l'Ecole d'état-major, professeur à l'Ecole nationale des haras. Paris, au bureau du journal des haras.

gr. 8⁰. Sch. T., T., 5—123 S., 17 KT. 4 Fr.

Inh.: Erziehung des Pferdes bis zum Alter von 2 Jahren, Dressur des Reit- und Zugpferdes, Bekleidung des Reit- und Zugpferdes, Fahrkunst.

763. *Méthode abrégée de dressage des chevaux difficiles, Et particulièrement des Chevaux d'armes. Méthode Egalement applicable aux Chevaux de trait. Par M. le Vte de Montigny, Ex-Professeur etc. Paris, au bureau du journal des haras, chez Roret, Et à la librairie de Leneveu. 1851.

8⁰. Sch. T., T., 1 Bl.: Widm. (à mes Elèves et aux officiers de cavalerie), 7—10 S., 3 KT. 2 Fr.

764. *Rapport de M. le Vicomte de Montigny, Ecuyer-professeur à l'Ecole des Haras, sur l'utilité et les avantages de la bride à mors régulateur combinée Par M. Casimir Noel, de Meaux. (Extrait du Journal des Haras, 1ᵉʳ mai 1852).

8°. T., 3—16 S. — Erschien 1852 zu Meaux in der Druckerei von Carro. Dieser Bericht steht ausser im Journ. d. H. 1852 I 321—329 auch in verschiedenen, die Pendelkandare behandelnden Brochüren, s. *Noel* Nr. 801. Eine Deutsche Uebersetzung s. *Graefe* Nr. 429.

765. *Equitation des dames ou guide de l'élève-écuyer dédié à Mme la Vtesse Drouyn de L'Huys. Par M. le Vte de Montigny ex-écuyer commandant à l'école des haras, écuyer civil à l'école impériale de cavalerie. Saumur H. Niverlet, Paul Furgaud. 1853.

gr. 8°. Sch. T., T., 1 Bl.: Widm., 230 S. 5 Fr.

766. *Progression de dressage des jeunes chevaux d'armes par Le Vte de Montigny, écuyer civil à l'école impériale de cavalerie, ancien écuyer commandant à l'école des haras. Saumur imprimerie de Paul Godet. 1855.

8°. T., VI S.: Inh., 119 S., 1 Bl.: Err., 1 KT. 2 Fr.

767. Nouveau manuel complet de l'éducation et de l'hygiène du cheval, par M. le Vicomte de Montigny. A Paris, chez Roret 1853.

18°. 8½ Bog., 6 KT. 3 Fr.

Moore, James, Thierarzt in England.

768. Outlines of veterinary homoeopathy; comprising horse, cow, dog, sheep and hog diseases, and their homoeopathic treatment. Manchester (London, Groombridge) 1857.

8°. 190 S. 5 Sch.

Morris, Louis Michel, der Sohn eines Rheders, wurde am 29. September 1803 zu Rouen geboren, trat 1821 in die Militärschule von St. Cyr ein, verliess dieselbe 1823 als Unterlieutenant des 23. Regiments der Jäger zu Pferde, avancirte 1830 zum Lieutenant, 1832 zum Kapitän, kam 1834 zum 3. Afrikanischen Jäger-Regiment und erhielt die Ehrenlegion. Nach der Expedition von Konstantine 1837 wurde er Eskadron-Chef im 1. Jäger-Regiment, 1840 nach der Expedition von Milianah Oberstlieutenant, 1843 nach der Wegnahme der Smala Abdelkaders Oberst und erhielt für den Marokkanischen Feldzug 1844 das Kommandeurkreuz der Ehrenlegion. Er avancirte 1847 zum General, kam 1848 nach Frankreich zurück, wohnte der Expedition nach Rom 1849 bei, erhielt 1850 den Orden Gregors des Grossen und wurde 1852 Divisionsgeneral. Von 1853—1856 war er bei der Armee in der Türkei und Krimm, erhielt für Inkerman das Grossoffizier-Kreuz der Ehrenlegion und des Bath-Ordens, so wie das Kommandeur-Kreuz des Mauritius-Ordens. Er befehligt jetzt die Kavallerie-Division der kaiserlichen Garde.

769. *Essai sur l'extérieur du cheval par le Général Morris, commandant la division de cavalerie de la garde impériale. Deuxième édition. Paris imprimerie de Mme Ve Bouchard-Huzard. 1857.

gr. 8°. Sch. T., T., VI S.: Vorw., 7—100 S., 4 KT. 3 Fr. — Erschien in erster Ausgabe 1835.

Inh.: Proportionen, Kopf, Alterserkenntniss, Hals, Rumpf, Gliedmassen, Fuss und Beschlag, Gangarten, Uebung, Wartung, Ernährung, Racen, Begattung, Gebrauch.

Mortgen, Abraham, später Mortier genannt, s. diesen.

770. *Enthüllte Geheimnisse aller Handelsvortheile und Pferdeverschönerungskünste der Pferdehändler. Aus den Papieren des verstorbenen israelitischen Pferdehändlers Abraham Mortgens in Dessau, zum Nutz' und Frommen aller Derer mitgetheilt, welche bei'm Ein- und Verkauf von Pferden mit Vortheil handeln und Schaden und Betrug vermeiden wollen. Nebst einem Anhang über die leichteste und einfachste Art des Englisirens und die für den Händler daraus erwachsenden Vortheile. Vierte von dem Landthierarzte Dr. C. F. Lentin in Weimar revidirte unveränderte Auflage. Weimar, 1856. B. F. Voigt.

gr. 8°. X S.: T., Vorw., Inh., 198 S. 1 Thlr. — Erschien zuerst 1824. Der Verfasser ist S. v. Tennecker, während der noch jetzt lebende Mortgen dem Buche ganz fremd ist.

Inh.: Handelsvortheile; Geschichte, Literatur, Operation und Vortheile des Englisirens.

Mortier, Abraham, hiess ursprünglich Abraham Berend Mortgen, war der Sohn eines Pferdehändlers, wurde zu Dessau am 20. Mai 1770 geboren, führte das väterliche Geschäft fort, richtete das Droschkenfuhrwerk in Berlin ein, zu dessen Leitern er längere Zeit gehörte und lebt noch jetzt in Dessau.

771. *Taschenbuch für Pferdekenner und Pferdeliebhaber. Ergebnisse einer mehr als siebzigjährigen Ausübung des Pferdehandels. Nebst einem Anhange, selbst erlebte Anekdoten im Pferdehandel enthaltend. Von Abraham Mortier, gen. Mortgen, Pferdehändler in Dessau, und Dr. C. F. Lentin, Land-Thierarzt in Weimar. Dessau: H. Neubürger. 1857.

8°. T. mit V., 4 Bl.: Widm. (an den Erbprinz von Dessau), Bemerk. des Verlegers, Vorw., Inh., 237 S., 1 KT. 1 Thlr.

Inh.: Pferdehandel überhaupt, Musterung, Verpflegung, Redekünste, Bestechung, Tauschhandel, Prozesse, Anekdoten.

Morton, Professor an der Thierarzneischule zu London, war ursprünglich Droguist ebenda.

772. *The Veterinarian; or monthly journal of veterinary science, for 1855. Vol. XXVIII. — Vol. I, Fourth series. Edited by Professors Morton and Simonds. London: printed by J. E. Adlard. Published by Longman, Brown, Green, and Longmans.

gr. 8°. Sch. T., T., 744 S. mit 10 Abb., 2 KT.

Dass. for 1856. Vol. XXIX. — Vol. II, Fourth series. — Sch. T., T., 756 S. mit 4 Abb., 1 KT.

Dass. for 1857. Vol. XXX. — Vol. III, Fourth series. — Sch. T., T., 736 S. mit 4 Abb., 2 KT.

Erscheint seit 1828 und kostet jährlich 18 Sch. — Die früheren Jahrgänge s. *Percivall* Nr. 844.

Mueller, Heinrich, Professor.

773. Anatomisch-physiologische Untersuchungen über die Retina des Menschen und der Wirbelthiere. Mit 2 Kupfertafeln. Leipzig, W. Engelmann 1856. — gr. 8°. IV und 122 S., 2 KT. 1 Thlr.

Mueller, Franz, geboren zu Herdschitz in Böhmen am 13. Januar 1817, besuchte das Gymnasium in Eger, studirte dann in Prag Medizin und Philosophie, promovirte daselbst 1842 zum Doktor der Medizin und 1843 zum Doktor der Chirurgie, diente als Sekundärarzt am dortigen Krankenhause, trat 1846 als Staatspensionär in das Wiener Thierarzneiinstitut ein, wurde 1847 Magister der Veterinärkunde, 1848 Korrepetitor und 1849 Professor der Zootomie, Zoophysiologie und des Exterieurs an jener Schule.

774. *Lehrbuch der Anatomie des Pferdes mit vergleichender Berücksichtigung der übrigen Haussäugethiere und physiologischen Bemerkungen von Franz Müller, Doctor der Medizin und Chirurgie, Magister der Thierheilkunde, k. k. Professor u. s. w. Wien 1853. Aus der kaiserlich-königlichen Hof- und Staatsdruckerei. — 8°. VII S.: T., Inh., 505 S. 2 Thlr. 16. Gr.

775. *Lehre vom Exterieur des Pferdes oder von der äusseren Pferdekenntniss. Bearbeitet von Dr. Franz Müller, k. k. Professor der Zootomie etc. am Wiener Thierarzneiinstitute. Wien, 1854, Wilhelm Braumüller.

gr. 8°. VIII S.: T., Vorw., Inh., 144 S. 24 Ngr.

Inh.: Naturgeschichte, Racen, Temperament, Haare, Abzeichen, Zahnlehre, Exterieur, Bewegungen, Untersuchung, Auswahl.

776. *Vierteljahresschrift für wissenschaftliche Veterinärkunde, herausgegeben von den Mitgliedern des k. k. Wiener Thierarznei-Instituts. Red.: Prof. Dr. Müller. Prof. Dr. Roell. Erster Jahrgang. Wien, Braumüller 1852. gr. 8°. 210 und 124 S., 2 KT. — Preis des Jahrgangs 3 Thlr. 8 Gr.

Zweiter Jahrgang. Ebda 1853. — 160 und 148 S., 1 KT.
Dritter Jahrgang. Ebda 1854. — 124 und 148 S.
Vierter Jahrgang. Ebda 1855. — 146 und 154 S.
Fünfter Jahrgang. Ebda 1856. — 172 und 144 S., 1 KT.
Sechster Jahrgang. Ebda 1857. — 144 und 138 S.

777. Er gab mit Graf einen Bericht über die Bereisung der Ungarischen Gestüte heraus, s. *Graf* Nr. 434.

Mure, J.

777a. Homöopathischer Haus- und Volksarzt. Praktische und allgemein verständliche Anweisung alle gewöhnlichen Krankheiten nach dem homöopathischen Heilverfahren, ohne Hülfe des Arztes und fast ohne Kosten zu heilen. Nebst Anleitung zur Heilung der wichtigsten Thierkrankheiten und der Kartoffelkrankheit durch die Homöopathie. Uebersetzung des französischen Originals durchgesehen und bevorwortet von V. Meyer. Leipzig, Falk 1852.

8°. VIII S.: T., Vorw., Inh., 248 S. 24 Ngr.

Mussgnug, Christoph, geboren zu Regensburg am 16. Dezember 1819, widmete sich der Thierarzneikunde, war 8 Jahre Rossarzt bei dem Bayrischen 4. Chevauxlegers-Regiment und liess sich dann als praktischer Thierarzt in Augsburg nieder.

778. *Der praktische Hufbeschlag nach einer neuen und äusserst vortheilhaften Methode. Das Resultat vieljähriger und vielseitiger Erfahrungen und Erfindungen auf dem Gebiete der Hufbeschlagkunst. Mit einem Anhange: Die Räudekrankheit bei den Pferden und ihr schädlicher Einfluss auf den Cavallerie-Kriegsdienst insbesondere, nebst radikaler Heilung derselben. Von Christoph Mussgnug, Militär- und praktischer Veterinärarzt in Augsburg. Mit zwei lithographirten Tafeln. Augsburg, Rieger 1856.

8°. VI S.: T., Widm. (an General v. Flotow), 160 S., 2 KT. 18 Ngr.

Inh.: Beschlag, Hufkrankheiten, Räude, Satteldruck.

Rec.: Nicklas 1856 Nr. 33, 34; Tennecker 1857. 416.

Mussot, P., Oberstlieutenant a. D. der Französischen Kavallerie, 1856 zu Paris gestorben.

779. *Commentaires historiques et élémentaires sur l'équitation et la cavalerie ou revue des progrès obtenus dans l'art équestre depuis l'époque de sa renaissance, par P. Mussot, Lieutenant-colonel en retraite, etc. Paris, J. Corréard 1854.

gr. 8°. VIII S.: T., Vorw., 255 S., 19 KT. 7 Fr. 50 C. — Vgl. *Flandrin* Nr. 358, *Graefe* Nr. 431.

Inh.: Geschichtliches, Einfluss des Sitzes, Resultate seit der Reform der Prinzipien der alten Schule.

780. Manuel d'hippiatrique, d'équitation et d'hygiène, à l'usage de tous, ou Etudes de la connaissance intérieure et extérieure du cheval, de son instruction et de son emploi, de sa conservation en l'état de santé, de sa reproduction, de son élevage et de son emplacement. Ouvrage particulièrement utile aux officiers de troupes à cheval, aux chefs, agents ou employés des grandes administrations et exploitations publiques ou privées, qui emploient ou produisent des chevaux; par M. P. Mussot, Lieutenant-Colonel de cavalerie en retraite, ancien Capitaine instructeur à l'Ecole de Saumur. 1re partie: Connaissance de l'intérieur du cheval; anatomie et physiologie. Paris, J. Corréard 1856.

8°. 31¾ Bog., 13 KT. 7 Fr. 50 C.

de Nabat, X., ehemaliger Französischer Gestütsbeamte.

781. L'Argus des Haras et des Remontes, Journal de la réforme des abus dans l'intérêt des Eleveurs de chevaux, de la Cavalerie et de l'Agriculture, sous la direction de X. de Nabat, ancien officier de cavalerie et directeur des haras. Tome VII. Septième année. Paris, au bureau du journal. 1848. Dass. Tome VIII—XVI. 1849—1857. gr. 8⁰. — Erscheint seit dem 15. Dezember 1841 in Monatsheften zu 4 Bog. und 1 K., und kostet jährlich 30 Fr.

von Nadosy, Alexander, geboren zu Munkacs in Ungarn am 20. März 1811, beendete die höheren Studien auf der Universität Pesth, trat 1829 in das 12. Palatinal-Husaren-Regiment ein, in dem er 1833 Lieutenant wurde. Er besuchte 1835—36 die Thierarzneischule zu Wien, dann bis 1838 das Equitations-Institut zu Salzburg, wurde 1837 Oberlieutenant, 1842 Rittmeister, 1845 Eskadrons-Kommandant und Kommandant der Regiments-Equitation. Er vervollkommnete sich 1846 zu Hannover in der Schulreiterei, wurde 1848 in das Ungarische Ministerium kommandirt, stellte sich beim Ausbruch der Revolution dem Fürst Windischgrätz zur Disposition, wurde 1849 der General-Artillerie-Direktion zugetheilt und zur Dressur der Pferde, sowie Ertheilung hippologischen Unterrichts bei der Feldartillerie-Direktion 1. Armee-Korps verwendet. Er erhielt 1850 den Befehl zur Errichtung eines Artillerie-Equitations-Instituts, welches 1852 ins Leben trat und dessen Dirigent er als Oberst wurde. Nach Aufhebung dieses Instituts wurde er 1859 zum Dirigent der Spanischen Hof-Reitschule ernannt.

782. Equitations-Studien. Mit besonderer Rücksichtsnahme auf den Unterricht in den Artillerie-Equitationen zusammengestellt von Alexander von Nadosy, k. k. Oberstlieutenant und Kommandanten des Artillerie-Equitations-Institutes etc. Wien, Carl Gerolds Sohn 1854.

8⁰. 2 Bde. — Diese Auflage kam nicht in den Buchhandel.

783. *Dass. I Band. Reit- und Fahrunterricht in 6 Abtheilungen mit 53 Abbildungen. Zweite vermehrte und verbesserte Auflage. Ebda 1855.

8⁰. X S.: T., Vorw., Inh., 336 S., 6 KT. — II. Band. Hyppologisches Fach in 6 Abtheilungen mit 70 Abbildungen. 1855. — VII S.: T., Inh., 416 S., 12 KT. 3 Thlr.

Inh.: Bd. 1. Reitunterricht; Zäumungslehre nach Weyrother; Abrichtung nach Brudermann und dem k. k. Abrichtungs-Reglement; Fahrunterricht, Geschirr- und Beschirrungslehre. — Bd. 2. Anatomie nach Leyh, Zahnlehre nach Pessina und Schultes; Beschlag nach Langenbacher und Strauss; Exterieur nach Baumeister; Krankheiten und Gewährsfehler, Hygiene nach Haubner.

Rec.: Hirtenfeld 1855 Nr. 52, 123; Mil. Lit. Z. 1856, 308, 1858. 326. — Tennecker 1857. 410.

Navarro, Silvestre Blasquez, Professor an der Thierarzneischule zu Madrid.

784. Enteralgiologia veterinaria o monografia especial del llamado colico flatulento o ventoso, y hechos praticos de curaciones obtenidas por medio de la enterotomia en el caballo, mula y asno, por los profesores D. Silvestre y D. Juan Jose Blazquez Navarro. Madrid, 1855. Imprimeria de A. Martinez, redaccion del Eco de la veterinaria.

gr. 8⁰. 320 S. 24 Rea.

Navarro, Juan Jose Blazquez, ein Bruder des Vorigen, gleichfalls Professor an der Thierarzneischule zu Madrid.

785. Er schrieb mit seinem Bruder über Windkolik und den Darmschnitt bei Pferden, s. die vorige Nummer.

Nebel, Ernst Ludwig Wilhelm, der Sohn eines Professors der Chirurgie, wurde am 16. Februar 1772 in Giessen geboren, studirte seit 1788 ebenda und seit 1792 in Jena Medizin, promovirte 1793, wurde 1794 Prosektor am anatomischen Theater in Giessen und hielt Privatvorlesungen, studirte seit 1795 nochmals in Wien, Prag und Berlin Medizin und Thierarzneikunde, wurde 1796 Garnisonsarzt, 1798 Professor der Arzneikunde in Giessen, 1799 zugleich Arzt der Abtei Arnsburg, wurde 1814 Doktor der Philosophie, 1832 Geheimer Medizinalrath, 1838 Ritter des grossherz. Ludwigs-Ordens und starb am 31. Mai 1854.

786. Er gab mit Dieterichs und Vix eine thierärztliche Zeitschrift heraus, s. *Dieterichs* Nr. 283.

Neergaard, Jens Veibel, der Sohn eines Landwirths, wurde am 3. Juli 1775 zu Juellinge in Dänemark geboren, studirte seit 1794 in Kopenhagen Naturwissenschaften, Medizin, Chirurgie und Thierarzneikunde, hielt zunächst ebenda Vorlesungen über letztere, wurde 1802 Mitglied der Remonte-Kommission, 1803 zugleich Lehrer an der Veterinärschule, ging zu weiteren Studien nach Göttingen, wo er 1804 den medizinischen Doktorgrad erwarb und bis 1805 Vorträge hielt, und kehrte nach längerem Aufenthalt in Berlin nach Kopenhagen zurück. Er trat 1807 als Kornet bei dem Seeländischen Kavallerie-Regiment ein, hielt als solcher Vorträge an der Kavallerie- und der Veterinärschule, nahm 1809 seine Entlassung, erhielt den Titel eines Oberkriegskommissars bei der Remonte-Kommission und wurde 1822 zum General-Kriegskommissar ernannt. Er lebt abwechselnd in Kopenhagen und auf seinem 1843 erkauften Gute Landsted auf Seeland.

787. *Er den ondartende Lungesyge hos Qvæget, Snive og Springorm hos Hesten i Sjælland skjenket tilborlig Opmærksamhed? Ved Dr. J. V. Neergaard. Kjöbenhavn. Trykt i det Berlingske Bogtrykkeri. 1849.

8°. T., 3—24 S. 16 Sch.

788. *Hesteavlens sörgelige Forfald i Danmark i det sidste halve Aarhundrede. Aarsagerne dertil og Midlerne til Sammes muelige Gjenophjelpning. En historisk-factisk Undersögelse, nærmest anlediget ved de i Begyndelsen af dette Aar indkomne Commissionsforslag. Ved J. V. Neergaard, Dr. Med. et Chir., Generalkrigscommissair, etc. Kjöbenhavn. In Commission hos Chr. Steen og Son. 1851.

8°. X S.: T., Widm. (dem Dänischen Reichstag), Vorw., 242 S. 1 Rd.

789. Lönnen for min 60 aarige, ved uomstödelige Kjendsgjerninger oplyste gavnlige Virken i Statens Interesse, eller et Par Ord til Finantsministeren, Grev Sponneck, i Anledning af hans Angreb paa mine suurt fortjente, ingenlunde rundelige Vartpenge. Tilligemed et flygtigt Blik paa vor Veterinairskole og vort Stutteri-Væsens unværende Tilstand. Ved J. V. Neergaard. Kjöbenhavn. I Commission hos Chr. Steen og Son. 1852.

8°. 162 S. 80 Sch.

790. *Historisk-factisk Oplysning om vore Stutteriherrers soelsomme Commerce paa Hestenes Gebeet, fra Begyndelsen af dette Aarhundrede til Dato. Med et Par Alvorsord til vor constituerede Landstutmester og hans Embedsvicarius, som skyldigt Svar paa uforskyldt Tiltale. Et Bidrag til Heste- og Menneskekundskab. Ved Dr. Med. et Chir. J. V. Neergaard, Generalkrigscommissair. Kjöbenhavn. Forfatterens Forlag. I Commission hos C. Steen og Son. 1854.

8°. T., 105 S. 48 Sch.

791. Historisk-factisk Notitser om vore angang fra berömte Stutterivæsen. Ved J. V. Neergaard. Kjöbenhavn. I Commission hos C. Steen og Son. 1856.

8°. T., 86 S. 36 Sch.

Neubert, Carl.

792. *Die Kunst passende und fehlerfreie Pferde zu kaufen. Herausgegeben von Carl Neubert. Rosswein, 1854. Julius Haase.

8°. T., 3—23 S. 3 Ngr.

Nicklas, Georg, geboren zu Augsburg am 10. April 1812, besuchte die Veterinärschule in München bis 1832, wurde dann als Rossarzt bei dem 1. Chevauxlegers-Regiment in Bayreuth angestellt und 1835 zum Landesthierarzt in Weiden ernannt. Er kam 1841 in gleicher Eigenschaft nach Aichach, 1848 nach Neu Ulm, wurde 1850 städtischer Thierarzt und Lehrer der Operationslehre und Veterinärpolizei, später auch Arzneimittellehre, Seuchenlehre, Bujatrik und gerichtlichen Thierheilkunde an der Veterinärschule zu München und erhielt 1859 den Titel Professor.

793. * Thierärztliches Wochen-Blatt. Organ des Vereins deutscher Thierärzte. Redacteur: G. Nicklas. Erster Jahrgang. 1849. In Commission der Stettin'schen Buchhandlung in Ulm.

4⁰. T., 1 Bl.: Inh., 208 S.

2. Jahrgang 1850. — T., 316 S.

3. Jahrgang 1851. — T., 220 S. mit 2 Abb.

4. Jahrgang 1852. — T., 208 S.

5. Jahrgang 1853. — T., 216 S.

6. Jahrgang 1854. — T., 208 S. mit 1 Abb.

7. Jahrgang 1855. — T., 204 S. mit 5 Abb.

8. Jahrgang 1856. — T., 208 S.

Erschien in wöchentlichen Nummern, kostete jährlich 2 Fl. 48 Kr. und fand seine Fortsetzung in der folgenden Nummer.

794. * Wochenschrift für Thierheilkunde und Viehzucht. Herausgegeben von Th. Adam, Polizei-Thierarzt in Augsburg, kgl. Kreis-Medicinal-Ausschuss-Mitgliede etc. Dr. May, kgl. Professor an der landwirthschaftlichen Central-Schule in Weihenstephan etc. Gg. Nicklas, Polizei-Thierarzt, Dozent an der k. Central-Thier-Arznei-Schule in München etc. Erster Jahrgang. Augsburg 1857. In Commission der B. Schnaid'schen Verlagsbuchhandlung.

gr. 8⁰. VIII S.: T., Inh., 444 S. mit 3 Abb. 3 Fl.

Rec.: Hering 1857. 175.

Nieto, Juan Abdou.

795. Er gab mit Briones ein Handbuch der Thierheilkunde heraus, s. *Briones.*

Nimrod. — Pseudonym des Mr. Apperley.

796. The Road. By Nimrod. New edition. London: John Murray. 1849. 8⁰. 4 Bog. 2 Sch.

Inh.: Fahrkunst und Fahrwesen in England.

797. * Dass. New edition. London: John Murray 1853. — 8⁰. VII S.: T., Inh., 63 S. mit 5 Abb. 1 Sch. — Gehört zu Murray's Reading for the rail.

798. The Turf. By Nimrod. With numerous illustrations. New edition. London: John Murray. 1849.

8⁰. 8½ Bog. 2 Sch.

Inh.: Geschichte der Rennen in England.

799. * Dass. New edition. London: John Murray 1852. — 8⁰. VIII S.: T., Inh., 144 S. mit 5 Abb. 1 Sch. 6 P.

800. Nimrod on the Turf: An Essay reprinted from the „Quarterly Review", and illustrated with woodcuts by Alken. London: John Murray. 1851. 8⁰. 1 Sch. 6 P. — Gehört zu Murray's Reading for the rail.

801. Remarks on the Condition of Hunters; the choice of horses, and their Management, by Nimrod. Fourth edition by Cornelius Tongue. London: Pitman 1855. — 8⁰. 7 Sch. 6 P.

Rec.: Sp. Mag. 1855 II 381.

802. Nimrod's Hunting Tour in Scotland and the North of England; with the Table-Talk of Distinguished Sporting Characters, and Anecdotes of Master of Hounds, Crack Riders and Celebrated Amateur Dragsmen. Second edition. London: Templeman. 1856.

8°. 428 S. 3 Sch. 6 P.

803. The Life of a Sportsman. By Nimrod. Illustrated by Henry Alken. London: Rudolph Ackermann. MDCCCLVII.

Imper. 8°. VI S.: T., Vorw., 402 S. 1 L.

Rec.: Sp. Mag. 1857 II 297.

Noel, Casimir, geboren zu Meaux in Frankreich am 31. März 1803, wo er noch lebt. Er ist Mitglied des dortigen Thierschutz-Vereins und Erfinder der Pendelkandare, für welche er 1855 die Medaille der Gesellschaft für Ackerbau etc. des Arrondissements Meaux und die Medaille der Pariser-Industrie-Ausstellung erhielt.

804. *Le cheval dompté et dressé par lui-même, ou théorie de la bride à mors régulateur combinée d'après une découverte physiologique; dédié aux éleveurs, aux cultivateurs, à tous les cavaliers, et à l'usage de tous conducteurs de chevaux d'attelage et de trait. Par Casimir Noel, inventeur, Membre de la Société protectrice des animaux. Meaux, imprimerie de Carro 1852.

8°. T., 1 Bl.: Inh., 5—60 S. 75 C. — Enthält auch den Bericht des Vicomte Montigny über die Pendelkandare; eine Deutsche Uebersetzung s. *Graefe* Nr. 429, vgl. auch *Opinion* Nr. 1362.

805. *Dass. Deuxième édition. Meaux, imprimerie de Carro 1852. — 8°. T., 1 Bl.: Inh., 5—95 S. 2 Fr. — Enthält ausserdem des Oberst Voisin Aufsatz über die falsche Wirkung der Kandarenzügel.

Rec.: Tennecker 1854. 339; Wehr Ztg.

806. *Pour bien poser la bride à mors régulateur, Combinée par M. Casimir Noel. Avec la bride à mors régulateur, le cheval est dompté et dressé par lui-même. Meaux, imprimerie de Carro. 1852.

16°. T., 3—21 S. 50 C.

807. *Notice sur la bride à mors régulateur combinée d'après une découverte physiologique. Casimir Noel, inventeur, Membre de la Société protectrice des animaux. A Paris. 1853.

4°. T., 2—4 S., 1 KT.

808. *Petite théorie de la bride à mors régulateur sans gourmette et à rênes croisées, Extrait de l'équitation naturelle enseignée en vingt-cinq minutes. Par Casimir Noel, inventeur. A Paris: Chez tous les libraires. 1853.

12°. T., 108 S. 1 Fr. — Enthält ebenfalls die oben erwähnten Aufsätze von Montigny und Voisin.

809. *Dressage naturel et immédiat, du cheval, enseignement basé sur un effet physiologique, Remarqué sur la Bouche du Cheval. Dédié aux éleveurs, par Casimir Noel. A Paris, 1854.

8°. T., 1 Bl.: Vorw., Inh., 5—144 S., 3 KT. 1 Fr. 50 C.

Inh.: Zäumung und Reitkunst.

810. *Dass. 2me édition. Paris: A la librairie de Leneveu, A la Sellerie Française. 1855. — 8°. T., 1 Bl.: Inh., 5—162 S., 3 KT. 2 Fr.

Rec.: Journ. d. H. vol. 61. 304.

811. *L'équitation naturelle Enseignée en vingt-cinq minutes avec la bride à mors régulateur sans gourmette et à rênes croisées dédié aux amazones et aux jeunes cavaliers, Par Casimir Noel, inventeur. Paris: chez Leneveu.

gr. 8°. T., 3—64 S. 2 Fr. — Erschien 1854 und handelt vorzugsweise von der Pendelkandare.

812. Ausserdem veröffentlichte er noch mehrere auf seine Erfindung Bezug habende Brochüren, s. *Erreurs* Nr 1271, *Extrait* Nr. 1275, *Mémoire* Nr. 1340, *Mot* Nr. 1348, *Science* Nr. 1418 und *Eleveurs* Nr. 1270a.

Nolan, L. E., Kapitain im Englischen 15. Husaren-Regiment und Adjutant der leichten Kavallerie-Brigade, blieb in der Schlacht bei Balaklava am 25. Oktober 1854.

813. System of Training Cavalry Remount Horses. By Captain L. E. Nolan. London: F. Parker and Co. 1853.

8°. 10 Sch.

814. History and Tactics of cavalry. By Captain L. E. Nolan. London: F. Parker and Co. 1853.

8°. 24½ Bog. 10 Sch. — Eine Französische Uebersetzung s. unten.

Darin: Zäumung, Militär-Reiterei, Reitschulen, Dressur.

815. *Histoire et tactique de la Cavalerie Par L. E. Nolan, Capitaine au 15e hussards de l'armée royale anglaise, Traduit de l'Anglais, avec notes, par Bonneau du Martray Chef d'escadron au corps impérial d'état-major, Aide de camp du général Korte, Chevalier de la Légion-d'Honneur, décoré du Nichan de Tunis, Chevalier des ordres de la Couronne-de-Chêne, de Saint-Maurice et Saint-Lazare, de Saint George de la Réunion. Paris à la librairie militaire de A. Leneveu. 1854.

gr. 8°. T., 3—335 S. mit 12 Abb., 3 color. K. und 4 Bl. mit Abb. 8 Fr. 50 C.

Numan, Alexander, der Sohn eines Predigers, wurde am 8. Dezember 1780 zu Baflo in Holland geboren, bezog 1801 die Hochschule zu Gröningen, verliess sie 1804 als Doktor der Medizin und liess sich als praktischer Arzt zu Hoogezard nieder. Er widmete sich dann dem Studium der Thierheilkunde, wurde 1820 Lehrer, 1821 Professor und 1826 Direktor der Thierarzneischule zu Utrecht, nahm 1851 seine Entlassung und starb am 1. September 1852.

816. Handboek der genees- en verloskunde van het vee, ingerigt naar de behoeften van het koningrijk der Nederlanden, onder opzigt van de maatschappij tot Nut van't Algemeen vervaardigd. 5e druk vermeerderd met alle bijvoegselen van vorige drukken. Leeuwarden en Groningen, L. en R. J. Schierbeck 1856. — gr 8°. XXXII und 676 S., 2 KT. 2,90 Fl.

817. Vee-artsenijkundig Magazin, door Dr. A. Numan, Ridder der Orde van den Nederlandschen Leeuw, Directeur van's Rijks Vee-Artsenijschool, Hoogleeraar etc. VI Deel. Utrecht, N. van der Monde. 1848.

gr. 8°. — Der 1. Theil erschien 1827; die Fortsetzung erschien als:

818. *Magazin voor vee-artsenijkunde, vorgelijkende geneeskunde, en verteelt; door Dr. A. Numan, Ridder der orde van den Nederlandschen Leeuw, Directeur etc., en Dr. P. H. J. Wellenbergh, Buitgengewoon Hoogleeraar aan voornoemde School. Eerste Deel. Utrecht, Kemink en Zoon. 1849.

gr. 8°. XII S.: T., Vorw., Inh., 246 S., 4 KT. — Mit dem Magazin wird zugleich Wellenbergh's Bericht über die Fortschritte der Thierarzneikunde ausgegeben, s. *Wellenbergh.* Das Magazin erschien auch 1850.

819. Er übersetzte Dieterichs Thierheilkunde in das Holländische, s. *Dieterichs* Nr. 292.

Nysten, P. H., Doktor der Medizin.

820. Dictionnaire de médecine, de chirurgie, de pharmacie, des sciences accessoires et de l'art vétérinaire, de P. H. Nysten. 10e édition, entièrement refondue par E. Littré, de l'Institut de France, et Ch. Robin, docteur en médecine et des sciences naturelles, professeur agrégé à la Faculté de médecine de Paris. Ouvrage augmentée de la synonymie grecque, latine, anglaise, allemande, espagnole et italienne, et suivi d'un vocabulaire de ces diverses langues. Illustré de 400 figures intercalées dans le texte. Paris chez J. B. Baillière 1854.

gr. 8⁰. 3 Bände zu je 14 Fr. — Das Wörterbuch war ursprünglich von Capuron bearbeitet und erschien 1806, die 2. Auflage von Capuron und Nysten 1810, die 3. von Nysten allein 1814, dann von Bricheteau, O. Henry, J. Briand und A. J. Jourdan 1824, 1833, 1835, 1839, 1841 und 1845. — Eine Spanische Uebersetzung s. *Diccionario* Nr. 1264.

von Oeynhausen, Börries Christian, Freiherr, der Sohn eines Gutsbesitzers zu Hesserode bei Kassel, wurde ebenda am 8. Mai 1812 geboren, widmete sich seit 1830 in Kassel unter Credé und in Göttingen unter Ayrer der Reitkunst, besuchte in letzterem Orte die Thierarzneischule, ging 1832 mit Ayrer nach Berlin, wo er abermals die Thierarzneischule besuchte und sich auf der Lehreskadron und Seeger'schen Bahn weiter bildete. Er trat 1835 als Kadet in das Oesterreichische 6. Dragoner-Regiment ein, wurde in demselben Jahre Unterlieutenant und Lehrer der Regiments-Equitation, 1842 Oberlieutenant, 1843 zum Equitations-Institut nach Salzburg kommandirt und 1844 zum Vicekommandant desselben und zum Rittmeister ernannt. 1846 in das 3. Kürassier-Regiment versetzt, wurde er 1850 Mitglied der Kommission zur Abfassung des neuen Exercier-Reglements und zum Major im 5. Kürassier-Regiment und Kommandant der Equitations-Schule ernannt. Er leitete 1852—54 die Pferdeankäufe für die Armee, erhielt die Leitung des Hengst- und Remontirungs-Depots für Mähren und Schlesien, nahm 1856 Krankheits halber den Abschied, zog sich auf sein väterliches Gut zurück, siedelte aber 1861 nach Brünn über.

821. Leitfaden zur Abrichtung von Reiter und Pferd, nebst der Zäumungslehre und einem Anhange über Schulreiterei. Zum Behufe seiner theoretischen Vorträge am k. k. Militär-Central-Equitations-Institute von B. von Oeynhausen, k. k. Major und Commandant des obigen Institutes. Wien, 1851. In Commission bei J. G. Heubner.

8⁰. 8¾ Bog., 5 KT. 1 Thlr. 8 Gr. — Eine Dänische Uebersetzung, s. *Bruhn.*

822. *Dass. Zweite vermehrte und verbesserte Auflage. Ebda 1851. — 8⁰. XI S.: T., Vorw., Inh., 143 S., 1 Bl.: Erkl. der Abb., 5 KT. 1 Thlr. 8 Gr.

823. *Dass. Dritte, unveränderte Auflage. Ebda 1853. — 8⁰. XI S.: T., Vorw., Inh., 143 S., 5 KT. 1 Thlr. 8 Gr.

824. *Einiges aus dem Gebiete der Reitkunst und Pferdekenntniss. Besonders berechnet für die Bedürfnisse und Vorkenntnisse der berittenen Infanterie-Offiziere. Von B. v. Oeynhausen, k. k. Premier-Rittmeister und Vice-Commandant des M. C. Equitations-Instituts zu Salzburg. Salzburg 1849. Gedruckt bei Oberer.

gr. 8⁰. T., 3—56 S., 1 Bl.: Err. 16 Gr.

Inh.: Behandlung, Sattel und Zaum, Reitkunst, Untugenden, Ankauf, Alterserkenntniss.

Oliphant, G. H.

825. Law of Horses, Racing, Wagers and Gaming; by G. H. Oliphant. London: Sweet 1854.

12⁰. 12 Sch.

Olivier, Jean, der Sohn eines Apothekers, wurde am 15. Januar 1821 zu Chalons sur Marne in Frankreich geboren, studirte Chemie und Pharmazie, unterstützte seit 1846 seinen Vater und übernahm nach dessen Tode die Apotheke selbst.

826. *A M. M. les vétérinaires. Notice sur le feu français ou baume résolutif Remplaçant le Feu sur les animaux domestiques sans laisser aucune trace, inventé et préparé par J. Olivier, pharmacien-chimiste à Chalons-sur-Marne. Chalons, imprimerie de Laurent 1854.

18⁰. T. mit V., 12 S. 25 C.

827. Dass. Chalons, T. Martin, imprimeur-libraire 1856. — 16°. T., mit V., 15 S. 25 C.

Omnium, Jacob. — Pseudonym des Mr. Higgins.

828. Light Horse. By Jacob Omnium. London: Ridgway. 1855. 8°. 47 S. 1 Sch.

Osborne, Joseph.

829. The Steeple Chase Calendar and Hurdle Race Epitome for the Season 1848—49. By Joseph Osborne, Esq. London: Jordan 1849. 12°. 10 Sch. — Bildet die Fortsetzung des bis dahin von Corbet herausgegebenen Kalenders, s. *Corbet* und erschien auch ferner bis 1857 zu gleichem Preise bei Ackermann in London.

Ostrowski, E.

830. Chirurgia weterinary jna praktyczna czyli wy kład sposobow wykonywania pospolitszych operacyi na zwierzctacs domowych do uzytku lekarzy weterynaryi i gospodarzy. Warszawa, Friedlein 1850. 8°. 8 Gld.

Oudet, J. E.

831. De l'accroissement continu des incisives chez les rongeurs et de leur reproduction, considérés sous le rapport de leur application à l'étude de l'anatomie comparative des dents; précédés de recherches nouvelles sur l'origine et le développement des follicules dentaires. Paris: J. B. Baillière. 1850. 8°. 5¾ Bog. 2 Fr. 50 C.

Owen, Richard, Professor. zu London.

832. Principes d'ostéologie comparée. Avec 15 planches et 3 tableaux. Paris, J. B. Baillière 1855. 8°. 27½ Bog., 15 KT., 3 Tab. 7 Fr. 50 C.

Paniagua, Florencio, Professor an der Veterinärschule zn Madrid.

833. Er übersetzte Bernard's Typhus der Thiere, s. *Bernard* und gab eine thierärztliche Zeitschrift heraus, s. *Regenerador* Nr. 1402.

Papin, Mathurin, geboren in Frankreich 1808, trat 1825 bei den Grenadieren zu Pferde der Garde ein, wurde als Beschlagschmied ausgebildet, besuchte 1827—31 als Militäreleve die Veterinärschule zu Alfort, wurde Rossarzt 2. Klasse bei dem 4. Artillerie-Regiment, später als Thierarzt 1. Klasse der Kommission zur Untersuchung des Rotzes im Kriegsministerium zugetheilt, nach deren Auflösung zum 2. Train-Bataillon versetzt, nahm 1851 seine Entlassung und lebt seitdem als Thierarzt zu Piré im Departement Ille und Vilaine.

834. Conseils aux cultivateurs bretons sur l'hygiène des animaux domestiques, ou Connaissance des moyens de les entretenir et conserver en santé, par Mathurin Papin, médecin vétérinaire à Piré (Ille-et-Vilaine). Imprimerie de Marteville, à Rennes 1854. 12°. 8½ Bog.

Parkher, George, Rittmeister der Englischen Kavallerie, lebte zu Anfang dieses Jahrhunderts.

835. Der sicher und geschwind heilende Pferdearzt zu Hause, auf Reisen und im Felde. Ein praktisches Handbüchlein für Offiziere, Oekonomen, Thierärzte, etc. Nach der 17. Londoner Ausgabe ins Deutsche übersetzt von einem deutschen Pferdearzte. Dritte von einem Professor der Thierarzneikunde verbesserte Auflage. Wien, Sallmayer und Cp. 1852. 12°. VIII und 87 S. 12 Ngr. — Die erste Auflage der Uebersetzung erschien 1820.

Paschkewitsch, O. S., Oberthierarzt am kais. Marstall zu Petersburg.

836. Бесѣды съ земледѣльцемъ о лошадяхъ и рогатомъ скотѣ или о томъ что хошадеи и рогатаго скота, долженъ дѣлать при воспитаніи, покупкахъ и уходѣ за ними, какъ въ здоровомъ, такъ и въ больномъ состояніи. Сочиненіе О. С. Пашкевича. Бесѣда первая о натуръ. Животныи. (Съ политипажемъ). С. Петербургъ. Въ типографіи ш отдѣленія собственной его императорскаго величества канцеляріи. 1854.

(Unterhaltung mit einem Landwirth über Pferde und Hornvieh, oder von dem, was ein Besitzer von Pferden und Hornvieh bei deren Erziehung, Kauf und Wartung, sowohl im gesunden als kranken Zustand zu beobachten hat. Verfasst von O. S. Paschkewitsch. Erste Unterhaltung von der Natur der Thiere. Mit Abbildungen. St. Petersburg in der Druckerei der 3. Abtheilung der kais. Privatkanzlei).

8⁰. VI S.: T., Vorw., 39 S., 1 KT.

Patellani, Luigi, Doktor der Medizin, Professor der Zootomie und Zoophysiologie am Thierarznei-Institut zu Mailand und vieler gelehrten Gesellschaften Mitglied.

837. Cenni di storia naturale e igiena veterinaria. Milano 1851.

838. Abbozzo per un trattato di anatomia e fisiologia veterinaria, del dottore in medicina e zooiatria L. Patellani, professore di zootomia e zoofisiologia alla scuola veterinaria di Milano. Milano 1854. — 8⁰.

839. Compendio di lezioni anatomico-fisiologiche concenni di zoologia e d'igiene, del dottore L. Patellani. Milano 1855. — 8⁰.

840. Compendio di fisiologia veterinaria, del dottore L. Patellani. Milano 1856. — 8⁰.

Pauli, Otto Albrecht, der Sohn eines Predigers, wurde zu Berlin 1808 geboren, erlernte 1825—28 die Landwirthschaft, besuchte dann die Thierarzneischule zu Berlin, wurde 1831 als Rossarzt am Remonte-Depot Ragnit angestellt, 1834 zum Kreisthierarzt in Tilsit ernannt, 1836 als Rossarzt zum Hauptgestüt Trakehnen und 1842 zum Landgestüt Marienwerder versetzt. Er starb daselbst 1853.

841. *Die rationelle Pferdezucht. Practischer Leitfaden für die Zucht des Pferdes, insbesondere des grossen, starken, sogenannten englischen Halbblutpferdes. Von O. A. Pauli, Königl. Preuss. Gestütsbeamten, approbirtem Thierarzt erster Klasse. Marienwerder 1848. Eduard Levysohn.

8⁰. VIII S.: T., Vorw., Inh., 104 S. mit 3 Abb. 16 Ngr.

Inh.: Kreuzung, Rein- und Inzucht, Racen; Stallung, Fütterung und Haltung der Zuchtpferde, Beschäler, Rosse, Gäst-Bleiben, Tragezeit, Geburt, Säugezeit, Absetzen, Aufzucht, Kastration, Aufstallung, Putzen, Zäumung, Einfahren, Füllenkrankheiten, Bockhuf.

Pegasus. — Pseudonym des Hauptmann Graefe.

842. *Deutschlands Sieger auf Englands Rennbahnen. Für alle guten Patrioten von Pegasus. Berlin 1855. Allg. deutsche Verlags-Anstalt.

8⁰. T., 41 S. 8 Gr.

Rec.: Vogler 1855 II 32; Königsberger Zeitung 1855 Nr. 203.

Pellerini, Giuseppe, Thierarzt zu Turin.

843. Er war Mitherausgeber des 4ten Jahrganges der Turiner thierärztlichen Zeitung, s. *Lessona* Nr. 666.

Percivall, William, der Sohn eines Thierarztes, wurde 1793 in London geboren, trat 1809 in das Veterinär-Kollegium daselbst ein, erhielt 1811 das thierärztliche Diplom, wurde 1812 als Rossarzt bei der Artillerie angestellt, wohnte den Feldzügen in Spanien bei und wurde nach seiner Heimkehr 1815 zur Dispo-

9 *

sition gestellt. Er studirte nun im St. Thomas-Hospital Medizin, besuchte 1819 das College of surgeons und wurde 1827 wieder als Rossarzt bei den Life-Guards angestellt, welche Stellung er bis zu seinem am 11. Dezember 1854 erfolgten Tode inne hatte.

844. *The Veterinarian; or, monthly journal of veterinary science, for 1848. Vol. XXI. — Vol. I. Third series. Edited by Mr. Percivall, in communication with M. Leblanc, editor of the „Clinique veterinaire“, at Paris. London: printed by Compton and Ritchie. Published by Longman, Brown, Green, and Longmans.

gr. 8°. Sch. T., T., 716 S. mit 9 Abb.

For 1849. Vol. XXII. — Vol. II. Third series. — Sch. T., T., 716 S. mit 6 Abb.

For 1850. Vol. XXIII. — Vol. III. Third series. Edited by Mr. Percivall. — Sch. T., T., 716 S. mit 22 Abb.

For 1851. Vol. XXIV. Vol. IV. Third series. — Sch. T., T., 720 S. mit 2 Abb., 1 KT.

For 1852. Vol. XXV. Vol. V. Third series. — Sch. T., T., 716 S.

For 1853. Vol. XXVI. Vol. VI. Third series. — Sch. T., T., 715 S.

For 1854. Vol. XXVII. Vol. VII. Third series. — Sch. T., T., 712 S.

Erscheint seit 1828, kostet jährlich 18 Sch. und wurde seit 1855 von Morton und Simonds herausgegeben, s. *Morton.*

845. Lameness in the Horse; with coloured Lithographic Plates, illustrative of the different Species of Lameness. Being Part I of Vol. IV of the Author's „Hippopathology“. By William Percivall, M. R. C. L., V. S., etc., etc. London: Longman and Co. 1849.

8°. 12 Sch.

Dass. Part II of Vol. IV. Ebda 1852. — 18 Sch.

Rec.: Veterin. 1849. 295.

846. Hippopathology: a systematic treatise of the disorders and lamenesses of the horse. Second edition. Vol. I. London: Longman, Brown, Green, and Longmans. 1855.

8°. 348 S. 10 Sch. 6 P.

847. The diseases of the chest and air-passages of the horse. By William Percivall, M. R. C. S. A new edition, thoroughly revised, with extensive additions. London: Longman and Co. 1853.

8°. 224 S. 10 Sch.

Rec.: Veterin. 1853. 673.

848. The diseases of the digestive organs of the horse, including those of the urinary and generative systems. By William Percivall. With illustrations. New edition. London: Longman and Co. 1855.

8°. 395 S. 12 Sch.

Perosino, Felice, Professor an der Thierarzneischule zu Turin.

849. Manuale di Anatomia e Fisiologia degli animali domestici di Felice Perosino professor alla Reale Scuola di Veterinaria del Piemonte, ec. Parte prima. Anatomia generale. Torino 1856. Franco Sebastiano e figli e Co.

8°. 240 S. mit Abb. 5 Lir.

Rec.: Corvini II 541.

850. Er war Mitherausgeber des 3. Jahrgangs der Turiner thierärztlichen Zeitschrift, s. *Lessona* Nr. 663.

Perrault, Eugène, Pferdehändler in Frankreich.

851. De la race chevaline, par Eugène Perrault, marchaud de chevaux. Rochefort, imprim. de Loustau. 1849.

8°. 9½ Bog.

852. Rapport à M. le général Fleury, premier écuyer de S. M. l'empereur; par M. Eugène Perrault, marchand de chevaux. Paris, impr. Maulde 1857.

4°. 17 S.

Perron, geboren in Frankreich, studirte Medizin, praktizirte zunächst in Paris, ging dann nach Aegypten, wurde Direktor der medizinischen Schule zu Kairo, später Arzt in Alexandria, kehrte nach Frankreich zurück nnd ist jetzt Direktor des kaiserlichen Arabisch-Französischen Collegs zu Algier. Er ist Mitglied der Asiatischen Gesellschaften zu Paris und Leipzig, der historischen Gesellschaft zu Algier und des ägyptischen Instituts, so wie Ritter der Ehrenlegion.

853. *Le Nacéri. La perfection des deux arts ou traité complet d'hippologie et d'hippiatrique arabes, ouvrage publié par ordre et sous les auspices du Ministère de l'intérieur, de l'agriculture et du commerce. Traduit de l'arabe d'Abou Bekr ibn Bedr, par M. Perron, chevalier de la légion d'honneur, membre de la société asiatique de Paris, de la société asiatique de Leipsick, etc. Première partie. I. Paris, imprimerie et librairie de Mme Ve Bouchard-Huzard. 1852.

gr. 8°. Sch. T., T., 511 S., 2 KT. 7 Fr. 50 C. — Der 2. und 3. Band erschienen 1859 und 1860. Auszüge in Vogler 1853 und 1854. Dieser erste von Perron bearbeitete Theil bildet eigentlich nur die Einleitung zu dem Werke des Abou-Bekr, und enthält: S. 1—45 Rechtschreibung arabischer Wörter, Geschichte der Mameluken-Sultane in Egypten, 46—74 hippische Einrichtungen, Ställe, Gestüte, Rennbahnen und Rennen zur Zeit El Nacer's, 75—109 Traditionen über das Pferd, Pferde Mahomets, 110—121 Gesetze über Reiterspiele und Rennen, 122—150 Wanderungen des arabischen Pferdes, das altegyptische Pferd (von *Prisse d'Avennes*), das Pferd in Kleinasien, Dongola, der Berberei, Spanien, die syrischen Pferde (von *Mohammed El-Safadi*), 152—206 Pferde im Sudan, egyptische Gestüte, Farben und Abzeichen, Liebe des Arabers zum Pferde, 207—254 Wartung und Erziehung, Pferde von Kaptschak, arabische Erzählungen, 255—313 Talisman, das böse Auge, Gestüt Haswah, Hufbeschlag, arabische Läufer, Ritterwesen der Araber, 314—379 Rennen vor dem Islam, Pferde-Familien, über *Youatt's the horse*, 380—426 die arabischen Pferde-Racen vom *Cheikh Mohammed Aiiad*, 427—493 Anmerkungen.

Rec.: Journ. d. H. 1853 I 22.

Person, F.

854. Er schrieb eine Brochüre über Pferdezucht, s. *Poulinières* Nr. 1384.

Pessina, Ignatz Josef, geboren am 1. April 1766 zu Adler-Kosteletz in Böhmen, studirte Medizin, wurde Doktor an der Wiener Universität, versah mehrere Jahre Assistenten-Dienste bei der Lehrkanzel der Anatomie an derselben, wurde 1798 Professor, 1806 provisorischer, 1808 wirklicher Direktor des Wiener Thierarznei-Institutes, versah seit 1806 zugleich die Stelle eines kais. ersten Hufthierarztes und starb am 24. Februar 1808.

855. Seine 1824 erschienene : Erkenntniss des Pferdealters : wurde von Nadosy zur Bearbeitung des Kapitels über Zahnalter für die Equitations-Studien benutzt, s. *Nadosy.*

Pétéaux, A.

856. Nouveau système d'amélioration des animaux domestiques, par A. Pétéaux. Imprimerie d'Appert à Paris. 1848.

8°. 2¾ Bog., 1 Tab.

Peters, Anton Heinrich Fritz, geboren zu Schwerin in Mecklenburg am 23. August 1834, besuchte bis 1849 das dortige Gymnasium, war dann bis 1851 Seekadet der Schleswig-Holsteinschen Marine zu Kiel, unternahm in letzterem Jahre auf einem Handelsschiff eine Reise nach Amerika, besuchte nach seiner Rückkehr die Thierarzneischule zu Hannover und seit 1853 die zu Berlin, legte 1854 in Rostock das Examen ab und liess sich als praktischer Thierarzt in seinem Geburtsort nieder.

857. *Katechismus der Hufbeschlagskunst. Anleitung zum Selbstunterricht im Hufbeschlag, verfasst von Fr. Peters jun., Thierarzt. Gekrönte Preisschrift des Mecklenburgischen patriotischen Vereins. Schwerin, Stillersche Hofbuchhandlung. (Didier Otto). 1856.

8°. VIII S.: T., Widm. (an Oberstallmeister v. Boddien), Inh., 50 S. mit 18 Abb. 8 Gr. — Enthält auf S. 48—50 eine Beurtheilung der Miles'schen Beschlag-Methode.

Pétry, A., belgischer Departements-Thierarzt zu Brüssel.

858. Conseils du vétérinaire, ou moyens de conserver en santé les animaux de la ferme, de les secourir dans les maladies subites et dangereuses, de les guérir dans la plupart des cas de plaies, blessures, etc., avec des observations sur la morve dans les armées, des instructions sur les vices rédhibitoires, des considérations sur l'amélioration de la race chevaline en Belgique, par A. Pétry, médecin-vétérinaire du Gouvernement, membre de la commission provinciale d'agriculture de Liège, de l'Académie royale de médecine de Belgique, etc. Bruxelles, chez J. B. Tircher. 1855.

8°. 6 Fr.

Inh.: Fütterung. Wartung, Missbrauch des Aderlasses, Indigestionen, ansteckende Krankheiten, Apoplexie, Hämorrhagie, Brüche, Verletzungen, Geburt, Gewährsfehler, Pferdeverbesserung in Belgien.

Rec.: Annales 1855. 271.

Petterson, B. H.

859. Den lille praktiske Stallmästareen, en oumbarlig handbok för Hästvänner och älskare af den moderna Ridkonsten; af B. H. Petterson. Stockholm 1855. — 8°.

Peyrou, B., der Sohn eines Thierarztes, in Frankreich geboren, besuchte die Veterinär-Schule zu Alfort und liess sich als praktischer Thierarzt zu Nerac nieder. Er beschäftigt sich ausserdem vielfach mit dem landwirthschaftlichen Maschinenwesen, erhielt für seine Leistungen in dieser Richtung 3 Medaillen und ist seit 1853 Sekretär des Comice Agricole des Bezirks Nerac.

860. *Guide dans le commerce des animaux domestiques. Par M. B. Peyrou, Vétérinaire à Nérac, Membre du Comice Agricole de la même ville et de la Société vétérinaire d'Agen. Nérac. Imp. J. Bouchet. 1854.

8°. Sch. T., T., 64 S. 1 Fr.

Inh.: Gesetze über Pferdekauf, Gewährsfehler, vom Alter, der Schönheit, Güte und den Fehlern der Thiere.

Pfeiffer, Herrmann, der Sohn eines Hofkellermeisters, wurde am 26. August 1830 zu Darmstadt geboren, wohnte schon während des Gymnasialbesuchs den Vorträgen über Botanik an der Gewerbeschule seiner Vaterstadt bei, studirte seit 1848 in Giessen Medizin und Naturwissenschaften, legte 1853 die letzten Prüfungen ab, besuchte 1855 die Universitäten Prag, Wien und bereiste Ungarn, Italien, die Schweiz und Süddeutschland. Nach seiner Rückkehr wurde er als Militärarzt bei dem Garnison-Lazareth zu Darmstadt angestellt und befindet sich seit 1860 in gleicher Stellung bei dem 1. Reiter-Regiment.

861. Zur vergleichenden Anatomie des Schultergerüstes und der Schultermuskeln bei Säugethieren, Vögeln und Amphibien. Inaugural-Abhandlung. Mit einer Tafel. Giessen (Ricker) 1854.

gr. 4°. 52 S. 16 Gr.

Pflueger, Eduard Friedrich Wilhelm, geboren zu Hanau in Kurhessen 1829, besuchte seit 1847 die Universität Berlin, zuerst Staatswissenschaften, dann Medizin studirend, legte nach der Promotion das Staatsexamen ab, habilitirte sich als Privatdozent der thierischen Physiologie in Berlin und wurde 1859 als ordentlicher Professor der Physiologie und Direktor des physiologischen Instituts an die Universität Bonn berufen.

862. Die sensorischen Functionen des Rückenmarks der Wirbelthiere nebst einer neuen Lehre über die Leitungsgesetze der Reflexionen. Berlin, 1853. A. Hirschwald.

gr. 8°. XIV und 145 S. 1 Thlr.

Piccioli, G. B., Doktor der Medizin und Chirurgie zu Turin.

863. Er übersetzte die vergleichende Anatomie von Siebold und Stannius in das Italienische, s. *Siebold* Nr. 1062.

Pieschel, Carl August, der Sohn eines königl. Kochs, wurde am 4. März 1813 in Dresden geboren, bildete sich auf der medizinisch-chirurgischen Akademie daselbst zum Militärarzt aus, stand als solcher in Freiberg und Marienberg, kam 1839 als Prosektor und Repetitor zur Dresdner Thierarzneischule, wurde 1849 zum Professor ernannt, leitete den gesammten theoretischen und praktischen Unterricht und behielt seit 1853 die Professur der theoretischen Thierheilkunde. 1856 geisteskrank geworden, wurde er 1857 in die Irrenanstalt auf den Sonnenstein gebracht, wo er am 15. November 1858 starb.

864. Er schrieb Belehrungen über verschiedene Thierkrankheiten, s. *Belehrungen* Nr. 1231.

Pillwax, Johann, 1814 zu Schwechat bei Wien geboren, studirte an der dortigen Universität, promovirte 1839 zum Doktor der Medizin, 1840 zum Doktor der Medizin, 1840 zum Doktor der Chirurgie und leistete hierauf Dienste im Krankenhause. Seit 1842 studirte er Thierheilkunde und wurde 1844 Magister derselben und zugleich Korrepetitor, dann Prosektor und Assistent der chirurgischen Klinik an dem Thierarznei-Institut. 1847 zum Landthierarzt in Böhmen ernannt wurde er in demselben Jahre als Professor der Chirurgie, chirurgischen Klinik und des Hufbeschlags an jenes Institut zurückberufen und vertauschte diese Lehrkanzel 1855 mit der über Naturgeschichte, Diätetik, Züchtungskunde, Geburtshülfe und gerichtliche Veterinär-Medizin. Er ist zugleich Ausschussmitglied der niederösterreichischen Landwirthschaftsgesellschaft.

865. *Lehrbuch der Hufbeschlagslehre mit Inbegriff der Lehre vom Klauenbeschlage. Von Johann Pillwax, Doctor der Medizin und Chirurgie, Magister der Thierheilkunde, k. k. Professor der Veterinär-Chirurgie, Operationslehre, chirurgischen Klinik und der Theorie des Huf- und Klauenbeschlages am k. k. Thierarznei-Institute zu Wien, etc. Wien 1855. W. Braumüller.

gr. 8°. T., 3—233 S. 1 Thlr. 6 Ngr.

Pinto.

866. *De l'équitation qui convient aux Français et des races qui y sont propres. Par le cavalier Pinto. Paris, chez Camille. 1853.

8°. T., 3—24 S. 30 C.—Eine Deutsche Uebersetzung in Tennecker 1855. 163.

Plasse, L. E., Thierarzt zu Nivet (Departement Deux-Sevres) in Frankreich.

867. *Extrait d'un ouvrage qui traite de la déeouverte des causes des épizooties et des épidémies. Exposé succinct de l'ouvrage, Lu par l'auteur à l'Institut de France, dans la séance du 9 octobre 1848.

8⁰. 11 S. — Erschien 1848 zu Poitiers in der Druckerei von A. Dupré. Vgl. Nr. 869.

868. *Lettre adressée au directeur de l'école vétérinaire de Toulouse par M. Plasse, Médecin-Vétérinaire à Niort, Pour entrer en rapport avec la commission instituée par M. le Ministre de l'agriculture et du commerce, touchant des expériences sur les causes des maladies charbonneuses.

gr. 8⁰. 11 S. — Erschien 1849 zu Poitiers in der Druckerei von A. Dupré.

869. Découverte des causes des épizooties et des épidémies. Causes et distinction de deux genres de charbon, l'un gangréneux et l'autre virulent. Modus faciendi de la contagion de ces différentes maladies. Carte géographique retraçant le théâtre des principales observations de l'auteur, par L. E. Plasse, médecin vétérinaire à Niort (Deux-Sèvres). A Poitiers, chez Létang. 1849.

8⁰. 29 Bog., 5 Tab., 1 KT., 1 Karte. 6 Fr.

870. *Réponse adressée à M. le ministre de la guerre au sujet de la découverte de la cause de la morve et du farcin, par M. Plasse, Médecin-Vétérinaire à Niort.

8⁰. 12 S. — Erschien 1850 zu Poitiers in der Buchdruckerei von A. Dupré.

871. Les maladies infectueuses ou cryptogames de 1853 et 1854, attribuées aux mauvaises récoltes de 1852 et 1853; moyens de prévenir le retour de semblables maux, suivis de quelques considérations sur quelques affections géologiques. Appendice au traité sur les découvertes des causes et des moyens préservatifs des épidémies et des épizooties dites typhoïdes. Par L. E. Plasse, médecin vétérinaire à Niort (Deux-Sèvres). A Paris, chez Mᵐᵉ Bouchard-Huzard. 1855.

8⁰. 7½ Bog., 1 Tab. 2 Fr.

872. *Découverte des causes de la Morve et du Farcin. Par M. Plasse, Médecin-Vétérinaire.

8⁰. 4 S. — Erschien 1850 zu Niort in der Druckerei von L. Favre.

873. *Maladies cryptogamiques. Système étiologique concernant les épizooties et les épidémies typhoïdes et infectieuses suivi de quelques applications par M. L. E. Plasse Membre correspondant de la Société impériale de Médecine vétérinaire et de plusieurs Sociétés savantes. Paris librairie de Mᵐᵉ Ve Bouchard-Huzard. 1856.

gr. 8⁰. T., 3—16 S.

874. *Réponse A un Rapport de M. Reynal, chef de service à l'Ecole impériale vétérinaire d'Alfort, discuté à la Société Impériale et Centrale de médecine vétérinaire, dans la séance extraordinaire du 22 janvier 1857; par M. L. E. Plasse Membre correspondant de cette Société et de plusieurs Corps savants.

8⁰. T., 26 S. — Erschien 1857 zu Poitiers in der Druckerei von A. Dupré und handelt über die kryptogamischen Krankheiten.

von Platen, G. A., Lieutenant im Schwedischen Regiment König-Husaren.

875. Förelässningar för Ryttare och Hästvänner. Götheborg 1857. — 8⁰.

von Poellnitz, Gottlob Ludwig, der Sohn eines Sächsischem Kammerherrn und Gutsbesitzers, wurde 1774 zu Benndorf bei Altenburg geboren, besuchte das Pädagogium zu Halle und die Universität Leipzig, widmete sich dann der Reitkunst und Thierheilkunde und liess sich als Stallmeister in Erfurt nieder. Durch die Franzosen 1806 vertrieben privatisirte er bis 1812, wo er als Lieutenant im kgl. Sächsischen Train-Bataillon angestellt wurde. Er machte die Feldzüge 1812, 13 und 14 mit, trat im September 1815 in das Preussische 12. Husaren-

Regiment über, wurde 1817 zum Premier-Lieutenant befördert, 1818 als Rittmeister verabschiedet und starb 1820.

876. *Reitschule für Militär- und Civil-Personen. Enthält das Wissenswürdigste für Cavallerie-Unterofficiere zum Reitunterricht für junge Soldaten und zum Selbsterlernen der Reitkunst von Gottlob Ludwig von Poellnitz, Premier-Lieutenant etc. Dritte Auflage. Bautzen, F. A. Reichel.

8°. VIII S.: Sch. T., T., Vorw., 111 S. 12 Gr. — Erschien 1849, die 1. Auflage 1819.

Inh.: Ausbildung des Mannes, Remonte-Dressur, Beschlag, Wartung, Stallung, Fütterung.

877. *G. L. v. Pollnitz's das fehlerhafte Pferd oder Darstellung aller äusserlichen Mängel und Gebrechen eines Pferdes nebst Anleitung zur Heilung derselben. Als Anhang die Kunst, das Alter des Pferdes genau zu bestimmen, nebst vier erprobten Recepten. Ein nützliches Handbüchlein für alle Oekonomen und Landwirthe, sowie für jeden Pferdebesitzer. Mit einer Zeichnung. Zweite, von einem praktischen Thierarzte gänzlich umgearbeitete und vermehrte Auflage. Ober-Glogau, Heinrich Handel. 1856.

8°. T., 3—20 S., 1 K. 6 Ngr. — Der Verfasser ist hier und in Folge dessen auch in der nachfolgend angeführten Schwedischen Uebersetzung fälschlich : Pollnitz : genannt. Die 1. Auflage des Buches erschien 1820.

878. Hästens yttre fel. Anwisning till deras botande. Med ett Bihang innehållende konsten att kunna noga bestämma hästens ålder, jemte fyra proberade recepter. En nyttig Handbok för alla Landtbrukare, äfvensom för Hästegare i allmänhet. Af G. L. v. Pollnitz. Från andra, af en praktisk Djurläkare omarbetade och tillökta upplagan. Med en Plansch. Stockholm, Beckmann. 1857.

16°. 31 S., 1 KT. 16 Sch.

Pontet.

879. Répertoire historique des chevaux de race pure en France. Publié avec l'autorisation de S. Exc. le ministre de l'agriculture, du commerce et des travaux publics, sur les documents réunis par M. Pontet, rédacteur du Stud-Book français. Première partie. Réproduction. (1801 à 1853). Paris 1856. Imprimerie de Paul Dupont

8°. XXIV und 288 S.

879a. Er bearbeitete das Französische Gestütbuch, s. *Stud* Nr. 1438.

Posgay, Janos Nyole.

880. Er übersetzte Veith's gerichtliche Thierarzneikunde in das Ungarische, s. *Veith* Nr. 1131.

Prangé, L., Thierarzt in Paris.

881. De la castration des femelles mammifères en général et de la stérilisation de la vache en particulier. Paris 1851.

8°. 1 Bog. 50 C.

882. Er übersetzte Lessona's Abhandlung über die Bremsenlarven der Pferde, s. *Lessona* Nr. 665.

Pressat, Gutsbesitzer zu Saint Barban (Departement Haute Vienne) in Frankreich.

883. Er bearbeitete mehrere hippologische Artikel für das Werk: La Maison rustique, s. *Maison* Nr. 1329.

Priam. — Pseudonym des Mr. Collins.

884. Dick Diminy, or, The Life and adventures of a jockey. By Priam. London : Ward and Lock. 1854.

12°. 10½ Bog. mit Abb. 1 Sch. 6 P.

885. *Dass. New and revised edition. London: Ward and Lock. — 12°.
T. mit V., Titel-K., 2 Bl.: Widm. (to the gentleman of England), Vorw., 9—256
S. mit 14 Abb. 1 Sch. 6 P. — Erschien 1855.

Prince, Pierre Joseph Alphonse, geboren zu Montreuil-sur-Mer
(Departement Pas de Calais) in Frankreich am 19. März 1807, trat 1824 in die
Veterinärschule zu Alfort ein, erhielt 1828 das thierärztliche Diplom, wurde 1829
Hülfslehrer der Chirurgie, Chemie und Physik an der Veterinärschule zu Toulouse,
nahm aber 1833 den Abschied und trat in Egyptische Dienste. Er begründete
die Veterinärschule zu Abou-Zabel bei Kairo, wurde Professor, dann Direktor
derselben, 1836 Mitdirektor des in Choubrah vereinten Gestütes und Thierarznei-
Institutes. Er kehrte 1842 nach Frankreich zurück, wurde als Professor der
Chemie und Physik an der Thierarzneischule zu Lyon angestellt, 1846 zum Chef
des Bureaus des Gestütewesens in Paris und 1847 zum Direktor der Thierarzneischule zu Toulouse ernannt.

886. Er redigirt die thierärztliche Zeitschrift der Toulouser Schule, s.
Journal Nr. 1311.

Prinz, Carl Gottlob, geboren zu Dresden am 19. Dezember 1796, studirte Medizin, wurde 1812 als Hospitalchirurg angestellt, wandte sich dann dem
Studium der Thierarzneikunde zu, wurde 1824 Kreisthierarzt im Meissener Kreise,
dann als Professor an die Dresdner Thierarzneischule berufen, zum Direktor des
Thierspitals derselben und zum Mitglied der Prüfungsbehörde bei der chirurgisch-
medizinischen Akademie ernannt und starb am 18. November 1848.

887. Er bearbeitete die 2. Abtheilung des 2. Bandes von Funke's spe-
zieller Pathologie und Therapie (Krankheiten des uropoëtischen und Genital-
systems, so wie der Haut), s. *Funke.*

Prosch, Ferdinand Victor Alphons, geboren zu Kopenhagen 1820,
studirte an der dortigen Universität Medizin seit 1837, promovirte 1843, unternahm 1847—49 eine Reise nach Westindien und Guiana, wurde 1853 Lehrer der
Hygiene an der Veterinärschule zu Kopenhagen, 1854 Mitglied einer zu deren
Reorganisation berufenen Kommission, war 1856 Mitglied der internationalen Jury
bei der Pariser Ausstellung und wurde 1858 zum Professor am Collegium für
Ackerbau und Thierarzneikunde ernannt.

888. Hvilke Love gjælde for Nedarvningen af Huuspattedyrenes Egenska-
ber paa deres Afkom, og hvorledes anvendes disse Love til Forædling af Hesten?
Concurrenceafhandling. Kjöbenhavn 1853. Thieles Bogtrykkeri.

8°. 24 Sch.

889. *Hestens Ydrelære og Pleie, et Udkast udarbeidet efter Opfordring
fra Krigsministeriet af V. Prosch, const. Lektor ved de kongelige Veterinærskole,
Lærer ved den kongelige militære Manege. Med 57 oplysende Træsnit. Kjöbenhavn. Thieles Bogtrykkeri. 1855.

gr. 8°. T., 1 Bl.: Vorw., 223 S. mit 74 Abb. 2 Rd. 40 Sch.

Inh.: Naturgeschichte, Racen, Osteologie, Exterieur, Temperament, Alter,
Farbe, Bewegungen, Fütterung, Stallung, Beschlag, Abrichtung.

890. *Uddrag af de Frederiksborgske Stutteriers Aarböger. Ved V. Prosch,
Lærer ved den kgl. Veterinairskole og den kgl. militaire Manege. Udgivet af
Indenrigsministeriet. Kjöbenhavn. Thieles Bogtrykkeri. 1856.

gr. 8°. T., 100 S., 4 Bl.: Tab. — Nicht im Buchhandel.

891. Grundtræk af Huusdyrens almindelige Sunhedspleie, udarbeidet
naermest til Brug for Veterinairer og Landmænd af V. Prosch, Lærer etc.
Kjöbenhavn, Reitzel 1856.

8°. 162 S. 1 Rd. 24 Sch.

892. Udstillingen i Wien 1857. Stutterierne Babolna, Kisber, Mezöhegyes og Trakelnen. Separat-Aftryck. Kjöbenhavn 1857. — 8⁰.

Protz, Wilhelm.

893. Er übersetzte de Saive's animaux domestiques in das Deutsche, s. *Pferd* Nr. 1378.

Prussakow.

894. Er übersetzte Baucher's Methode der Reitkunst in das Russische, s. *Baucher* Nr. 63.

Przylecki.

895. Er gab Dzieduzycki's Nachrichten von den Pferden in Polen heraus, s. *Driedusycki*.

Puxedda, in Turin.

896. Er gab eine Italienische hippologische Zeitschrift heraus, s. *Amazone* Nr. 1204.

de Quillinan, L., Offizier in der Portugiesischen Kavallerie, war 1852—53 zur Kavallerieschule in Saumur kommandirt und wurde nach seiner Rückkehr Ordonnanz-Offizier des Marschalls Herzog von Saldanha.

897. *Recueil d'éléments d'hippologie, d'après M. M. Girard, le Baron Richerand, Milne Edwards, Lecoq, Gronier, Hurtrel d'Arboval et Beucher de Saint-Ange, destiné aux officiers et sous-officiers de cavalerie, dédie à Son Excellence M. le Maréchal Duc de Saldanha, président du conseil des ministres et commandant en chef de l'armée de Sa Majesté très-fidèle le Roi de Portugal; par le Chevalier L. de Quillinan, officier de cavalerie, officier d'ordonnance de M. le Maréchal Duc de Saldanha, élève de l'école impériale de cavalerie de Saumur etc. Paris, librairie de Firmin Didot frères. 1854.

gr. 8⁰. Sch. T., T., 2 Bl.: Widm., 5—578 S. mit 28 Abb., 7 KT. 10 Fr.

Ist vom Lieutenant Quillinan im Verein mit dem Lieutenant Daudel zusammengestellt. Nach Lecoq's traité d'extérieur sind wiedergegeben die Kapitel: Exterieur, Bewegungen, Grösse, Lahmheiten; nach St. Ange's hippologie: Aehnlichkeit der Winkel, bewegende Kräfte, Ruhe und Arbeit, Krankheiten, Racen, Zucht, Rennen, Remonte; nach Grognier's Hygiene: Hygiene, gute und schlechte Behandlung; nach dem Cours d'équitation: Farben und Abzeichen, Beschlag; nach Hurtrel d'Arboval's Wörterbuch der Veterinär-Medizin: Kastration, Aderlass; nach Girard's Anatomie: feste Körpertheile, Zeugung; nach Milne Edwards Anatomie: flüssige Körpertheile, Assimilation; nach Richerand's Physiologie: Reproduction, Alter, Tod.

Raabe, Charles Neuber, der Sohn eines aus Preussen nach Frankreich übergesiedelten Lohgerbers, wurde am 3. Mai 1811 in Bayonne geboren, erhielt die Schulbildung bei Verwandten zu Hanau in Hessen, widmete sich seit 1824 in Frankreich dem Kaufmannsstande und trat 1830 in das 3. Lanciers-Regiment ein. Er wurde 1836 zum Lieutenant befördert, als Instruktions-Offizier zur Kavallerie-Schule kommandirt, 1848 Rittmeister in seinem Regiment, aber in Folge der Revolution verabschiedet. 1850 als Eskadrons-Chef im 3. Dragoner-Regiment wieder angestellt erhielt er für den Krimfeldzug die Ehrenlegion und den Sardinischen Militär-Verdienst-Orden.

898. Résumé de la nouvelle école d'équitation; par C. Raabe, Lieutenant au 6me Lanciers. Paris 1848.

fol. 3 Fr.

899. Dass. Deuxième édition. Paris 1848. — fol. 3 Fr.

900. Dass. Troisième édition, par C. Raabe, Capitaine au 6me Lanciers. 1848. — fol. 3 Fr.

901. Dass. Quatrième édition. Paris 1848. — fol. 3 Fr.

Rec.: Moniteur de l'armée 1857, 1 septb.

902. *Examen du cours d'équitation de M. d'Aure, écuyer en chef de l'école de cavalerie, (Saumur 1852) par C. Raabe, Capitaine au 6me de Dragons. Marseille, Ve Marius Olive. 1854.

4°. Sch. T., T., 4 Bl.: Vorw., Einl., Inh., 7—208 S., 3 KT. 10 Fr.

Inh.: Erziehung und Abrichtung des Pferdes, die Schulen von Baucher und Aure, Militär-Reiterei.

Rec.: Moniteur de l'armée 1857, 1 septb.; Gazette du midi 1854, 16 mars.

903. *Examen du traité de locomotion du cheval relatif à l'équitation de M. J. Daudel, Lieutenant au 4me de Chasseurs d'Afrique. Saumur 1854. Par C. Raabe, Capitaine au 6me de Dragons. Marseille, Typogr. et lithogr. Arnaud et Cp. 1856.

4°. VIII S.: Sch. T., T., Vorw., 2 Bl.: Inh., 13—74 S., 1 Bl.: Err., 2 KT. 5 Fr.

Inh.: Das Daudel'sche Werk; der Fuss des Menschen und des Pferdes, die Bachi-Bozouk.

Rec.: Moniteur de l'armée 1857, 1 septb.

904. *Examen du Bauchérisme réduit à sa plus simple expression, ou l'art de dresser les chevaux d'attelage, de dame, de promenade, de chasse, de course, d'escadron, de cirque, de tournoi, de carrousel. Programme des cours d'équitation civile et militaire professés à Bruxelles, Malines, Coblentz, Prague, Vienne, Breslau, Naples, etc.; suivi de notes militaires, etc., etc., etc., de M. Rul; Par C. Raabe, chevalier de la légion d'honneur, Capitaine commandant au 6me régiment de dragons. Paris, J. Dumaine. 1857.

4°. Sch. T., T., 1 Bl.: Vorw., 7—50 S., 3 Bl.: Schlussbemerkungen. 5 Fr.

Inh.: über das Rul'sche Buch, die Dressur des Pferdes.

Rec.: Moniteur de l'armée 1857, 1 septb.

905. *Locomotion du cheval. Examen des traités de l'extérieur du cheval et des principaux animaux domestiques, de M. F. Lecoq, directeur de l'école vétérinaire de Lyon (1856), et de physiologie comparée des animaux domestiques de M. G. Colin, chef du service anatomique et de physiologie à l'école impériale vétérinaire d'Alfort, membre de la société centrale de médecine vétérinaire et de la société anatomique (1854); Par C. Raabe, chevalier de la légion d'honneur, Capitaine commandant au 6me régiment de dragons. Paris, librairie militaire, J. Dumaine. 1857.

4°. Sch. T., T., 2 Bl.: Vorw., Einl., 9—34 S. 3 Fr.

Rec.: Moniteur de l'armée 1857, 1 septb.

906. *Locomotion du cheval. Examen des allures selon M. H. Bouley, professeur de clinique à l'école impériale vétérinaire d'Alfort, sécrétaire de la société impériale et centrale de médecine vétérinaire, membre de l'académie impériale de médecine, etc., etc. Extrait du nouveau dictionnaire pratique de médecine, de chirurgie et d'hygiène vétérinaires, publié par M. M. H. Bouley et Reynal, par C. Raabe, chevalier de la légion d'honneur, Capitaine commandant au 6me régiment de dragons. Paris, librairie militaire, J. Dumaine. 1857.

4°. Sch. T., T., 5—62 S. 4 Fr.

Rec.: Moniteur de l'armée 1857, 1 sept.

Raimund, Carl, Doktor.

907. *Der wohlunterrichtete Pferdearzt oder leichtfassliche Anweisung für jeden Pferdebesitzer alle Krankheiten und Gebrechen seiner Pferde selbst und sicher zu heilen, theils durch natürliche Mittel, theils durch sympathetische Kuren. Nebst einem Anhange, welcher interessante Belehrungen über das Alter,

die Zähne, die Zucht, die Nahrung und die verschiedenen Rassen der Pferde enthält. Von Dr. Carl Raimund. Zweite Auflage. Leipzig, 1849. J. Klinkhardt. 8°. VIII S.: T., Vorw., Inh., 80 S. 8 Gr. — Die erste Auflage erschien 1845. Der Anhang ist der Pierer'schen Realencyklopädie entnommen.

Inh.: Pferdekrankheiten, Mittel dagegen und Arkana, Zähne, Wartung, Nahrung, Zucht, Merkmale eines schönen Pferdes, Racen, Stallung, Beschlag, Rindviehkrankheiten.

Rainard, geboren zu Arles in Frankreich 1778, erlernte die Hufbeschlags·kunst, kam 1807 zur Thierarzneischule nach Lyon, verliess dieselbe 1810, erhielt in demselben Jahre ebenda die Professur der gerichtlichen Thierheilkunde und des Beschlags, übernahm 1819 die Klinik und den Vortrag über Pathologie, wurde 1840 Direktor der Schule und erhielt den Orden der Ehrenlegion, nahm im August 1848 seinen Abschied und starb zu Lyon am 17. Oktober 1854.

908. Er war Mitherausgeber einer thierärztlichen Zeitschrift, s. *Journal* Nr. 1310.

Rarey, John S., der Sohn eines Farmers im Staate Ohio in Nordamerika, wurde daselbst 1824 geboren, beschäftigte sich in seiner Jugend mit Bändigung und Abrichtung von Thieren, ertheilte darin in den Staaten Ohio und Texas Unterricht, bereiste zu gleichem Zwecke 1858—1859 Frankreich, England, Deutschland und kehrte dann in seine Heimath zurück.

909. The modern art of taming wild horses. By J. S. Rarey. 1855. 8°. 32 S. 6 P. — In Nordamerika gedruckt, nicht im Buchhandel und vom Verfasser nur für seine Schüler bestimmt.

Rasche, F.

910. *Längendurchschnitt des Pferdes (Mutterstute) mit den inneren Organen und Theilen. Gez. (n. Bracy Clark) u. lith. v. F. Rasche. Verlag und Druck von L. Sachse u. Co. Berlin.

Ein Blatt gr. fol. mit 1 Abb. und Erklärung. — Schwarz 12 Gr., color. 16 Gr. Erschien 1853.

Rec.: Vogler 1853 I 191.

Raspail, François Vincent, geboren zu Carpentras in Frankreich am 29. Januar 1794, kam 1815 nach Paris, wo er Naturwissenschaften studirte und sich bei den Bewegungen der Restaurationsperiode lebhaft betheiligte. In der Julirevolution war er eben so thätig, gründete die Gesellschaft der Volksfreunde, nach deren Auflösung 1832 die der Menschenrechte. Nach kurzer Verhaftung 1834 gründete er ein demokratisches Tagesblatt, widmete sich aber daneben mit grossem Eifer wissenschaftlichen Forschungen. An der Februar-Revolution 1848 nahm er wiederum thätigen Antheil, gründete ein revolutionäres Blatt, wurde Präsident des Clubs der Volksfreunde, dann verhaftet und zu fünfjähriger Gefängnissstrafe verurtheilt. Im Sommer 1853 wurde ihm erlaubt seine Haft mit dem Exil zu vertauschen, und seitdem lebt er in Belgien.

911. Le fermier vétérinaire, ou Méthode aussi économique que facile de préserver et de guérir les animaux domestiques, et même les végétaux cultivés du plus grand nombre de leurs maladies, par F. V. Raspail. Paris, rue Monsieur le Prince, 63. 1854. 18°. 8⅓ Bog. 1 Fr. 25 C.

Inh.: Heilmittel, Hygiene, Fütterung und Krankheiten in alphabetischer Reihenfolge.

912. Dass. Ebda 1855. — 18°. 8 Bog. — 1 Fr. 25 C.

913. Dass. Ebda 1856. — 18°. 8 Bog. — 1 Fr. 25 C.

914. Dass. Bruxelles, chez Tircher 1854. — 18°. 288 S. 12 Gr.

915. La veterinaria domestica o metodo tan economico como facil de proservar y curar a los animales domesticos y a los vegetales cultivados de la mayor parte de sus enfermedades. Por F. V. Raspail. Traducido al Castellano de la ultima edicion. Madrid 1855, imp. y libr. de Bailly-Baillière.

16⁰. 12½ Bog. 8 Rea.

916. Il compagnuolo veterinario, ossia metodo economico e facile per preservar y guarire gli animali domestici ed anche i vegetali coltivati dal maggior numero delle loro malattie die V. Raspail. Versione italiana di C. D. Torino, Giuseppe Pomba. 1856.

16⁰. 316 S. 3 Fr. 50 C.

917. Dr. F. V. Raspail's Djur-och Wext-Läkebok. Praktiska anwisningar för landthushållare och djuregare att på egan hand, efter författerens nya läkemethod, förebygga och behandla husdjurens och de odlade wexternas sjukdomar; samt att sjelf bereda dertill erforderliga, enkla och billiga läkemedel. Öfwersättning. Stockholm, J. och A. Riis 1857.

12⁰. 2 und 180 S. 1 Rd.

Rathgeber, Ph. A., Doktor der Philosophie und Pfarrer zu Illeben bei Gotha.

918. Er schrieb unter den Namen: Griem und Harke über homöopathische Thierheilkunde, s. *Griem* und *Harke*.

van Reeken, Christian Gerhard, geboren zu Amsterdam am 8. September 1824, studirte seit 1843 zu Utrecht Thierarzneikunde, wurde 1847 Thierarzt 1. Klasse und als solcher zu Monnikendam in Nordholland angestellt. Er studirte seit 1851 in Utrecht noch Medizin, promovirte 1855 und ging nach Monnikendam zurück, wurde 1856 Doktor der Geburtshülfe, Präsident der Central-Veterinär-Gesellschaft und 1860 Mitglied der medizinischen Gesellschaft zu Amsterdam.

919. Volksvoeding veeartsenijkunde, door C. G. van Reeken. Utrecht, W. F. Dannenfelser 1856.

gr. 8⁰. 28 S. 0,40 Fl.

Reissner, Ernst, Doktor der Medizin.

920. Nonnulla de hominis mammaliumque pilis. Commentatio. Accedunt tabulae II. Dorpati (Glaeser) 1853.

gr. 8⁰. 75 S., 2 KT. 24 Ngr.

921. Beitraege zur Kenntniss der Haare des Menschen und der Saeugethiere. Mit 2 lithographirten Tafeln. Breslau, 1854. Trewendt und Granier.

gr. 8⁰. 128 S., 2 KT. 1 Thlr. 4 Gr.

Remak, Robert, Professor der Medizin in Berlin.

922. Untersuchungen über die Entwickelung der Wirbelthiere. Erster Theil. Berlin, G. Reimer. 1850.

gr. 8⁰. XXVI und 80 S. nebst 7 KT. in einer Mappe. 9 Thlr. 8 Gr.

Renault, Eugène, widmete sich dem Studium der Thierheilkunde, wurde Direktor der Veterinärschule zu Alfort und im Mai 1860 zum General-Inspekteur der Veterinärschulen und Staatsschäfereien ernannt.

923. Vices rédhibitoires. Délai de la garantie. Par E. Renault, professeur etc. Paris chez Penaud 1854. — 8⁰.

924. Er ist Mitherausgeber einer thierärztlichen Zeitschrift, s. *Recueil* Nr. 1400, bearbeitete mehrere hippologische Artikel für das Werk La Maison rustique, s. *Maison* Nr. 1329 und ist Mitarbeiter an Bouley und Reynal's Wörterbuch der Veterinärwissenschaften, s. *Bouley* Nr. 127.

Renggli, Professor der Thierarzneikunde zu Zürich.

925. Anleitung zur Alterserkenntniss und Altersschatzung der landwirthschaftlichen Haussäugethiere, bearbeitet für Thierärzte, Landwirthe und Thierbesitzer. Mit Holzschnitten von H. Bachmann und 8 lithographirten Tafeln. Zürich, Orell, Füssli und Cp. 1856.
gr. 8°. VII und 110 S. mit Abb., 8 KT. 1 Thlr.
Rec.: Hering 1856. 83; Magazin 1856. 125.

Retzius, Anders Adolph, der Sohn eines Professors, wurde zu Lund in Schweden am 3. Oktober 1796 geboren, studirte seit 1811 ebenda Medizin und Thierheilkunde, wurde 1818 als Bataillonsarzt angestellt, promovirte 1819 als Doktor der Medizin, wurde 1820 Lehrer am Veterinär-Institut zu Stockholm, erhielt 1823 den Titel Professor, wurde 1824 zugleich Anatom an dem Karolinischen Institut und 1839 Professor der Anatomie an der Akademie der freien Künste. Er starb zu Stockholm am 13. April 1860.

926. Om rätta tydningen af Side-utskotten pa rygg- och ländt kotorna hos Menniskan och Däggdjuren. Af A. Retzius. Stockholm 1850. — 8°.

927. Anmärkningar om Antrum pylori hos Menniskan och några Djur, af A. Retzius. Stockholm 1855. — 8°.

928. Er bearbeitete die Kapitel: Knochenlehre, Muskellehre, Exterieur für Billing's Hippologie, s. *Billing* Nr. 104.

Rey, Alfred, geboren zu Grenoble (Departement Isere) in Frankreich am 20 November 1813, besuchte seit 1830 die Veterinärschule zu Lyon, erhielt 1834 das thierärztliche Diplom, wurde 1835 Chef de Service an derselben Schule, 1838 Lehrer und 1841 Professor an derselben. Er erhielt 1861 den Orden der Ehrenlegion.

929. Traité de maréchalerie vétérinaire; comprenant l'étude de la ferrure du cheval et des autres animaux domestiques, sous le rapport des défauts d'aplomb, des défectuosités et des maladies du pied. Par A. Rey, professeur de clinique, pathologie chirurgicale, jurisprudence et maréchalerie à l'école vétérinaire de Lyon. Avec 134 figures intercalées dans le texte. A Lyon et Montpellier chez Savy; à Paris chez Labé. 1851.
8°. 498 S. mit 134 Abb. 8 Fr. 50 C. — Enthält auch eine ausführliche Literatur des Hufbeschlags.
Rec.: Recueil 1852. 278; Veterin. 1853. 129, 252, 325.

930. De l'épizootie charbonneuse qui a regné dans l'arrondissement d'Embrun, département des Hautes-Alpes en 1853, par A. Rey. A Lyon, chez Savy; à Paris, chez Labé. 1853.
8°. 80 S., 1 Karte.

931. Er ist Mitherausgeber eines Veterinär-Wörterbuchs, s. *Lecoq* Nr. 649 und einer thierärztlichen Zeitschrift, s. *Journal* Nr. 1310.

Reynal, war Hilfslehrer der Chirurgie und klinischer Assistent der Veterinärschule zu Alfort und wurde 1861 zum Professor der Pathologie, Arzneimittellehre etc. ernannt. Er ist Mitglied der medizinischen Akademie.

932. Er ist Mitherausgeber eines Wörterbuchs der Thierheilkunde, s. *Bouley* Nr. 127 und einer thierärztlichen Zeitschrift, s. *Recueil* Nr. 1400.

Rhodes, Jean Baptiste, geboren zu Plaisance (Departement Gers) in Frankreich am 16. Dezember 1793, trat 1810 in die Veterinärschule zu Lyon ein und liess sich 1814 als Thierarzt in seiner Geburtsstadt nieder, wo er am 26. März 1857 starb. Er erhielt für seine Forschungen im Veterinärfache die silberne und goldene Medaille und machte sich durch seine Erfindungen im Gebiete der Telegraphie einen Namen.

933. L'épigéonosie, ou la Peste universelle qui règne depuis quelques années sur le globe terrestre, spécialement dans l'air, l'eau, la terre, les minéraux, etc.; mais où sont particulièrement traitées la maladie dite vénerienne des étalons et des juments, la maladie des pommes de terre, etc., et surtout la maladie des vignes. Par Jean Baptiste Rhodes, médecin vétérinaire. Imprimerie de Foix, à Auch. 1854.

8°. 1 Bog., 1 Portr.

Richard, A., widmete sich der Thierarzneikunde zu Alfort, trat während der Restauration in ein Kavallerie-Regiment ein, wohnte in einem Spahi-Regiment den Feldzügen in Afrika bei, unterstützte nach Frankreich zurückgekehrt 1840 die Errichtung der Gestütsschule, deren Direktor er bis 1848 war, wurde in diesem Jahre vom Departement Cantal in die Nationalversammlung gewählt und später zum Mitglied der Kommission für hippische Hygiene im Kriegsministerium ernannt. Er ist auch Präsident der Akklimatisations-Gesellschaft.

934. Rapport présenté à l'assemblée nationale au nom d'une commission spéciale nommée par cette assemblée pour étudier le haras de Saint Cloud fondé par le Roi Louis Philippe.

8°. — Nicht im Buchhandel. Erschien zu Paris 1850.

935. Sur les moyens de perfectionner le cheval de guerre. Mémoire lu à l'académie des Sciences de Paris en 1848.

8°. — Nicht im Buchhandel. Erschien zu Paris 1848.

936. Proposition faite en 1849 à l'assemblée nationale sur les moyens de perfectionner le cheval de guerre.

8°. — Nicht im Buchhandel. Erschien zu Paris 1849.

937. Rapport détaillé, sur les moyens de régénérer les chevaux de guerre en France. Rapport adressé à l'Assemblée nationale en 1849, au nom des comités de l'agriculture et de la guerre réunis.

8°. — Nicht im Buchhandel. Erschien zu Paris 1849.

938. Simple rectification d'une méprise de M. de Dampierre, représentant des Landes, au sujet du rapport présenté au nom des comités de l'agriculture et de la guerre, à l'assemblée nationale, le 23 mars 1849, sur les haras et les remontes, par A. Richard (du Cantal), représentant du peuple. Paris, imprim. de Proux. 1849.

8°. 16 S.

939. Principes généraux sur l'amélioration des races de chevaux et autres animaux domestiques, à l'usage des écoles d'agriculture et de l'armée, par A. Richard, représentant du peuple, docteur en médecine, etc. Paris, au Comptoir des imprimeurs unis, chez Comon 1850.

8°. T., 1 Bl.: Vorw., S. 401—534. 1 Fr. 50 C. — Bildet auch Theil 4 von: De la Conformation du cheval suivant les lois de la physiologie et de la mécanique.

940. Proposition relative aux moyens de préserver l'agriculture des ravages faits par les maladies contagieuses des animaux domestiques et les épizooties; par M. Richard (du Cantal) représentant du peuple. Imprimerie Malteste à Paris.

8°. ½ Bog.

941. Note sur les moyens d'augmenter la production animale de la France, par M. Richard. Imprimerie de Martinet à Paris. 1856.

8°. 1 Bog. — Abdruck aus dem Bulletin de la Société impériale d'acclimatation.

942. Rapports sur les races animales domestiques de l'Algérie; par M. M. Richard (du Cantal), président de la commission permanente de l'Algérie,

et Albert Geoffroy Saint-Hilaire, secrétaire de la commission. Paris imprimerie Martinet 1857.

8°. 75 S.

943. *Etude du cheval de service et de guerre, suivant les principes élémentaires des sciences naturelles Par A. Richard (du Cantal) Agriculteur, Vice-Président de la Société d'acclimatation, Membre de la Commission d'hygiène hippique au Ministère de la guerre, ancien Directeur de l'Ecole des Haras, ancien Membre des Assemblées constituante et législative, etc. Haras, courses, types réproducteurs, amélioration des races, vices rédhibitoires, etc. Deuxième édition avec figures dans le texte. A Paris librairie de L. Hachette et Cie. 1857.

12°. T., XXIV S.: Widm. (an die Akklimatisations-Gesellschaft), Vorw., 476 S. mit 31 Abb. 4 Fr.

Inh.: Lebensapparat, Knochen, Knorpel, Bänder, Muskeln, Nerven; Exterieur, Krankheiten der einzelnen Körpertheile, Proportionen, Gleichgewicht, Gangarten, Farbe und Abzeichen, Alter, Gestüte, Kreuzung, Vollblut, Rennen, Gewährsmängel.

944. Seine Vorträge über Zucht und Verbesserung der Pferde wurden von Campens gesammelt und herausgegeben, s. Campens Nr. 172.

Richardson, Mervyn, Kapitän im Englischen 4. leichten Dragoner-Regiment.

945. *Horsemanship; or, the art of riding and managing a horse, adapted for the guidance of ladies and gentlemen, on the road and in the field: with instructions for breaking in colts and young horses. By captain Richardson, late of the fourth light dragoons. London: Longman, Brown, Green, and Longmans. 1853.

gr. 8°. XII S.: Sch. T., T., Widm. (an Graf Sefton), Vorw., Verz. d. K., Inh., 140 S. mit 10 Abb., 1 Portr., 4 K. 14 Sch.

Inh.: Führung des Pferdes mit Trense und Kandare, Springen, Jagdreiten, Behandlung des Pferdes nach Ritten, Damenreiterei, Dressur, Handel, Alterserkenntniss.

Richardson, D. H.

946. Horses; their Varieties, Breeding, and Management, in Health and Disease. By D. H. Richardson, Author of „Dogs", „Pigs", etc. with numerous Illustrations, drawn by Chas. Grey, and engraved by H. Oldham. Dublin, M'Glashan; London, Orr and Co. 1848.

12°. 97 S. 1 Sch.

Rec.: Veterin. 1848. 585.

947. Dass. New York, C. M. Saxton 1852. — 12°. 25 Cents.

948. *The Horse: its Varieties, breeding and management. By D. H. Richardson. A new edition, revised and enlarged, by M. M. Milburn. With illustrations on wood by W. Oldham and Harrison Weir. London: Wm. S. Orr and Co. Dublin: James Mc Glashan.

8°. T. mit V., 1 Bl.: Inh., IV S.: Einl., 152 S. mit 31 Abb., 2 S.: Inh. und Titelkupfer. 1 Sch. — Erschien 1852.

Inh.: Anatomie, Dressur, Fütterung, Wartung, Zucht, Zähmung, Krankheiten und deren Heilung.

Ricourt.

949. Mémoire sur les maladies épizootiques, avec l'indication des remèdes propres à les guérir, par M. Ricourt, ancien élève en chirurgie. Imprimerie de Chauvin à Toulouse 1854.

12°. 1 Bog.

Riecke, C. F., geboren zu Wasserleben in der Grafschaft Wernigerode am 22. Oktober 1802, trat 1822 in die medizinisch-chirurgische Militärakademie zu Berlin ein, wurde 1824 Hülfsarzt an der Charite, 1825 Kompagnie-Chirurg im 20. Infanterie-Regiment, promovirte 1829, legte 1830 das Staatsexamen ab, wurde 1831 Bataillonsarzt im 26. Landwehr-Regiment, 1844 Garnisonstabsarzt in Torgau, kam 1847 als Regimentsarzt zum Kadettenhaus in Potsdam, machte 1849 als Volontair den Feldzug in Baden mit, wurde 1850 als Regimentsarzt zum 14. Infanterie-Regiment versetzt, 1852 verabschiedet und lebt seitdem als praktischer Arzt in Nordhausen.

950. *Die Reform der Lehre von den Contagionen, Epidemien und Epizootien von Dr. C. F. Riecke, früher Regimentsarzt im 14. K. Preuss. Inftr.-Regt. Quedlinburg, 1854. H. C. Huch.

A. u. d. T.: Beiträge zur Staatsgesundheitspflege. Theil V.
gr. 8⁰. XX S.: T., Widm. (seinen militärärztlichen Freunden in der Oesterr. Armee), Vorw., Inh., 238 S., 1 Bl.: Err. 1 Thlr. 8 Gr.

Darin: Katarrh bei Thieren, Influenza S. 15, Rotz 17, Syphilis 35, Typhus 117, Milzbrand 121, Räude 134, Ursache der Seuchen 143, sanitätspolizeiliche Maassregeln 201.

Riege, Heinrich, geboren zu Hamburg am 13. Juni 1797, trat 1813 freiwillig in das Hannoversche 4. Husaren-Regiment ein, war als Wachtmeister mit demselben bei Waterloo, trat 1816 zur Preussischen Artillerie über, wurde 1818 Fähnrich, 1819 Sekonde-, 1832 Premier-Lieutenant und 1839 Hauptmann in der Garde-Brigade. Er erhielt 1840 den rothen Adler-Orden, wurde 1841 zur 6. Brigade versetzt und starb zu Breslau am 24. Februar 1848.

951. *Beurtheilung des Pferdes in Bezug seiner Brauchbarkeit für den Reit- oder Zug-Dienst. Von Riege, Hauptmann und Compagnie-Chef der Königl. Preuss. Artillerie. Mit XIV erläuternden Abbildungen auf einer Tafel. Dritte Auflage, neu bearbeitet, vermehrt und mit einem Vorworte versehen von C. Baer, Königl. Preuss. Major a. D. Berlin 1851. Julius Springer.

8⁰. X S.: T., Vorw., Inh., 98 S., 1 KT. 10 Gr. — Erschien zuerst 1845.

Inh.: Werth des Pferdes für den Kriegsdienst; innere Theile, welche auf die Bewegung Bezug haben; äussere Theile und ihre Fehler und Krankheiten; Alterserkenntniss, Koppen, Sehvermögen, Farben, Grösse, Untersuchung.

Rec.: Zarncke 1851. 351; Mil. L. Z. 1852. 171.

Rienecker, Gotthold, Thierarzt zu Suhl in Preussen, ist todt.

952. *Der Hufschmied, oder gründliche Anweisung, die Pferde auf die vollkommenste Art zu beschlagen. Herausgegeben von Gotthold Rienecker. Suhl, 1852. L. O. Mauritius. Erfurt, in Commission von W. Müller.

8⁰. IV S.: T., Inh., 24 S., 1 KT. 4 Gr.

Rigault de Rochefort, Aimé Theodore Marie, der Sohn des Präsidenten des Gerichtshofs zu Liege, wurde daselbst am 17. Januar 1797 geboren, trat 1815 in die Französische Armee ein, wurde Lieutenant im 2. Kürassier-Regiment, besuchte 1818—19 die Kavallerie-Schule zu Saumur, wohnte den Feldzügen in Spanien 1823 und in Belgien als Kapitän im 7. Jäger-Regiment bei, unternahm dann grössere Reisen durch die Schweiz, Italien und den Norden Europa's, wurde 1851 Oberst des 10. Kürassier-Regiments, befehligte als General seit 1857 die Subdivision in Puy de Dome, nahm 1860 den Abschied und lebt seitdem in Versailles. Er ist Kommandeur der Ehrenlegion, Offizier des Belgischen Leopolds-Ordens und Mitglied der Akademie von Clermont,

953. Méthode d'équitation sur de grandes lignes, par le colonel Rigault de Rochefort, du 10ᵉ régiment de cuirassiers. Publié avec l'autorisation de M. le Ministre de la guerre. Extrait du Spectateur militaire. (Cahier de Mars 1853).

gr. 8⁰. T., 32 S. — Erschien 1853 zu Paris in der Druckerei von Martinet.

Rigoni, S., Thierarzt im Grossherzogthum Toskana.

954. Corso completo di nosologia e terapia speciale veterinaria, di S. Rigoni. Vol. II. Sansepolero pr. Firenze 1852.

8⁰. — Der erste Band erschien 1846.

Rigot, geboren in Frankreich 1804, trat 1820 in die Veterinärschule zu Alfort ein, wurde 1824 Hülfslehrer, später Professor der Anatomie und Physiologie an derselben und starb im Januar 1847.

955. Traité complet de l'Anatomie des animaux domestiques par M. Rigot, continué par M. Lavocat. Paris chez Labé.

8⁰. — Erschien in 7 Abtheilungen, und zwar die 1 bis 4, 6, 7 von Rigot bearbeitet 1841—1847, die 5 von Lavocat (s. *Lavocat* Nr. 638) erst 1848. 24 Fr.

Rec.: Recueil 1849. 148.

Ritter von Waljemare, Franz, österreichischer Feldmarschalllieutenant, General-Gestüts-Inspektor und Inhaber des Ulanen-Regiments Nr. 2.

956. Er ist Verfasser der Skizzen über Pferdezucht, s. *Skizzen* Nr. 1423.

Robin, Edouard, praktischer Arzt zu Paris.

957. Causes générales de la vieillesse, de la mort senile et du développement de la taille dans les animaux. Expériences qu'il serait rationnel d'exécuter pour savoir jusqu'à quel point il est possible de favoriser le développement de la taille et de reculer les bornes de la vie, par M. Edouard Robin. A Paris, chez J. B. Baillière, Germer-Baillière 1854.

8⁰. 1½ Bog.

Robin, Charles.

958. Tableaux d'anatomie contenant l'exposé de toutes les parties à étudier dans l'organisme de l'homme et de celui des animaux. Paris, Baillière 1851. — 4⁰. 3 Bog., 10 Tab. 3 Fr. 50 C.

959. Er gab Beraud's Elemente der Physiologie heraus, s. *Béraud.*

de Rochefort, Jean Marie Antoine Marguérite Camille, Comte, geboren zu Arthun (Departement Loire) in Frankreich am 25. April 1800. Brigade-General, Kommandant der Kavallerie-Schule zu Saumur, Kommandeur der Ehrenlegion, des Schwedischen Schwert-, des Portugiesischen Christus-, des Brasilianischen Rosen- und des Spanischen Ordens Karls III., so wie des Türkischen Nischan Iftehar.

960. *Notice sur un nouveau mode de collier, accompagnée de quelques considérations sur le trait et ses divers effets, Par M. de Rochefort, Lieutenantcolonel du 1ᵉʳ régiment de carabiniers. Extrait du Spectateur Militaire. (Cahier de Juillet 1849).

gr. 8⁰. T., 3—22 S. mit 6 Abb. 1 Fr. 50 C. — Erschien Paris, impr. de L. Martinet 1849.

Rodet, Henri Jean Antoine, geboren zu Mirmande (Departement Drome) in Frankreich am 2. Oktober 1810, besuchte seit 1828 die Veterinärschule zu Lyon, legte 1832 die Prüfungen ab und wurde als Militär-Rossarzt angestellt, nahm als solcher 1834 den Abschied, trat als Hülfslehrer bei der Lyoner Schule ein, wurde 1838 Professor an der Schule zu Toulouse, 1848 als Professor der Pathologie und Botanik nach Lyon zurückversetzt und erhielt 1857 den Orden der Ehrenlegion.

961. Er war Mitherausgeber einer thierärztlichen Zeitschrift, s. *Journal* Nr. 1310.

Rodloff, Christian, der Sohn eines Rademachers, wurde am 4. November 1792 zu Schönlinde in Ostpreussen geboren, kam 1809 zu einem Schmied nach Heiligenbeil in die Lehre, trat 1813 freiwillig in das ostpreussische National-Kavallerie-Regiment ein und wurde 1814 Krankheits halber entlassen. 1815 trat er aufs Neue bei dem 4. Ulanen-Regiment ein, blieb mit ihm bis 1818 in Frankreich, ging dann als Militär-Eleve zur Berliner Thierarzneischule, legte 1822 das Examen ab und kam als Kurschmied zu seinem Regiment zurück. 1840 wurde er als Rossarzt zum Landgestüt Zirke versetzt und erhielt 1842 den Titel Gestüts-Inspektor.

962. *Die Beschälkrankheit und die Beschälseuche der Pferde. Nach Beobachtungen pathologisch und therapeutisch bearbeitet von Ch. Rodloff, Gestüt-Inspector und Rossarzt beim Königl. Preuss. Posenschen Landgestüte — auch approbirter Thierarzt I. Klasse. Mit einem Vorworte vom Königl. Thierarzneischul-Director, Herrn Geheimen Medicinal-Rathe etc. etc., Dr. Gurlt und zwei lithographirten Tafeln. Selbstverlag des Verfassers. Birnbaum 1852. Gedruckt und zu haben bei M. Koppenheil. In Kommission in der Oehmigke'schen Buchhandlung in Berlin.

8°. XVI S.: T., Vorw., Inh., 300 S., 1 Bl.: Erkl. der Abb., 2 KT. 1 Thlr. 12 Gr. — Eine französische Uebersetzung steht im Récueil 1855. 241, 321, 416.

Rec.: Vogler 1852 I 443; Schuhmacher's Thierarzt 1862 Lit. Blatt S. 9.

962a. *Die Kolik der Pferde nebst zwei Anhängen über die Schlempmauke des Rindviehes und den Bandwurm der Lämmer von Ch. Rodloff, Gestüt-Inspektor und Thierarzt beim Königlich Preussisch Posenschen Landgestüt zu Zirke. Zirke, Selbstverlag 1586.

8°. T., 3—36 S. 8 Gr.

Rec.: Schuhmacher's Thierarzt 1862 Lit. Bl. S. 11.

Roederer, August.

963. *Immerwährender Trächtigkeitskalender der nutzbarsten Haustbiere, nämlich der Pferde, Rinder, Schafe, Ziegen und Schweine. Von August Röderer. Weimar 1856. Jansen und Comp.

16°. S., 3—52 S. 4 Gr. — Trächtigkeitskalender der Stuten S. 3—12.

Roell, Moritz Friedrich, geboren zu Wien 1818, studirte an der dortigen Universität, erlangte die Grade eines Doktors der Medizin und Chirurgie, dann eines Magisters der Geburtshülfe und Thierarzneikunde, leistete zwei Jahre Dienste im allgemeinen Krankenhause, wurde 1844 Pensionär und 1847 Repetitor an dem Thierarznei-Institut, zu Ende letzteren Jahres Landesthierarzt für Böhmen, wurde 1849 als Professor zum Thierarznei-Institut zurückversetzt und 1852 zum Studiendirektor desselben ernannt.

964. Lehrbuch der Pathologie und Therapie der nutzbaren Hausthiere. Wien 1856 Seidel.

gr. 8°. 1 Abtheilung S. 1—304. 2 Thlr. 16 Gr.

965. Er ist Mitherausgeber der Wiener thierärztlichen Zeitschrift, s. Müller Nr. 776.

von Roepstorff, Christian Carl August, der Sohn eines Dänischen Ersten Stallmeisters und Obergestütsdirektors, wurde am 9. August 1798 in Kopenhagen geboren, trat 1811 als Reitjunker bei der Kgl. Reitschule ein, legte 1819 das Examen an der Veterinärschule ab, wurde 1817 zum Kammerjunker ernannt, bereiste 1822—24 auf königl. Befehl Deutschland und Ungarn, wurde 1824 königl. Hofstallmeister, bereiste dann als Gestüts-Kommissarius Dänemark und die Herzogthümer, wurde 1829 Kammerherr, leitete seit 1836 die Dänischen Wettrennen, wurde 1840 erster Stallmeister, 1847 Chef des Stalletats, nahm im Juni 1855 den Abschied und lebt seitdem hippologisch thätig in Kopenhagen. Er ist Komman-

deur des Danebrog-, des Schwedischen Nordstern-, des Hannoverschen Guelphen-
und Ritter des Preussischen Johanniter-Ordens.

966. Er übersetzte die Skizzen über Pferdezucht und Pferderennen in
das Dänische, s. *Skizzer* Nr. 1424.

Rohlwes, Johann Nicolaus, geboren zu Hildesheim am 14. Mai 1755,
wurde zum Maler bestimmt, verliess aber seinen Lehrherrn, erlernte die Schmiedeprofession, widmete sich 2 Jahre am Braunschweigischen Marstall der Thierarzneikunde und hörte dann in Göttingen medizinische Kollegia. Er wurde als
Rossarzt bei dem ebenda stehenden Dragoner-Regiment angestellt, nahm aber
bald den Abschied und trat, nachdem er einige Zeit Privatpraxis getrieben, 1779
als Regiments-Rossarzt bei dem 1. Kavallerie-Leib-Regiment in Lüneburg ein.
1787 folgte er einem Rufe als erster Rossarzt am Friedrich-Wilhelms-Gestüt,
nahm '1802 in Folge eines Konflikts mit der Thierarzneischul-Direktion seine
Entlassung, lebte zunächst in Berlin, seit 1804 in Prenzlau, ging 1808 nach Meklenburg und liess sich endlich 1810 zu Strassburg in der Ukermark nieder, wo er
am 13. Juni 1823 starb.

967. Allgemeines Vieharzneibuch oder Unterricht wie der Landmann
Pferde, Rindvieh, Schaafe, Schweine, Ziegen und Hunde aufziehen, warten,
füttern und deren Krankheiten erkennen und heilen soll. Nebst einem Anhang.
Eine von der Königl. Märkischen ökonomischen Gesellschaft zu Potsdam gekrönte Preisschrift. Achtzehnte verbesserte Auflage. Mit einer Kupfertafel.
Berlin 1853, Rücker und Püchler.
8°. XVI und 301 S., 1 KT. 18 Gr. — Erschien zuerst 1802; Uebersetzungen s. unten.

968. Nowy lekarz, czyli sposoby leczenia koni, bydla, owiec i innych
domowych zwierzat, tudziez karmienia i rozmnazania onych. Tlumaczenie uwien-
czonejo dzieła pczez towarzystwo ekon. w Marchii, Edycya siodma, calkiem
przerobiana i pomnozona wedlug 18go wydanie orygin. Z 2 tabl. rycin. War-
czawa, Merzbach 1853.
12°. VIII, 315 und XII S. 8 Gld.

969. Domace zivinozdrastvo v bolez:nich konj, govedja, ovac, prasicev,
kozin psov, ali nauk, kako móra kmetovavec svojo zivino rediti, ji streci jo
kermiti in ozdravljati. Po nemski spisal. Poslovljena po devetnajstem natisu.
S stirimi podobami. Klagenfurt, Leon 1856.
gr. 8°. VII und 243 S. 27 Ngr.

van Rooy, J. J., war sechs Jahre lang Professor der Hippologie an der
Belgischen Militär-Reitschule und ist jetzt Veterinär-en-Chef des 1. Kürassier-
Regiments zu Brügge.
970. Précis du Cours d'Hippiatrique donné à l'école d'équitation militaire Belge. Ouvrage approuvé par M. le Ministre de la guerre, suivant disposition du 28 mai 1851, 2e division, no 7. Bruxelles 1851.
8°. 3½ Bog.
971. Dass. Seconde édition. Bruxelles 1852. — 8°. VIII und 9—88
S. 1 Fr.

Roper, William.
972. The Horse in health and disease, also the management of the Hunter; with Instructions for Stabling, Training, etc. By W. Roper, T. C. D.
Second edition. London 1850.
gr. 8°. 129 S. 3 Sch. — Die erste Ausgabe erschien 1844.

973. Behandeling van het Paard in gezonden en zieken staat, met aanwijzing voor stalling, afrigting, enz. Naar de tweede Engelsche Uitgave. Te
Utrecht, bij B. Dekema 1853.
8°. 8½ Bog.. 1,25 Fl.

Rose, Major im Englischen 55. Infanterie-Regiment.

974. Horses, Hunting, and the Turf. By the late Major Rose, 55th Regiment. Edinburgh 1855. Th. Constable and Co.; London, Hamilton, Adams and Co.

8°. 2 Sch. 6 P.

Rosenbaum, Wilhelm, geboren bei Zerbst im Anhaltischen am 10. Januar 1800, studirte 1821—1825 in Dresden und Wien Thierarzneikunde, absolvirte die Prüfungen in Dessau und liess sich in Zerbst als Thierarzt nieder. Nach einem vor dem medizinischen Senat zu Dresden abgelegten Examen, wurde er 1832 als Pensionär und Repetitor an der dortigen Thierarzneischule angestellt, gab diese Stellung aber 1833 auf, kehrte nach Zerbst zurück, wurde Mitglied der Medizinal-Deputation für die Anhaltischen Lande und 1856 zum Polizeiamts-Thierarzt ernannt.

975. *Die Wuthkrankheit bei den Haussäugethieren in ihrer pathologisch-therapeutischen und polizeilich-socialen Beziehung. Ein meistens auf eigene Erfahrungen begründeter, für Aerzte und Nichtärzte bearbeiteter Beitrag zur Monographie dieses Uebels. Vom Veterinärarzte Wilhelm Rosenbaum. Zerbst 1848. Kummersche Buchhandlung. (R. Behm).

gr. 8°. VIII S.: T., Vorw., Inh., 104 S. 10 Gr.

Rosenstein, Samuel Siegmund, geboren zu Berlin am 22. Februar 1832, studirte daselbst seit 1850 Philosophie und Medizin, promovirte 1854 und liess sich ebenda als praktischer Arzt nieder.

976. *De cyclopia inter animalia observata. Dissertatio inauguralis embryologico-pathologica quam consensu et auctoritate gratiosi medicorum ordinis in alma literarum universitate Friderica Guilelma ut summi in medicina et chirurgia honores rite sibi tribuantur die XXV. M. Augusti A. MDCCCLIV. h. l. q. s. publice defendet Siegmund Rosenstein Berolinensis. Berolini, typis G. Bernstein.

gr. 8°. T., 1 Bl.: Widm., 5—32 S. 8 Gr.

Rossi, Giuseppe Nicola, besuchte die Thierarzneischule zu Mailand, wurde Repetitor der Chemie, Pharmazie und Arzneimittellehre an derselben und ist jetzt städtischer Thierarzt zu Vicenza.

977. Della garanzia nel commercio degli animali domestici utili, secondo il vigente Codice universale austriaco, aggiuntevi formole di scritture, di contratti, di certificati peritali, ecc. Operetta coronata di premio dalla Societa d'Incorraggiamento di Padova. Vicenza 1856. — 8°.

Roth von Schreckenstein, Ludwig Johann Carl Gregor Eusebius, Reichsfreiherr, geboren zu Immendingen in Baden am 15. November 1789, trat 1809 in das Kursächsische Chevauxlegers-Regiment Prinz Clemens ein, wohnte den Schlachten bei Esslingen und Wagram bei und erhielt die Tapferkeits-Medaille. 1811 zum Premier-Lieutenant befördert ging er 1812 mit nach Russland, erhielt für Borodino die Ehrenlegion, kämpfte 1813 bei Dresden, Nollendorf, Leipzig und avancirte zum Rittmeister. 1814 trat er in Preussische Dienste, war 1815 Adjutant des Generals Thielemann, rückte 1816 zum Major im 8. Husaren-Regiment auf, wurde 1830 als Oberstlieutenant Kommandeur des 10. Husaren-Regiments, 1834 Oberst, erhielt 1838 eine Brigade, wurde 1840 Generalmajor, 1848 Kommandeur der 5. und später der 15. Division. In demselben Jahre zum Generallieutenant befördert, war er vom Juni bis September Kriegsminister, führte zunächst das Garde-Korps, dann das Preussische Armee-Korps in Baden und das Bundes-Korps in Frankfurt a. M., erhielt 1853 das 7. Armee-Korps, wurde 1854 General der Kavallerie und starb zu Münster am 30. Mai 1858.

978. *Betrachtungen über Pferdezucht im Allgemeinen und mit besonderer Rücksicht auf die Provinz Westphalen. Vom General-Lieutenant Freiherrn Roth von Schreckenstein. Karlsruhe. Buchdruckerei von Ch. Th. Groos. 1851. gr. 8⁰. T., 1 Bl.: Vorw., Inh., 131 S. 12 Gr.

Inh.: Nutzen der Pferdezucht, Verbesserung derselben zwischen Weser und Rhein; das Duisburger Gestüt; die Pferde im Emser Bruch, Meervelder Bruch und der Davert; Zucht im Münsterland und Westphalen; Ställe, Zuchtstuten, Beschäler, Geburt, Behandlung der Fohlen, Zugkraft.

Rec.: Zarncke 1851. 318; Vogler 1852 I 281.

Rous, Admiral der Englischen Flotte und seit langer Zeit Sekretär des Jockey-Klubs zu London.

979. On the laws and practice of horse racing etc., etc., by the honourable captain Rous, R. N. London: Baily Brothers. 1850. 8⁰. XIV S.: T., Vorw., Inh., 127 S. 3 Sch. 6 P.

980. *Dass. Second edition. Ebda 1852. — 8⁰. XVI und 146 S. 3 Sch. 6 P.

Inh.: Rennreiterei, Gesetze für die Rennen, Sweepstakes, Wetten, Handicappen, Gewichte.

Rec.: Veterin. 1850. 259; Holmer 1850 I 209.

de Rozières, Henri.

981. Manuel pratique d'éducation des animaux domestiques, de chirurgie et de médecine vétérinaires, formant un traité complet de toutes les connaissances qui se rattachent à l'art d'élever les bestiaux, d'en tirer le meilleur parti possible, etc. Par Henri de Rozières, ancien élève de l'Ecole impériale d'Alfort. Paris, 1857. Librairie des villes et des campagnes.

8⁰. 2 Bände von 726 S., 20 KT.

Rueckert, H., geboren zu Schwerin in Mecklenburg, studirte ebenda Thierarzneikunde, bildete sich in Berlin und Rostock weiter, war ein Jahr im grossherzoglichen Gestüt Redefin, absolvirte 1846 das Staatsexamen, promovirte 1848 als Doktor der Veterinärmedizin und lebt als solcher zu Güstrow.

982. Grundzüge zur gerichtlichen Veterinär-Medizin nach dem gegenwärtigen Standpunkte dieser Wissenschaft für Beamte, Juristen, Landwirthe und Veterinär-Aerzte. Rostock 1852 Stiller in Comm.

8⁰. 31 S. 8 Gr.

983. Lehrbuch über den Hufbeschlag. Rostock 1853. Stiller in Comm.

8⁰. — Nicht im Buchhandel.

Rueff, Adolph, geboren zu Stuttgart am 2. Juni 1820, studirte 1838—44 Medizin, Chirurgie und Thierheilkunde, wurde 1846 Lehrer an der Akademie zu Hohenheim und erhielt 1852 den Titel eines Professors. Er unternahm wiederholt hippologische Reisen durch Deutschland, Frankreich, Italien, war bei der grossen Industrie-Ausstellung in Paris thätig und erhielt den Orden der Ehrenlegion.

984. *Ueber den Bau und die Verrichtungen des Körpers unserer Hausthiere. Anatomisch-physiologische Einleitung in die Thierzüchtungskunde, bearbeitet für den Landwirth, Gestütsbeamten, Thierbesitzer etc. von Dr. A. Rueff, Lehrer der Zoologie, Thierheilkunde etc. in Hohenheim. Stuttgart. Ebner und Seubert. 1852.

8⁰. Sch. T., T., 84 S., 1 Bl.: Inh. 12 Ngr. — Bildet zugleich einen Theil der neueren Auflagen von Baumeister's Handbuch der landwirthschaftlichen Thierkunde und Thierzucht.

Rec.: Roell 1852. 142; Archiv 1852. 182.

985. *Ueber die Gewährleistung beim Handel mit Hausthieren. Eine critische Beleuchtung der Gesetze über Gewährmängel im Allgemeinen, nebst Mittheilung der betreffenden Rechtsnormen in Württemberg. Ein Programm ausgegeben bey Gelegenheit der Jahresprüfung au der Königl. württembergischen land- und forstwirthschaftlichen Akademie zu Hohenheim, am 28. August 1852, von Professor Dr. Adolph Rueff, correspondirendem Mitgliede der k. k. Landwirthschafts-Gesellschaft in Steyermark. Stuttgart, Druck von den·Gebrüdern Mäntler.

8⁰. T., IV S.: Vorw., 5—62 S.

986. *Ueber Zäumung der Pferde, nebst kritischer Beschreibung der verschiedenen Zäumungs-Instrumente. Von Professor Dr. Rueff. Mit 16 Kupfertafeln. Besonderer Abdruck aus „Tennecker's Jahrbuch für Pferdezucht, Pferdekenntniss u. s. w. auf das Jahr 1855." Weimar, B. Fr. Voigt 1855.

12⁰. T., 3—80 S., 16 KT.

987. *Ueber Bau und Einrichtungen der Pferdestallungen. Von Professor Dr. Rueff in Hohenheim. Besonderer Abdruck aus S. v. Tennecker's Jahrbuch für Pferdezucht etc. auf das Jahr 1857. XXIX. Jahrgang. Weimar, 1857. Druck von B. F. Voigt.

12⁰. T., 3—156 S. mit 25 Abb.

988. Er redigirte das Tennecker'sche Jahrbuch für Pferdezucht etc. von 1851—1857, s. *Tennecker*, und besorgte neue Ausgaben von Baumeister's Pferdezucht, Pferdekenntniss und thierärztliche Geburtshülfe, s. *Baumeister* Nr. 67, 69, 70.

Ruff, William.

989. W. Ruff's Guide to the Turf for 1849. Spring edition. London: Ackermann. 1848.

Die Jahrgänge 1850—1853 erschienen ebenda 1851—1854, die Jahrgänge 1854 und 1855 London: Piper 1855 und 1856. — 12⁰. Jeder Jahrgang 2 Sch. 6 P.

W. Ruff's Guide to the Turf for 1856. Edited by W. H. Langley. London: Piper 1857. — 12⁰. 280 S. 2 Sch. 6 P.

Zu den Jahrgängen 1853, 1854, 1856 erschienen auch Supplemente, von denen die zwei ersteren je 1 Sch., der letzte 1 Sch. 6 P. kostet und ebenfalls von Langley bearbeitet ist u. d. T.:

The July Supplement to Ruff's Guide to the Turf for 1856; containing a Calendar of the Races in 1856 to the end of June. The Horses indexed, with their Pedigrees; Performances of Two-Years-Olds in England to the same period; Nominations for July 1856; Derby Lots, 1857; etc. Edited by W. H. Langley. London: Piper 1856. — 12⁰. 146 S.

Rec.: Sp. Mag. 1854 I 295.

Rul, Louis Joseph, geboren zu Point a Pitre auf der Insel Grande Terre (Guadeloupe) am 26. September 1811, diente in der französischen Kavallerie, nahm 1848 seine Entlassung, widmete sich als Schüler Bauchers ausschliesslich der Reitkunst, unternahm zur Verbreitung der Methode seines Lehrers 1843—1856 Reisen nach Belgien, Deutschland, Italien und lebt als Reitlehrer in Paris.

990. *Le Bauchérisme réduit à sa plus simple expression ou l'art de dresser les chevaux d'attelage, de dame, de promenade, de chasse, de course, d'escadron, de cirque, de tournoi, de carrousel. Programme Des Cours d'Equitation civile et militaire professés à Bruxelles, Malines, Coblentz, Prague, Vienne, Breslau, Naples, etc. Suivi de notes militaires (organisation, instruction de l'armée, académie militaire). Avec planches représentant le travail de Buridan, Capitaine, Partisan par M. Rul. Paris, J. Dumaine 1857.

gr. 8⁰. Sch. T., T., 2 Bl.: Vorstücke, 135 S., 3 KT. 4 Fr. — Vgl *Raabe* Nr. 898.

Inh.: Reisebericht und Dokumente hierzu, Bewegungen des Pferdes, Gleichgewicht, Kinesie, Dressur, höhere Reitkunst, hippologische Autoren und
Reiterberühmtheiten, Bauchers Pferde, hydropathische Hygiene.

Ruprecht, Carl Johann Friedrich Wilhelm, Buchhändler in Göttingen.

991. *Bibliotheca medico-chirurgica pharmaceuto-chemica et veterinaria
oder geordnete Uebersicht aller in Deutschland neu erschienenen medicinisch-
chirurgisch-geburtshülflichen pharmaceutisch-chemischen und veterinär-wissen-
schaftlichen Bücher 1847. Herausgegeben und verlegt von Vandenhoeck und
Ruprecht in Göttingen.

gr. 8°. T., 1 Bl.: Vorw., Inh., 86 S. 6 Gr. — Erschien 1848.

Dass. 1848. — T., 62 S. 6 Gr.

Dass. mit dem Zusatz: in Deutschland und im Auslande neu erschienenen.... Herausgegeben von Carl Joh. Fr. W. Ruprecht. Zweiter Jahrgang
1849. Ebda. — T., 96 S., 8 Gr.

Dass. 1850. — T., 106 S. 8 Gr.
Dass. 1851. — T., 122 S. 8 Gr.
Dass. 1852. — T., 162 S. 16 Ngr.
Dass. 1853. — T., 136 S. 10½ Ngr.
Dass. 1854. — T., 123 S. 8 Gr.
Dass. 1855. — T., 131 S. 8 Gr.
Dass. 1856. — T., 115 S. 9 Ngr.

Erscheint in je 2 halbjährlichen Heften und zwar stets in dem folgenden
Jahre, also der Jahrgang 1856 im Jahre 1857.

Rush, John, Thierarzt in England.

992. The Handbook to Veterinary Homoeopathy, or, the Homoeopathic
Treatment of Horses, Cattle, Sheep, Dogs, and Swine, by John Rush, Veterinary Surgeon. From the London edition; with numerous Additions from the
7th German Edition of Dr. F. E. Guenther's Homoeopathic Veterinary; translated by Jacob F. Scheck, M. D. Philadelphia 1854.

8°. XVIII und 144 S. 2 Sch. 6 P. — Die Londoner Ausgabe dieses Buches
konnte nicht ermittelt werden.

Rutenberg, kaiserlich Russischer Oberst in der Artillerie.

993. Руководство къ познанію лошади поноружному ея осмотру, составленное
по лучшимъ источникамъ артиллеріи подполсовникомъ Рутенбергомъ. Изданіе второе
съ приложеніемъ 167 пояснительныхъ политипажныхъ рисунковъ. С. Петербургъ.
Печатано въ типографіи К. Края. 1851.

(Handbuch der Beurtheilung der Pferde nach ihrer äusseren Betrachtung,
dargestellt nach den besten Quellen vom Oberstlieutenant der Artillerie Rutenberg. Zweite Ausgabe. Mit 167 erklärenden Abbildungen. St. Petersburg, gedruckt bei K. Kray).

8°. V S.: T., Vorw., Inh., 283 S. und 6 Bl. mit Abb. — Ist eine beinahe
vollständige Uebersetzung von Baumeister's Anleitung zur Kenntniss des Aeusse-
ren des Pferdes.

Rutta, Rudolph, Mitglied des Munizipalraths und Schulinspektor in Pesth.

994. Das Pferdefleisch als Nahrungsmittel aller Stände. Eine Anleitung
wie dasselbe schmackhaft zubereitet und behandelt wird. Für Herrschafts-,
Bürger- und Soldatenküchen. Pesth, Emich 1854.

16°. T., 20 S. 4 Ngr.

Rychner, Johann Jacob, geboren zu Aarau in der Schweiz am 1. Mai
1803, besuchte die dortige Kantonschule, widmete sich dann auf mehreren Vete-

rinärschulen dem Studium der Thierheilkunde, erhielt 1824 im heimathlichen Kanton ein Patent als Thierarzt, wurde 1827 als Oberthierarzt nach Neuchatel berufen, gab diese Stellung aber 1832 wieder auf und wurde 1834 zum Dozent und Prosektor, 1839 zum Professor an der Thierarzneischule zu Bern ernannt. Er wurde später Mitglied des Sanitäts-Kollegii, avancirte 1851 im Veterinärstabe der Eidgenössischen Armee zum Hauptmann, übernahm 1857 sämmtliche Kliniken jener Schule, zu deren Direktor er erwählt wurde und an welcher er angewandte Naturgeschichte, Chirurgie, spezielle Pathologie und Therapie vorträgt.

995. Taschenbuch der Veterinair-Semiotik oder Anleitung zur Untersuchung und Bestimmung der Krankheiten der wichtigsten Hausthiere. Bern (Jent und Reinert) 1849.

16⁰. 151 S., 1 Tab. 1 Fl. 6 Kr.

Rec.: Hering 1850. 241; Fuchs 1850. 32; Dieterichs 1851. 302.

996. Erläuterungen und Anleitung zu dem Concordat über Bestimmung und Gewähr der Viehhauptmängel. Bern 1853. Jent und Reinert.

8⁰. 21 Kr.

997. *Specielle Pathologie und Therapie der nutzbarsten Hausthiere für Thierärzte und gebildete Laien. Von J. J. Rychner, Professor der Thierheilkunde in Bern. Erster oder allgemeiner Theil. Bern 1854. Jent und Reinert.

8⁰. XXXVI S.: T., Vorw., Inh., Register, Err., 108 S. — Zweiter Theil. 1854. — 2 Bl.: T., Inh., 594 S. 2 Thlr. 6 Gr.

Rec.: Hering 1855. 284; Annales 1855. 385.

Sabel, Johann Eduard, geboren zu Sobernheim in der Preussischen Rheinprovinz am 4. November 1824, trat 1843 in die 8. Artillerie-Brigade ein, in welcher er 1845 zum Sekonde-, 1857 zum Premier-Lieutenant und 1859 zum Hauptmanne befördert wurde.

998. *Leitfaden in die Pferde-Kenntniss für Unteroffiziere der Kavallerie und Artillerie. Bearbeitet von Sabel, Seconde-Lieutenant des 8. Artillerie-Regiments. Mit erläuternden Abbildungen. Berlin, 1855. Druck und Verlag von E. S. Mittler und Sohn.

· gr. 8⁰. XI S.: T., Widm. (an General v. Hahn), Inh., 79 S., 1 KT. 12 Gr.

Inh.: Exterieur, Farbe, Alterserkenntniss, Gangarten, Untugenden, Fütterung, Wartung, Krankheiten, Beschlag.

Rec.: Bl. f. Kr. 1856 Nr. 1; Mil. Lit. Z. 1856. 436.

Sage, J. F., Rossarzt am Französischen Beschälerdepot Aurillac, starb zu Tulle im Juli 1855.

999. Précis de la guérison de la morve chronique tuberculeuse du cheval, résultant de quarante années d'expériences opiniâtrément suivies, quoique coûteuses, et d'études approfondies sur cette matière, par J. F. Sage, vétérinaire des haras au dépôt impérial d'étalons d'Aurillac. Imprim. de Mᵐᵉ veuve Picut, à Aurillac. 1855.

8⁰. 48 S. 1 Fr.

de Saint-Ange, Charles Casimir Beucher, geboren zu Paris am 11. März 1790, trat 1809 bei den Velites à Cheval des Königs von Neapel ein, wurde 1810 Marechal des Logis, 1812 Adjutant-Unteroffizier, ging mit der grossen Armee nach Russland, avancirte im September zum Unterlieutenant und nahm im März 1814 den Abschied, trat aber im August wieder bei dem Französischen 7. Husaren-Regiment ein. Er wurde 1815 zur Kavallerie-Schule kommandirt, 1816 zu den Chasseurs de Vienne versetzt und schied 1818 abermals aus. 1820 als Unterstallmeister bei der Kavallerie-Schule angestellt, kam er 1822 als Reitlehrer zur Spezialschule von St. Cyr, 1824 zur Applikationsschule der Kavallerie, wurde

1825 als Stallmeister 3. Klasse zur Kavallerie-Schule zurückversetzt, an welcher er 1838 zum Stallmeister 2. und 1847 der ersten Klasse aufrückte. Er ist Ritter der Ehrenlegion.

1000. *Cours d'hippologie contenant 1° la connaissance du cheval, 2° l'hygiène, 3° l'industrie chevaline suivi d'un appendice sur la position du cavalier à cheval démontrée par l'anatomie. Adopté officiellement et enseigné à l'Ecole de Cavalerie et dans les Corps de Troupes à cheval, par Décision de M. M. le Ministre de la guerre, en date du 9 avril 1852 par M. de Saint-Ange, Ecuyer, chargé de la direction du Haras d'études de l'Ecole de cavalerie, Officier de la Légion d'Honneur. Tome premier. Saumur imprimerie de Paul Godet 1852.

gr. 8°. XXIII S.: Sch. T., T., Bericht der Kommission, Einl., 262 S. mit 46 Abb., 45 S.: Anhang, 3 Bl.: Inh., 2 KT. — Tome second. Ebda 1852. — T., 1 Bl.: die französischen Racen, IV S.: Einl., 412 S., 6 KT. 10 Fr.

Inh.: Bd. 1. Anatomie, Temperament, Alter, Geschlecht, Fuss, Proportionen, Bewegung, Gleichgewicht, Gangarten, Farbe, Exterieur, Handel, Sitz des Reiters. — Bd. 2. Luft, Nahrung, Stallung, Arbeit, Wartung, Beschlag, Krankheiten, Gewöhrsfehler, Racen, Zucht, Gestüte, Rennen, Remonten.

Ein vollständiger Abdruck steht im Argus 1852—1854; einzelne Kapitel sind zur Bearbeitung von Quillinan's Elementen der Hippologie benutzt, s. *Quillinan* und das Kapitel : Sitz des Reiters : befindet sich in Aure's Cours d'équitation, s. *Aure* Nr. 33. Vgl. auch *Flandrin* Nr. 358.

1002. Dass. Deuxième édition revue et corrigée. A Paris, chez Dumaine, Leneveu; à Saumur, chez Mlle Niverlet, Dubosse. 1854.

gr. 8°. 2 Bände von 46¾ Bog. 10 Fr.

1003. Abrégé du Cours d'Hippologie à l'usage des sous-officiers de cavalerie, contenant 1. la Connaissance du Cheval. 2. l'Hygiène. 3. L'Industrie chevaline; suivi d'un Appendice sur la position du cavalier à cheval. Par M. de Saint-Ange, Ecuyer. Saumur, impr. de Godet. 1852.

32°. 4½ Bog., 2 KT. 3 Fr.

1004. Dass. Deuxième édition, revue et corrigée. A Paris, chez Dumaine, A. Leneveu 1853. — 32°. 4½ Bog., 2 KT. 3 Fr.

1005. Dass. Troisième édition, revue et corrigée. Ebda 1854. — 32°. 4½ Bog., 2 KT. 3 Fr.

1006. Dass. Quatrième édition, revue et corrigée. Ebda 1855. — 32°. 4⅝ Bog., 2 KT. 3 Fr.

Saint-Cyr, François, geboren zu Amberieux (Departement Ain) in Frankreich am 31. Januar 1824, besuchte seit 1842 die Veterinärschule zu Lyon, erhielt 1846 das thierärztliche Diplom und wurde 1850 als Chef de Service an eben derselben Schule angestellt.

1007. Er ist seit 1851 Mitherausgeber der thierärztlichen Zeitschrift der Lyoner Schule, s. *Journal* Nr. 1310.

de Saive, Maximilien, Direktor der belgischen Veterinärschule zu Cureghem-lez-Bruxelles.

1008. Les animaux domestiques, considérés sous le rapport de leur conservation, de leur amélioration et de la guérison de leurs maladies, ou Guide théorique et pratique du propriétaire, du fermier, du cultivateur, de l'éleveur etc. Nouvelle édition. Bruxelles 1849.

8°. 782 S. — Die 1. Ausgabe erschien 1844.

Inh.: Geschichte, äusserer Bau, Gang, Alterserkenntniss, Betrügereien der Händler, Gestüte, Zucht, Rennen, Racen, Krankheiten.

1009. Eine neue Ausgabe der von Protz besorgten Uebersetzung der ersten Ausgabe des obigen Werkes, s. *Pferd* Nr. 1378.

Samuelsson, Sven, ein Bauer in der Schwedischen Provinz Upland, welcher durch einen Stallmeister einigen Unterricht in Behandlung der Pferde erhalten hatte und sich durch glückliche Kuren einen weitverbreiteten Ruf erwarb. Er starb zu Ende des vorigen Jahrhunderts.

1010. Den förträffliga och tillförlitliga Hästboken. Upplag. 9. Linköping, l'etré och Son. 1849.

8°. 28 Sch. — Erschien zuerst 1760.

Sandri, Giulio, Thierarzt und Repetitor der Anatomie und Physiologie an der Thierarzneischule zu Mailand, Mitglied der Italienischen Gesellschaft für Wissenschaften und des Institutes.

1011. Manuale di Veterinaria, coronata dall'accademia d'agricoltura, commercio ed arti di Verona. Di Giulio Sandri, sozio di essa Accademia, membro effettivo dell' J. R. Istituto Veneto di scienze, lettre ed arti, uno dei quaranta della societa italiana delle scienze, e corrispondente di parecchi altri illustri corpi scientifici. Sesta edizione con tavole, migliorata e cresciuta dall' autore. Verona, tipografia di Giuseppe Antonelli 1854.

16°. 470 S. 4,60 Lir. — Erschien zuerst 1824.

1012. Dass. Settima edizione con tavole, migliorata e accresciuta dall' autore. Milano, Tipogr. Silvestri. 1857.

16°. 512 S. 5,30 Lir.

Rec.: Corvini 1854. 365.

1013. Guido allo studio de' contagi e simili morbi specifici, del professore Giulio Sandri. Verona, tipogr. Gius. Antonelli 1853. — 16°.

Rec.: Corvini 1854. 357.

1014. Dass. Seconda edizione accresciuta e migliorata dall'autore. Milano, tipogr. Edit. Gio. Silvestri 1857.

16°. VIII und 320 S. 3 Lir. — Bildet Bd. 589 der Biblioteca scelta di opere Italiani antiche e moderne.

San Pedro, Guillermo, geboren zu Laguardia in Spanien, studirte in Madrid Medizin und Thierarzneikunde, wurde als Rossarzt bei der Garde-Reiterei angestellt und 1827 als Professor der Anatomie an die Madrider Thierarzneischule berufen.

1015. Tratado elemental completo de anatomia veterinaria general y descriptiva de los animales domesticos, mandado seguir de orden de S. M. en la ensenanza de los alumnos de la escuela superior de veterinaria, por D. Guillermo Sampedro, profesor veterinario de primera clase, catedratico de zoologia y de anatomia general y descriptiva de dicha escuela, socio de honor y merito de la Academia medico-veterinaria Matritense, presidente de su seccion de ciencias anatomicas, etc., etc. Segunda edicion, corregida y considerablemente aumentada. Madrid, imprim. de Fortanet, libr. de Calleja. III Tomos. 1852 y 1853.

gr. 8°. 68 Rea. — Erschien in erster Ausgabe 1834.

San Pedro y Guzman, Fernando, geboren zu Vallecas in Spanien, besuchte die Veterinärschule zu Madrid, wurde 1847 Lehrer an derselben und 1854 zum Professor der Chemie, Physik und Naturgeschichte ernannt.

1016. Iligiene veterinaria militar por D. Fernando Sampedro y Guzman, profesor veterinario de primera clase, ex-mariscal mayor graduado, socio de honor y merito y vice-presidente general de la Academia medico-veterinaria Matritense, primer agregado y bibliothecario de la escuela superior de veterinaria, secretario de su junta de catedraticos, etc. Madrid, 1851, impr. de Fortanet, libr. de Gonzalez.

gr. 8°. 14 Rea.

1017. Historia natural veterinaria, por D. F. San Pedro y Guzman, catodratico de esta asignatura en la escuela superior de veterinaria. Madrid 1856, impr. de Rivadeneyra, libr. de Lopez y Calleja.

18°. 2 Bände von VIII und 392 S. mit Abb. 24 Rea. — Gehört zur Colleccion enciclopedica de manuales de ciencias y artes.

1018. Er übersetzte Grognier's Veterinär-Zoologie in das Spanische, s. *Grognier*.

Sanson, A., besuchte die Veterinärschule zu Toulouse, wurde Hülfslehrer an derselben und lebt jetzt als praktischer Thierarzt in Paris.

1019. La diathèse tydhoïde du cheval et ses manifestations ordinaires dans l'armée, par M. A. Sanson, vétérinaire militaire. Imprimerie de Penaud à Paris 1856.

8°. 68 S. 1 Fr. 25 C.

1020. Er ist Mitarbeiter an dem von Bouley und Reynal herausgegebenen Wörterbuche der Veterinärwissenschaften, s. *Bouley* Nr. 127.

Santos, Don Antonio, geboren zu San Martin de Valdeiglesias in Spanien, besuchte die Madrider Veterinärschule, wurde als Rossarzt der Kavallerie angestellt, 1828 zum Lehrer, 1830 zum Professor der Chirurgie an jener Schule ernannt und starb im Januar 1855.

1020a. Terapeutica mecanica con obstetricia y arte de herrar, por D. Antonio Santos, profesor de cirujia etc. Segunda edicion con adiciones. Madrid 1852.

8°. — Die 1. Ausgabe erschien 1835.

von Saucken-Julienfelde, A., der Sohn eines Rittergutsbesitzers, wurde am 10. September 1798 zu Tarputschen in Ostpreussen geboren, trat 1815 in das 5. Kürassier-Regiment ein, mit dem er bis zur Loire marschirte. Bald zum Offizier befördert, nahm er 1822 den Abschied, um sein Gut Julienfelde in Ostpreussen zu verwalten, auf welchem er ein Gestüt begründete, das bald in sehr gutem Rufe stand. Seit 1848 ist er Mitglied des Abgeordneten-Hauses.

1021. Er ist Verfasser einer Brochüre über die Preussische Pferdezucht, s. *Denkschrift* Nr. 1263.

Saunier, widmete sich dem Studium der Thierheilkunde zu Lyon, wurde Hülfslehrer an der dortigen Veterinärschule und ist jetzt Professor der Chemie, Physik, Arzneimittellehre und Pharmazie an der Veterinärschule zu Alfort.

1022. Er war 1851—55 Mitherausgeber der thierärztlichen Zeitschrift der Lyoner Schule, s. *Journal* Nr. 1310.

Schaefer, Johann Christoph, der Sohn eines Ortsschulzen, wurde zu Hohenberga im Gothaischen am 23. September 1802 geboren, besuchte die Dorfschule und beschäftigte sich später vorzugsweise mit Behandlung der Thierkrankheiten. Seit 1827 in Illeben ansässig gründete er daselbst mit dem Pfarrer Rathgeber einen homöopathischen und 1852 einen landwirthschaftlichen Verein, dessen Vorsitzender er wurde. Er wurde 1853 von der Generalkommission für Ablösungen zum Spezialkommissarius gewählt und starb am 22. November 1854.

1023. Homöopathische Thierheilkunst. Ein ganz eigenthümlich eingerichtetes und dadurch sehr leicht fassliches und schnell Rath gebendes Hülfsbuch für jeden Viehbesitzer, zunächst aber für den bei vorkommenden Viehkrankheiten meist ohne Rath und Hülfe dastehenden Landmann, wonach er seine erkrankten Pferde, Rinder, Schafe, Schweine und Hunde auf die einfachste, schnellste, sicherste und wohlfeilste Art auf homöopathischem Wege selbst heilen und worin er vieles Wissenswerthe in Bezug auf diese Thiere erfahren kann. Mit einer lithographirten Abbildung. Nordhausen, Büchting 1853. 8°. XII und 162 S. 18 Gr.

1024. Dass. Zweite verbesserte Auflage. Ebda 1856. — gr. 8°. XII und 162 S. 18 Gr.

1025. Veterinary Homoeopathy by Schaefer. Translated from the German and edited by W. H. Smith, Veterinary Surgeon. New York 1855. 8°. 12 Bog.

Scheek, Jacob F., Arzt und Thierarzt zu Philadelphia in Nordamerika.

1026. Er gab die Veterinär-Homöopathie von Rush neu heraus und versah dieselbe mit Zusätzen aus Günther's homoeopathischem Thierarzt, s. *Rush*.

Scheidweiler, Professor der Botanik und Hortikultur zu Gendbrugge bei Gent in Belgien, starb ebenda im Dezember 1861.

1027. Er war von 1848—1850 Mitherausgeber der Belgischen thierärztlichen Zeitschrift, s. *Journal* Nr. 1309 und *Répertoire* Nr. 1410.

Schmalz, Johann Friedrich Leberecht, der Sohn eines Pächters, wurde am 25. Juni 1781 zu Wildenborn im Königreich Sachsen geboren, erlernte die Landwirthschaft auf mehreren Gütern, richtete dann die Güter des H. v. Berlepsch zu Proschwitz und des Graf Marcolini bei Dresden ein und besuchte die Universität Jena und die Thierarzneischule zu Dresden. Er pachtete 1804 Zangenberg bei Zeitz, 1806 Ponitz bei Altenburg, wo er ein landwirthschaftliches Institut begründete, kaufte 1812 die Güter Kussen und Neuweide in Litthauen, folgte dann aber einem Ruf als Professor der Oekonomie und Technologie nach Dorpat und begründete in dessen Nähe zu Kusshof 1834 eine landwirthschaftliche Anstalt. Er nahm 1846 seine Entlassung, ging nach Dresden und starb daselbst am 11. Mai 1847. Er war Mitglied der naturforschenden und landwirthschaftlichen Vereine zu Dorpat, Berlin, Halle, Altenburg, Moskau, Königsberg, Heiligenbeil, Graudenz, Breslau, Potsdam, Dresden, Leipzig, Brünn, der Livländischen ökonomischen Sozietät und des Vereins für Geschichte in Riga.

1028. *Neue Ansichten und Erfahrungen über Racebildung von Dr. Friedrich Schmalz, ehemaligem Kaiserl. Russisch. Staatsrathe, Professor der Landwirthschaft bei der Universität Dorpat, Rittergutsbesitzer u. s. w. Nach des Verfassers Tode herausgegeben. Königsberg 1848. Gebrüder Bornträger. gr. 8°. X S.: T., Vorw., Inh., 94 S. 18 Ngr. — Herausgegeben von dem Sohne des Verfassers H. Schmalz.

Schmid, A. J.

1029. Die Aufzucht, Wartung, Ernährung und Benutzung der Pferde, des Rindviehes, der Schafe, Ziegen und Schweine, nebst Angabe der bei denselben am häufigsten vorkommenden Krankheiten, wie und mit welchen Mitteln dieselben gehoben werden können. Ein Handbuch für den kleinen Guts- und Bauerngutsbesitzer. Nach langjähriger Erfahrung zusammengestellt von A. J. Schmid, praktischer Landwirth. Berlin, Julius Springer. 1852. 8°. XII S.: T., Vorw., Inh., 160 S. 12 Gr.

1030. *Dass. Zweite, durch Nachträge vermehrte und verbesserte Auflage. Ebda 1853. — 8°. XIV S.: T., Vorw., Inh., 1 Bl.: Vorw. zur 2. Auflage, 182 S. 12 Gr.
Darin S. 1—61 und 160—165 Zucht, Alterserkenntniss, Krankheiten und Beschlag der Pferde.

1031. Chodowla, pielegnowania, zywienie i uzywanie koni, bydła, rogatego, owiec, koz i trzody chlewneji, oraz wyszczegolnienie ich chorob zwyczajnych i sposobow leczenia. Ksiazka dorcezna dla posiedzicieli mniejszych dobr i wloscian. Przetlumaczyl podlug 2 wydania A. Zmudzinski. Lezno 1854. Günther. 8°. 2 Bl., 187 und VIII S. 12 Gr. — Der Verfasser ist auf dem Titel dieser Uebersetzung Szmid genannt.

Schmidt, Friedrich, der Sohn eines Thierarztes, wurde am 24. August 1823 zu Kükelhausen bei Hagen in Westphalen geboren; von seinem Vater vorgebildet besuchte er seit 1842 als Civileleve die Berliner Thierarzneischule, wurde 1846 Thierarzt 1. Klasse, war bis 1847 einjährig freiwilliger Kurschmied im 2. Garde-Ulanen-Landwehr-Regiment, später bei der Artillerie, wohnte dem Feldzuge in Schleswig bei und liess sich nach der Demobilmachung 1850 in Iserlohn nieder, wurde 1856 Kreisthierarzt des Kreises Altena-Olpe mit dem Wohnsitz in Attendorn und 1859 als solcher nach Hagen versetzt.

1032. *Ursprung der Rotzkrankheit und sichere Verhütung derselben, für Thierärzte, Aerzte und Pferdebesitzer. Von Friedrich Schmidt, Kreis-Thierarzt. Attendorn, Selbstverlag des Verfassers. 1856.
8°. T., 1 Bl.: Vorw., 5—31 S. 8 Gr.

Schmidt, Oscar, der Sohn eines Divisions-Predigers, wurde am 21. Februar 1823 zu Torgau in Preussen geboren, in Schulpforte gebildet, studirte 1842—1847 in Halle und Berlin Mathematik und vorzugsweise Naturwissenschaften, habilitirte sich 1847 als Privatdozent in Jena, wurde Professor an der dortigen Universität, bereiste die Faröer, Norwegen, Lappland, Dalmatien, folgte 1855 einem Rufe an die Universität Krakau, bereiste 1856 aufs Neue Dalmatien und Italien, und wurde 1857 auf sein Ansuchen nach Gratz versetzt.

1033. Handbuch der vergleichenden Anatomie. Leitfaden bei academischen Vorlesungen und für Studirende. Jena, Mauke 1849.
gr. 8°. VIII und 308 S. 1 Thlr. 12 Gr.

1034. Dass. Zweite Auflage. Ebda 1852. — gr. 8°. VIII und 350 S. 1 Thlr. 12 Gr.

1035. Dass. Dritte vielfach umgearbeitete Auflage. Ebda 1855. — gr. 8°. IV und 380 S. 1 Thlr. 12 Gr.

1036. Hand-Atlas der vergleichenden Anatomie zum Gebrauch bei academischen Vorlesungen und für Studirende. Jena, Maucke 1852.
fol. T., 18 S., 12 KT. 4 Thlr.

1037. Dass. Zweiter Abdruck. Ebda 1854. — fol. T., 18 S., 12 KT. 4 Thlr.

1038. Die Entwickelung der vergleichenden Anatomie. Ein Beitrag zur Geschichte der Wissenschaften. Jena, Frommann 1855.
gr. 8°. 144 S. 1 Thlr.

1039. Handbock der vergelijkende ontleedkunde. Uit het Hoogduitsch vertaald en met eenige aanteekeningen voorzien, door P. Harting. Tiel, II. C. A. Campagne. 1854. — 8°.

Schoenermark, Wilhelm, zu Braunschweig geboren, erlernte auf der Domäne Forst die Landwirthschaft, besuchte zwei Jahre die landwirthschaftliche Lehranstalt des Collegium Carolinum in Braunschweig, verwaltete eben so lange die Domäne St. Leonhard und war demnächst 5 Jahre Inspektor und Lehrer der Naturwissenschaft, Thierzucht p. p. an der Ackerbauschule zu Badersleben. In Folge Aufforderung der Braunschweiger Kammer bereiste er Belgien, England, Schottland Behufs Studiums der Drainage, welche er dann auf den Domänen einführte und wurde 1854 als Kammer-Kommissar in Braunschweig angestellt.

1040. *Handbuch der Hausthierzucht. Als Leitfaden beim Unterricht in der Thierzucht auf Ackerbauschulen, nebst einem Anhange über englische Thierzucht von W. Schönermark, früher Lehrer an der Ackerbauschule zu Badersleben, jetzt Commissarius der Herzogl. Braunschw.-Lüneburg. Cammer, Direction der Domainen. Braunschweig, Druck von Gebrüder Meyer. 1854.

gr. 8⁰. VIII S.: T , Widm. (an Landrath Baron v. Gustedt), Vorw., 212 S. 16 Gr.

Darin S. 1—38 allgemeine Viehzucht (Paarung, Aufzucht, Ernährung, Pflege), S. 113—153 Pferdezucht, 204—207 das englische Pferd.

Rec.: Tennecker 1855. 374.

Schubart, Toers Dierbergen, der Sohn eines Bürgers, wurde am 18. Februar 1805 zu Harderwyk in Holland geboren, beschäftigte sich von seiner Jugend auf mit grosser Vorliebe mit den Naturwissenschaften, wesshalb ihn auch der Professor van Lidth am Athenäum zu Harderwyk in sein zoologisches Kabinet nahm und ihn nach Errichtung der Thierarzneischule zu Utrecht 1822 als Prosektor an dieselbe berief. 1842 wurde er zugleich Prosektor, Repetitor der Anatomie und Konservator des anatomisch-physiologischen Kabinets der dortigen Universität. Bei der Reorganisation der Thierarzneischule 1851 verblieb er als Prosektor und Konservator der Kabinette an derselben, starb aber schon am 4. Oktober 1854.

1041. Atlas bevattende de Anatomie des Paards in 34 steendrukplaten. Utrecht bij J. Herfkens 1848.

fol. 34 KT. in Umschlag mit Text in 8⁰.

Schultes, Joseph, wurde 1802 zu Ellenberg in Württemberg geboren, besuchte die Thierarzneischule zu Wien, war zuletzt Oberkurschmied bei dem Central-Equitations-Institut zu Salzburg und starb 1850.

1042. Anleitung zur möglichst genauen Erkenntniss des Pferdealters aus den Veränderungen der Zähne von der Geburt bis zum 80 Lebensjahre. Ein Handbuch zum Selbstunterricht und zum Gebrauch seiner Vorlesungen. Mit einer Tabelle und 81 lithographirten Abbildungen auf 21 Tafeln. Salzburg (Mayer) 1848.

gr. 8⁰. X und 99 S., 1 Tab., 21 KT. 1 Thlr. 24 Ngr. — Nur neuer Titel zu der alten Ausgabe von 1840; diese Anleitung wurde von Nadosy zu Bearbeitung des Kapitels : Zahnalter: in seinen Equitations-Studien benutzt, vgl. *Nadosy* Nr. 782.

Schwab, Conrad Ludwig, der Sohn eines herzoglich Zweybrückenschen Kurschmiedes, wurde am 21. Dezember 1780 auf dem Karlsberg bei Zweybrücken geboren, besuchte die Schule in Zweybrücken und Mannheim, bezog 1798 die Veterinärschule zu München, wurde 1803 Prosektor und 1805 Repetitor an derselben, studirte auf königl. Kosten noch an den Veterinärschulen Alfort, Wien und der Universität Landshut und erwarb an dieser den Doktorgrad. Er wurde 1810 dritter, 1815 zweiter, 1821 erster Professor und Direktor der Münchener Thierarzneischule, später königl. Rath, Assessor des Medizinal-Kollegii, 1833 Mitglied des Ober-Medizinal-Ausschusses, zog sich 1851 in den Ruhestand zurück und starb zu München am 17. November 1859.

1043. *Katechismus der Hufbeschlagkunst. Oder Theoretisch-praktischer Unterricht über den Beschlag der Hufe und Klauen im gesunden und kranken Zustande. Bearbeitet von Dr. Konrad Ludwig Schwab, königlich Bayerischer Rath und Professor etc. Mit zwanzig lithographirten Tafeln. Zehnte Auflage. Stuttgart. Ebner und Seubert. 1851.

gr. 8⁰. VIII S.: T., Vorw., Inh., 184 S., 20 KT. 1 Fl. 48 Kr. — Erschien in erster Auflage 1814.

Rec.: Zarncke 1851. 723.

1044. *Dass. Eilfte Auflage. Ebda 1855. — gr. 8°. VIII S.: T., Vorw., Inh., 186 S., 20 KT. 1 Fl. 48 Kr.

Scrutator. — Pseudonym des Mr. Horlock.

1045. Horses and Hounds, a practical Treatise on their Management. By Scrutator. London: Routledge 1855.

12°. 260 S. 5 Sch.

Seeger, Ludwig Wilhelm, der Sohn eines Stallmeisters, wurde 1799 zu Neu-Ruppin (Altmark) in Preussen geboren, ging zu seinem in Berlin eine Reitanstalt besitzenden Bruder, besuchte bis 1814 das französische Lyceum, dann bis 1818 die Thierarzneischule und nahm zugleich in der königl. Manege Reitunterricht. Er verliess Berlin mit dem Diplom als Thierarzt und einem Bereiterbrief, trat 1819 einjährig bei dem 3. Ulanen-Regiment ein, erhielt bei seinem Ausscheiden das Landwehr-Offizier-Patent, wurde 1820 Stallmeister des Generals v. Borstell in Königsberg und 1821 Stallmeister und Rossarzt an der dortigen Universität. 1824 ging er nach Wien, wo er Weyrother's Unterricht genoss, eröffnete 1826 mit seinem Bruder in Berlin eine Reit- und Pferde-Pensions-Anstalt und unternahm bis 1836 hippologische Reisen durch Deutschland, Ungarn, Frankreich, Belgien und England. Zurückgekehrt kaufte er die Thiergarten-Meierei (Seegershof), war auf seiner Bahn und litterarisch thätig, als aber seine Hoffnungen auf Anstellung bei den Staatsgestüten sich nicht erfüllten und ihm nach einer Reise zu den Württembergischen Gestüten die Reitbahn der Berliner Thierarzneischule nicht bewilligt wurde, zog er sich nach Hamburg zurück, und lebt jetzt in Dessau.

1046. *Praktischer Rathgeber für die Stalldienerschaft. Anweisungen zur Wartung und Ausbildung des Pferdes von Louis Seeger. Erster Theil. Die Pferde-Wartung. Berlin, Fr. Aug. Herbig 1848.

A. u. d. mit vielen Vign. verzierten Titel: Die Pferde-Wartung. 1te Abtheilung. Die Gesundheitspflege des Pferdes, nebst einer Abhandlung über den englischen Hufbeschlag von Louis Seeger.

gr. 8°. XII S.: T., Vorw., Inh., 157 S. 18 Gr.

Inh.: der Stall, Futtern und Tränken, Putzen, Beschlag, Bewegen, Instandhaltung der Sättel und Zäume, Kleidung im Dienst.

Dass. Erster Theil. Die Pferde-Wartung. Ebda 1850.

A. u. d. mit Vign. verzierten T.: Die Pferde-Wartung. II. Abtheilung. Die Krankenpflege des Pferdes, nebst einer Abhandlung über den Maulriemen, ein neues Zäumungsmittel zur besseren Erhaltung und Verwendung des Pferdes von Louis Seeger.

gr. 8°. XIV S.: T., Vorw., 1 Bl.: Inh., 179 S. mit 3 Abb. 1 Thlr. — Der Anhang erschien auch für sich, s. die folgende Nummer.

1017. *Der Maulriemen. Ein neues Zäumungsmittel zur besseren Erhaltung und Verwendung des Pferdes. Von Louis Seeger.

gr. 8°. T., 3—24 S. — Ein ebenfalls 1850 erschienener Separatabdruck aus der vorhergehenden Nummer.

1048. *Züchtung, Erziehung, Ausbildung des Pferdes im systematischen Zusammenhange. Vorschläge zu einer rationellen Organisation der Gestüte von Louis Seeger. Berlin. Verlag von F. A. Herbig 1850.

gr. 8°. T., 1 Bl.: Inh., 104 S. 12 Gr.

Inh.: Züchtung, Erziehung, Ausbildung, Akademieen für Pferdekunde.

Rec.: Fuchs 1850. 48; Tennecker 1851. 371.

1049. *Herr Baucher und seine Künste. Ein ernstes Wort an Deutschlands Reiter. Von Louis Seeger. Berlin. Verlag von Fr. Aug. Herbig. 1852.

gr. 8°. T., 96 S. 18 Gr. — Eine Gegenschrift s. *Wort* Nr. 1462.

Rec.: Zarncke 1852. 559.

Seer, Herrmann, der Sohn eines Kassirers bei der Generalstaatskasse, wurde 1820 in Berlin geboren, besuchte seit 1835 die dortige Thierarzneischule, legte 1839 die Staatsprüfung ab, diente bis 1840 als Volontär im 12. Husaren-Regiment und liess sich dann als praktischer Thierarzt in Delitzsch nieder. Nach einer längeren Reise zum Besuch der Gestüte und Thierarzneischulen Deutschlands wurde er 1842 Kreisthierarzt in Glatz und hielt sich 1844 und 1845 zur Beobachtung der Rinderpest in Böhmen und Mähren auf. Seine Berufung als Lehrer zur Thierarzneischule wurde durch die Mobilmachung 1850 rückgängig gemacht.

1050. *Handbuch der Thierheilkunde, oder Anleitung, die Krankheiten der Haussäugethiere richtig zu erkennen, zu beurtheilen und zu heilen, mit Berücksichtigung der von der Homöopathie empfohlenen Arzneimittel und Angabe der in Deutschland, vornehmlich aber in Preussen Geltung habenden polizeilichen und gerichtlichen Maassnahmen. Von H. Seer, Königl. Preuss. Kreisthierarzt. Mitglied des landw. Vereins der Grafschaft Glatz. Mit 15 lithographirten Tafeln. Glogau 1856. K. Flemming.

gr. 8°. XVI S.: T., Vorw., Inh., 816 S., 1 Bl.: Erkl. d. Abb., 15 KT. 3 Thlr. 6 Gr.

Segundo, Don Juan, königl. Spanischer Oberst und Kommandeur eines Kavallerie-Regiments, Begründer des Vereins zur Verbesserung der Pferdezucht.

1051. Nuevo metodo de embocar bien todos los caballos y tratado sucinto de equitacion, para obtener bueno mano de brida, adquirir firmeza en poco tiempo y saber ayudar al caballo, todo bajo principios originales, sencillos y faciles de comprender y ejecutar, por el Intendente D. Juan Segundo, comendador y caballero de varias reales y distinguidas ordenes, asi nacionales como estranjeros, socio fundador de la sociedad de Fomento de la cria caballar en Espana, e inventor de los bocados que llevan su nombre, y de un estribo de seguridad para las senoras a caballo. Madrid, 1855, imprenta de M. Gonzalez, libreria de Cuesta.

gr. 4°. 102 S., 1 Portr., 8 KT. 35 Rea. — Handelt vorzugsweise über Zaumkunst, dann auch über Reitkunst und Damenreiterei.

Seidler, E. F., geboren zu Königsberg in Preussen, widmete sich der Reitkunst, trat 1813 in das Ostpreussische National-Kavallerie-Regiment, erwarb sich in den Befreiungskriegen das eiserne Kreuz und den Russischen Georgen-Orden, bildete sich nach dem Frieden weiter aus und liess sich dann in Königsberg als Civil-Stallmeister nieder. 1830 wurde er zur Lehr-Eskadron nach Berlin berufen und verblieb auch bei derselben nach ihrer Verlegung nach Schwedt als erster Stallmeister.

1052. Seine 1846 erschienene Dressur difficiler Pferde wurde durch den General van Merlen in das Holländische übersetzt, s. *Merlen* Nr. 733.

Sellier, Alexandre.

1053. Observations sur la pousse de chevaux et l'emphysème de tous les animaux et sur les moyens de les éviter, par Alexandre Sellier. Imprimerie de Surville, à Rouen. 1849.

8°. 1¼ Bog.

Serres, zur Zeit Hilfslehrer der Pathologie, Therapie, Klinik, des Hufbeschlags und der gerichtlichen Thierheilkunde an der Veterinärschule zu Toulouse.

1054. Er ist Mitherausgeber einer französischen thierärztlichen Zeitschrift, s. *Journal* Nr. 1311.

Seyff, Anton.

1055. Die Landwirthschaftsschule. Eine systematisch geordnete Belehrung über die gesammten Zweige des Acker- und Wiesenbaues, der Viehzucht, der Thierheilkunde, u. s. w. **Nebst einem Anhange über die Anlage von Dörfern.** Wien, Dirnböck 1851.

8°. IV und 311 S., 15 color. und 5 schwarze KT. 1 Thlr.

1056. Dass. Zweite Auflage. Ebda 1857. — 8°. IV und 311 S., 20 KT. 1 Thlr. — Nur ein neuer Titel zur ersten Auflage.

Shaw, Austin C., widmete sich der Thierarzneikunde, wurde als Rossarzt bei dem Englischen 3. Dragoner-Regiment angestellt und nachdem er seine Entlassung genommen als Lehrer an die Veterinärschule zu London berufen.

1057. Observations on the Expansion of the Foot of the Horse. By Austin C. Shaw, Vet. Surgeon, Member of the Royal College of Vet. Surgeons, Fellow of the Veterinary Medical Society, and Lecturer on Veterinary Medicine and Surgery. Dublin 1849.

8°. 23 S.

Rec.: Veterin. 1849. 226.

von Siebold, Carl Theodor Ernst, wurde am 16. Februar 1804 zu Würzburg geboren, studirte Medizin, wurde Kreisphysikus zu Heilsberg in Preussen, ging 1834 in gleicher Eigenschaft nach Königsberg, 1835 als Direktor der Hebammen- und Entbindungs-Anstalt nach Danzig, wo er 1839 auch das Stadtphysikat übernahm und 1840 als Professor der Zoologie, vergleichenden Anatomie und Thierheilkunde nach Erlangen. 1845 folgte er einem Rufe als Professor der Physiologie, Zoologie und vergleichenden Anatomie nach Freiburg, vertauschte diese Stellung 1850 mit der Professur der Physiologie in Breslau und siedelte 1853 als Professor der Physiologie und Direktor des zoologisch-zootomischen Kabinets nach München über.

1058. Ueber die Band- und Blasenwürmer, nebst einer Einleitung über die Entstehung der Eingeweidewürmer. Mit 36 Holzschnitten. Leipzig, 1854. W. Engelmann.

gr. 8°. IV und 115 S. 18 Gr. — Vgl. *Hök.*

1059. Lehrbuch der vergleichenden Anatomie von Th. v. Siebold und H. Stannius. Erster Theil. Wirbellose Thiere von C. Th. v. Siebold. Berlin, Veit u. Co. 1848.

Lex. 8°. XIV und 679 S. Zweiter Theil. Anatomie der Wirbelthiere von H. Stannius. Ebda 1848. — 32 Bog. 7 Thlr. 8 Gr.

Rec.: Neue Jenaer Liter. Zeitg. 1848 Nr. 5.

1060. Nouveau manuel d'Anatomie comparée par Siebold et Stannius. Traduit de l'Allemand par A. Spring et Th. Lacordaire. Paris, Roret 1849.

8°. 3 Bände. 10 Fr. 50 C.

1061. Siebold and Stannius. Comparative anatomy. Translated from the German, and edited with notes and additions recording the recent progress of the science, by J. Burnett. Boston: Gould and Lincoln. 1854.

gr. 8°. 2 Bände von 470 und 347 S.

1062. Siebold i Stannius: Manuale di anatomia comparata. Traduzione di Ferdinando Piccioli. 1854. — 8°.

von Sierakowski, Ernst Leopold, der Sohn eines Preussischen Offiziers, wurde zu Breslau am 29. September 1822 geboren, im Kadetten-Korps erzogen, kam 1839 aus demselben als Portepee-Fähnrich zum 3. Ulanen-Regiment, wurde 1842 als Sekonde-Lieutenant zum 29. Infanterie-Regiment versetzt und 1855 zum Premier-Lieutenant, 1859 zum Hauptmann befördert. Bei Reorganisation der Armee wurde er in das 69. Infanterie-Regiment versetzt.

1063. Er schrieb eine Brochure gegen Seeger's Kritik der Baucher'schen Reitmethode, s. *Wort* Nr. 1462.

11 *

Simonds, Professor an der Londoner Thierarzneischule, gestorben im Jahre 1855.

1064. Er gab mit Morton eine thierärztliche Zeitschrift heraus, s. *Morton.*

Sind.

1065. Des Freiherrn vom Sind sicher und geschwind heilender Pferde-Arzt oder gründlicher Unterricht über die Erkenntniss, Ursachen und Heilung der Krankheiten der Pferde. Völlig umgearbeitet vom Hofgestütmeister Carl Wilh. Ammon. Mit Anmerkungen und Zusätzen versehen vom Major Seyfert v. Tennecker. Elfte verbesserte Auflage. Frankfurt a. M., Brönner. 1852.

A. u. d. T.: Handbuch für angehende Pferdeärzte; auch für Oeconomen und Pferdeliebhaber nützlich zu gebrauchen. Von Carl Wilhelm Ammon. Elfte verbesserte Auflage.

gr. 8⁰. XII und 640 S. 1 Thlr. 12 Gr. — Erschien zuerst 1766.

Sjöstedt, Gustaf Wilhelm, geboren in Schweden 1824, widmete sich der Thierheilkunde, erhielt 1851 ein thierärztliches Diplom und wurde 1854 als Lehrer der Zoologie und Thierarzneiwissenschaft an der landwirthschaftlichen Schule zu Ultuna bei Upsala angestellt.

1066. Er übersetzte Spinola's Krankheiten der Hausthiere in das Schwedische, s. *Spinola* Nr. 1072.

Smith, W. H., Thierarzt zu New-York in Nordamerika.

1067. Er übersetzte Schaefer's homöopathische Thierheilkunde in das Englische, s. *Schaefer* Nr. 1025.

von Sohr, Friedrich Georg Ludwig, wurde am 22. März 1775 zu Berlin geboren, trat 1789 in das Preussische Leib-Husaren-Regiment ein, in welchem er 1790 zum Kornet, 1793 zum Sekonde-Lieutenant aufrückte, machte die Rheinkampagne mit und erhielt für dieselbe den Verdienst-Orden. 1795 nach Berlin zurückgekehrt, besuchte er die Thierarzneischule 3 Jahre, rückte 1805 zum Rittmeister, 1811 zum Schwadrons-Chef auf, war im Feldzug 1813 Major, erhielt für Bautzen das eiserne Kreuz, wurde nach der Schlacht bei Möckern Oberstlieutenant und Ritter des Russischen Annen- und Schwedischen Schwert-Ordens und erhielt im Januar 1814 das Kommando des Brandenburgischen Husaren-Regiments. 1815 führte er eine Kavallerie-Brigade und wurde bei Versailles gefangen, nach seiner Auswechselung erhielt er den Johanniter-Orden, avancirte 1821 zum Generalmajor, erhielt 1834 den erbetenen Abschied als Generallieutenant, zog sich nach Stargard zurück, erhielt 1844 den rothen Adler-Orden 1. Klasse und starb am 10. September 1845.

1068. Ein neuer Abdruck der von ihm ausgearbeiteten Reitinstruktion für die Preussische Kavallerie erschien 1855, s. *Instruction* Nr. 1299, *Anleitung* Nr. 1209.

de Sourdeval, Charles.

1069. Mélanges hippologiques. 1. L'étoffe et le sang; 2. production et éducation du cheval chez les anciens, par Charles de Sourdeval. Tours, imprimerie de Ladevèze. 1850.

8⁰. 3 Bog.

1070. Histoire critique et raisonnée de la production chevaline sur l'herbage de Saint-Gervais (Vendée). Par Charles de Sourdeval. A Paris, place de la Madeleine. 1853.

8⁰. 2¼ Bog.

Spinola, Werner Theodor Joseph, der Sohn eines Amtsraths, wurde am 2. Dezember 1802 zu Driburg in Westphalen geboren und widmete sich 1816 der Landwirthschaft, besuchte 1820—1823 die Thierarzneischulen zu Hannover und Berlin, unterstützte dann seinen Vater, besuchte 1825—1827 nochmals die Thierarzneischule und das Friedrich-Wilhelms-Institut in Berlin und wurde nach abgelegtem Staatsexamen als Rossarzt bei dem Remontedepot Friedrichsaue angestellt. 1829 nahm er den Abschied, bereiste bis 1831 Deutschland, Polen, Russland, Ungarn, Italien, die Schweiz, Frankreich, Belgien, Holland, wurde nach seiner Rückkehr Kreisthierarzt in Küstrin, 1833 Repetitor an der Berliner Thierarzneischule, erwarb 1834 den Titel eines Doktors der Philosophie und wurde 1840 ordentlicher Lehrer an jener Schule. Nachdem er 1845 zum Studium der Rinderpest in Russland und Polen gewesen war, wurde er 1847 Mitglied der zur Revision der Gestüte ernannten Kommission. Er ist Mitglied vieler wissenschaftlichen Vereine und veranlasste die Einführung der Pferdeschlächtereien in Berlin.

1071. Die Influenza der Pferde, in ihren verschiedenen Modificationen dargestellt. Zweite Ausgabe. Berlin, A. Hirschwald. 1849.

gr. 8°. VIII und 197 S. 20 Gr. — Die erste Auflage erschien 1844.

1072. *Handbuch der speciellen Pathologie und Therapie. Bearbeitet von Dr. Wern. Th. Jos. Spinola. Erster Band. Berlin 1856. A. Hirschwald.

gr. 8°. — Dieser Band erschien in 2 Abtheilungen, deren erster von 435 S. die Fieber behandelt und 2 Thlr. 8 Gr. kostet, der zweite mit S. 436—798 die Entzündungen bespricht und 1 Thlr. 26 Ngr. kostet. Der 2. Band erschien erst 1858.

1073. Rådgifware för Landtmannen wid Behandling af Husdjurens Sjukdomar efter Dr. W. Th. Jos. Spinola af G. W. Sjöstedt, Lärare i Veterinär och Zoologi wid Ultuna Landtbruks-Institut. Andra öfwersedda och tillökade upplagan. Upsala, Wahlström och Comp. 1856.

8°. 98 S. 32 Sch.

Spooner, W. C., Professor an der Thierarzneischule zu London.

1074. Veterinary art. A practical treatise on the diseases of the horse. Illustrated by engravings. London 1851.

8°. Mit mehreren KT. — Gehört zur Encyclopaedia Metropolitana.

1075. Dass. New edition. London, Griffin 1853. — 8°. 110 S. 2 Sch.

1076. Er besorgte neue Ausgaben von White, veterinary art und Youatt, the horse, s. *White* und *Youatt* Nr. 1192.

Spring, A.

1077. Er gab mit Lacordaire eine französische Uebersetzung der Vergleichenden Anatomie von Siebold und Stannius heraus, s. *Siebold* Nr. 1060.

Stannius, Herrmann, geboren zu Hamburg am 15. März 1808, studirte seit 1828 zu Breslau, promovirte 1831 zum Doktor der Medizin und Chirurgie, absolvirte die Staatsprüfungen, liess sich 1832 in Berlin als praktischer Arzt nieder, wurde 1833 Arzt am dortigen Friedrichsstädtischen Krankenhause, 1837 als ordentlicher Professor der Physiologie, vergleichenden Anatomie und allgemeinen Pathologie an die Universität Rostock berufen, trat 1838 als Mitglied in die Grossherzogliche Medizinal-Kommission ein und wurde 1860 zum Ober-Medizinalrath ernannt.

1078. Er gab mit Siebold eine Vergleichende Anatomie heraus, s. *Siebold* Nr. 1059 ff.

Stein, Carl, Gutsbesitzer in Mecklenburg-Schwerin.

1079. *Immerwährender Trächtigkeits-Kalender der nutzbarsten Hausthiere. Entworfen von Karl Stein. Rostock, 1852. Druck von Ludolph Hirsch.

16°. T., 11 S. 2 Ngr. — Ein besonderer Abdruck aus des Verfassers in demselben Jahre erschienenen landwirthschaftlichen Buchführung.

Stephan, Heinrich Wilhelm, besuchte die Berliner Thierarzneischule, diente dann als Kurschmied beim 2., später beim 11. Preussischen Husaren-Regiment, wurde 1841 zum Kreis-Thierarzt für den Bezirk Schweidnitz-Striegau ernannt, 1844 als solcher nach Preussisch-Stargardt und bald darauf nach Euskirchen versetzt, wo er zu Anfang 1848 starb.

1080. * Neues und vollständiges allgemeines Vieharzneibuch oder Universal-Handbuch aller unserer Hausthiere, und zwar das Pferd, Rindvieh, Schaf, die Ziege, das Schwein, den Hund, die Katze, das Hausfedervieh und die Stubenvögel, im gesunden und kranken Zustande betreffenden Kenntnisse. Von H. W. Stephan, Königlich Preussischem Kreisthierarzte. Zweite vermehrte Auflage. Bielefeld, 1848. Velhagen und Klasing.

gr. 8°. XVI S.: T., Vorw., Inh., 644 S. 1 Thlr. 8 Gr. — Erschien zuerst 1843.

Darin: Pferdezucht, Aufzucht, Verbesserung der Pferde, Diätetik, Exterieur, Handel, Gewährsfehler, Krankheiten, Geburtshülfe S. 1—202.

1081. * Dass. Zweite vermehrte Ausgabe von 1848, unverändert auf's neue vorgelegt 1854. Ebda 1854.

gr. 8°. XVI S.: T., Vorw., Inh., 644 S. 1 Thlr. 8 Gr., später herabgesetzt auf 1 Thlr.

Stephen, Sir George.

1082. The adventures of a Gentleman in Search of a Horse. By Sir George Stephen. London: Saunders and Otley. 1856.

8°. — Ist die 5. Auflage des zuvor anonym erschienenen Buches.

Rec.: Sp. Mag. 1856 I 67.

1083. Dass. Philadelphia 1857. — 8°.

Stewart, John.

1084. Stable Economy: a Treatise on the Management of Horses. A new edition with numerous woodcuts. London and Edinburgh, Blackwood and sons 1850.

8°. 448 S. 6 Sch. 6 P. — Ist die 4. Ausgabe, die erste erschien 1838.

1085. Dass. 5th edition. Ebda 1852. — 8°. 430 S. 6 Sch. 6 P.

1086. Dass. 6th edition. Ebda 1854. — 8°. 6 Sch. 6 P.

1087. Advice to Purchasers of Horses. A short and familiar treatise on the external conformation of the horse, the nature of soundness and unsoundness etc. A new edition. London, Blackwood 1849.

8°. 2 Sch. 6 P. — Die erste Auflage erschien 1834.

Stonehenge. — Pseudonym des Mr. Welsh.

1088. Manual of British Rural Sports; comprising Shooting, Hunting, Coursing, Fishing, Hawking, Racing, Boating, Pedestrianism, and the various Rural-Games and Amusements of Great Britain. By Stonehenge. London, Routledge 1852.

12°. 10 Sch. 6 P.

1089. Dass. New edition. Ebda 1856. — 12°. 714 S. 10 Sch. 6 P.

1090. Dass. Second edition. Ebda 1856. — 12°. 736 S. 10 Sch. 6 P.

Strauss, Georg, wurde 1800 zu Tarvis in Kärnthen geboren, erlernte die Schmiedeprofession, studirte später Wundarzneikunde, wurde Pensionär am Wiener Thierarznei-Institute, 1828 zweiter Thierarzt im Gestüt Mezőhegyes, dann im Gestüt Radautz und erhielt 1842 die Professur der Chirurgie, Klinik und des Hufbeschlages am Wiener Thierarznei-Institute. Er starb am 25. Dezember 1845.

1091. *Handbuch der Veterinair-Chirurgie von G. Strauss, ordentlichem und öffentlichem Professor des Huf- und Klauenbeschlages, der Veterinär-Chirurgie und chirurgischen Klinik am k. k. Wiener Thierarznei-Institute. Mit 18 lithographirten Abbildungen. Zweite Auflage. Wien 1854. W. Braumüller.

8⁰. XV S.: T., Vorw., Inh., 670 S. — Zweiter Theil. Die Operationslehre. Ebda 1854. — T., 231 S., 1 KT.

1092. Sein 1844 erschienenes Lehrbuch des Hufbeschlags wurde von Nadosy zur Bearbeitung des Kapitels : Hufbeschlag : in den Equitations-Studien benutzt, vgl. *Nadosy.*

Stroh, Wilhelm, der Sohn eines Lehrers, wurde am 13. August 1806 zu Aulenhausen in Nassau geboren, diente 1825—1843 in der vaterländischen Artillerie und wurde dann als Reitlehrer am Gymnasium zu Weilburg angestellt.

1093. *Practischer Reitunterricht nebst Anleitung zur Wartung, Pflege, Zäumung und Sattelung des Pferdes von Wilhelm Stroh, Reitlehrer an dem herzoglich nassauischen Gymnasium zu Weilburg. Zweite Ausgabe. Frankfurt a. M. Jäger 1856.

8⁰. VIII S.: T. mit V., Reiterlied mit Vign., Vorw., Inh., 85 S. 8 Gr. — Erschien in erster Auflage 1845.

Swart.

1094. Er ist Mitherausgeber einer holländischen thierärztlichen Zeitschrift, s. *Verzameling* Nr. 1452.

von Swedenborg, Emanuel, der Sohn des Bischofs von Westgothland, wurde am 29. Januar 1688 zu Stockholm geboren, studirte Philologie, Philosophie, Mathematik und Naturwissenschaften, bereiste 1710—1714 England, Holland, Frankreich und Deutschland, wurde nach seiner Rückkehr 1716 zum Assessor beim Bergwerks-Kollegium ernannt, 1719 in den Adelstand erhoben, war 1720—21 und 1736—40 abermals auf Reisen in Deutschland, Holland, Frankreich, Italien und England, legte 1747 sein Amt nieder, lebte fortan den theologischen Wissenschaften und starb zu London am 29. März 1772.

1095. Regnum animale anatomice, physice et philosophice perlustratum cujus pars IV. de carotidibus, de sensu olfactus, auditus et visus, de sensatione et affectione in genere, ac de intellectu et ejus operatione agit. E chirographo ejus in bibliotheca regiae academiae Holmiensis asservato nunc primum edidit Prof. Dr. Jo. Fr. Im. Tafel. Tubingae, Verlags-Expedition. 1848.

gr. 8⁰. 281 S. 1 Thlr. 26 Ngr.

Swoboda, Gustav, Doktor der Medizin und Magister der Thierheilkunde zu Pesth.

1096. Die nützlichen Hausthiere: das Pferd, das Rind, das Schaf, in Bezug auf Altersbestimmung, Zucht, Fütterung, Mastung, Ankauf und Verkauf. Mit 8 naturgetreuen Tafeln in Farbendruck. Wien, typographisch-literarisch-artistische Anstalt von Zamarski 1857.

Lexic. 8⁰. IV und 75 S., 8 KT. 1 Thlr. 18 Ngr. — Darin kurze Notizen über Anatomie, Exterieur und Zucht des Pferdes.

Rec.: Nicklas 1857 Nr. 41.

Tabourin, François, geboren zu Soumans (Departement Creuse) in Frankreich am 4. Februar 1818, besuchte seit 1835 die Veterinärschule zu Lyon, erhielt 1839 das thierärztliche Diplom und wurde in demselben Jahre zum Chef de Service und 1845 zum Professor an derselben Schule ernannt.

1097. Er ist Mitredakteur einer französischen thierärztlichen Zeitschrift, s. *Journal* Nr. 1310 und eines Wörterbuches der Veterinärkunde, s. *Lecoq* Nr. 649.

Tattersall, W., Architekt in London.

1098. Sporting Architecture, comprising the Stud Farm, the Stable, the Stall, the Kennel, Race Studs, etc. With 43 Steel and Wood illustrations, several after Hancock. London 1850.

8⁰. 1 L. 11 Sch. 6 P.

Telepnew, Nikolai, diente in der Russischen Kavallerie, war zuletzt Stabsrittmeister der Kürassiere und Remonte-Inspekteur, wurde aber 1856 durch richterlichen Spruch des Adels verlustig erklärt und nach Sibirien geschickt.

1099. Указаніе средствъ къ истинноми и высшему познанію лошади. Сочиненіе Николая Телепнева. С. Петербургъ 1848. Печатано въ типографіи Карла Крана.

(Anweisung der Mittel zur richtigen und untrüglichen Beurtheilung der Pferde. Verfasst von Nikolai Telepnew. St. Petersburg 1848. Gedruckt bei Karl Kray).

12⁰. T., 2 Bl.: Widm. (an Generaladjutant Graf Lewaschow), Vorw., III S.: Inh., 58 S.

von Tennecker, Christian Ehrenfried Seifert, der Sohn eines Rittergutsbesitzers, wurde 1770 zu Bräunsdorf im Königreich Sachsen geboren, ging 1786 auf die Rossakademie nach Dresden, besuchte zugleich die Reitbahn der Ritterakademie und wurde 1789 als Unterbereiter am kgl. Marstall in Dresden angestellt. Er nahm 1790 Urlaub, hielt sich längere Zeit bei einer Kunstreiter-Gesellschaft auf, trat 1791 als Kadet in das Sächsische Husaren-Regiment ein, avancirte 1792 zum Lieutenant und besuchte nach dem Feldzuge von 1792 die Thierarzneischulen und Reitbahnen in Hannover, Berlin, Wien und Göttingen. Nach seiner Rückkehr betrieb er einen Pferdehandel im Grossen, erhielt ein Koburgisches Stallmeister-Patent und fungirte als solcher bei dem Fürst Reuss-Lobenstein, dann bei dem Fürst Oettingen-Spielberg und endlich bei dem Herzog von Koburg. 1805 wurde er zum kgl. Sächsischen Train-Direktor und Oberpferdearzt ernannt, 1813 zum Rittmeister, 1814 zum Major befördert und versah nach dem Frieden eine Lehrerstelle an der Thierarzneischule zu Dresden. Er erhielt 1819 den Civil-Verdienst-Orden und starb zu Dresden am 23. November 1839.

1100. *Jahrbuch für Pferdezucht, Pferdekenntniss, Pferdehandel, Pferdedressur und Rossarzneikunst auf das Jahr 1848. Angefangen von S. v. Tennecker, fortgesetzt von mehreren Hippologen und Thierärzten. Vierundzwanzigster Jahrgang, herausgegeben von August Thomsen, Stallmeister und Lehrer der Reitkunst in Berlin. Weimar 1848. B. F. Voigt.

12⁰. XI S.: T., Inh., Vorw., 464 S.

Dass. auf das Jahr 1851 . . . . . fortgesetzt von Dr. A. Rueff. Fünfundzwanzigster Jahrgang. Ebda 1851. — 12⁰. XVII S.: T., Widm. (an d. Württ. General Fr. v. Gemmingen), Vorw., Inh., 438 S., 3 Tab., 3 KT.

Dass. auf das Jahr 1852. 26. Jahrgang. Ebda. — 12⁰. III S.: T., Widm. (an d. Württ. Oberstallm. Fr. v. Taubenheim), Vorw., Inh., 449 S., 1 Tab., 7 KT.

Dass. auf das Jahr 1854. 27. Jahrgang. Ebda. — 12⁰. XII S.: T., Widm. (an d. Bayr. Oberstallm. Fr. v. Lerchenfeld), Vorw., Inh., 464 S., 1 Bl.: Err.

Dass. auf das Jahr 1855. 28. Jahrgang. Ebda. — 12⁰. VIII S.: T., Widm. (an d. Württ. Oberstallm. Fr. v. Reischach), Vorw., Inh., 418 S., 1 Bl.: Err., 1 Tab., 16 KT.

Dass. auf das Jahr 1857. 29. Jahrgang. Ebda. — 12⁰. VI S.: T., Widm. (an den kurhess. Oberstallm. v. Eschwege), Vorw., Inh., 434 S. mit 25 Abb., 3 Tab.

Jeder Jahrgang 1 Thlr. 8 Gr. Das Jahrbuch erschien seit 1823, wurde in diesem Jahr von Tennecker und Valentini, 1824—32 und 1836—39 von

Tennecker allein, 1833—35 von Kutzleben, 1841—47 von mehreren Hippologen und Thierärzten herausgegeben und ist nach 1857 nicht weiter erschienen. Rec.: Mil. Lit. Z. 1859. 501.

1101. Er ist Verfasser der unter Mortgen's Namen erschienenen Handelsvortheile der Pferdehändler, s. *Mortgen*, vermehrte Sind's Pferdearzt mit Zusätzen, s. *Sind* und ist der ursprüngliche Verfasser des unter dem Namen des Schäfer Thomas erschienenen Thierarzneibuches, s. *Thomas*.

Thébaud, Félix, Advokat zu Laval in Frankreich.

1102. Loi du 20 mai 1838 sur les vices et actions rédhibitoires, suivies d'un traité de clinique vétérinaire à l'usage des éleveurs et propriétaires de bestiaux, par F. Thébaud, avocat. Laval, imprim. de Moreau 1848. 32⁰. ¼ Bog.

Thienemann, Friedrich August Ludwig, geboren zu Gleina im Königreich Sachsen am 25. Dezember 1793, zu Naumburg und Schulpforte vorgebildet, studirte seit 1813 in Leipzig Medizin und Naturwissenschaften, promovirte 1819, bereiste dann das nördliche Europa 2 Jahre lang, hielt seit 1822 in Leipzig zoologische Vorlesungen, folgte 1825 dem Rufe als Inspektor des Dresdner Naturalien-Kabinets und wurde 1839 zugleich kgl. Bibliothekar, welche letztere Stelle er aber 1842 wieder aufgab.

1103. Er besorgte eine Lateinische Uebersetzung von Carus vergleichender Anatomie, s. *Carus*.

Thiernesse, Professor an der Belgischen Veterinärschule zu Cureghem-les-Bruxelles und seit 1860 Ritter des Leopold-Ordens.

1104. Er ist Mitherausgeber der Belgischen thierärztlichen Zeitschrift, s. *Journal* Nr. 1309, *Répertoire* Nr. 1410, *Annales* Nr. 1212.

Thiriet-Stévenin.

1105. Remèdes et traitements pour les maladies des chevaux, rangés par ordre alphabétique et recueillis par Thiriet-Stévenin, d'après les auteurs les plus distingués. Imprimerie de Devin, à Mézières 1855. 8⁰. 2 Bog.

Thomas, soll ein durch seine Kuren an Menschen und Thieren verdienter Schäfer zu Bunzlau in Schlesien gewesen sein, der jedoch wohl nur seinen Namen zu dem wahrscheinlich von Tennecker zuerst zusammengestellten Buche hergegeben hat.

1106. Des alten Schäfers Thomas aus Bunzlau allgemeines Vieharzneibuch, oder seine Kuren an Pferden, Rindvieh, Schafen, Schweinen, Ziegen und den übrigen Hausthieren, so wie seine Kenntnisse, Erfahrungen und Hülfsleistungen bei den Geburten der Pferde. Von ihm selbst in seiner Mund- und Schreibart beschrieben und zum Nutzen seiner Nebenmenschen herausgegeben von seinem Sohne dem Schäfer Thomas in Weissenborn. Fünfte vermehrte Auflage. Glogau, Flemming 1853. gr. 8⁰. XIX und 418 S. 1 Thlr. — Bildet den 2. Theil der: Kleinen Hausbibliothek der Land- und Hauswirthschaft. Die 1. Auflage erschien 1829 als Umarbeitung eines in Tennecker's Jahrbuch 1823 S. 87—134 erschienenen Aufsatzes.

Thomsen, August, geboren zu Kolberg am 24. August 1802, trat zum Kaufmann bestimmt in eine Handlung zu Swinemünde, 1824 als Freiwilliger in das 2. Preussische Kürassier-Regiment ein. Er wurde 1830 in das Bureau der 3. Kavallerie-Brigade kommandirt, ertheilte schon in dieser Stellung vielfach Reitunterricht, nahm 1835 seinen Abschied und übernahm die Leitung eines Reitinstituts in Berlin. Für seine 1846 veröffentlichte Arbeit über die Reitkunst erhielt er die Preussische und die Oesterreichische goldene Verdienst-Medaille.

1107. Er gab den 24. Jahrgang von Tennecker's Jahrbuch der Pferdezucht etc. heraus, s. *Tennecker.*

Thon, Chr. Fr. G., ökonomischer Schriftsteller.

1108. Von dem von ihm 1824 bearbeiteten : Der Landmann als Thierarzt etc.: erschienen 2 neue Auflagen, s. *Bauer* Nr. 1222.

Tiden, Lars, geboren in Schweden, studirte Medizin und Thierheilkunde, wurde Magister der Chirurgie, später zweiter Lehrer an der Veterinärschule zu Skara und starb am 1. September 1847.

1109. Handbok i Boskapsskötseln. Om Hästens, Hornboskapens, Farets, Svinets uppfödning och skötsel. Upplagan 2. Jönköping, Lundstroem 1850. 8°. 28 Sch. — Erschien zuerst 1841. Darin über Zucht, Wartung, Fütterung und Krankheiten der Pferde.

1110. Er besorgte eine Schwedische Uebersetzung von Dieterichs Veterinair-Chirurgie, s. *Dieterichs* Nr. 293.

Tisserant, Eugène, geboren zu Chatel-sur-Moselle (Departement Vogesen) in Frankreich am 20. April 1816, besuchte seit 1835 die Veterinärschule zu Alfort, erhielt 1839 das thierärztliche Diplom, wurde 1840 Chef de Service, 1843 Lehrer und 1845 Professor an der Veterinärschule zu Toulouse, und wurde 1846 als Professor der Anatomie, Physiologie, Hygiene und Veterinärpolizei an die Thierarzneischule zu Lyon versetzt.

1111. De la production chevaline en France et de l'intervention de l'Etat, par M. Eug. Tisserant, professeur à l'Ecole impériale vétérinaire, etc. Impr. de Barret, à Lyon 1853. gr. 8°. 8¾ Bog.

1112. Er ist Mitherausgeber der in Lyon erscheinenden thierärztlichen Zeitschrift, s. *Journal* Nr. 1310 und eines Wörterbuches der Veterinärkunde, s. *Lecoq* Nr. 649.

Toggia, Francesco, Sardinischer Kapitän der Kavallerie.

1113. Analisi critica ragionata del rendiconto delle sperienze tentate sopra cavalli della regia truppa, per la cura del moccio, del dottor Luigi Colomba. Torino, Baricco e Arnaldi 1848. 8°. 43 S.

Tombari, Telesforo, Thierarzt in Rom.

1114. Medicina veterinaria, o sia igiene, fisiologia, patologia e terapia comparata. Roma 1856. — 8°.

Tongue, Cornelius.

1115. Er schrieb unter dem Namen Cecil über Zucht und Behandlung der Pferde, s. *Cecil* und besorgte eine neue Ausgabe von Apperley's Condition des Pferdes, s. *Nimrod* Nr. 801, so wie von Youatt's the horse, s. *Youatt* Nr. 1194.

von Torp, Franz Louis, der Sohn eines Dänischen Obersten, wurde am 20. Dezember 1818 zu Flensburg geboren, besuchte 1833—38 die Kadettenschule zu Kopenhagen, wurde dann Lieutenant im Leib-Dragoner-Regiment, besuchte später die Thierarznei- und Reitschule, nahm 1848 im 3. Dragoner-Regiment, 1849 als Adjutant der 2. Kavallerie-Brigade und 1850 im Stab der 6. Infanterie-Brigade Theil an dem Feldzuge in Schleswig, besuchte 1851 abermals die Thierarzneischule, unternahm 1852 eine hippologische Reise durch England, Frankreich und Deutschland, wurde 1854 Adjutant bei dem General-Kommando in Schleswig und 1856 unter Versetzung zum 4. Dragoner-Regiment und Beförderung zum Rittmeister Mitglied der Remonte-Kommission.

1116. Landhesteavlen i Danmark. Et Concurrenceskrift. Kjöbenhavn 1854. — 8°.

Traeger, Theodor, geboren zu Berlin am 26. Oktober 1800, war 8 Jahre lang Apotheker, studirte 1823—1826 Thierheilkunde, ging darauf mit dem Kurprinz v. Hessen nach dem Rhein und blieb bei ihm, bis derselbe nach Kurhessen zurückkehrend die in seinem Dienst stehenden Preussen entlassen musste, praktizirte von 1829—1832 in Merseburg, wurde in letzterem Jahre Rossarzt am Hauptgestüt Graditz, 1839 zum Oberrossarzt daselbst ernannt, 1849 in gleicher Stellung zum Gestüt Trakehnen versetzt, 1855 aber zur Disposition gestellt und lebt seitdem in Gumbinnen.

1117. *Studien und Erfahrungen im Bereiche der Pferdekunde. Eine Sammlung von Beobachtungen über das Wesen des Pferdes, die günstigen und ungünstigen Resultate der Züchtung, Erziehung, Pflege, Training und Rennen, so wie auch über das Wesen der Erbfehler, die Mechanik des Ganges und Belehrung über Geburtshülfe und Jugendkrankheiten, wie überhaupt über die Krankheiten des Pferdes und deren homöopathische Behandlung etc. etc. Von Th. Träger, Oberrossarzt am Königl. Preuss. Hauptgestüt Trakehnen. Sondershausen, 1851. Fr. Aug. Eupel.

gr. 8°. T., 1 Bl.: Vorw., 5—112 S., 1 Bl.: Err. 16 Gr.

Inh.: die Mutterstute (Gesundheit, Erbfehlerfreiheit, Dienstthümlichkeit, Alter, Haar, Konstanz, Fruchtbarkeit, Ueberfruchtung, Uebertragung der Eigenschaften vorangehender Leibesfrucht auf die nachkommende, Versehen, Milchergiebigkeit, Abort, Geburtshülfe, Kaiserschnitt, Bedeckung), das Füllen (Absetzen, erstes Jahr, Krankheiten), die Rennen (engl. und oriental. Blut, Gang, Knochenbau, Spath, Hasenhacke), Homöopathie.

Rec.: Holmer 1851 II Nr. 934; Kreutzer's Central-Zeitg. 1852 Nr. 8; Tennecker 1854. 359.

1117a. *Der homöopathische Dorf-Thierarzt. Ein nützliches Handbuch zunächst für Oeconomen und Landleute zur Behandlung und Heilung erkrankter Pferde, Rinder, Schafe, Ziegen, Schweine und Hunde. Nebst einer Einleitung zur Homöopathie überhaupt. Von B. H. Träger. Zweite Auflage. Leipzig 1853 Hentze.

8°. IV S.: T., Inh., 5—120 S. 8 G. — Die erste Auflage erschien 1846.

Tuczek, F. W., Doktor.

1118. Allgemeines homöopathisches Thierarzneibuch. Ein zuverlässiger Rathgeber für jeden Viehbesitzer, welcher die vorkommenden Krankheiten der Hausthiere sicher, schnell und wohlfeil heilen will. Zweite Ausgabe. Leipzig, Colditz 1856.

8°. XVI und 442 S. 18 Gr. — Nur neuer Titel zu der 1846 erschienenen Ausgabe.

Turner, R., Offizier in der Englischen Kavallerie.

1119.. Guide to the Breaking of Young Horses. London, F. Parker and Co. 1851.

8°. 2 Sch. 6 P. — Bildet einen Theil von Parker's Military Manuals.

Tuxford, G. P.

1120. Er gab früher das Journal The Sportsman bis zu dessen Vereinigung mit dem Sporting Magazine heraus und ist jetzt Herausgeber dieses letzteren, s. *Sporting* Nr. 1432.

Tykel, Benedikt, trat 1808 als Lieutenant bei der reitenden Artillerie der Polnischen Armee ein, wohnte bis 1813 den Feldzügen in Russland und Deutschland bei, und zwar zuletzt im Generalstabe des Fürst Poniatowski, nahm 1818 den Abschied aus der Armee, wurde bei der Regierung angestellt, Mitglied des

Staatsraths in Polen, 1843 Civil-Gouverneur von Augustowo und starb am 23. Juni 1859.

1121. Er schrieb über Zucht, Krankheiten und Beschlag der Pferde, s. *Koniach* Nr. 1321.

Unterberger, Friedrich, der Sohn eines Stadtältesten zu Riga, wurde ebenda am 17. Dezember 1810 geboren, besuchte die Domschule seiner Vaterstadt, studirte 1829—34 Veterinär-Medizin, vorzugsweise in Wien, dann in Berlin, München, Stuttgart und besuchte in dieser Zeit die Gestüte Ungarns und Württembergs. Er legte 1835 sein Gradual- und Staatsexamen zu St. Petersburg ab, trat 1836 als erster Veterinär bei dem Appanage-Gestüt Simbirsk ein, wurde 1849 als Professor an die Veterinärschule zu Dorpat berufen und 1858 zum Direktor derselben ernannt. Im Interesse seines Katheders unternahm er mehrere grössere Reisen, so 1851 durch das mittlere Russland, 1854 und 1855 nach Südrussland, 1856 nach Württemberg, besuchte dann die Thierarzneischule zu Alfort, die Naturforscher-Versammlung in Wien, die Gestüte Kisber, Babolna, Mezöhegyes, Lipizza und Trakehnen. Er ist Staatsrath, Ritter des Stanislaus-Ordens, Inhaber des Ehrenzeichens für tadellosen Dienst und der Medaille für den Feldzug in der Krim, Mitglied vieler thierärztlichen und ökonomischen Gesellschaften, und seit 1858 von der Adels-Korporation in Simbirsk in ihre Matrikel aufgenommen.

1122. *Mittheilungen aus dem Innern von Russland zunächst für Pferdeliebhaber. Bericht des Professors der Dorpater Veterinärschule, Collegienrath's Fr. Unterberger, über die von ihm in den Sommerferien 1851 gemachte Reise. Gedruckt auf Verfügung der Oberbehörde. Dorpat, 1853. Gedruckt bei Schünmann's Wittwe und C. Mattiesen.

gr. 8°. T., 1 Bl.: Inh., 5—136 S., 1 Bl.: Maasse. 1 Thlr. — Eine Russische Uebersetzung s. die folgende Nummer.

Inh.: Der Beschälstall, Pferdehandel und Pferdeliebhaberei in Moskau, die Gestüte Potschinkow, Lawrowka, Padü, Bitjugi, Chränowoi, Tschesmenka, Limarew, Derkull, Nowo Alexandrowa, Strelezk, die Belowodzkischen Gestüte, Beschälerställe Tombow und Pensu; Pferdezucht, Handel und Rennen im Gouvernement Simbirsk, die Orlow'schen Dräber.

Rec.: Hering 1853. 360; Roell 1853 II 147; Tennecker 1855. 384; Zarncke 1853. 636; Veterin. 1854. 24.

1123. *Извѣстія изъ внутреннихъ губерній россіи, преимущественно для любителей лошадей. Отчетъ профессора дерптскаго ветеринарнаго училища коллежскаго совѣтника Феодора Унтербергера о поѣздѣ, совершенной имъ во время лѣтнихъ вакацій въ 1851 омъ году. По распоряженію на льстіея перс едено съ и нецкаго. Дерптъ. Въ типографіи шіонапта и К: Маттисепа.

gr. 8°. T., 1 Bl.: Inh., 5—146 S. 2 Rb. — Eine auf Anordnung der oberen Behörde bewirkte Uebersetzung der vorigen Nummer.

d'Ussel, Philippe, Comte, geboren 1809 zu Ussel (Departement Correze) in Frankreich, besuchte das College Stanislas zu Paris und unternahm dann eine längere Reise durch das ganze Europa. Nach seiner Rückkehr widmete er sich der Verbesserung seiner Güter und der Hebung der Landwirthschaft in seinem Arrondissement. Er begründete 1848 die Ferme école des plaines, deren Leitung er in die Hand nahm, machte grosse Landstriche durch Entwässerung nutzbar und führte landwirthschaftliche Maschinen ein, für deren Vervollkommnung er selbst thätig war. Er erhielt 1853 das Ritterkreuz der Ehrenlegion.

1124. *Cours d'agriculture élémentaire et d'hygiène vétérinaire professés à la ferme-école des Plaines, canton de Neuvic, arrondissement d'Ussel (département de la Corrèze) sous la direction de M. le comte D'Ussel Chevalier de la Légion d'honneur. Paris imprimé par E. Thunot et Co 1856.

8⁰. Sch. T., T., 2 Bl.: Vorw., Inh., 183 S. — Eine Zusammenstellung nach den landwirthschaftlichen und veterinärischen Schriften von Gasparin, Antelme, Villeroy, Stoltz, Schwerz, Bailly, Gossin und nach der Maison rustique. Da im Departement Ussel selbst keine Pferdezucht betrieben wird, so enthält das Buch nur die Pferdekrankheiten S. 141—172.

Vallada, Domenico, Professor an der Thierarzneischule zu Turin.

1125. *Giornale di veterinaria pubblicato per cura dei professori ed assistenti della regia scuola veterinaria in Torino. Redattori annuali i Professori G. B. Ercolani e Domenico Vallada. Anno V. Torino tipografia scolastica di Sebastiano Franco e figli e comp. 1856.

gr. 8⁰. T., 3—576 S., 3 KT. — Er war auch Herausgeber des 2. Jahrgangs; die früheren Jahrgänge s. *Lessona* Nr. 663, 666.

Vandecastelle.

1126. *Un mot sur la supériorité du système d'attelage flammand et de l'utilité de son application aux besoins de l'industrie et de l'agriculture, par M. Vandecastelle, Membre correspondant de la Société royale et centrale d'Agriculture, Sciences et Arts du département du Nord, de la Société d'Agriculture de Chateauroux.

4⁰. T., 8 S. mit 2 Abb. 50 C. — Erschien zu Paris, L. Bouchard-Huzard 1849.

Vatel, Pierre, geboren in Frankreich am 6. März 1795, trat 1812 in die Veterinärschule zu Alfort ein, erhielt 1814 das thierärztliche Diplom, wurde 1821 Professor an der Lyoner Schule, später an die zu Alfort versetzt, liess sich, nachdem er seine Entlassung genommen, zu Paris nieder und starb daselbst am 26. März 1852.

1127. Er war Mitherausgeber einer thierärztlichen Zeitschrift, s. *Recueil* Nr. 1400.

de Veauce, Charles Eugène de Cadier, Baron, der Sohn des Stallmeisters der Herzogin v. Berry, wurde auf dem Schloss Veauce (Departement Allier) in Frankreich am 1. Januar 1820 geboren, bereiste nach beendeten Studien fast ganz Europa und liess sich dann auf seinem Schloss nieder. Nach längerem Besuch bei der exilirten königl. Familie widmete er sich der Verbesserung der Lage seiner Untergebenen und seiner Güter, legte Strassen an, baute Armenhäuser und gründete die landwirthschaftliche Gesellschaft von Ebreuil, zu deren Präsident er gewählt wurde. Er vertrat 1850 sein Departement bei dem landwirthschaftlichen Kongress zu Paris und war Berichterstatter über die Drainage. 1851 gründete er die Rennen zu Moulins und wurde in den gesetzgebenden Körper gewählt, 1852 zum Mitglied des Generalraths für Ackerbau in Frankreich, später auch zum Mitglied des Generalraths seines Departements und der Jury für Versailles, Moulins, Nevers, Tours und Paris gewählt. Er erhielt 1857 das Ritterkreuz der Ehrenlegion.

1128. *De l'élevage du cheval, des courses et de l'amélioration des races chevalines en France. Par le Bᵒⁿ de Veauce, éleveur du département de l'Allier. Moulins, P. A. Desrosiers, Paris, au bureau du Journal des Haras. Chez Mᵐᵉ veuve Huzard. Chez Dentu. Chez Chamerot. 1849.

gr. 8⁰. T., 118 S., 2 Bl.: Inh.. Err., 3 KT.

Inh.: Einleitung, Rennen, Vollblut, Zuchtstuten, Aufzucht, Pferdezucht im Allgemeinen.

Veith, Johann Elias, geboren zu Kuttenplan in Böhmen 1789, absolvirte die medizinisch-chirurgischen Studien an der Universität Wien, leistete dann als Sekundär-Arzt Dienste am allgemeinen Krankenhause daselbst, erhielt 1821 eine Pensionärstelle im Thierarznei-Institut, wurde an demselben 1822 Korrepetitor, 1823 Professor der Chirurgie und Operationslehre, dann der Naturgeschichte und

Hygiene, übernahm 1840 die Vorträge über Gestütskunde, Geburtshülfe, Seuchenlehre und Veterinärpolizei, nahm 1855 seine Entlassung und lebt seitdem im
Pensionsstande ebenda.

1129. Handbuch der gesammten gerichtlichen Thierarzneikunde für Aerzte,
Thierärzte, Oekonomen und Rechtsgelehrte. Dritte verbesserte und vermehrte
Auflage. Wien, Braumüller in Commission 1850.
gr. 8°. X und 368 S. 2 Thlr. 4 Gr. — Erschien zuerst 1826.

1130. Die Naturgeschichte der nutzbaren Haussäugethiere. Wien, 1856.
Braumüller.
gr. 8°. 94 S. 16 Ngr.

1131. Törvényszéki állatorvostan. Közsegi orvosok, állatorvosok, közsegi
döljárók számára. Kivonatban szerkerzté Posgay János Nyole fametszetü ábrával.
Pesth, G. Emich 1855.
8°. 52 S. mit 8 Abb. 30 Kr.

Verheyen, Pierre Séraphique, geboren zu Vilvorde in der Provinz
Brabant, widmete sich der Pharmazie, besuchte dann seit 1824 die Veterinärschule
zu Utrecht, wurde 1828 als Rossarzt bei der Artillerie angestellt, 1829 zum Professor an der Akademie zu Breda ernannt, nahm aber 1830 seine Entlassung und
ging nach Belgien. 1831 als Thierarzt 1. Klasse bei den Jägern zu Pferde ein-
getreten, wurde er im Dezember Veterinär-Inspekteur der Armee, 1840 Professor
an der Veterinärschule zu Cureghem, 1850 Direktor derselben und nahm 1854
seine Entlassung. Er lebt seitdem in Brüssel, ist seit 1841 Mitglied der Akademie, seit 1852 Präsident der Kommission für Ackerbau in Flandern und erhielt
1860 das Offizierkreuz des Belgischen Leopolds-Ordens.

1132. *Handboek van Veeartsenykunde door P. J. S. Verheyen, Voorzitter
der provinciale landbouw-kommissie van Braband, Leeraer by de veeartsenyschool
van Belgie, Inspecteur van den veeartsenydienst van het belgische leger. Tweede
deel. Brussel, Emile Tarlier uitgever 1857.
8°. T., 5—400 S. 1 Fr. 45 C. — Bildet Nr. 14 der 2. Serie der Bibliothek
over landbouw und erschien zugleich in Französischer Uebersetzung anonym s.
Manuel Nr. 1337. Der erste Theil ist von Defays bearbeitet, s. *Defays* Nr. 251.

1133. Er übersetzte Weckherlin's Thierproduktionslehre in das Französische, s. *Weckherlin* Nr. 1169, ist Mitherausgeber des Recueil de méd. vétér.
s. *Recueil* Nr. 1400 und Mitarbeiter an dem von Bouley und Reynal herausgegebenen Wörterbuche der Veterinärwissenschaften, s. *Bouley* Nr. 127.

Vernois, Maxime, geboren in Frankreich, studirte Medizin, that seit
1830 Dienste an den Pariser Hospitälern, wurde 1833 Mitglied der anatomischen
und 1834 der medizinischen Gesellschaft, 1837 Doktor der Medizin, war 1839—
1842 Berichterstatter bei dem Tribunal der Seine, 1839—1845 Arzt der Salles
d'asile und der Kommunalschulen, wurde 1844 Arzt des Centralbureaus der Hospitäler, 1845 Ritter der Ehrenlegion. Nachdem er 1849 Mitglied der Gesellschaft der
pitalärzte und 1852 des Gesundheitsrathes geworden, ernannte ihn der Kaiser 1853
zu seinem konsultirenden Arzt, 1854 erhielt er den Prix Montyon der Akademie
der Wissenschaften, 1859 das Offizierkreuz der Ehrenlegion, wurde 1860 Vicepräsident des Gesundheitsrathes und 1861 Mitglied der Akademie der Medizin.

1134. Er schrieb mit Becquerel über die Stutenmilch, s. *Becquerel*.

Viborg, Erik Nissen, der Sohn eines Predigers, wurde am 5. April
1759 zu Bedsted (Sonderjylland) in Dänemark geboren, studirte von 1777—1780
auf der Universität Kopenhagen zuerst Theologie und orientalische Sprachen, dann
Physik, Mathematik, Naturwissenschaften und zuletzt Thierarzneikunde, wurde
1783 Lektor am botanischen Garten und der Thierarzneischule, erhielt in demselben Jahre die goldene Medaille der Gesellschaft für Wissenschaften und 1787

den ersten Preis derselben, unternahm auf Staatskosten eine Reise durch Deutschland, Ungarn, Italien, Frankreich, England, Holland und wurde bei seiner Rückkehr 1790 zum Professor und zweiten Lehrer an der Thierarzneischule ernannt. 1792 erhielt er das Diplom als Doktor der Medizin der Universität Kiel, wurde 1797 Professor der Botanik an der Universität Kopenhagen, 1798 Mitdirektor des botanischen Gartens, 1801 Direktor und erster Lehrer der Thierarzneischule, so wie Sekretär der Gestütsdirektion und der Veterinär-Gesellschaft, 1809 Ritter des Danebrog, 1812 Titular-Justizrath, 1815 wirklicher Staatsrath und starb am 25. September 1822.

1135. Er schrieb die Einleitung zu Abildgaard's Pferde- und Viehkrankheiten, s. *Abildgaard*.

Villeroy, Félix, geboren zu Metz am 24. Oktober 1792, widmete sich der juristischen Laufbahn, wurde 1812 Advokat, trat dann aber in die kaiserl. Garde ein, wohnte den Feldzügen 1813 und 14 bei, war 1815 Adjutant eines Artillerie-Generals, erhielt die Ehrenlegion und trat zur Kavallerie über, nahm aber nach dem Frieden den Abschied und liess sich 1816 als Landwirth zu Rittershof bei St. Ingbert in der Bayerischen Pfalz nieder. Bei der Pariser Industrie-Ausstellung 1856 erhielt er das Offizierkreuz der Ehrenlegion.

1136. Manuel de l'éleveur de chevaux, par Félix Villeroy, cultivateur à Rittershof. 2 Tomes. A Paris, impr. de Remquet 1856.
8º. 25 und 26½ Bog. mit Abb. 12 Fr. — Eine deutsche Uebersetzung erschien erst 1858.

Inh.: Naturgeschichts, Racen, Exterieur, Zucht, Wartung und Pflege, Krankheiten, Geschirr, Reiten, Fahren, Wettrennen, Genuss des Pferdefleisches, Thierquälerei, Pferdehandel und Gewährsmängel.

Vix, Carl Wilhelm, geboren zu Giessen am 27. März 1802, erhielt seit 1817 in Darmstadt am Marstall Unterricht im Reiten und den Pferdewissenschaften, besuchte seit 1818 die Thierarzneischule zu Hannover, hörte seit 1820 in Wien Vorträge über Thierheilkunde, Medizin, Landwirthschaft und Philosophie, legte 1822 bei dem Medizinal-Kolleg in Darmstadt das Examen ab und wurde Assessor desselben. Er praktizirte nunmehr in Darmstadt, war zugleich Thierarzt am landgräfl. Marstall, absolvirte 1824 in Göttingen die medizinischen Studien, erwarb die Doktorwürde, bereiste seit 1826 Frankreich, Holland, Belgien, Spanien, eröffnete nach seiner Rückkehr 1827 Vorlesungen über Thierarzneikunde, wurde 1828 Lehrer derselben an der Universität Giessen, sowie Kreisthierarzt und wurde 1835 zum Professor ernannt.

1137. Er gab mit Dieterichs und Nebel eine thierärztliche Zeitschrift heraus, s. *Dieterichs* Nr. 283.

Vogler, Carl Heinrich, wurde zu Kyritz in Preussen am 21. Mai 1815 geboren, trat 1834 bei dem Garde-Dragoner-Regiment ein, in dem er bis 1849 als Regimentsschreiber diente, wurde dann als Kalkulator bei dem kgl. Obermarstall-Amte angestellt und nahm 1861 seine Entlassung. Seit 1849 ist er Sekretär des Berliner Vereins für Pferdezucht und Pferderennen.

1138. *Renn-Kalender für Deutschland nebst mehreren Registern von C. H. Vogler. Jahrgang 1847. Berlin, A. Asher u. Comp. 1848.
8º. VIII S.: T., Vorw., Inh., 177 S.

Erschien auch für die Jahre 1848—57 jährlich in 2 Theilen, deren erster die Rennpropositionen, der zweite die Berichte über abgehaltene Rennen enthält. Jeder Theil kostet 1 Thlr.

1139. * Blaetter über Pferde und Jagd. Herausgegeben von C. H. Vogler. 1852. Erster Jahrgang. Erster Band. Berlin. In Commission bei A. Asher und Comp.

> gr. 8°. V S.: T., Inh., 488 S. 2. Band. V und 460 S.
>> 1853. 1. Bd. V S.: T., Inh., 444 S. — 2. Bd. V und 428 S.
>> 1854. 1. Bd. V S.: T., Inh., 444 S. — 2. Bd. V und 424 S.
>> 1855. 1. Bd. V S.: T., Inh., 446 S. — 2. Bd. V und 436 S.
>> 1856. 1. Bd. V S.: T., Inh., 452 S. — 2. Bd. V und 440 S.
>> 1857. 1. Bd. V S.: T., Inh., 478 S. — 2. Bd. V und 452 S.

Erscheint in wöchentlichen Nummern, kostet jährlich 4 Thlr. und bildet die Fortsetzung der vom Graf v. Holmer herausgegebenen hippologischen Blätter, vgl. *Holmer.*

1140. * Allgemeines Gestüt-Buch. Ein Verzeichniss der Vollblut-Pferde nebst ihrer Abstammung welche sich in allen deutschen Staaten, sowie den nicht zum deutschen Bunde gehörigen Landestheilen der preussischen und dänischen Monarchie, desgleichen in Ungarn und seinen Nebenländern, in Siebenbürgen und Galizien befinden von C. H. Vogler. Zweiter Band. Berlin 1852. Im Selbstverlage des Verfassers und in Kommission bei A. Asher u. Comp.

> gr. 8°. XXXIX S.: T., Vorw., Inh., Register, 303 S. 4 Thlr. — Der 1. Band erschien 1847.

> Dass. Dritter Band. Ebda 1856. — LXV S.: T., Vorw., Inh., Register, 260 S. 4 Thlr.

Voisin, Ch., geboren in Frankreich 1780, trat in die Kavallerie ein, rückte in derselben bis zum Oberst auf und starb zu Paris am 15. März 1846.

1141. Seine Broschüre über die falsche Wirkung der Kandarenzügel, welche 1845 erschien, ist in mehreren Arbeiten von Noel mit aufgenommen, s. *Noel* Nr. 805.

Volkers, Emil, Thiermaler.

1142. Bildnisse vorzüglicher Hengste aus dem königlich Hannoverschen Landgestüt Celle. Nach dem Leben gemalt, auf Stein gezeichnet und herausgegeben von Emil Volkers. Verlag von Wilhelm Jowien in Hamburg 1857.

> gr. fol. T. und 24 K. in Umschlag. 18 Thlr.

Volpi, Alessandro, Doktor der Medizin und Thierarzneikunde zu Mailand.

1143. Manuale popolare di veterinaria a comodo d'ogni proprietario di cavalli. Padova 1853. — 8°.

1144. Sunto delle principali disposizione di Polizia veterinaria, vigenti nel regno Lombardo-Veneto. Padova, Bianchi 1854. — 8°.

1145. Trattato delle malattie epizootiche e contagiose degli animali domestici. Milano 1856. — 8°.

1146. Er gab Hitzinger's Handbuch des Hufbeschlages heraus, s. *Hitzinger*.

Vrolik, Willem, der Sohn eines Arztes, wurde am 29. April 1801 zu Amsterdam geboren, studirte in Utrecht bis 1822 Medizin, setzte seine Studien in Paris fort, erwarb nach seiner Rückkehr 1823 den Doktortitel und wurde 1829 als Professor an die Universität Gröningen berufen. Im Jahre 1830 trat er als Lieutenant in die Gröninger freiwillige Studenten-Kompagnie ein, machte als solcher den Feldzug mit und erhielt den militärischen Wilhelms-Orden. 1831 wurde er als Professor der vergleichenden Anatomie an das Amsterdamer Athenäum berufen, in welcher Stelle er noch wirkt. Er ist Ritter des Niederländischen Löwen- und Kommandeur des Ordens der Eichenkrone.

1147. Het Leven en het Maaksel der Dieren. Tweede deel. Amsterdam, M. H. Binger en Zoon 1854.

8⁰. 494 S. — Dieser Theil enthält von S. 62 ab Naturgeschichte, Anatomie und Physiologie des Pferdes. Das ganze aus 3 Theilen bestehende Werk kostet 10,40 Fl.

1148. Tabulae ad illustrandam embryogenesin hominis et mammalium tam naturalem quam abnormem. Amstelodami 1849 Lipsiae, Weigel.

fol. 100 KT. mit Text. 60 Fl. — Eine holländische Ausgabe s. die folgende Nummer.

1149. De Vrucht van den Mensch en van de Zoogdieren afgebeeld en beschreven en haren regelmattige en onregelmattige ontwikkeling. Amsterdam 1849. — fol. 100 KT. und Text. 60 Fl.

Vuillermedunand.

1150. Manuel du roulage et des messageries, à l'usage des voituriers, rouliers, charretiers, entrepreneurs de transport par terre et par eaux, etc., contenant l'hygiène, les principales maladies et le choix des chevaux, classé et mis en ordre alphabétiquement par Vuillermedunand aîné. Première édition. Imprimerie de Gauthier à Lons-le-Saunier 1856.

18⁰. 6¾ Bog.

Wagenfeld, Johann Ludwig, geboren zu Döhren in Hannover am 4. Juni 1801, erlernte in Hannover die Apothekerkunst, war bis 1824 Apothekergehülfe in Arolsen, Rotenburg in Hessen und Oranienburg in Preussen, besuchte dann die Berliner Thierarzneischule, liess sich nach abgelegtem Examen 1827 als Thierarzt in Danzig nieder, wurde Kreisthierarzt daselbst, bereiste 1833—35 fast ganz Europa, wurde 1840 als Lehrer an die Berliner Thierarzneischule berufen und 1841 zum Departements-Thierarzt in Danzig ernannt.

1151. Wie heilt der Bauer und schlichte Landmann seine kranken Pferde. Eine Belehrung in Fragen und Antworten. Mit einer Abbildung. Zweite Ausgabe. Leipzig, Wigand 1848.

gr. 8⁰. VII und 192 S. 8 Gr. — Nur neuer Titel zu der Ausgabe von 1840.

1152. Allgemeines Vieharzneibuch, oder: gründlicher und leicht fasslicher Unterricht, die Krankheiten der Hausthiere zu erkennen und sicher zu heilen. Mit neun zum Theil neuen Folio-Tafeln in Stahlstich. Siebente vermehrte und ganz umgearbeitete Auflage. Königsberg, Gebrüder Bornträger 1849.

gr. 8⁰. XX und 282 S., 9 KT. 1 Thlr. 12 Gr. — Erschien zuerst 1832; von Pferdekrankheiten handeln S. 1—121.

1153. *Dass. Achte sehr vermehrte und gänzlich umgearbeitete Auflage. Ebda 1853. — gr. 8⁰. XVI und 310 S., 9 KT. 1 Thlr. 12 Gr.

1154. Dass. Neunte bedeutend vermehrte und verbesserte Auflage. Ebda 1857. — gr. 8⁰. XVI und 284 S., 9 KT. 1 Thlr. 12 Gr.

1155. *Anleitung zur Pferdekenntniss, oder die Beurtheilung des Pferdes auf seine Vorzüge und seine Mängel, nebst Rathgeber für Pferdekäufer bei der Untersuchung von Pferden, und zur Sicherung gegen Betrug; Enthüllung der Rosstäuscherkünste; Angabe der auf den Pferdekauf bezüglichen Gesetze; Beschreibung der Kennzeichen der Gewährsmängel etc. etc. Ein nützliches Handbuch für Jeden, welcher aus Neigung oder Beruf sich für das Pferd interessirt. Von Dr. L. Wagenfeld, Königl. Preuss. Departements-Thierarzte zu Danzig. Mit 12 Tafeln Abbildungen. Königsberg, 1851, Gebrüder Bornträger.

gr. 8⁰. VIII S.: T., Vorw., Inh., 196 S. und Atlas in quer folio von 12 KT. in besonderem Umschlag. 3 Thlr. 6 Ngr. — Vgl. *Duerler* Nr. 308.

Rec.: Zarncke 1852. 59.

1156. *Dass. Zweite vermehrte und verbesserte Auflage. Leipzig, Verlag von Gustav Mayer. 1855.

Lexic. 8°. XII S.: T., Vorw., Inh., 210 S., 12 KT. 2 Thlr. 16 Gr.

Inh.: Exterieur, Alterserkenntniss, Haar, Farbe und Abzeichen, Maasse, Racen, Temperament, Gangarten, Untersuchung beim Kauf, Betrügereien der Händler, Wahl für die Verwendung, Gewährsmängel.

Wagenfeldt, J. E., ein zur Täuschung des Publikums gewählter Name für einen nicht existirenden Thierarzt. (Vgl. Vorwort zur 10. Auflage von L. Wagenfeldt's Vieharzneibuch. Königsberg 1860).

1157. Die Rotzkrankheit der Pferde heilbar! Veröffentlichung des neuesten Mittels zur Heilung des Rotzes und der Maassregeln, um gesunde Pferde vor Ansteckung zu sichern. Bautzen, Reichel 1848.

16°. 1 Bog., verklebt. 8 Gr.

1158. *Neuestes Vieharzneibuch oder Unterricht wie der Landwirth seine Pferde, Rindvieh, Schafe, Schweine und Federvieh füttern, warten und pflegen soll und deren Krankheiten leicht erkennen und wohlfeil, schnell und gründlich heilen kann. Nebst Anleitung zum Betriebe der Viehzucht. Von J. E. Wagenfeldt. Bautzen, F. A. Reichel.

gr. 8°. T., 5—174 S. 18 Gr. — Erschien 1854.

Darin S. 6—35 Zucht, Fütterung, Wartung und Krankheiten der Pferde, 164—169 Aderlass, Fontanell, Haarseil, Klystire.

Wahlgren, Friedrich.

1159. Bidrag till Generations-Orgarnernas Anatomi och Physiologie hos Menniskan och Däggdjuren. Lund, Berlinska Boktr. 1850.

8°. 2,90 und 2 S., 5 KT.

Waldt. — Pseudonym.

1160. *Sichere Anleitung die Pferde zum Grabenspringen abzurichten. Durch langjährige Erfahrung erprobt von Schmidt Waldt, Gestüts-Beamten a. D. Verlegt in Eilenburg von D. E. R. Tante.

8°. T., 3—8 S. — Erschien 1856, nicht im Buchhandel.

Walker.

1161. Walker's Manly Exercises; containing Skating, Riding, Driving, Hunting, Shooting, Sailing, Rowing, Swimming etc. Carefully revised by Craven. Tenth edition with 44 steel plates and woodcuts. London, H. G. Bohn 1856.

8°. 265 S. 5 Sch. — Gehört zu Bohn's Illustrated Library.

de Walles, Alexandre, Comte.

1162. Calendrier des courses de Courtalain (1855) par le comte Alexandre de Walles. Imprimerie de Lecesne à Chateaudun 1856.

8°. 28 S. 1 Fr.

Warde, J. H. J.

1163. A Catechism of Equitation for the use of Cadets, by J. H. J. Warde. London: Longman 1855.

16°. 2 Sch. 6 P.

Watrin, Auguste.

1164. Nouveau traité de la rage chez les animaux et chez les hommes. Préservatif. Guérison. Paris, chez Houssiaux 1853.

18°. 34 S. 1 Fr.

Wayte, Samuel C.

1165. The Equestrian's Manual; or, the Science of Equitation: with Advice to Purchasers of Horses, Saddlery, etc. By Samuel C. Wayte. London: Shoberl 1850. — 8°. 182 S. 7 Sch. 6 P.

Weber, M. J., geboren zu Landshut in Bayern am 10. Juli 1795, Doktor der Medizin und Chirurgie, ordentlicher Professor der Anatomie an der Universität Bonn, Geheimer Medizinalrath, Ritter des Preussischen rothen Adler- und des Badischen Ordens vom Zähringer Löwen, Mitglied der Bayrischen Akademie und anderer gelehrten Gesellschaften.

1166. Die Skelette der Haussäugethiere und Hausvögel. Für den Unterricht auf Universitäten, Veterinäranstalten und Schulen überhaupt, sowie für Freunde der Naturwissenschaften und Fachgenossen entworfen. In 17 Kupfertafeln ausgeführt von d'Alton, Breitenstein und Engels. Zweite Ausgabe. Bonn, Weber 1850.

quer gr. fol. IV und 24 S., 17 KT. 3 Thlr. — Neuer Titel zur ersten Ausgabe von 1824.

von Weckherlin, August, geboren zu Stuttgart 1794, erhielt seine erste landwirthschaftliche Ausbildung zu Hofwyl, unternahm dann grössere Reisen, wurde 1817 zur Einrichtung und Verwaltung der Privatdomänen des Königs von Württemberg berufen, erhielt von demselben mehrfach Aufträge zu Reisen nach Belgien, Holland, England, Frankreich, der Schweiz und Italien, wurde 1837 Direktor der landwirthschaftlichen Anstalt zu Hohenheim mit dem Titel eines Geheimen Hofdomänenraths und 1844 als wirklicher Geheimerath Chef der Domänendirektion für die Besitzungen des Fürst von Hohenzollern.

1167. Landwirthschaftliche Thierproduktion. Zweite Ausgabe. Erster Theil. Stuttgart, Cotta 1851.

gr. 8°. XIV und 234 S. — Nur dieser erste allgemeine Theil handelt auch von Pferden. Preis aller 3 Theile 7 Fl. Die erste Ausgabe erschien 1846, eine französische Uebersetzung s. unten.

1168. Dass. Dritte vermehrte und vervollständigte Auflage. Erster Theil. Ebda 1857. — gr. 8°. XVI und 254 S. Preis aller 3 Theile 4 Thlr.

1169. Zootechnie générale. Réproduction. Amélioration et élevage des animaux domestiques. Traduit de l'allemand de Auguste de Weckherlin et précédé d'une préface de P. S. J. Verheyen. Bruxelles, librairie d'E. Tarlier 1857.

18°. 216 S. 2 Fr.

Rec.: Annales 1857. 275.

Wedlake, in England.

1170. Culture de l'ajonc ou genêt épineux, ses usages, son application à la nourriture des bestiaux. Par M. M. Wedlake et de Porquet, esq. Paris 1857.

8°. 87 S. — Das Englische Original war nicht zu ermitteln.

Wegener, Stallmeister im Russischen Dragoner-Regiment des Thronfolgers Cesarewitsch.

1171. Метода выѣзжи лошади на новыхъ основаніяхъ перевелъ съ нѣмецкаго и дополнилъ берейтеръ драгунскаго его императорскаго высочества послѣдника Цесаревича полка Вегенеръ. Воронежъ. Въ литографіи И. Кондратьева.

(Methode der Abrichtung der Pferde nach neueren Grundsätzen. Aus dem Deutschen übersetzt und vervollständigt von dem Stallmeister des Dragoner-Regiments Sr. Kais. Hoheit des Thronfolgers Cesarewitsch Wegener. Woronesch. Steindruckerei von J. Kondratew).

4°. T., 8 S.: Vorw., 11—30 S. und 9 Bl. mit Abb. — Wahrscheinlich ein Auszug aus der Deutschen Uebersetzung der Baucher'schen Methode der Reitkunst.

Weidemann, Gottfried, geboren zu Arensburg auf der Insel Oesel am 9. November 1831, besuchte die adlige Kreisschule daselbst, trat 1849 in die Veterinärschule zu Dorpat ein, promovirte 1853 zum Magister der Veterinär-

Medizin und wurde als Rossarzt bei der Schule für Gardefähnriche, so wie an der Bereiterschule zu Petersburg angestellt, an welchen Anstalten er zugleich die Vorträge über Hippologie hält. Er erhielt 1858 den Annen-Orden 3. Klasse.

1172. *Ueber die Pferderace der Insel Oesel. Eine Abhandlung welche zur Erlangung der Magisterwürde in den Veterinairwissenschaften verfasst hat und mit Genehmigung des Hochverordneten Conseils der Dorpatschen Veterinair-anstalt öffentlich vertheidigen wird Gottfried Weidemann aus Livland. Dorpat, 1853. Gedruckt bei Schünmann's Wittwe und Mattiesen.

gr. 8°. T., 1 Bl.: Widm. (an General v. Craffstroem), 5—56 S., 1 K. — Nicht im Buchhandel.

Weinschenk, F. W., Besitzer des Gutes Gunderrupgaard in Jütland, seit 1852 Mitglied der Gestütskommission.

1173. *Bemerkninger af F. W. Weinschenk ved Hr. Kammerherrn, Landstutmester v. Bardenfleth's Erklæring til Hs. Maj. Kongen over de af Landmændenes Forsamlinger Allerhöistsamme tilstillede Committee-betækninger om Landets Heste- og Qvægavl. Aalborg. I Commission hos Den Rén'ske Boghandel. 1848.

8°. T., 3 - 67 S. 28 Sch.

Wellenbergh, P. H. J., geboren in Holland, studirte Medizin, promovirte zum Doktor, besuchte dann die Thierarzneischule zu Utrecht, wurde 1841 als Lehrer an derselben angestellt, 1846 zum Professor und 1851 zum Direktor derselben ernannt.

1174. Er gab mit Numan das Magazin für Thierarzneikunde heraus, s. *Numan* Nr. 818.

Welsh, J. W., Doktor der Medizin in England.

1175. Er gab unter dem Namen Stonehenge ein Buch über die verschiedenen Zweige des Sport heraus, s. *Stonehenge.*

Wernaer, Anton Ottomar, besuchte die Thierarzneischule zu Berlin, legte 1844 die Prüfung ab, wurde 1847 zum Kreisthierarzt des Kreises Steinau in Schlesien ernannt und 1861 in gleicher Eigenschaft nach Neisse versetzt.

1176. Die Krankheiten der in der Landwirthschaft benutzten Haussäugethiere. Ein Handbuch beim Unterricht der Thierheilkunde auf Ackerbauschulen, sowie zum Selbstunterricht für Landwirthe. Erste Abtheilung. Innere Krankheiten. Halberstadt, Franz 1851.

8°. 125 S. 12 Gr.

Werneburg, Siegmund, Oesterreichischer Militär-Rossarzt.

1177. Er gab mit Beyer ein Vieharzneibuch heraus, s. *Beyer* und übersetzte die Wahl des Pferdes von Magne und die Anleitung zum Hufbeschlag von Brognicz, s. *Magne* Nr. 705, *Brogniez* Nr. 143.

Westerberg, Ludwig, geboren in Schweden 1801, studirte Naturwissenschaften und Thierarzneikunde, und erwarb die Würde eines Magisters der Philosophie.

1178. Djurens sjukdomar och farsoter samt medlen till deras behandling och botande, jemte ett bihang. Stockholm 1853. — 8°.

von Weyrother, Maximilian, Ritter, war in der Mitte des vorigen Jahrhunderts österreichischer Kavallerie-Offizier, dann Oberbereiter an dem Militär-Equitations-Institute und zuletzt an der Spanischen Schule zu Wien.

1179. *Anleitung wie man nach bestimmten Verhältnissen die passendste Stangenzäumung finden kann. Nebst einer einfachen Ansicht der Grundsätze der Zäumung. Von Maximilian Ritter von Weyrother, k. k. Oberbereiter an der spanischen Schule etc. Dritte durchgesehene Auflage. Wien. J. G. Heubner. 1855.

8°. T., 48 S., 2 KT. 18 Ngr. — Erschien in erster Auflage 1814, die 2te wurde von Nadosy zur Bearbeitung des Kapitels : Zäumung : in seinen Equitations-Studien benutzt, vgl. *Nadosy.*

White, James, lebte in den zwei ersten Dezennien dieses Jahrhunderts als Thierarzt in London.

1180. A Compendium of the Veterinary Art. By James White. 18th edition, with considerable Additions, bringing the work up to the Present State of Veterinary Science, by W. C. Spooner. London, Simpkin 1852.

8°. 14 Sch. — Erschien zuerst 1814.

von Willisen, Carl Friedrich, der Sohn eines Preussischen Rittmeisters der Kavallerie, wurde am 21. Dezember 1788 auf dem Gute Stassfurth bei Magdeburg geboren, besuchte das Kadettenkorps, kam aus ihm 1804 als Junker zum Infanterie-Regiment Louis Ferdinand, wurde 1805 Lieutenant, 1806 bei der Kapitulation von Magdeburg kriegsgefangen, auf Ehrenwort entlassen und 1807 verabschiedet. Er trat 1808 bei dem Sächsischen Dragoner-Regiment Polenz wieder ein, war 1809 Ordonnanz-Offizier des Königs, machte im Reynier'schen Korps den Feldzug in Russland mit, wurde aber im August 1812 bei Bruscsauy gefangen und erst nach der Schlacht bei Leipzig freigegeben. 1814 wohnte er der Belagerung von Mainz bei, wurde zur Kürassier-Garde versetzt und 1815 mit einer Eskadron zur Formation des 7. Preussischen Kürassier-Regiments abgegeben. 1817 Rittmeister in der Adjutantur, 1829 Eskadron-Chef im 2. Ulanen-Regiment geworden, marschirte er zum 7. Kürassier-Regiment zurückversetzt mit diesem an die Belgische Grenze, wurde 1831 Major, 1839 Kommandeur des 9. Husaren-Regiments 1841 Oberstlieutenant, 1844 Oberst, erhielt 1846 das Kommando der 2. Kavallerie-Brigade, wurde 1850 Generalmajor, im März 1854 verabschiedet und 1856 zur Disposition gestellt. Er lebt seitdem in Berlin.

1181. Er besorgte die Deutsche Uebersetzung von Baucher's Methode der Reitkunst: s. *Baucher* Nr. 61.

Winiker, W., in Dänemark geboren, besuchte die Thierarzneischule zu Kopenhagen, und liess sich nach abgelegtem Examen als Thierarzt zu Garding in Schleswig nieder.

1182. Die gewöhnlichsten innerlichen Krankheiten der Pferde und deren Heilung. Von W. Winiker, Thierarzt in Garding. Tönning. (Schleswig, Bruhn). 1853.

8°. VI S.: T., Inh., Vorw., 185 S., 1 S.: Err. 1 Thlr.

1183. *Dass. Zweite Ausgabe. Kiel 1857 (Schröder und Comp.). — 8°. T., 1 Bl.: Inh., II S.: Vorw., 185 S., 1 S.: Err. 16 Gr.

With, Georg Christian, der Sohn eines Geistlichen, wurde am 5. Februar 1796 zu Bedsted (Sonderjylland) in Dänemark geboren, besuchte bis 1816 die Schulen zu Hadersleben und Husum, studirte dann bis 1818 in Kiel Philosophie und Medizin, setzte dieses Studium in Kopenhagen fort, wo er sich auch mit Thierarzneikunde beschäftigte. Er legte 1821 die Prüfung bei der chirurgischen Akademie ab, wurde 1822 zweiter Lehrer an derselben, erhielt 1827 den Rang eines Regiments-Chirurg und wurde 1829 Mitglied der medizinischen Gesellschaft. Seit 1833 trug er an der Militär-Akademie Veterinärkunde vor, hielt über dieselbe 1837—38 öffentliche Vorlesungen, wurde 1837 Revisor des Militär-Veterinär-Medizinal-Rechnungswesens, erwarb 1840 den medizinischen Doktorgrad an der Universität Kopenhagen und wurde 1844 erster Lehrer der Veterinärschule. Auf Kosten der Russischen Regierung reiste er 1845 zur Beobachtung der Rinderpest nach Russland und erhielt den Annen-Orden, 1847 und 1849 ging er zum Ankauf edler Zuchtthiere nach England, wurde 1848 Professor, 1850 Landgestütmeister und Ritter des Wasa-Ordens, 1851 Mitglied des Veterinär-Gesundheitsraths, 1852 interimistisch und 1858 definitiv Generaldirektor der Gestüte und erhielt in letzterem Jahre den Danebrog. Er war Mitglied mehrerer gelehrten Gesellschaften und starb am 15. September 1861.

1184. *Rapport om det Kgl. Landstutteri og Hesteavlens Tilstand m. m. i Danmark, afgiven til Indenrigsministeriet ved Dr. G. C. With, const. Landstutmester, og tryk med Indenrigsministeriet Tilladelse. Kjöbenhavn. 1852. Trykt hos Louis Klein.

gr. 8°. T., 3—44 S., 12 Bl.: Tab. 32 Sch.

Dass. for Aaret 1852. Ebda 1853.

Dass. for Aaret 1853. Tredie Aargang. 1854.

Dass. for Aaret 1854. Fjerde Aargang. 1855.

Dass. for Aaret 1855 og 1856. Femte og sjette Aargang. Kjöbenhavn (Gyldendal) 1857. — 64 und 52 S. 32 Sch.

1185. Svar paa „Nogle Bemærkninger i Anledning af Stutterivæsenets Ordning ved Lov." Særskilt Aftryck af Fædrelandet. Kjöbenhavn 1852.

8°. 16 S. 16 Sch. — Vgl. Bemærkninger Nr. 1232.

1186. Blandede Meddelelser af Stutterievæsen, Huusdyravl og Veterinärfag. Nr. 1. Kjöbenhavn (Gyldendal) 1856.

8°. 104 S. 60 Sch.

Dass. Nr. 2. Ebda 1857. — 60 Sch.

1187. Almeenfattelig Anviisning til Huusdyravlen og Huusdyrenes Behandling i sund og syg Tilstand. Med en lithographeret Tavle. Tredie forbedrede og forogede Udgave. Kjöbenhavn, Philipsen 1857.

8°. 468 S., 1 KT. 2 Rd. 48 Sch. — Erschien zuerst 1842.

Witte, Johann Friedrich, der Sohn eines Bauern, wurde zu Redekin in der Preussischen Provinz Sachsen 1812 geboren, diente 1833—36 im 2. Garde-Ulanen-Regiment, kam dann zum kgl. Marstall als Vorreiter, wurde 1837 Kutscher, 1857 Leibkutscher des Kronprinz und kam 1858 in gleicher Eigenschaft in den Dienst der Kronprinzessin.

1188. *Die regelrechte Fahrkunst, oder: Gründliche Anleitung zum praktischen Fahren und Einfahren junger Pferde, sowohl für Herrschaften und Equipagen-Besitzer, die sich selbst dafür interessiren, wie auch für Kutscher, die es gründlich erlernen und sich darin vervollkommnen wollen. Nach englischen Grundsätzen und englischer Methode, so wie nach 21jähriger Erfahrung von F. Witte, Königlichem Kutscher. Berlin 1857. Ernst Litfass.

8°. T., 2 Bl.: Vorw., 7—67 S. 8 Gr.

von Witzleben, A., Preussischer Oberst.

1189. *Deutschlands Militär-Literatur im letzten Jahrzehent und Uebersicht der wichtigsten Karten und Pläne Central-Europa's. Von A. von Witzleben, Königl. Preuss. Hauptmann im Kaiser Franz Grenadier-Regiment. Berlin. Mittlers Sortiments-Buchhandlung. (A. Bath). 1850.

gr. 8°. VII S.: T., Vorw., Inh., 247 S. 1 Thlr. 12 Gr. — Enthält S.: 80—91 und 168 eine Literatur der Reitkunst, Pferdekenntniss etc.

von Wolanski, Erazmus, geboren in Galizien, Besitzer des Gutes Czarnokonce bei Lemberg, beschäftigte sich vorzugsweise mit der Pferdezucht und führte seit 1849 wiederholt Englische Vollblutstuten ein, gründete 1856 den Lemberger Renn-Verein und 1857 einen Parforce-Verein zu Konopkowka. Er besitzt einen Rennstall, hält eine Jagd-Meute und hat sich um die Hebung der Galizischen Pferdezucht überhaupt verdient gemacht.

1190. Ksiega rodowa koni, czystej krwi angielskiej i arabskiej, wraz z ich pochodzeniem, znajdujacych sie w Galicyi. Tom 1. Lwow 1857 Wild.

(Geschlechtsbuch der Pferde von rein englischem und arabischen Blute, welche sich in Galizien befinden. Band 1. Lemberg bei Wild).

gr. 8°. 4 Bl., 16 S. 16 Gr.

Xenophon, wurde um 450 v. Chr. zu Athen geboren, kämpfte im Peloponnesischen Kriege, nahm dann freiwillig an dem Zuge der Griechischen Hülfstruppen für den jüngeren Cyrus nach Asien Theil, führte dieselben nach der Schlacht von Kunaxa 401 glücklich nach Griechenland zurück, begleitete dann den König Agesilaus auf dessen Zug nach Asien und wurde nach seiner Rückkehr Betreffs seines Patriotismus verdächtig und aus Athen verbannt. Er lebte nun meist auf seinem Landgute Skillus in Elis oder in Korinth bis an seinen um 360 erfolgten Tod allein den Wissenschaften.

1191. Xenophontis scripta minora. Recognovit Ludovicus Dindorfius. Editio II emendatior. Lipsiae sumptibus et typis B. G. Teubneri. 1850.

8°. XII S.: T., Einl., 319 S. 6 Gr. — Die erste Ausgabe Dindorfs erschien 1824. Enthält auch die Reitkunst. Letztere befindet sich in den meisten Ausgaben Xenophon's, Französische Uebersetzungen existiren von Gail, Curnieu und in Du Paty's Werken, Deutsche von Heubel, Jakobs, Haynisch und Christian.

Inh.: Untersuchung des Pferdes, Erziehung, Wartung, Reitkunst, Zäumung.

Youatt, William James, geboren in England 1796, studirte erst Medizin, dann Thierarzneikunde, wurde als Thierarzt am zoologischen Garten zu London angestellt, begründete 1828 die erste Englische thierärztliche Zeitschrift und starb am 9. Januar 1847.

1192. The Horse: its History, Bred and Management. By William Youatt, With a Treatise on Draught, by J. K. Brunel, Esq. The whole illustrated with numerous Cuts. To this is now added an Appendix, designed to advance the work to the present state of Veterinary Science, by W. C. Spooner. London, Baldwin 1849.

8°. 538 S. 8 Sch. — Erschien zuerst 1842. Das Kapitel über Pferdekrankheiten steht Deutsch übersetzt in *Martin* Nr. 715, das über das Englische Pferd in *Perron*.

1193. *The Horse: its history, management, and treatment. By William Youatt, V. S. etc. Reprinted with additions from „Knight's store of knowledge." With illustrations. London: Geo. Routledge and Co. 1853.

8°. T., 1 Bl.: Inh., 124 S., 1 Titel-K., 6 K. 1 Sch. — In dieser Ausgabe fehlt die Abhandlung Brunel's über den Zug.

Inh.: Charakter, Geschichte des englischen Pferdes, Konformation, Pflege, Beschlag, Krankheiten.

1194. Dass. A new edition, re-edited and revised, with Observations on Breeding Cavalry Horses by Cecil. London: G. Routledge and Co. 1855.

12°. 3 Sch. 6 P.

Rec.: Sp. Mag. 1855 II 381.

1195. Le Cheval. Traduit de l'ouvrage anglais The Horse, de William Youatt, par M. Cluseret. Paris, Dentu, Amyot et Truchy 1851.

18°. 7⅞ Bog. — Auszüge im Argus 1853. 65, 129, 193, 257, 321, 385, 449.

Rec.: Journ. d. II. 1852 I 30.

1196. Dass. Nouvelle édition, augmentée du tableau synoptique des différentes races équestres du globe. Bruxelles, Muquardt 1852.

8°. XIII und 262 S. 5 Fr.

Yvart, General-Inspekteur der Französischen Veterinärschulen und Staatsschäfereien, nahm 1860 seine Entlassung und lebt seitdem auf seinem Landgute bei Boulogne. Er ist seit 1847 Offizier der Ehrenlegion.

1197. Rapport adressé à M. le Ministre de l'intérieur sur une nouvelle épizootie qui a attaqué, en 1851 et 1852, des étalons et des juments poulinières des Hautes Pyrénées. Par M. Yvart, inspecteur général des écoles vétérinaires, et M. Lafosse. Imprimerie de Penaud, à Paris 1853.
8°. 32 S.

1198. Er war Mitherausgeber einer thierärztlichen Zeitschrift, s. *Recueil* Nr. 1400 und bearbeitete einige hippologische Artikel für die Maison rustique, s. *Maison* Nr. 1329.

Zerrenner, Theodor Ferdinand, geboren zu Beyendorff in der Preussischen Provinz Sachsen am 21. Dezember 1777, trat 1796 in die Artillerie ein, wurde 1806 Oberfeuerwerker, 1807 auf Requisition der Westphälischen Regierung entlassen und Kapitain der Gendarmerie in deren Armee und trat 1813 als Premier-Lieutenant bei der Preussischen Artillerie wieder ein. Nachdem er schon früher den Feldzug 1806 mitgemacht, wohnte er jetzt den Schlachten von Laon und Paris bei, kam 1816 als Hauptmann in die 4. Artillerie-Brigade, wurde 1832 verabschiedet und starb am 23. Mai 1840.

1199. *J. F. Zerrenner, weiland königlich preussischer Artilleriehauptmann, der wohlunterrichtete Cur- und Hufschmied oder gründliche Anweisung zu einem natur- und vernunftgemässen Beschlage gesunder und fehlerhafter Hufe, sowie zu den gewöhnlichsten, bei Pferden vorkommenden Operationen und den dabei anzuwendenden Heilmitteln. Zweite Auflage. Nach dem Tode des Verfassers neu revidirt und herausgegeben von Dr. C. F. Lentin, Landthierarzt und thierärztlicher Physikus zu Weimar. Mit 48 Figuren auf 9 Tafeln. Weimar, 1854. B. F. Voigt.

A. u. d. T.: Neuer Schauplatz der Künste und Handwerke. Hundertundneunter Band.
8°. XVIII S.: T., Vorw., Inh., 178 S., 9 KT. 18 Gr. — Erschien zuerst 1841
Inh.: der Huf und seine Theile, Beschlagwerkzeuge, Eisen, Nägel, Behandlung beim Beschlage, Beschlag, verschiedene Operationen, Arzneimittel bei ihnen und bei äusserlichen Schäden, Zwangsmittel und Nothstall.
Rec.: Tennecker 1855. 381.

Zmudzinski, A.

1200. Er übersetzte Schmid's Aufzucht der Pferde in das Polnische, s. *Schmid* Nr. 1031.

Zweite Abtheilung.

Anonym erschienene Werke.

Abrégé. — 1201. Petit Abrégé de médecine vétérinaire à l'usage des chasseurs. Paris 1857. Imprimerie Cosse et Dumaine.

32°. T., 68 S. 1 Fr. 50 C. — Verfasser ist Thierarzt Arnault.

Abrichtung. — 1202. Abrichtungs-Reglement für die k. k. Kavallerie 1851. Wien 1851 (Leipzig, Hübner).

gr. 8°. XVI und 420 S., 12 KT. 1 Thlr. 6 Gr. — Vgl. *Auszug* Nr. 1221.

Alter. — 1203. *Das Alter eines Pferdes genau und sicher zu erkennen, dem Wechsel und den Veränderungen der Zähne, nebst Regeln, woraus man schliessen kann, ein feblerfreies Pferd zu kaufen. Für den Landmann und Pferdeliebhaber herausgegeben von einem vormaligen Schleswig-Holsteiner. Hamburg, Druck von Rüter.

gr. 8°. T., 3—16 S. 3 Gr. — Erschien 1853.

Inh.: Alterserkenntniss S. 3—13, Regeln beim Kauf 13—16.

Amazone. — 1204. L'Amazone. Giornale della Societa nazionale delle corse. In Torino alla Segretaria della Societa. 1856.

4°. — Erscheint seit 6. November 1856, wurde erst von Puxedda, dann von Briano redigirt und kostet jährlich 4,50 Lir.

Amélioration. — 1205. De l'amélioration de la race chevaline en France. Angoulême, imprimerie Lefraise. 1856.

8°. T., 3—7 S. 50 C.

Anleitung. — 1206. Kurze Anleitung zur Aufzucht und Verbesserung der Pferde. Ein Handbuch für den Landmann. Zweite verbesserte Auflage. Münster, Friedr. Regensberg 1848.

8°. XIV S.: T., Vorw., Inh., Einl., 52 S. 6 Gr. — Wiederabdruck der bereits 1846 erschienenen 2. Auflage.

Inh.: Stallung, Auswahl der Zuchtstuten, Beschälen, Tragezeit, Geburt, Behandlung der Mutterstute und des Fohlens, Fohlenkrankheiten, Klystiere, Aderlassen, Fontanell, Haarseil.

1207. Gründliche Anleitung, wie man den gegenwärtig unter den Hausthieren, besonders unter dem Rindvieh herrschenden Milzbrand, so wie die Maul- und Klauenseuche erkennen, verhüten und heilen könne. Von einem alten Vieharzte. Basel, Schabelitz 1848.

8°. T., 3—15 S. 2 Ngr.

1208. *Anleitung zur richtigen Zucht und Behandlung der Pferde. Inhalt: Aufzucht; Paarung der Pferde; Eigenschaften des Hengstes und der Stute; Ernährung der Fohlen; Fohlengärten; Fütterung, Wartung und Stallung der Pferde;

Eigenschaften eines guten Arbeitspferdes; das Alter der Pferde zu erkennen; die Krankheiten der Pferde und ihre Heilung; Ertrag der Pferdezucht u. s. w. Nebst einem Anhang: Ueber die Behandlung des Hufs. Herausgegeben unter Mitwirkung der Redaction der Agronomischen Zeitung. (Dr. W. Hamm). Leipzig. Otto Spamer 1852.

8°. T., S.: 117—140. 4 Gr. — Ist von Hamm selbst bearbeitet und bildet Heft 4 des Werkes: Der praktische Viehzüchter. I Band. Die grosse Viehzucht. Eine Schwedische und Holländische Uebersetzung s. *Hamm* Nr. 469, *Handleiding* Nr. 1289.

1209. *Anleitung zu Behandlung der Remonten. Als Anhang zum Reit-Unterricht für die Kavallerie. Berlin 1826.

gr. 8°. VI S.: T., Inh., 162 S. — Nicht im Buchhandel, bildet den 4. Theil der Preussischen Reitinstruktion (s. *Instruction* Nr. 1299). Es ist ein im Jahre 1856 bewirkter unveränderter Abdruck der alten vom General v. Sohr bearbeiteten und 1826 erschienenen Ausgabe.

Inh.: Uebernahme der Remonten, Einstallung, erste Behandlung, Fütterung, Diätetik, Umgang mit wilden Remonten, Gewöhnen an Sattel und Zaum, Bearbeitung.

1210. *Praktische Anleitung zum Ankauf oder zur Abnahme von Pferden; zur Behandlung des Pferdehufs und dessen Beschlages, nebst Ansicht über Pferdezüchtung; für jüngere Kavalleristen, Landwirthe und Pferde-Liebhaber, von einem alten Kavallerie-Offizier. Ratibor, 1857. Druck von Bögner's Erben.

8°. T., 1 Bl.: Vorw., 5—80 S., 3 KT. 12 Ngr.

Inh.: Vorwissenschaften zum Kauf, Molochen, Auge, Beine, Füsse, Beschlag, Krankheiten, Körperformen, Ankauf, Zucht.

Annales. — 1211. *Annales officielles des courses ou racing calendar français. 2e série. Tome I. Paris, au bureau du journal des haras. 1848.

gr. 8°. T. mit V., 3—193 S. ·

Tome II. 1849. — T. mit V., 3—202 S.

Tome III. 1850. — T. mit V., 3—198 S.

Tome IV. 1851. — T. mit V., 3—195 S.

Tome V. 1852. — T. mit V., 3—213 S.

Tome VI. 1853. — T. mit V., 3—205 S.

Tome VII. 1854. — T. mit V., 3—216 S.

Tome VIII. 1855. — T. mit V., 3—222 S.

Tome IX. 1856. — T. mit V., 3—191 S.

Tome X. 1857. — T. mit V., 3—211 S. Jeder Band 10 Fr.; wird auch mit dem Journal des haras ausgegeben.

1212. *Annales de médecine vétérinaire, publiées à Bruxelles, par M. M. Delwart, Rédacteur annuel, et Thiernesse, Professeur à l'Ecole vétérinaire de l'Etat. Première année. Bruxelles, J. B. Tircher. 1852.

gr. 8°. T., 5—676 S.

Dass. par M. M. Delwart, Thiernesse, Professeurs, Demarbaix et Husson, Répétiteurs à l'Ecole vétérinaire de l'Etat. Deuxième année. Ebda 1853. — T., 682 S., 1 KT.

Dass. Troisième année. Ebda 1854. — T., 652 S. mit 3 Abb., 1 KT.

Dass. par M. M. Delwart, Husson, Thiernesse, Professeurs, et Demarbaix, Répétiteur à l'Ecole etc. Quatrième année. Ebda 1855. — T., 672 S., 1 Tab.

Dass. par M. M. Delwart, Husson, Thiernesse, Professeurs à l'Ecole etc. Cinquième année. Ebda 1856. — T., 676 S., 2 KT.

Dass. Sixième année. Ebda 1857. — T., 676 S., 3 KT.

Diese Annalen bilden die Fortsetzung des Répertoire de méd. vétér., s. *Répertoire* Nr. 1410 und kosten jährlich 12 Fr.

Annuaire. — 1213. Annuaire de la Société nationale et centrale de médecine vétérinaire. Année 1848. Imprim. de Penaud, à Paris.

8°. 2½·Bog. — Dasselbe erschien auch fernerhin bis 1857, nur seit 1853 bei Labé in Paris.

Ansichten. — 1214. *Neuere Ansichten über die horizontale Zügelfaust oder die rationelle Wirkung beider Kandarenzügel in einer Hand. Dem Reiter-Publikum zur vorurtheilsfreien Prüfung übergeben von B. v. Cg. Brandenburg 1853. Adolph Müller.

gr. 8°. T., 3—102 S., 1 Bl.: Inh. 12 Gr.

Rec.: Wehr Ztg. 1853 Nr. 513, 516.

1215. *Ansichten über die auf dem Continente gemachten Versuche die Pferderace zu veredeln. Comorn. Gebrüder Siegler. 1854.

8°. T., 1 Bl.: Vorw., 5—64 S., 1 Bl.: Err. 16 Gr.

Anweisung. — 1216. *Anweisung zum Satteln und Packen bei der Preussischen Kavallerie. Von einem Preuss. Kavallerie-Offizier. Mit 6 Abbildungen in Holzschnitt. Düsseldorf 1850. Stahl'sche Buchhandlung (W. Kaulen).

12°. T., 1 Bl.: Vorw., 20 S., 6 KT. 6 Ngr. — Verfasser ist der Major Herstatt.

Anwisningar. — 1217. Nagra Anwisningar om sättet för uppfödande af en större och mera utbildad Hästrace. Tillegnade Allmogen inom Elfsborgs Län af P. N—m. Wenersborg, Bagge 1856.

12°. T., 24 S. — Wie es scheint eine Uebersetzung von Ammon's Mittel grosse und gut ausgebildete Pferde zu erziehen, vgl. *Ammon* Nr. 19.

Aphorismen. — 1218. *Aphorismen über Reitwissenschaft und dazu gehörender Pferdebehandlung von C. Gr. v. E. Dresden, Druck der Teubner'-schen Officin. 1851.

8°. T., 1 Bl.: Err., 3—35 S. 8 Gr. — Verfasser ist Graf von Einsiedel.

Inh.: Einverständniss zwischen Reiter und Pferd, Methode des Sattelns, der Trab regelt den Schritt, Galopp, Zügelanlehnung, Longiren, Thätigmachen, Hilfen; Nutzen der Anatomie, Thierheilkunde und Manege für den Reiter.

Archiv. — 1219. *Archiv für Thierheilkunde. Von der Gesellschaft Schweizerischer Thierärzte. Neue Folge. Zehnter Band. Zürich 1848. S. Höhr.

8°. T., 3 Bl.: Inh., 384 S.

Eilfter Band. 1851. — VIII S.: T., Inh., 384 S.

Zwölfter Band. 1852. — VI S.: T., Inh., 384 S.

Dreizehnter Band. 1853. — 4 Hefte zu 6 Bog.

Vierzehnter und Funfzehnter Bd. 1855 und 1856, je 4 Hefte zu 6 Bog. — Das Archiv erscheint seit 1816 und kostet jährlich 1 Thlr. 24 Ngr.

Arsberättelse. — 1220. Arsberättelse af Direktionen för hästafvels föreningen i Örebro Län 1852. Tryckt i Örebro 1853.

8°. — Verfasser ist der Stallmeister Leyon; enthält zugleich den Bericht über dessen Mission nach Frankreich 1852 Behufs Ankaufs von Perche-Pferden.

Auszug. — 1221. Auszug aus dem Abrichtungs-Reglement für die k. k. Kavallerie. Wien 1851. (Leipzig, Hübner).

16. 210 S. 16 Gr. — Vgl. *Abrichtung* Nr. 1202.

Bauer. — 1222. Der Bauer als Vieharzt bei Krankheiten der Pferde, des Rindviehes, der Schweine, Schafe, Ziegen, Hunde, des Federviehes und der Stubenvögel. Nebst den erprobtesten Mitteln und Recepten berühmter praktischer Thierärzte. Besonders für solche Landwirthe, welche fern von einem

Thierarzte, ihrem Vieh selbst helfen müssen. Dritte sehr vermehrte und verbesserte Auflage von Dr. J. C. F. Lentin. Weimar 1850. B. F. Voigt.

gr. 8°. XII S.: T., Vorw., Inh., 387 S. 1 Thlr. — Erschien zuerst 1824 und ist von Thon verfasst, eine 4 Auflage s. unten.

1223. Dass. Mit Zugrundelegung der dritten vom Landthierarzt Dr. Lentin in Weimar revidirten Auflage nun in vierter ganz neu bearbeiteter und sehr vermehrter Auflage herausgegeben von Dr. Braungardt, praktischer Thierarzt etc. Weimar 1857. B. F. Voigt.

gr. 8°. XVI S.: T., Vorw., Inh., 453 S. 1 Thlr.

Begach. — 1224. О московскихъ лѣтнихъ рысистыхъ бѣгахъ 1848 г. (Изъ п: 110 московскихъ вѣдомостеи 1849 г.)

(Ueber die Moskauer Frühjahrs-Trab-Rennen im Jahr 1848. Aus der Moskauer Zeitung 1849 Nr. 110.)

8°. T., 14 S. — Verfasser ist Bas. Koptew. Erschien in Moskau 1849.

Begi. — 1225. Харковскіе рысистые бѣги 1852 августа 18.

(Die Trabrennen zu Charkow am 18. August 1852.)

8°. — Gedruckt in Charkow 1852.

1226. Рысистые бѣги въ Москвѣ 1852 года. Москва. Въ типографіи вѣдомостеи московскои городскои полиціи. 1852.

(Die Trabrennen zu Moskau im Jahre 1852. Moskau. Druckerei der Stadtpolizei-Zeitung).

16°. T., 3—38 S. — Verfasser ist Bas. Koptew.

1227. Рысистые зимніе бѣги въ Москвѣ 1856 и 1857 годахъ. Москва. Въ типографіи вѣдомостеи московскои городскои полиціи. 1857.

(Die Winter-Rennen zu Moskau in den Jahren 1856 und 1857. Moskau. Druckerei der Stadtpolizei-Zeitung).

12°. T., 3—21 S. — Verfasser ist Bas. Koptew.

1228. Рысистые лѣтніе бѣги въ Москвѣ 1856 года. Москва. Въ типографіи вѣдомостеи московскои городскои полиціи. 1856.

(Die Moskauer Frühjahrs-Rennen im Jahre 1856. Moskau. Druckerei der Stadtpolizei-Zeitung).

12°. T., 3—19 S. — Verfasser ist Bas. Koptew.

Behandlung. — 1229. *Die Behandlung des Pferdes auf Ritten, nebst einer Anleitung zum Carrière-Reiten und Hecken-Springen; von einem k. k. Cavallerie-Offizier. Wien, J. G. Heubner. 1855.

12°. VIII S.: T., Einl., Inh., 9—56 S.

Inh.: Condition, Beschlag, Bügellänge, Regeln beim Abreiten, Tempo, Tränken, Einstellen, Galopp, Carriere, Springen.

Rec.: Hirtenfeld 1855 Nr. 55.

Belehrung. — 1230. *Gemeinfassliche Belehrung über die Erkenntniss und Verhütung des Milzbrandes bei den Hausthieren; nebst einer Anweisung, wie diese Thiere vor Krankheiten überhaupt zu schützen sind. Von einem erfahrenen Thierarzte. (Eine vom landw. Vereine in Rheinpreussen belobte Schrift.) Karlsruhe, Braunsche Hofbuchhandlung. 1850.

8°. IV S.: T., Inh., 60 S. 24 Kr.

Darin: S. 8 Milzbrand bei Pferden, 21 Fütterung, 47 Getränk, 55 Stallung.

Belehrungen. — 1231. *Belehrungen für den Oeconomen und Viehzüchter bei nachverzeichneten Krankheiten. Der Rotz, der Wurm und der Dummkoller der Pferde. Die Rinderpest, die Lungenseuche und die Perlsucht oder Franzosenkrankheit der Rinder. Die hitzige Maul- und Klauenseuche bei den Rindern, Schafen und Schweinen. Die ächten und unächten Pocken bei den Kühen; der Milzbrand der Rinder, die Raude und die Pocken der Schafe, die Hundswuth. Sowie über die Eigenschaften des Schlachtviehes, welche das letztere zum Genusse untauglich und schädlich machen. Auf Anordnung des Königlich Sächsischen Ministeriums des Innern bekannt gemacht. Gesammtausgabe. Dresden, 1852. Königl. Hofbuchdruckerei von Meinhold und Söhne.

gr. 8°. T., 104 S. 12 Gr. — Verfasser ist Professor Pieschel.

Darin: Rotz S. 1, Wurm 10, Koller 12, Wuth 75.

Bemærkninger. — 1232 *Nogle Bemærkninger i Anledning af Stutterivæsenets Ordning ved Lov af h. † h. Kjöbenhavn. Gyldendalske Boghandling. Aftryckt af „Fædrelandet" hos Louis Klein. 1852.

gr. 8°. T., 3—16 S. 16 Sch. — Abdruck aus der Zeitschrift Fädrelandet 1852 Nr. 41—43. Vgl. *With* Nr. 1185.

Bewegungslehre. — 1233. *Bewegungslehre der geregelten Grundgangarten des Pferdes, als Fundament der Reitkunde, zum Selbstunterricht für denkende Reiter und Pferdemaler dargestellt von T. H. Leipzig, Robert Hoffmann. 1853.

12°. XII S.: T., Widm. (an den Grossh. v. Meklenburg-Schwerin), Inh., Vorw., 67 S. 12 Gr. — Verfasser ist der Stallmeister Heinze.

Rec.: Tennecker 1854. 410.

1234. *Dass. Zweite Auflage. Ebda 1855. — 12°. XII S.: T., Widm., Inh., Vorw., 67 S. 12 Gr. — Ein unveränderter Abdruck.

Bibliographie. — 1235. Nederlandsche Bibliographie voor genees-, heel- en verloskunde, veeartsenijkunde en artsenijbereidkunde. Leiden, Jacob Hazenberg 1852.

gr. 8°. 3,60 Fl.

Bilderatlas. — 1236. *Systematisch-geordneter Bilder-Atlas für Landwirthe. Erste Section: Landwirthschaftliche Thierkunde. Erste Abtheilung: das Pferd und seine verschiedenen Racen. Erste Lieferung. Jena, C. Hochhausen. 1854.

gr. fol. — Es erschienen ferner 1855 die 2., 1856 die 3. und 4. Lieferung von zusammen 32 S., 23 KT. Preis der Lieferung mit schwarzen K. 16 Gr., mit color. 1 Thlr. Ist noch nicht vollendet.

Inh.: Geschichte, Racen, Exterieur, Skelett, Gangarten, Zähne und Alterserkenntniss.

Boletin. — 1237. Boletin de Veterinaria. Periodico oficial. De la Sociedad veterinaria de socoros mutuos. Madrid, imprenta de T. Fortanet. 1855.

8°. — Erschien auch ferner bis 1857 in zehntägigen Heften von 16 S.

Book. — 1238. *The book of aids, or catechism in the system of equitation, practised at the cavalry riding establishment. For the use of non-commissioned officers and assistants in riding schools. By authority of the adjutant-general to the forces. London: William Clowes and sons. MDCCCLII.

gr. 8°. T., 3—24 S. 1 Sch.

Bulletin. — 1239. Bulletin de la Société hippique de l'arrondissement d'Abbeville. No. 1. Janvier 1855. A. Abbeville, chez Briez.

8°. 1 Bog. — Jährlich 4 Nummern, scheint aber nicht fortgeführt worden zu sein.

1240. Bulletin officiel des courses de chevaux. Sixième année. Paris 1848.

4°. — Erschien auch 7—16. Jahrgang 1849—57 in wöchentlichen Nummern. Preis des Jahrgangs 20 Fr.

1241. Bulletin de la Société nationale et centrale de médecine vétérinaire, publié par les soins de son bureau, et rédigé par M. H. Bouley, secrétaire annuel. Année 1847. Tome 2. Paris, chez Labé 1848.

8°. 12¼ Bog.

Année 1848. Tome 3. 1849. — 19½ Bog.
Année 1849. Tome 4. 1850. — 16 Bog.
Année 1850 par M. H. Bouley et Reynal. 1851. — 17⅜ Bog.
Année 1851 par Bouley. Tome 6. 1852. — 13 Bog.
Année 1852. Tome 7. 1853. — 12¼ Bog.
Année 1853. Tome 8. 1854. — 24¼ Bog.
Année 1854. Tome 9. 1855. — 10¾ Bog.
Année 1855. Tome 10. 1856. — 216 S.
Année 1856. Tome 1. 2ᵉ série, 11ᵉ de la collection. 1857. — 232 S.

Seit dem Jahrgang 1853 heisst es im Titel : de la Société impériale et centrale : etc.

Rec.: Veterin. 1851. 499, 567.

Calendrier. — 1242. Calendrier officiel des courses de chevaux 1847, Publié Sous les auspices de la Société d'Encouragement pour l'amélioration des Races de Chevaux en France, d'après les documents fournis par ladite Société et par l'Administration des haras. Par le Secrétaire de la Société d'encouragement (Jockey-Club). Un Chapitre est spécialement consacré aux Courses de Belgique et d'Angleterre. A Paris, impr. de Malteste. 1848.

12°. 16⅜ Bog. — Erschien ebenso 1849—1857. Preis des Jahrganges 12 Fr.

Catalog. — 1243. *Catalog einer ausgewählten Sammlung von Büchern aus der Pferdewissenschaft, nebst Anhang über Landwirthschaft und Thierarzneikunde, zu haben zu den beigesetzten Preisen bei Emanuel Mai in Berlin 1850. No. XI.

gr. 8°. S. 327—342 in 2 Col. Enthält 480 Nummern.

1244. *Catalog XCII. des antiquarischen Bücherlagers von H. W. Schmidt, Buchhändler und Antiquar in Halle a. S. Militaria, nebst Anhang von Reitkunst und Landwirthschaft. Halle a. S. 1855.

gr. 8°. 16 S. — Enthält 721 Nummern.

Catalogue. — 1245. *Catalogue de la librairie d'agriculture, d'horticulture, de médecine vétérinaire de Mᵐᵉ Ve Bouchard-Huzard. Paris.

gr. 8°. 16 S. — Erschien 1857. Reitkunst, Pferdezucht und Thierheilkunde 54 Nummern.

Cattle. — 1246. The cattle keeper's guide. New York, J. Munsell 1853. 12°. 25 Cts.

Cavalry. — 1247. Cavalry Tactics. School of the Trooper - of the Platoon- and of the Squadron-mounted. Printed by order of the War Departement. Philadelphia 1855.

18°. 2 Bände mit 100 KT. 14 Sch. — Band 1 enthält die Militär-Reitinstruktion.

Chasses. — 1248. *Les Chasses et le Sport en Hongrie d'après l'original hongrois de Mrs. Mrs. les Comtes Emman. Andrasy, Maur. Sandor, Bela Festetics, et les Barons Bela Orczy, Fred. Podmaniczky, Bela Wenckheim et George Szalbek. Traduit par J. B. Durringer et F. A. Schwiedland, Professeurs à Pesth. Orné de 25 tableaux lithographiés en couleurs. Pesth, Armand Geibel.

Imp. fol. T., 26 Bl. mit 4 schw. und 12 color. Vign., 13 color. KT. 125 Fr. Erschien 1857 gleichzeitig mit der Ungarischen Ausgabe.

Darin Bl. 7: Fragmente aus dem Tagebuch des Graf Sandor (ausserordentliche Leistungen mit Pferden im Fahren, Springen und Rennen); Bl. 9 die Wettrennen in Ungarn vom Baron Szalbek.

Cheval. — 1249. Le cheval, le bœuf, l'âne, le chameau, le dromedaire et autres quadrupèdes. Lille, chez Lefort 1854.

32°. 1 Bog. 50 C.

1250. Dass. Deuxième édition. Ebda 1857. — 32°. 65 S. 75 C.

Chronique. — 1251. *Chronique équestre: 1807—1848.
gr. 8°. T., 22 S. — Nicht im Buchhandel, erschien zu Chalons bei Laurent 1857, ist von E. Gayot verfasst und behandelt die Geschichte der Pferderace in Limousin.

Commission. — 1252. Commission hippique de l'arrondissement de Douai. Questions à soumettre à la commission générale de la circonscription du dépôt d'étalons d'Abbeville. Paris imprimerie Schneider 1849.
8°. 1¼ Bog. — Abdruck aus dem Moniteur agricole.

Compendium. — 1253. *Compendium der praktischen Pferdekenntniss zum Unterricht für die Regiments-Schule des Königlich 3. Artillerie-Regiments. Als Manuscript gedruckt. Magdeburg. Schnellpressendruck von E. Baensch jun. 1854.
gr. 8°. T., 3—82 S., 1 Bl.: Inh., 2 KT. 12 Gr. — Verfasser ist Hauptmann Minameyer.
Inh.: Skelett, Muskeln, Blutgefässe, Nerven; Haar, Abzeichen, Exterieur, Alterserkenntniss, Musterung, Krankheiten, Beschlag, Wartung, Stallordnung, Fütterung, Geschirr- und Stallsachen.

Concordate. — 1254. Concordate, 1) betreffend gemeinschaftliche polizeiliche Maasregeln gegen Viehseuchen, 2) über Bestimmung und Gewähr der Viehhauptmängel. Bern 1853.
8°. 19 S.
Rec.: Hering 1853. 361.

Condition. — 1255. *On the deteriorated condition of our saddle-horses: the causes and the remedy. The state of our cavalry, and the imperfect system under which this fore and that of our army generally is administered. London: T. Hatchard. 1853.
8°. IV S.: T., Inh., 113 S. 3 Sch.
Inh.: die Verschlechterung der engl. Kavalleriepferde und deren Einfluss auf die Truppe, Ursachen des früher hohen und jetzt geringen Werthes dieser Pferde, Charakter des arabischen Pferdes und seine Geeignetheit jene zu verbessern, Gestalt und Bewegungen eines guten Reitpferdes, Analogie in der Zucht des Pferdes und der anderen Hausthiere.
Rec.: Veterin. 1853. 617.

Conseils. — 1256. Conseils d'un habitant de la commune de Rom (Deux-Sèvres) aux propriétaires et fermiers, pour soigner et préserver de plusieurs maladies très graves les bestiaux de leurs fermes. Imprimerie d'Oudin, à Poitiers 1855.
8°. 2 Bog., 75 C.

Considérations. — 1257. *Considérations sur l'amélioration des races d'animaux domestiques dans le grand-duché de Luxembourg. Diekirch, de l'imprimerie de Schroell.
8°. T., 1 Bl.: Vorw., 68 S. — Verfasser ist der Thierarzt Fischer zu Cessingen bei Luxemburg.

Corso. — 1258. Corso completo di nosologia e terapia speciale veterinaria ad uso dei veterinari e dei medici che comprende la dottrina dello epizootie e la polizia zoojatrica. Firenze, Betti editore 1855.
8°. 2 Bände. 40 Pa.

Cours. — 1259. Cours complet de médecine vétérinaire pour M. M. les maréchaux de Paris et de la province. Paris, M. Bezin 1852.
16°. 16 S.

1260. Cours d'équitation militaire, à l'usage des corps de troupes à cheval, approuvé par Son Excellence le ministre de la guerre. Saumur 1849.
8°. 2 Bde. von 48 Bog. und 21 KT. 10 Fr. — Wiederabdruck des zuerst 1840 veröffentlichten Leitfadens, welcher vorzugsweise von Flandrin bearbeitet war.

Courses. — 1261. Les Courses de Chantilly, dédié à Mme X..., par un poëte inconnu. Tours, imprimerie Boussercz 1857.

12°. 11 S. in Versen. 50 C.

1261a. Courses do chevaux en France. Paris, imprim. de Dupont 1850. fol. 1 Bogen.

Darstellung. — 1262. *Darstellung des Pferdes in Racen, Farben und Abzeichen. Als Ergänzung für die Besitzer der ersten und zweiten Auflage von Anleitung zur Kenntniss des Aeussern des Pferdes von Professor Baumeister, sowie für Pferdezüchter, Pferdeliebhaber und Pferdebesitzer jeden Standes. Stuttgart. Ebner und Seubert.

quer gr. 8°. 8 color. K. in Umschlag. — Erschien 1855. 24 Ngr. Vgl. *Baumeister* Nr. 68.

Denkschrift. — 1263. *Denkschrift über die Pferdezucht im Preussischen Staate. 1849. Gedruckt bei den Gebr. Unger in Berlin.

8°. T., 22 S. — Nicht im Buchhandel. Verfasser ist A. v. Saucken-Julienfelde.

Diccionario. — 1264. Diccionario de medicina, cirujia, farmacia, medicina legal, fisica, quimica, botanica, mineralogia, zoologia y veterinaria, sacado de las obras de Nysten, Bicheteau, O. Henry, J. Briard, Jourdan, etc. Aumentado con mas de 800 voces, e illustrado con laminas intercaladas en el testo. Madrid, 1856, libreria de Bailly-Baillière.

8°. 2 Bände. 90 Rea.

Directions. — 1265. Directions for Treatment of Diseases of Horses, Cattle, Sheep and Dogs. By a gentleman of many years practical experience and a master of hounds. Shrewsbury, Simpkin. 1850.

12°. 4 Sch.

Djur. — 1266. Den pålitliga Djurläkaren. Soederhamn, Hamberg 1848.

8°. 28 Sch.

Dutzend. — 1267. *Das Dutzend Pferdezüchtungs-Glaubensartikel. Besprochen und verteutscht mit Rücksicht auf die Anordnungen, welche für die 143 Hufenpächter der Grossherzoglich Oldenburgischen in Wagrien, Herzogthums Holstein, belegenen Güter bestehen, durch Schnipp, Schnapp, Schnurr und Baselorum. Hadersleben. Ferdinand Griem.

8°. VIII S.: T., Widm. (an Graf v. Holstein), Vorw., 52 S. 6 Gr. — Erschien 1855 und ist ein Wiederabdruck der bereits 1841 vom Kammerrath Hofmeister veröffentlichten Brochüre gleichen Titels.

Echo. — 1268. L'Echo médical, Journal suisse et étranger, des sciences médicales, pharmaceutiques et vétérinaires, etc. Rédigé par le Docteur Cornaz. Neuchâtel. 1re année. 1856.

8°. — Monatlich eine Nummer.

Rec.: Annales 1857. 158.

Eco. — 1269. El Eco de la Veterinaria. Periodico cientifico y profesional. (Nuova época). Madrid, redaccion y administracion, calle de San Roque. Anno I. 1853.

gr. 4°. — Erschien auch Jahrgang 2—5, 1854—1857 in zehntägigen Nummern. Preis des Jahrgangs 72 Rea.

Ecurie. — 1270. L'Ecurie et le cheval; fantaisie équestre; par un palefrenier-philosophe. Bordeaux, Feret fils 1850.

32°. 1 Bog. 50 C.

Eleveurs. — 1271. Aux éleveurs, aux cultivateurs, à tous les cavaliers. Imprimerie de Schneider à Paris 1852.

8°. 8 S. — Von Noel verfasst und handelt über die von ihm erfundene Pendelkandare.

Erreurs. — 1272. *Erreurs et vérité. Un mot du système Baucher et sur les freins régulateurs. Offert aux amis du cheval. Paris: Librairie de Leneveu, 1856.

8°. T., II S.: Inh., 144 S. 1 Fr. 50 C. — Verfasser ist Cas. Noel.

Etat. — 1273. *Etat civil de la race bigourdane améliorée, registre matricule des poulinières d'élite du département des Hautes-Pyrénées et de leurs produits, publié Par ordre du Ministre de l'Agriculture et du Commerce. Paris. Imprimerie Schneider. 1851.

Lexic. 8°. T., 5—110 S. 3 Fr.

1274. Etat de crise de la production d'élève, ses causes, son terme possible. La situation telle qu'elle est, écoles de dressage. Imprimerie de Pagny à Caen. 1855.

8°. 1 Bog. — Abdruck aus dem Moniteur du Calvados vom 23. Mai und 15. Juni 1855. Verfasser ist Marquis D'Eurville de Grangues.

Exerceer. — 1275. Exerceerreglement for Cavalleriet. Christiania, Schibsted 1848.

8°. XII und 224 S., 2 KT. 60 Sch. — Enthält zugleich die Reitinstruktion.

Extrait. — 1276. *Un extrait de l'équitation naturelle enseignée en vingt-cinq minutes vient de paraître à Paris.

12°. T., 3—18 S., 1 KT. 25 C. — Erschien zu Meaux, imprim. Carro 1853, handelt von der Pendelkandare und ist von Cas. Noel verfasst.

1277. Extrait du reglement provisoire sur l'instruction à pièd et à cheval dans les régiments d'artillerie. Instruction à cheval. A Strasbourg, chez Mme veuve Berger-Levrault et fils 1855. — 32°. 4¼ Bog.

Geheimnisse. — 1278. *Höchst wichtige Geheimnisse für Pferdebesitzer. Naumburg Garcke 1855.

8°. 2 Bl. Verklebt. 1 Thlr. — Es erschienen noch mehrere, zum Theil vermehrte Auflagen.

Inh.: Zähmen; Mittel gegen Koppen, Koller, Satteldruck, Verschlag, Fliegenstiche, glänzendes Haar zu machen, das Schweiftragen zu befördern, in erschöpfte Pferde Leben zu bringen, gegen das Durchgehen; Fütterung; Ermittelung ob eine Stute tragend ist.

Gesetze. — 1279. Gesetze für Mecklenburgs Pferderennen. Doberan 1849. — 4°. 12 Sch.

1280. *Die Königlich Preussischen Gesetze über den Viehhandel, nebst einer kurzen Belehrung über die Gewährskrankheiten oder Hauptfehler und ansteckenden Krankheiten der Hausthiere und Angabe der polizeilichen Verordnungen zur Verhütung der Weiterverbreitung ansteckender Krankheiten. Zum Besten der Viehbesitzer herausgegeben von einem Preussischen Thierarzte. Lippstadt, 1852. In Commission bei II. Lange.

12°. T., 1 Bl.: Vorw., 5—43 S. 6 Gr.

Guide. — 1281. Guide de l'instructeur pour la méthode d'application de l'école du cavalier et du peloton à pièd et à cheval, d'après la progression suivie à l'école de cavalerie de Saumur. Avec 40 figures dans le texte. Paris chez Leneveu 1850.

32°. 3½ Bog. 1 Fr.

Hästläkaren. — 1282. Den erfarne och pålitliga Hästläkaren, eller Bepröfvade och godkände botemedel för de mest gängbare hästsjukdomar. Samlede ur gamla och förfarne mäns och goda hushållares skrifter. Till Landtmäns samt Dragoners, Ryttares och Kuskars tjenst. Tredje Upplagan. Stockholm, J. W. Lundberg 1856.

12°. 44 S. 8 Sch.

Handbock. — 1283. Handbock för Ryttaren. Malmö 1849.

8°. 42 S.

1284. Handbock för Ryttaren. Malmö, Cronholm 1853. 12°. 60 S.

1285. Handbock för Ryttaren. Helsingborg, Torell 1853. 16°. 102 S.

1286. Handbock för Hussaren. Örebro, Lindh 1854. 12°. V und 58 S.

Handboekje. — 1287. Handboekje voor Veehouders, of aanwijzing om paarden, runderen, zwijnen, schapen, enz. van alle ziekten en gebreken to genezen en dezelve op eene onkostbare wijze daarvoer te behoeden. Uit het Hoogduitsch naar den 10en druk. Arnhem, P. A. de Jong 1855. 8°. 0,20 Fl.

Handbuch. — 1288. Handbuch der gesammten Thierheilkunde. Von einer Gesellschaft praktischer Thierärzte. Zweite sehr vermehrte und verbesserte Auflage. Zweiter Band. Bernburg, Gröning 1848. gr. 8°. 434 S., 4 KT. — Der erste Band erschien 1847, Preis beider Bände 3 Thlr. 12 Gr. Diese erste Auflage ist von 1845.

Inh.: Wartung, Pflege, Behandlung der Krankheiten auf allopathischem und homöopathischem Wege.

Handledning. — 1289. Handledning för Ryttare och Hästwänner af A. v. P. Göteborg, Hedlund och Lindskog 1856. 16°. 63 S. 16 Sch.

Handleiding. — 1290. *Beknopte Handleiding tot de Kennis, het doelmatige Opfokken en Verzorgen van het Paard; de Behandeling van den Hoef, het Hoefbeslag en het Aanbrengen van de eerste Hulp by sommige Ziekten van het Paard. Volgens eene Uitgave onder Medewerking van de Redactie der Agronomische Zeitung (Dr. W. Hamm.) Naar het Hoogduitsch bewerkt door A. J. de Bruijn, Paardenarts der 2e Klasse. Amsterdam, J. Noordendorp. 1852. 8°. T., 46 S. 0,40 Fl. — Das von Hamm bearbeitete Original, s. *Anleitung* Nr. 1208.

Haras. — 1291. *Les haras ce qu'ils n'ont pas fait ce qu'ils pourraient faire par un ancien membre du jockey-club à M. le général Fleury aide de camp et premier écuyer de sa majesté l'empereur. Paris E. Dentu 1857. gr. 8°. T., 3—16 S. 50 C. — Verfasser ist der Marquis d'Eurville de Grangues.

Hausthier. — 1292. Das Hausthier, in Hinsicht seiner Pflege und Benützung mit Angabe der zweckmässigsten Heilmittel bei den Krankheiten desselben, nebst einer Technologie, insofern sie sich auf landwirthschaftliche Gegenstände bezieht. (Neue Ausgabe). Breslau, Kühn 1848. 8°. 194 S. 12 Gr.

Histoire. — 1293. Histoire des anciennes races chevalines du département de la Manche, adressée à M. Lavallette, commandant le dépôt des remontes de St.-Lô. Saint-Lô, imprimerie de Delamare 1850. 8°. 1 Bog. 50 C. — Verfasser ist E. Houel.

Homoeopathy. — 1294. Veterinary Homoeopathy; comprising Rules for the General Treatment of Domestic Animals. London 1851. 12°. 490 S. 8 Sch.

Jaarboekje. — 1295. Jaarboekje van de Societeit tot verbetering van het paardenras in Nederland voor 1852. Haarlem, Met en Meylink 1852. 12°. 1 Fl. — Erschien ebenda und zu gleichem Preise auch 1853—57.

Jahresbericht. — 1296. Jahresbericht über die Fortschritte der Thierheilkunde im Jahre 1847. Erlangen, Enke 1848.

A. u. d. T.: Jahresbericht über die Fortschritte der gesammten Medicin in allen Ländern im Jahre 1847. Herausgegeben von Dr. Canstatt und Dr. Eisenmann. 6. Band.

Hoch 4°. 66 S. 16 Ngr.

Dass. im Jahre 1848. Ebda 1849. — VII und 64 S. 16 Ngr.

Dass. im Jahre 1849. Ebda 1850. — V und 79 S. 20 Ngr.

Dass. im Jahre 1850. Ebda 1851. — 72 S. 17 Ngr.

Die ferneren Jahrgänge, vom Professor Hering bearbeitet, s. *Hering* Nr. 510.

Influenza. — 1297. *Die Influenza der Pferde. Bericht über die Erfahrungen, welche in Süddeutschland hinsichtlich dieser Krankheit gemacht worden sind. (Abdruck aus der August-Lieferung der Thierärztlichen Zeitung). Carlsruhe, Braun 1849.

12°. T., 3—23 S. 12 Kr.

Instruction. — 1298. *Instruction für den zur Abnahme der zu gestellenden Pferdewärter, Handwerker und Mobilmachungspferde als Militair-Commissarius commandirten Offizier.

8°. 32 S. — Nicht im Buchhandel. Gedruckt in Berlin von Horning und Comp. 1854.

1299. *Instruction zum Reit-Unterricht für die Königlich Preussische Kavallerie. Erster Theil. Berlin, 1825.

gr. 8°. VI S.: T., Inh., 136 S. mit 13 Abb., 7 KT.

Dass. Zweiter Theil. 1825. — VI S.: T., Inh., 185 S. mit 16 Abb.

Dass. Dritter Theil. Ausschliesslich zum Gebrauch bei der Lehr-Eskadron bestimmt. 1826. — VI S.: T., Inh., 96 S. mit 9 Abb., 1 KT.

Einen vierten Theil s. *Anleitung* Nr. 1209. Nicht im Buchhandel; ist ein 1856 bewirkter wortgetreuer Abdruck der alten, vom General v. Sohr bearbeiteten Instruktion.

Inh.: Theil 1. Unterricht auf Decke und Trense, Sattel und Trense, Sattel und Kandare, Springen, Schwimmen. — Theil 2. Remonte-Reiter, Reitunterricht höherer Ausbildung, Fremdwörter und technische Reitersprache. — Theil 3. Unterricht auf der Reitschule, Behandlung unthätiger Pferde.

1300. Instruction à l'usage des troupes à cheval. Ecole de voltige et du cavalier. Bruxelles 1849. Parent.

18°. 108 S. und KT. 1 Fr. 50 C.

1301. Instruction pour le peuple. Cent traités sur les connaissances les plus indispensables. 94e livraison. Porcs, basse-cour, médecine vétérinaire. A Paris, chez Paulin 1850.

8°. 1 Bog. 25 C. — Der Aufsatz über Thierarzneikunde ist von O. Delafond.

1302. Instruction concernant le transport des chevaux ou mulets de remonte par les chemins de fer. Paris, impr. Renou et Maulde 1857.

16°. 7 S. — Abdruck aus dem Journal militaire officiel 1855 Nr. 21.

1303. Instruction för Cavalleriets Exercis- og Remonteskole. Christiania, Abelsted 1852.

8°. — Ueber Reitunterricht und Remontedressur.

1304. Instruction för Ryttaren. Stockholm, Nordstedt och Söner 1855.

12°. 108 S.

1305. Instruction för Selning, Sadling och Packing. Stockholm, H. Marcus 1854.

8°. 8 S.

Jockey. — 1306. Le Jockey-Club, journal illustré de la fashion, du turf, du sport et des compagnies équestres. Paris imprimerie Plon 1857.

4°. — Die erste Nummer erschien am 4. April 1857, das Journal ging aber schon nach 3 Monaten wieder ein; der Preis des Jahrgangs war zu 25 Fr. bestimmt.

1307. The South Carolina Jockey Club. Charleston 1857.

8°. 211 S. 9 Sch.

Journal. — 1308. *Journal des haras, chasses, courses de chevaux et d'Agriculture appliquée à l'élève du cheval et des bestiaux en général. Recueil périodique Consacré à l'étude du Cheval, à son éducation, à l'amélioration de ses différentes races en France, et à toutes les grandes réunions d'utilité publique ou privée, de luxe ou de plaisir, qui ont lieu en France, dans les Pays-bas, en Angleterre, en Allemagne, en Hongrie, et dans les autres pays de l'Europe. Recueil Aussi consacré à l'étude des maladies des animaux domestiques et aux moyens de les en préserver et de les en guérir. Tome 1. 6 série. 44° de la collection. Paris, au bureau du journal des haras. 1848.

gr. 8°. Sch. T., T. mit V., 5—443 S., 6 K. — Tome 45. 1848. — 2 T., 5—339 S., 6 K.

Dass. Tome 46. 1849. — 2 T., 5—468 S., 6 K. — T. 47. 1849. — 2 T., 5—351 S., 6 K.

Dass. T. 48. 1850. — 2 T., 5—479 S., 6 K. — T. 49. 1850. — 2 T., 5—347 S., 6 K.

Dass. T. 50. 1851. — 2 T., 5—483 S., 6 K. — T. 51. 1851. — 2 T., 5—349 S., 6 K.

Dass. T. 52. 1852. — 2 T., 5—496 S., 7 K. — T. 53. 1852. — 2 T., 5—352 S., 6 K.

Dass. T. 54. 1853. — 2 T., 5—472 S., 6 K. — T. 55. 1853. — 2 T., 5—448 S., 6 K.

Dass. T. 56. 1854. — 2 T., 5—416 S., 6 K. — T. 57. 1854. — 2 T., 5—320 S., 6 K.

Dass. T. 58. 1855. — 2 T., 5—440 S., 6 K. — T. 59. 1855. — 2 T., 5—304 S., 7 K.

Dass. T. 60. 1856. — 2 T., 5—448 S., 5 K. — T. 61. 1856. — 2 T., 5—320 S., 6 K.

Dass. T. 62. 1857. — 2 T., 5—432 S., 6 K. — T. 63. 1857. — 2 T., 5—320 S., 6 K.

Preis jährlich 30 Fr. — Das Journal wurde von de Rochau 1834 gegründet und wird seit 1847 von E. Houel redigirt. Mit demselben werden die Annales des courses ausgegeben, s. *Annales* Nr. 1211.

1309. *Journal vétérinaire et agricole de Belgique, consacré aux progrès des différentes branches de la médecine vétérinaire, de l'agriculture, et des sciences physiques et naturelles qui s'y rapportent; publié par M. M. Brogniez, Delwart, Froidmont, Graux, Scheidweiler et Thiernesse, professeurs à l'école de médecine vétérinaire et d'agriculture de l'état, à Cureghem-les-Bruxelles. 7° année. 1848. Alost, de l'imprimerie de A. Byl. 1848.

gr. 8°. Sch. T., T., 5—538 S., 3 KT. — Erschien seit 1842 und fand seine Fortsetzung in dem Répertoire de médecine vétérinaire, s. *Répertoire* Nr. 1410.

1310. *Journal de médecine vétérinaire, publié à l'école de Lyon, Par M. M. J. Rainard, Directeur-Professeur. F. Lecoq, A. Rey, E. Tisserant, F. Tabourin. Rédacteur annuel, Professeurs. C. Baillet, A. Luton, Chefs de service. Tome quatrième. Lyon. Imprimerie Nigon. 1848.

gr. 8°. Sch. T., T., 5—584 S. mit 2 Abb. 10 Fr. — Erscheint seit 1845.

Dass. Par J. Rainard, F. Lecoq, H. Rodet, A. Rey, E. Tisserant, F. Tabourin, C. Baillet, A. Luton, A. Chauveau. Tome 5. Ebda 1849. — Sch. T., T., 5—600 S.

Dass. Par Rainard, Lecoq, Rodet, Rey, Tisserant, Tabourin, Chauveau. Tome 6. Ebda 1850. — Sch. T., T., 5—584 S., 1 KT.

Dass. Tome 7. Par ... et M. M. Saint-Cyr et Saunier. Ebda 1851. — Sch. T., T., 576 S.

Dass. Tome 8. Ebda 1852. — Sch. T., T., 5—576 S., 1 KT.

Dass. Tome 9. Ebda 1853. — Sch. T., T., 5—560 S., 2 KT.

Dass. Tome 10. Ebda 1854. — Sch. T., T., 5—576 S.

Dass. Tome 11 (mit Ausnahme Rainard's). Ebda 1855. — Sch. T., T., 5—576 S.

Dass. Tome 12 (ohne M. Saunier). Ebda 1856. — Sch. T., T., 5—576 S.

Dass. Tome 13. ... et Boiteux, chef de service. Ebda 1857. — Sch. T., T., 5—576. — Der Jahrgang kostet 10 Fr. Hauptredakteur ist Professor Rey.

1311. Journal des vétérinaires du Midi. Recueil consacré à la médecine vétérinaire et à l'économie rurale. Directeur du Journal, M. Prince, directeur de l'école vétérinaire de Toulouse — Rédacteur principal, M. Gourdon, secrétaire de la rédaction. 2ᵉ série. Tome I (1848). Toulouse, impr. Bayret-Pradel et Co., Paris chez Labé, Lyon chez M. Lecoq.

8⁰. 580 S. — Preis des Jahrgangs 6 Fr.

Tome II. Ebda 1849. — 576 S.

Tome III. Ebda 1850. — 596 S.

Tome IV. Ebda 1851. — 580 S.

Directeur du Journal, M. Prince. Rédacteurs: M. M. Lafosse, rédacteur en chef, et Serres, rédacteur adjoint. 2ᵉ série. Tome V. Ebda 1852. — 580 S.

Tome VI. Ebda 1853. — 576 S.

Tome VII. Ebda 1854. — 580 S.

Tome VIII. Ebda 1855. — 581 S.

Publié par M. M. Prince, Lavocat, Lafosse, Larroque, Baillet, Gourdon, Serres, Cruzel et Miquel. M. Lafosse, rédacteur en chef. 2ᵉ série. Tome IX. 1856. Ebda. — 576 S.

Tome X. Ebda 1857. — 610 S.

Ispitanija. — 1312. Лебединскія Испытанія лошадеи на призы 1852 года. Въ типографіи вѣдомостеи Московскои городскои полиціи.

(Die Pferderennen zu Lebedew um Preise im Jahre 1852. In der Druckerei der Moskauer Polizei-Zeitung.

8⁰. 20 S. — Dass. 1853. 22 S., 1854. 19 S., 1855. 21 S., 1856. 20 S., 1857. 21 S.

1313. Испытанія лошадеи на Царскосельскомъ рысистомъ ипподромѣ въ 1850 году.

(Die Trabrennen auf dem Hippodrom zu Zarskoselo im Jahre 1850).

8⁰. 12 S. — Gedruckt in Petersburg. — Dass. 1851. 33 S., 1852. 24 S., 1853. 15 S.

1314. Испытанія лошадеи на зимнемъ ипподромѣ 1851 г. Въ типографіи ш отдѣленія собственнои его императорскаго величества канцеляріи. 1851.

(Leistungen der Pferde auf dem Winter-Hippodrom im Jahre 1851. In der Druckerei der 3. Abtheil. der Privat-Kanzlei Sr. kaiserl. Majestät).

8⁰. 22 S. — Dass. für 1852. 15 S.

Iswestie. — 1315. Извѣстіе Московскаго общества охотниковъ конскаго бѣга о испытаніяхъ лошадеи въ 1854 году. Москва. Въ университетскои типографіи.

(Bericht der Moskauer Gesellschaft der Liebhaber der Pferderennen und Pferdezucht. 3. Jahrzehnt. 1. Jahr. Moskau, Universitätsdruckerei).

8⁰. 29 S. Dass. für 1855. 26 S., 1856. 27 S., 1857. 22 S.

1316. Извѣстіе объ Орловскихъ бѣгахъ рысистыхъ лошадеи на призы 1851 года. Орелъ. Печатано въ губернскомъ типографіи. 1851.

(Bericht über das Trabrennen zu Orlow im Jahr 1851. Orell, in der Regierungs-Druckerei).

8⁰. 15 S.

1317. Первое извѣстіе испытаніяхъ лошадеи на призы въ Г. Ельце 1856 года. Москва. Въ типографіи вѣдомостеи Московскои городскои полиціи. 1856.

(Erster Bericht über die Leistungen der Pferde bei den Preisrennen zu Ieletz 1856. Moskau, Druckerei der Stadtpolizei-Zeitung).

12⁰. 11 S.

318. Извѣстія высочаише утвержденнаго Московскаго скаковаго общества о скачкахъ, бывшихъ подъ распоряженіемъ онаго въ Москвѣ съ 1843 по 1853 годъ. Москва. Въ университетскои типографіи. 1852.

(Mittheilungen über die Statuten der kais. Moskauer Gesellschaft für Galopprennen und über die Rennen, welche seit dem Bestehen dieser Statuten in Moskau von 1843—53 abgehalten sind. Moskau, Universitäts-Druckerei).

12⁰. T., XXII S.: Vorw., Erkl. der bei Rennen üblichen Ausdrücke, Farben der Reiter, 284 S., 1 Bl.: Inh., Err.

Kalendar. — 1319. Рысистыи календарь и свѣдѣнія объ испытаніяхъ лошадеи на рысистыхъ ипподромахъ въ С. Петербургѣ и въ Царскомъ Селѣ въ 1845 по 1849 годъ, Книжка первая. Изданная комитетомъ С. Петербургскихъ и Царскосельскихъ рысистыхъ вѣговъ. Санктпетербургъ. Въ типографіи III отдѣленія собственномъ его императорскаго величества канцеляріи. 1849.

(Rennkalender und Nachrichten von den Ergebnissen auf den Rennbahnen zu St. Petersburg und Zarskoe Selo von 1845 bis 1849. Erster Theil. Herausgegeben von dem Komitee der Petersburger und Zarskoe Seloer Renngesellschaft. Petersburg, Druckerei der 3. Abtheil. der kais. Privatkanzlei).

8⁰. T., VII S.: Inh., Vorw., Abkürz., 156 S., 2 S. Anmerk. und Verz. der Sieger nebst Angabe der Preise.

Dass. Книжка вторая. Ebda 1850. (Zweiter Band). — T., XIII S.: Inh., Bekanntmachung des Komitee, 94 S.

Katechismus. — 1320. *Katechismus über das Aeussere, die Pflege, die Gänge, das Beschlagen, die Erkennung und Behandlung der Krankheiten, die Zucht und die Stämme des Pferdes für Männer, welche auf, bei, neben und unter Pferden leben. Mit 7 lithographirten Bildern. Neue Ausgabe. Straubing 1853. Schorner.

12⁰. T., VI S.: Einl., 7—233 S., 4 unpag. S.: Inh., Err. 8 Gr. — Erschien in erster Ausgabe 1846.

Inh.: Aeusseres, Wartung, Ernährung, Gänge, Beschlag, Krankheiten, Zucht, Pferdestämme.

Koni. — 1321. O koniach, czyli krotki zbior zasad poznawanie, chodowania, leczenia i kucia koni, przez B. T. Drugie wydanie poprawione i pomnozone. Warszawa, J. Glöcksberg 1855.

(Ueber Pferde oder kurze Zusammenstellung über Erziehung, Erkenntniss der Krankheiten und Beschlag der Pferde von B. T. Zweite vermehrte und verbesserte Auflage. Warschau, J. Glöcksberg 1855).

12⁰. X und 214 S. — Verfasser ist B. Tykel.

Lettre. — 1322. Lettre d'un paysan à plusieurs autres, à propos de chevaux. No. 1. Paris, impr. de Claye 1849.

12⁰. 1 Bog. — Verfasser ist E. Hubert.

1323. Lettre d'un paysan à M. de La Rocque, à propos de chevaux. No. 2. Paris, impr. de Claye. 1850.

12⁰. 1 Bog. — Verfasser ist E. Hubert.

Library. — 1324. Industrial Library. No. 6. The Groom. London, Houlston 1849.

12⁰. 2 Sch.

Loi. — 1325. Loi du 28 Janvier 1850 sur les vices et maladies rédhibitoires. Expliquée et mise à la portée de tout le monde. Par J. P. A. Liège 1850. — 8⁰. 1 Fr.

Loschadi. — 1326. О Крімскихъ лошадахъ. (Практическія изученія.) 1855. Изъ походнаго портфеля кавалерійскаго офицера. С. Петербургъ. Въ типографіи Эдуарда Праца. 1857.

(Ueber die Krimmischen Pferde. Praktische Studien. 1855. Aus dem Marschtagebuch eines Kavallerie-Officiers. St. Petersburg. Druckerei von Eduard Bratz).

16⁰. T., 1 Bl.: Widm. (an General Baron Meiendorf), V—XVI S.: Vorw., Inh., 210 S. mit 3 Abb. 1 Rb. — Verfasser ist der Kapitän Iwanow.

Maengel. — 1327. * Die äusseren Mängel und Gebrechen des Pferdes. Ein Taschenbuch für Pferdekäufer und Pferdeliebhaber mit einer Abbildung in Stahlstich nach einer Zeichnung des Professor Baumeister. Stuttgart, J. B. Metzler'sche Buchhandlung 1850.

32⁰. T. m. V., 3—8 S., 1 KT. 6 Kr.

Magia. — 1328. Magia naturalis innehållande mångfaldiga och säkra underrättelser om Hästars, Oxars, Kors, Qwigors, Tjurars, Kalfwars, Fårs, Getters, Swinkreaturs m. m. ans och skötsel, samt botande wid påkommande sjukdomar, hwartill nästan alla läkemedlen hemtas inom Landtmannens eget distrikt. Dessutom åtskilliga tillförlitliga och försökta konster och hushållsgrepp, mett ett ord, det betydligaste af det som uti enskildta hushållningen förekommer, och som med allsingen eller ringa kostnad kan werkställas. Landtmannen till tjenst sammandragen utur de bästa kända hushållares dels tryckta dels otryckta skrifter. Stockholm, Lundberg 1857.

12⁰. 192 S. 24 Sch. — Die 3. Ausgabe dieses Buches erschien bereits 1804.

Darin: Zucht, Wartung und Krankheitsbehandlung der Pferde.

Maison. — 1329. Maison rustique du XIX° siècle, contenant les meilleures méthodes de culture usitées en France et à l'étranger etc. Avec 2500 gravures représentant les instruments, machines, appareils, races d'animaux, arbres, plantes, légumes, serres, bâtiments ruraux etc. Terminé par des tables méthodique et alphabétique. Rédigé par une réunion d'agronomes et de practiciens, sous la direction de M. M. Bailly, Bixio et Malpeyre. Tome second. Cultures industrielles et animaux domestiques. Paris, à la Librairie agricole. 1856.

gr. 8⁰. VIII, 560 S. 9 Fr. — Das ganze Werk besteht aus 9 Bänden, jedoch enthält nur dieser zweite Band: Racen, Zucht, Wartung, Beschlag, Exterieur und Krankheiten des Pferdes. Die hippologischen und veterinärischen Artikel sind von Beugnot, Bouley, Maillard, Moll, Pressat, Renault, Rigot und Yvart.

1330. La nouvelle Maison rustique, encyclopédic-manuel de toutes les sciences et de tous les arts dont un habitant de la campagne, propriétaire, fermier, cultivateur, peut tirer parti, etc., l'hygiène et la médecine domestiques, l'hippiatrique, l'art vétérinaire etc., par une société d'agronomes, de médecins, de vétérinaires et de chimistes. Troisième édition, revue et soigneusement corrigée par M. de Chateauneuf. Augmenté d'un Mémoire sur les irrigations par M. Juge-Saint-Martin, ex-maire de Limoges. Paris 1857.

12⁰. 2 Bde von 660 S., 2 KT. 4 Fr. — Enthält auch Zucht, Wartung, Fütterung und Krankheiten der Pferde.

Manual. — 1331. Manual de medicina veterinaria homoeopatica, para uso del veterinario, ganadero y labrador. Comprende el modo de curar las enfermedades de todos los animales domesticos. Publicado en aleman por M. W. Traducido al frances por M. Sarracin, y al castellano por D. Miguel Marzo, profesor de veterinaria, y mariscal supernumerario de las reales caballerizas de S. S. M. M. Madrid 1850. Imprenta de D. P. Sanz y Sanz; libreria de Morier.

8⁰. 12 Rea.

1332. Nuevo manual completo de veterinaria, que contiene el conocimiento general de los caballos, el modo de criarlos, de cuidarlos y de adiestrarlos; la descripcion de sus enfermedades y los mejores medios de curarlas, los preceptos sobre el herrage, etc. Madrid 1851, impr. de J. M. Alonso.

8⁰. 576 S., 2 KT. 14 Rea.

Manuel. — 1333. Manuel du garde national à cheval, contenant les bases de l'instruction, l'école du cavalier, etc. Troisième édition. (République française.) Paris, Dumaine 1848.

18⁰. 7 Bog., 24 KT. — Enthält eine Reitinstruktion.

1334. Manuel du Cavalier. Ordonnance sur les exercices et les évolutions de la cavalerie, contenant les bases de l'instruction, l'école du cavalier, l'école du peloton etc.; augmentée de l'instruction ministérielle du 21 mars 1847, pour la charge et les feux des armes percutantes. A Saumur, chez Godet et Gaultier 1855. — 8⁰. 16½ Bog.

1335. Manuel de maréchalerie rédigé par le conseil d'instruction de l'école de Saumur. Saumur, Dubosse 1850.

16⁰. 4½ Bog. 1 Fr. 25 C.

1336. *Manuel de maréchalerie rédigé par le conseil d'instruction de l'école de cavalerie, et approuvé par décision de M. le ministre de la guerre, en date du 31 octobre 1849, pour l'usage des élèves maréchaux de l'école de cavalerie. A Saumur, imprim. de P. Godet 1856.

16⁰. T., 139 S. 1 Fr. 25 C.

Inh.: Skelett, Exterieur, Anatomie des Fusses, Gleichgewicht, Proportionen, Beschlag, Krankheiten, die Balassa'sche Methode.

1337. *Manuel de médecine vétérinaire. Deuxième partie. Des animaux domestiques à l'état de maladie. Pathologie. Bruxelles, H. Tarlier. 1856.

12⁰. T., 359 S. 1 Fr. 45 C. — Bildet Nr. 7 der 3. Serie der Bibliothèque rurale und ist von Verheyen bearbeitet; den ersten Theil s. *Defays* Nr. 251. Die zu gleicher Zeit erschienene Holländische Uebersetzung s. *Verheyen* Nr. 1132.

1338. Petit Manuel du maréchal expert, contenant: la manière de nourrir, panser et gouverner les chevaux. Epinal, librairie Pellerin 1857.

18⁰. 104 S., 1 Tab.

Méditations. — 1339. Méditations hippologiques. Paris, imprimerie de Schneider 1849.

8⁰. 24 S. — Ein Abdruck aus dem Journal des haras; der Verfasser ist Ch. de Sourdeval.

Mémoire. — 1340. *Mémoire adressé à la Société impériale et centrale de médecine vétérinaire, Le 15 décembre 1856. De la cause réelle qui amène chez le cheval les déviations vicieuses et la plupart des vices du caractère. Du moyen à employer Pour conserver sûrement dans les aplombs naturels la race chevaline.

gr. 8⁰. T., 3—18 S., 4 S., 1 KT. 1 Fr. 50 C. — Erschien 1857 zu Meaux in der Druckerei von Carro und handelt vom Einfluss der Pendelkandare auf das Pferd und die Reitkunst. Die erste Abtheilung ist von Noel, die zweite dem Journal Le Sport entnommene von de Marennes verfasst.

Mémoires. — 1341. Mémoires de la Société nationale et centrale de médecine vétérinaire. Tome 1ᵉʳ. 1ʳᵉ série. Paris chez Labé 1852.

8⁰. 34½ Bog.

Mémoires de la Société impériale et centrale etc. Tome 2. 1ʳᵉ série. Ebda 1854. — 42¾ Bog. 5 Fr.

Dass. Tome 3. 1ʳᵉ série. Ebda 1857. — VIII und 633 S.

1342. Mémoires de la Société vétérinaire du département de la Seine-inférieure. Année 1855—1856. Imprimerie de Péron à Rouen 1856.

8°. 3 Bog.

1343. Mémoires de la Société vétérinaire des départements du Calvados et de la Manche. 17 année. 1846—1848. (Nr. 13). Caen imprim. Poisson; Paris chez Derache 1848. — 8°. 20¼ Bog.

Dass. 18 année. 1849 et 1850. (No. 14). Ebda 1850. — 17¾ Bog.

Dass. 19 année. 1851 et 1852. (No. 15). Ebda 1852. — 15 Bog.

Dass. 20 année. 1852 et 1853. (No. 16). Ebda 1854. — 15 Bog.

Dass. 21 année. 1854, 1855, 1856. (No. 17). Ebda 1856. — XXXV und 180 S.

Ministère. — 1344. *Ministère de l'agriculture et du commerce. Conseil général de l'agriculture, des manufactures et du commerce. Session de 1850. Question des haras. Paris. Imprimerie nationale. 1850.

4°. T., 3—204 S. — Enthält die Procès verbaux. Vgl. *La Moricière*.

1345. *Ministère de l'agriculture et du commerce. Compte rendu de l'administration des haras, pour l'année 1850, conformement à l'article 8 de l'arrêté organique du 11 décembre 1848. (Paris, le 28 février 1851.) Paris. Imprimerie nationale. Mars 1851.

4°. T., 3—40 S.

Mittel. — 1346. *Vierzig untrügliche und erprobte Mittel und Geheimnisse, die Krankheiten des Rotzes, der Druse, des Spates, der Verwundungen und viele andere wichtige Krankheiten an den Pferden leicht und sicher zu heilen. Ferner den Pferden das Köken abzugewöhnen, Unbändige leicht zu zähmen, das Durchgehen derselben zu verhindern, sie zum Ziehen zu bringen und ohne alle Kosten gesund, fett und die Haut glänzend zu machen. Für Rossärzte, Kurschmiede, Oeconomen und jeden Pferdebesitzer. Ronneburg, in Commission bei Fr. Weber.

12°. T., 3—36 S. 35 Kr. — Erschien verklebt 1850.

Inh.: Beschlag, Abrichtung zum Zug, Verhindern des Durchgehens, Zähmung, Fütterung, Mittel gegen Fliegen, zum Abführen, gegen Rotz, Wurm, Räude, Mauke, Spat, Vernageln, Erkältung, Mangel an Fresslust, Urinverhaltung, Verschlag, Strengel, Rheumatismus, äussere Verletzungen, Ader-Verrenkung.

Rec.: Hering 1851. 273.

Mot. — 1347. Un mot sur la race arabe et sur le haras de St. Cloud. Paris, imprim. de Chaix. 1851.

8°. 8 S. — Unterzeichnet: R., ex-officier supérieur au service du pacha d'Egypte.

1348. *Un mot aux cultivateurs. Véritable hygiène du cheval. Paris: Librairie de Leneveu. 1855.

8°. T., 3—32 S. 50 C. — Ist von Noel geschrieben und handelt von den Vortheilen der Pendelkandare.

1349. *Un mot de la dynamique animale. Etude du cheval.

gr. 8°. T., 3—8 S. — Erschien zu Meaux bei Carro 1857, ist von Noel verfasst und handelt von den Vortheilen der Pendelkandare.

Mots. — 1350. Quelques mots sur l'administration des haras. Paris, imprimerie Frey. 1848.

8°. 8 S. — Abdruck aus dem Journ. d. H.

Moyen. — 1351. Du Moyen le plus propre d'utiliser la chair du cheval, de l'âne et du mulet. Imprimerie de Montaubin, à Toulouse. 1856.

8°. 12 S. — Verfasser ist A. Daunassans.

Murrais. — 1352. Murrais in cattle: the cause, symptoms, and modes of communication, and improved method of treatment. With an introductory account of its ravages from the earliest ages. London, Gilbert 1857. 8°. 6 P.

Nacéri. — 1353. *Le Nacéri. La perfection des deux arts ou traité complet d'hippologie et d'hippiatrie arabes, traduit de l'arabe Par M. le Docteur Perron. Extrait du Spectateur militaire. Paris, imprimerie de L. Martinet. 1857. gr. 8°. T., 3—47 S. 1 Fr. 50 C. — Eine Analyse des Perron'schen Werkes durch Delard. Vgl. *Perron.*

Nastawlenie. — 1354. Наставленіе о случѣ, воспитаніи и содержаніи лошадей. Разсмотрѣнное въ комитетѣ государственнаго коннозаводства. Изданіе четвертое. Санктпетербургъ 1851. Въ французской типографіи.

(Anweisungen über Arbeit, Erziehung und Wartung der Pferde. Durchgesehen von dem Komitee der Staatspferdezucht. Vierte Ausgabe. Petersburg. In der Französischen Druckerei.)

8°. T., 1 S.: Inh., 56 S.

1355. Практическое наставленіе къ учрежденію и содержанію хозяиственныхъ конскихъ заводовъ. Въ типографіи Л. Іонсона.

(Praktische Anweisungen zur Zucht und Wartung der Pferde bei der Hauspferdezucht. In der Druckerei von J. Johnson).

8°. 37 S. — Erschien in Petersburg 1853 und ist vom Fürst A. Keikuatow verfasst.

Notes. — 1356. Notes sur l'hippiatrique à l'usage du peloton d'instruction des régiments d'artillerie. A Metz, chez Verronnais 1851.

32°. ¼ Bog., 1 KT.

1357. Dass. Seconde édition. Ebda 1851. — 18°. 1½ Bog., 1 KT.

Notions. — 1358. *Notions sur le dressage des jeunes chevaux au trait et à la selle; Par L. D. cocher. Paris. Maillet-Schmitz. Mai 1848. gr. 8°. VI S.: T., Vorw., 7—46 S., 1 KT. 1 Fr. — Verfasser ist Baron Curnieu.

Observations. — 1359. *Quelques observations sur l'amélioration des chevaux en Portugal. Juin 1856.

8°. T., 24 S. — Nicht im Buchhandel, erschien zu Düben, Druckerei von G. Steinmüller und ist vom Hauptmann Graefe verfasst.

Rec.: Bl. f. Kr. 1856. Nr. 10.

1360. Observations sur la théorie pratique, progressive et méthodique, par M. Albert Liasse, lieutenant d'instruction à l'Ecole de cavalerie. Avignon, imprimerie Offray ainé. 1857.

8°. 16 S. 50 C. — Vgl. *Liasse.*

(Łepkowski, J.) — 1361. Oleczeniu chorób koni, bydła, świń, owiec i psów. Wykład popularny dla użytku gospodarza. Wadowice, 1850. J. Sabiński.

(Behandlung der Krankheiten der Pferde, des Rindviehs, der Schweine etc.)

16°. IV, 4 und 172 pp.

Opinion. — 1362. *Opinion d'un médecin vétérinaire sur les effets réels des freins régulateurs perfectionnés, au point de vue de l'hygiène de la bouche. Notice addressée le 1ᵉʳ Novembre 1856, au Recueil de médecine vétérinaire, Journal consacré à l'étude et aux progrès de la médecine vétérinaire et des sciences qui s'y rattachent, Publié avec le concours De M. M. Delafond, — Goubaux, — Mague, — Renault, — Verheyen, — Ivart; par M. M. H. Bouley et Reynal.

8°. T., 3—7 S. — Erschien zu Meaux Druckerei von Carro 1857; Verfasser ist der Thierarzt Angiuiard.

1363. *Dass. — gr. 8⁰. T., 3—8 S. — Erschien 1857 ebenda.

Ordonnance. — 1364. Ordonnance sur l'exercice et les évolutions de la cavalerie, du 6 décembre 1829. Ecole du cavalier à cheval. Dragons. Paris, Leneveu 1849.

32⁰. 2½ Bog.

1365. *Dass. Ecole du cavalier à cheval. Chasseurs et Hussards. Paris, Leneveu 1851.

32⁰. Sch. T., T., 5—142 S.

1366. Dass. Ecole du Cavalier à cheval. Lanciers. Paris, Leneveu 1851.

32⁰. 2³/₁₆ Bog.

1367. Dass. Ecole du Cavalier à cheval. Chasseurs et Hussards. Paris, Leneveu 1852.

32⁰. 2¼ Bog.

1368. Dass. Ecole du cavalier à cheval. Chasseurs et hussards. Paris, Leneveu 1853.

32⁰. 2¼ Bog.

1369. Dass. Paris, chez Léautey 1853.

18⁰. 8³/₈ Bog.

1370. Dass. 2ᵉ partie. Ecole du cavalier, du peloton et de l'escadron à cheval. Paris, Dumaine 1854.

18⁰. 8⁴/₉ Bog. mit K. 2 Fr. — Der 1. und 3. Theil enthalten das Exerciren und das Evolutioniren.

1371. Dass. Extrait. Ecole du cavalier à pied, à cheval. — Ecole du peloton, à pied, à cheval. Paris, chez Léautey 1854.

18⁰. 8³/₈ Bog.

1372. Dass. Ecole du cavalier à cheval. Carabiniers et cuirassiers. Paris, chez Leneveu 1855.

32⁰. 2¹/₁₆ Bog.

1373. Dass. Nouvelle édition. 2ᵉ partie. A Strasbourg, chez Mᵐᵉ veuve Berger-Levrault et fils 1856.

32⁰. T., 1 Bl.: Inh., 349 S. und ein Band mit 54 KT. und 15 Blatt Signale für alle 3 Theile. Der 1. und 3. Theil enthalten Exerciren zu Fuss und Evolutioniren.

Osnatschenii. — 1374. Означеніи кровном англиском лошади въ русском коннозаводствѣ. И. С. Москва. Въ университетском типографіи: 1850.

(Bemerkungen über die Englischen Vollblutpferde in den Russischen Gestüten. Von J. S. Moskau, Universitäts-Druckerei).

8⁰. 70 S.

1375. Означеніи скаковом породы лошадеи въ отношеніи къ коннозаводству вообще. Москва. Въ типографіи вѣдомостем Московском городском полиціи. 1852.

(Bemerkungen über die Pferderennen mit Rücksicht auf die allgemeine Pferdezucht. Moskau).

16⁰. 15 S. — Verfasser ist Bas. Koptew.

Pedigree. — 1376. *Pedigree der Vollblut-Hengste, welche in Deutschland bis einschliesslich 1857 zur Zucht benutzt worden sind. Berlin. Verlag von A. Asher und Co. 1857.

gr. 8⁰. T., 1 Bl.: Vorw., 7 Tab. in gr. folio auf gelbem Papier. 2 Thlr. Bearbeitet vom Hauptmann Graefe.

Rec.: Vogler 1857 II 15.

Pferd. — 1377. Das Pferd, seine Zucht, Behandlung, Struktur, Mängel und Krankheiten, mit einer Abhandlung über das Fuhrwesen und einem vollständigen Register. Zweite verbesserte und vermehrte Auflage, nach der dritten Auflage des englischen Originals mit Anmerkungen und Zusätzen vom Medicinal-Rath, Professor E. Hering. Stuttgart, Metzler 1850.

gr. 8°. VIII und 355 S. 3 Thlr. — Bildet zugleich den ersten Band des Werkes: die Englische Viehzucht. Das Original erschien 1831 unter dem Titel: the horse, die 1. Auflage der Uebersetzung 1837.

Inh.: Geschichte, Racen, das Englische Pferd, Exterieur, Krankheiten, Zucht, Beschlag, Operationen, böse Angewohnheiten, Wartung, Fütterung, über den Zug.

1378. *Das Pferd, seine Zucht, seine Veredelung und die Heilung seiner Krankheiten. Ein praktisches Handbuch für Landwirthe, Cavallerie-Offiziere, Stallmeister und Pferdeliebhaber. Herausgegeben in Verbindung mit Mehreren von einem Deutschen Landwirth. Leipzig, 1856. Rossberg.

A. u. d. T. Allgemeine Viehzucht. Erster Band. Das Pferd.

gr. 8°. XII S.: T., Inh., Einl., 243 S. 3 Thlr. — Nur ein neuer Titel zu der von Protz besorgten und 1844 erschienenen Uebersetzung von de Saive's animaux domestiques.

Inh.: Geschichte, zoologische Kennzeichen, äusserer Bau, Gleichgewicht, Gang, Haar, Farbe, Zähne, Betrügereien der Händler, Fehler der Füsse, Sehkraft, das Zug-, Luxus- und Kavallerie-Pferd, Gestüte, Racen, Zucht und Rennen, Gesundheitslehre, Beschlag, Paarung, Tragezeit, Geburt, Aufzucht, Krankheiten.

Pferdearzt. — 1379. Der vollkommene Pferdearzt, oder Anweisung, wie der Landmann seine Pferde füttern, deren Krankheiten erkennen und heilen soll. Nebst einer Sammlung von Recepten. Herausgegeben von einem Schweizer. Augsburg, Schlosser in Comm. 1848.

gr. 8°. 96 S. 8 Gr.

Pferdefleisch. — 1379a. Das Pferdefleischessen. Meurs, Dolle 1848.

12°. 24 S. 2 Gr.

Pferdekunde. — 1380. *Pferdekunde, oder Anweisung das Alter der Pferde bis zu 16 Jahren trotz trügerischer Kunstgriffe an den Zähnen, so wie verschiedene wichtige Krankheiten derselben zu erkennen, und letztere zu behandeln und zu heilen für Landwirthe und Pferdeliebhaber. Aus der Handschrift eines erfahrenen praktischen Thierarztes. Schweidnitz. L. Heege 1848.

8°. T., 3—38 S. 6 Gr.

Pferdezucht. — 1381. *Die Pferdezucht Württembergs. Abbildungen ausgezeichneter Zucht-Pferde aus den Privat-Gestüten S. Maj. des Königs und dem Königlichen Landgestüte. Herausgegeben unter Mitwirkung der Königlichen Land-Gestüts-Commission. 15 Tafeln in Farbendruck, nach dem Leben gezeichnet und lithographirt von L. Voltz und E. Völckers. Nebst einer colorirten Uebersichtskarte. Stuttgart. Verlag von Ebner und Seubert 1857.

4°. IV S.: T., Vorw., 8 S. in 2 Col., 5 schwarze und 10 color. K., 1 color. Karte. 4 Fl. — Der Text ist von Prof. Hering.

Pojasnitelnija. — 1382. Пояснительныя замѣчанія о Московскихъ конскихъ бѣгахъ. (Изъ п : 91 Московскихъ вѣдомостей 1854 года). Москва. Въ университетской типографіи.

(Erklärende Bemerkungen über die Moskauer Pferderennen. Aus Nr. 91 der Moskauer Zeitung vom Jahre 1854. Moskau. Universitätsdruckerei).

12°. — Verfasser ist M. Dolomanow.

Porodach. — 1383. О породахъ лошадей вообще, и въ особенности о скаковой и рысистой. (Письмо къ H. H. В—ву. Изъ н. н. 138 и 139 Московскихъ вѣдомостей 1849 г.) Москва. Въ университетской типографіи. 1849.

(Von der Wartung der Pferde im Allgemeinen und der Träber und Rennpferde insbesondere. Ein Brief an P. P. W—wu. Aus Nr. 138 und 139 der
Moskauer Zeitung vom Jahre 1849. Moskau, Universitäts-Druckerei).

8°. 23 S. — Verfasser ist Bas. Koptew.

Poulinières. — 1384. Les Poulinières malgré elles. Imprimerie de
Buhour, à Caen 1855.

8°. 32 S. — Verfasser ist F. Person.

Principes. — 1385. Principes d'équitation, de gymnastique et de nata-
tion, extraits de divers auteurs. Par un officier do cavalerie. Avec 92 figures.
A Maubeuge, chez Decaussenne 1852.

32°. 8 S. und K.

Prodoloschenie. — 1386. Продолженіе осьмое извѣстіи о Московскихъ
бѣгахъ рысистыхъ лошадеи на призы и заклады 1848 года. Москва. Въ университетскои типографіи 1848.

(Achte Fortsetzung der Nachrichten von den Moskauer Trab-Pferderennen
um Preise und Wetten im Jahr 1848. Moskau, Universitäts-Druckerei).

12°. 40 S.

Dass. Neunte Fortsetzung. Ebda 1849. — 12°. 45 S.
Dass. Zehnte Fortsetzung. Ebda 1850. — 12°. 40 S.
Dass. Eilfte Fortsetzung. Ebda 1851. — 12°. 57 S.
Dass. Zwölfte Fortsetzung.... im September 1851 und 1852. Ebda 1852.
— 12°. 67 S.
Dass. Dreizehnte Fortsetzung. Ebda 1853. — 8°. 46 S.
Dass. Vierzehnte Fortsetzung. Ebda 1854. — 8°. 46 S.

1387. Продолженіе первое извѣстіи объ Орловскихъ бѣгахъ рысистыхъ лошадеи на призы 1852 года. Орелъ. Печатано въ губернскои типографіи. 1852.

(Erste Fortsetzung der Nachrichten über die Orlowschen Trabrennen um
Preise im Jahre 1852. Orel, gedruckt in der Regierungs-Druckerei).

12°. 22 S.

Dass. Zweite Fortsetzung. Ebda 1853. — 12°. 19 S.
Dass. Dritte Fortsetzung. Ebda 1854. — 16°. 15 S.
Dass. Vierte Fortsetzung. Ebda 1855. — 16°. 15 S.

Programma. — 1388. Программа испытаніи лошадеи въ С. Петербургъ
1853. Въ типографіи III отдѣленіи собственнои его императорскаго величества канцеляріи.

(Programm der Prüfungen für die Pferde zu Petersburg 1853. In der
Druckerei der 3. Abtheilung der kais. geheimen Kanzlei).

12°. 21 S. — Dasselbe erschien auch 1854—57.

Programme. — 1389. Programme d'un carrousel militaire servant de
complément à l'instruction des recrues. Versailles, imprimerie de Beau jeune 1849.

quer 4°. 4½ Bog., 4 S.: Musikbeilage, 9 KT. — Verfasser ist Kapitain
D'Elbee.

Progressions. — 1390. Progressions. Nouvelles éditions revues et
corrigées par le conseil d'instruction de l'école de cavalerie: 1. les leçons du
cavalier à pied; 2. de l'école du peloton à pied; 3. de l'école du cavalier à
cheval; 4. des écoles de peloton et d'escadron à cheval et de dragons pour com-
battre à pied. A Saumur chez Godfroy 1854.

12°. 4¾ Bog.

Projet. — 1391. Projet d'une selle de troupe à lames mobiles; par un
officier de cavalerie. Bruxelles, Leipzig et Gand, Muquardt 1850.

8°. T., 3—16 S. 50 C. — Verfasser ist der Belgische Oberstlieutenant
Leurs.

Race. — 1392. Race horses, past and present. London, Walker 1856.
8⁰. — Abdruck aus der Morning Post 1856.

Rec.: Sp. Mag. 1857 I 148.

Racing. — 1393. Racing and Saddle Horses. A Comparative View of the Form and Character of our Racing and Mixed Bred of Saddle Horses during the last and present Centuries. Illustrated by 18 Plates of Horses. Second edition. London, Hookham 1855.

4⁰. 10 Sch.

1394. Racing Calendar for the year 1848. London 1848.
8⁰. — Derselbe erschien auch 1849—57.

Rad. — 1395. *Goda Råd i Hästafwel meddelade Örebro Läns Landtmän af Länets Hästafwels Förening. Örebro, N. M. Lindhs Boktryckeri, 1853.
8⁰. T., 3—15 S. — Verfasser ist der Stallmeister Leyon.

Rapport. — 1396. Rapport adressé au citoyen ministre de l'agriculture et du commerce au nom de la commission instituée en vertu de son arrêté du 25 avril 1848. Paris, imprimerie de Paul Dupont. 1848.
4⁰. 8 Bog. — Ueber die Lage der Pferdezucht in Frankreich und die Mitte zu deren Verbesserung.

Record. — 1397. *The Veterinary Record, and transactions of the veterinary medical association. Edited by professors Spooner, Simonds and Morton royal veterinary college. Volume IV. Illustrated by engravings and woodcuts. London: Longman, Brown, Green and Longmans. 1848.
gr. 8⁰. T., 396 S. mit 9 Abb., 2 KT. — Erscheint seit 1845 und kostet jährlich 10 Sch.

Dass. Vol. V. 1849. — T., 396 S. mit 23 Abb., 2 KT.

Dass. Vol. VI. 1850. — T., 414 S. mit 35 Abb., 3 KT.

Recueil. — 1398. Recueil de mémoires et observations sur l'hygiène et la médecine vétérinaires militaires, rédigé sous la surveillance de la commission d'hygiène hippique, publié par ordre du ministre secrétaire d'Etat au département de la guerre; avec des documents administratifs sur les remontes de l'armée. Tome II. A Paris chez Dumaine 1849.
8⁰. 6 Fr. — Der 1. Band erschien 1847.

Tome III. Ebda 1851. — 540 S., 9 KT., 1 Karte. 8 Fr.
Tome IV. Ebda 1852. — 33½ Bog., 8 KT. 8 Fr.
Tome V. Ebda 1853. — 39¾ Bog. 8 Fr.
Tome VI. Ebda 1855. — 42½ Bog. 12 Fr.
Tome VII. Ebda 1856. — LXIII und 768 S., 5 KT. 12 Fr.

Rec.: Veterin. 1850. 30, 85, 157.

1399. *Recueil de copies de lettres extraites de la correspondance de M. Aubert avec les hommes que leurs connaissances en équitation ont rangé parmi les maîtres les plus capables dans cet art. Imprimerie de Cosse, à Paris 1855.
gr. 8⁰. T., 3—46 S. — Nicht im Buchhandel, besonderer Abdruck aus Aubert's Traité d'équitation, s. *Aubert*.

1400. *Recueil de médecine vétérinaire pratique. Journal consacré à la médecine et à la chirurgie vétérinaires, à l'hygiène, au commerce des animaux domestiques, et à l'analyse des ouvrages et journaux traitant de l'art vétérinaire; publié par M. M. Bouley, Delafond, Girard, J. Lassaigne, Magne, Renault, Vatel, Verheyen, Yvart. M. H. Bouley, Rédacteur en chef. Tome V. 3ᵉ série. Paris. Labé 1848.
8*. Sch. T., T., 5—1112 S. — Erscheint seit 1824 und kostet jährlich 13 Fr.

Dass. publié avec le concours de M. M. Botiley, Girard, Lassaigne, Renault, Vatel, Verheyen, Yvart; par M. M. Delafond, Reynal et H. Bouley, Rédacteur en chef. Tome VI. 3ᵉ série. Ebda 1849. — Sch. T., T., 5—1040 S., 1 Tab.

Dass. Tome VII. 3ᵉ série. Ebda 1850. — Sch. T., T., 5—1088 S. mit 5 Abb.

Dass. Tome VIII. 3ᵉ série. Ebda 1851. — Sch. T., T., 5—952 S. mit 2 Abb.

Dass. Tome IX. 3ᵉ série. Ebda 1852. — Sch. T., T., 5—776 S. mit 20 Abb. Es erschien von da an unter dem veränderten Titel:

Recueil de médecine vétérinaire. Journal consacré à l'étude et aux progrès de la médecine vétérinaire et des sciences qui s'y rattachent. Publié avec le concours de M. M. Bouley jeune, Delafond, Goubaux, Lassaigne, Magne, Renault, Verheyen, Yvart; par M. H. Bouley, Rédacteur en chef, et Reynal, Rédacteur adjoint. Tome X. 3ᵉ série. 1853. Ebda. — Sch. T., T., 5—1120 S. mit 4 Abb.

Dass. Tome I. 4ᵉ série. XXXIᵉ volume de la collection. Ebda 1854. — Sch. T., T., 5—960 S. mit 19 Abb.

Dass. Tome II. 4ᵉ série. XXXIIᵉ vol. Ebda 1855. — Sch. T., T., 5—960 S. mit 9 Abb.

Dass. Tome III. 4ᵉ série. XXXIIIᵉ vol. Ebda 1856. — Sch. T., T., 5—960 S. mit 3 Abb. — Hier ist Bouley der Jüngere nicht mehr als Mitarbeiter genannt.

Dass. Tome IV. 4ᵉ série. XXXIVᵉ vol. Ebda 1857. — Sch. T., T., 5—960 S. — In diesem Jahrgange ist auch Lassaigne nicht mehr als Mitarbeiter genannt.

Réfutation. — 1401. Réfutation d'une lettre de M. le directeur des haras, publiée dans le journal La Presse, le 11 avril 1848, et adressée à M. le rédacteur du Charivari. Paris, imprimerie de Lange-Lévy. 1848.

8⁰. 1 Bog. 50 C. — Handelt über Französische Pferdezucht-Zustände und ist von A. Carrichon geschrieben.

Regenerador. — 1402. El Regenerador de la Medicina veterinaria. Madrid 1851.

4⁰. — Erscheint seit dem November 1851 und wird von Fl. Paniagua redigirt.

Reglamento. — 1403. Reglamento y ordenanza de S. M. para el ejercicio, evoluciones y maniobras de la caballeria, y dragones montados de sus ejercitos, y otros puntos relativos al servicio de estos cuerpos. Madrid, imprenta de Pedro Marin.

gr. 4⁰. Mit 42 KT. 26 Rea. — Erschien 1849.

1404. Reglamento para el ejercicio y maniobras de la caballeria. Segunda edicion. Segunda parte. Madrid, 1850. Imprenta de Alegria; libreria de Monier.

8⁰. 67 S. — Enthält die Reitinstruktion, der 1. und 3. Theil das Exerciren zu Fuss und die Evolutionen. Dazu ein Band mit 168 KT. Preis aller 3 Theile 46 Rea.

Reglement. — 1405. *Reglement wegen Gestellung, Auswahl und Abschätzung der Mobilmachungs-Pferde in der Provinz Brandenburg.

4⁰. 19 S. — Nicht im Buchhandel. Gedruckt in der Decker'schen Ober-Hofbuchdruckerei zu Berlin 1856.

1406. Règlement de la Société d'encouragement pour l'amélioration des races de chevaux en France. Imprimerie de Malteste, à Paris 1852.

12⁰. 1¹⁄₈ Bog.

1407. Règlement provisoire sur l'instruction à pied et à cheval dans les régiments d'artillerie. Approuvé, le 15 juillet 1835, par M. le Ministre de la guerre. Tome second. Instruction à cheval. Nouvelle édition. A Strasbourg, chez Mᵐᵉ veuve Berger-Levrault et fils. 1855. — 32⁰.

Regolamento. — 1408. Regolamento per le corse di cavalli della Società nazionale. Torino 1855.

8⁰. 18 S.

Reitinstruction. — 1409. *Reit-Instruction für die leichte Kavallerie. Von einem preussischen Kavallerie-Offizier. Mit vielen Holzschnitten. Düsseldorf 1850. Druck und Verlag der Stahl'schen Buchhandlung (W. Kaulen).

12⁰. T., 1 Bl.: Vorw., 67 S. mit 13 Abb. G Ngr. — Verfasser ist der Major Herstatt.

Répertoire. — 1410. *Répertoire de médecine vétérinaire, publié par M. M. Brogniez, rédacteur annuel, Delwart, Scheidweiler et Thiernesse, Professeurs à l'école de médecine vétérinaire de l'Etat. Première année. Bruxelles, J. B. Tircher 1849.

gr. 8⁰. Sch. T., T., 1 Bl.: Vorw., 7—672 S., 1 KT. — Diese Zeitschrift bildet die Fortsetzung des Journal vétérinaire, s. *Journal* Nr. 1309 und erschien seit 1852 als Annales de méd. vétér. s. *Annales* Nr. 1212.

Dass. Deuxième année. Ebda 1850. — Sch. T., T., 5—684 S. mit 4 Abb., 3 KT.

Dass. Troisième année. Ebda 1851. — Sch. T., T., 5—684 S., 1 KT.

Resultat. — 1411. Результатъ испытаній скаковыхъ лошадеи въ Царскомъ Селѣ 1853. Въ типографіи III отдѣленія собственной его императорскаго величества канцеляріи.

(Resultat der Prüfungen der Galopp-Rennpferde zu Zarsko Selo 1853. Druckerei der 3. Abth. der kais. geheimen Kanzlei).

8⁰. 6 S. — Erschien zu Petersburg 1853 und auch ferner 1854—57.

1412. Результатъ испытанія рысистыхъ и другихъ лошадеи въ Царскомъ Селѣ. 1853. ‚Ebda.

(Resultat der Prüfungen der Träber und anderer Pferde zu Zarsko Selo 1853). — 8⁰. 10 S. — Dasselbe erschien auch 1854—57.

Resultati. — 1413. Результаты испытанія лошади въ С. Петербургѣ зимою 1853. Ebda.

(Resultate der Prüfungen der Pferde zu St. Petersburg im Winter 1853).

8⁰. 16 S.

Dass. 1854. — 8⁰. 18 S. — Erschien auch ferner 1855—57.

Rivista. — 1414. Rivista agronomica, Giornale di Agricoltura, Pastorizia, Veterinaria e science affini, compilato per Cura di Vincenzo Corsi. Anno I. Napoli 1856.

8⁰. — Ebenso Anno II 1857 in monatlichen Heften von 64 S. Preis des Jahrgangs 2 Duc. 60 Gr.

Sametschanija. — 1415. Захтѣчанія о приготовленіи лошадеи къ скачкѣ для г. офицеровъ. Въ типографіи III отдѣленія собственной его императорскаго величества канцеляріи.

(Bemerkungen über das Vorbereiten der Pferde für die Offizier-Rennen. Gedruckt in der Druckerei der 3. Abtheil. der kais. Privatkanzlei).

12⁰. 10 S. — Erschien zu Petersburg 1852 und ist von Maesnow verfasst.

Sattelhülfe. — 1416. *Kleine Sattelhülfe oder kurze Reitanweisung sowie praktische Regeln für die Behandlung der Pferde. Für alle Laien in der Kunst, die wohl Lust, aber keine Gelegenheit oder Mittel haben, eine Reitschule zu besuchen, vorzüglich aber für künftige Cavalleristen, Studirende etc. Dritte Auflage. Halle, Druck und Verlag von H. W. Schmidt. 1851.

8⁰. VI S.: T., Vorw., Inh., 50 S. mit 3 Abb. 4 Gr. — Erschien zuerst 1830.

Inh.: Satteln, Zäumen, Reitkunst, Untugenden des Pferdes, Wartung und Pflege, Reisen zu Pferde.

Schurnal. — 1417. Журнал коннозаводства и охоты. Санстпетербургъ. Въ типографіи И. Глазунова; въ французком типографіи; въ тип. Кесневиля; въ тип. министерства государственныхъ имуществъ и въ Карла Метцига.

(Journal für Pferdezucht und Jagd. Sankt Petersburg. Druckerei von J. Glasunow, in der Französ. Druckerei, in der Druckerei von Kesnewil, in der Druckerei des Ministerii des kais. Hauses und bei Karl Metzig).

8⁰. — Erschien seit 1842 in 12 Monatsheften, deren 6 einen Band bilden und mit einer Pferdeabbildung versehen sind. Preis des Jahrgangs 9 Rb.; Redakteur ist der Staatsrath Borodin.

Science. — 1418. *Science naturelle science exacte. Extrait de la 2ᵉ partie du dressage naturel et immédiat du cheval. Enseignement basé sur un effet physiologique remarqué sur la bouche du cheval. Le moyen combiné sera appliqué avec succès à tout animal dont la bouche sera conformée à celle du cheval. 1854.

12⁰. Sch. T., T., 5—18 S. — Erschien zu Meaux in der Druckerei von Carro, ist von Noel verfasst und handelt über die von ihm kombinirte Pendelkandare.

Skatschkach. — 1419. О скачкахъ въ Москв въ 1849 г. (Изъ и. 48 Московскихъ вѣдомостей 1849 года).

(Ueber die Galopprennen zu Moskau im Jahre 1849. Aus Nr. 48 der Moskauer Zeitung vom Jahre 1849).

8⁰. 16 S. — Erschien zu Moskau 1849.

Skatschki. — 1420. Скачки въ Царском Селѣ въ 1851 г. Въ типографіи III отдѣленія собственном его императорскаго величествъ канцеляріи.

(Die Rennen zu Zarskoe Selo 1851. Druckerei der 3. Abtheilung der kais. geheimen Kanzlei).

8⁰. 6 S. — Dass. erschien auch ferner 1852—57.

1421. Московскія скачки 1851 г. Въ университетском типографіи.

(Moskauer Rennen 1851. In der Universitäts-Druckerei).

4⁰. 19 S. — Erschien in Moskau.

Dass. 1852. — 12⁰. 56 S.; 1853. 53 S.; 1854. 56 S.; 1855. 58 S.; 1856. 63 S.; 1857. 2 unpagin. und 56 S.

1422. Скачки рысистые бѣги и возовыя испытанія высочайше утвержденнаго Лебединскаго скаковаго общества, втораго десятилѣтія, съ 1837 по 1847 годъ. Москва, въ типографіи вѣдомостей Московском городском полиціи 1852.

(Die Galopp-, Trab-Rennen und Zug-Prüfungen ausgeführt nach den Allerhöchst genehmigten Bestimmungen der Lebedjanskischen Renngesellschaft. Zweites Jahrzehnt von 1837—47. Moskau, in der Druckerei der Stadt-Polizei-Zeitung).

12⁰. 13 unpag., 46, 16, 13 unpag. und 354 S.

Skizzen. — 1423. *Skizzen über Pferdezucht und Pferdewesen. Gesammelt auf einer Reise in England und Frankreich im Jahre 1852. Wien, 1853. Druck von Carl Gerold und Sohn.

8⁰. T., 1 Bl.: Vorw., 68 S. 16 Ngr. — Verfasser ist der General Ritter; eine Dänische Uebersetzung s. die folgende Nummer.

Inh.: Pferdezucht, Pferdebehandlung, Prüfung der Pferde in England; Zucht edler Pferde in Frankreich; Vorschläge zur Förderung der Pferdezucht.

Rec.: Roell 1853 II 134; Tennecker 1855. 393.

Skizzer. — 1424. Skizzer, Hesteavl og Hestevæsen vedkommende. Samlede paa en Reise i England og Frankrig i Aaret 1852. Oversat fra det Tydske ifolge Foranstaltning af Kammerherre, forste Staldmester v. Roepstorff. Kjöbenhavn 1854.

8⁰. — Das Original s. die vorhergehende Nummer.

Sobranie. — 1425. Собраніе правилъ во избѣжаніе обмана при покупкѣ лошадей и коровъ. Съ присовокупленіемъ правилъ о ковкѣ лошадей, обязанностей кучера по содержанію коровъ. С. Петербургъ. Въ типографіи А. Дмитріева 1857.

(Zusammenstellung der Regeln zur Vermeidung des Betrugs beim Ankauf von Pferden und Kühen. Nebst Regeln für den Beschlag der Pferde, Unterweisungen für Kutscher und über die Pflege der Kühe. St. Petersburg. Druckerei von A. Dmitriew. 1857).

24°. T., 1 Bl.: Inh., 66 S.

Sociedad. — 1426. Sociedad de fomento de la cria caballar de Espana. Reglamento para las carreras y para los premios por construccion, belleza y reproduccion. Madrid, 1851, imprenta de J. M. Alegria, libreria de Cuesta.

8°. 4 Rea.

Société. — 1427. Société vétérinaire de la Marne. Compte-rendu des travaux de la Société. 7 année 1853. Chalons-sur-Marne, imprimerie et librairie Laurent 1857.

8°. 62 S.

1428. Société d'agriculture de Morlaix. Question des haras. Pétition adressée à M. M. les représentants du Finistère à l'assemblée nationale. Morlaix, imprim. de Guilmer 1848.

4°. 8 S.

1429. Société d'encouragement pour l'amélioration des races de chevaux en France. 1er novembre 1849. A Paris chez Grandhomme, secrétaire de la Société.

12°. 2 Bog. — Enthält das Renn-Reglement und ein Mitglieder-Verzeichniss.

Dass. 1er novembre 1850. Imprimerie Malteste à Paris. — 12°. 2½ Bog.

Dass. 1er aout 1851. Paris, imprim. de Malteste. 12°. 2½ Bog.

Dass. 1er septembre 1853. Ebda. — 12°. 2½ Bog.

Dass. 1er novembro 1854. Ebda. — 12°. 3¼ Bog.

Sport. — 1430. Le Sport à Bordeaux, organe spécial des arts, des sciences, de la littérature, de la mode, du théâtre, des concerts, de l'industrie, de l'agriculture, des courses, des chasses, des régates, des fêtes, des bains de mer. Jeudi 17 mai 1855. Première année. No. 1. Bordeaux, place Dauphine 8.

4°. 7½ Bog. — Dieses Journal erschien wöchentlich zweimal, sollte jährlich 24 Fr. kosten, hörte aber schon mit Nr. 15 vom 4. Juli 1855 auf.

1431. Le Sport. Première année 1854. Paris, Boulevard des Italiens, 36, et rue Beaujou (au Tattersall).

klein fol. — Erscheint in wöchentlichen Nummern, kostet jährlich 25 Fr. und wird von Dillon redigirt. Es erschienen ebenso der 2—4. Jahrgang 1855—1857.

Sporting. — 1432. *By Command Under the Especial Patronage of H. R. H. Prince Albert. The Sporting Magazine 1848.

gr. 8°. Lith. T., 452 und 29 S., 6 K. — Bd. II. T., 460 und 96 S., 6 K·

Dass. 1849. — T., 456 S., 6 K. — Bd. II. T., 448 und 178 S., 6 K.

Dass. 1850. — T., 454 S., 6 K. — Bd. II. T., 448, 46 und 122 S., 6 K.

Dass. 1851. — T., 460 S., 6 K. — Bd. II. T., 424, 48 und 128 S., 6 K.

Dass. 1852. — T., 462 S., 6 K. — Bd. II. T., 448, 41 und 170 S., 6 K.

Dass. 1853. — T., 468 S., 6 K. — Bd. II. T., 448 und 134 S., 6 K.

Dass. 1854. — T., 464 S., 6 K. — Bd. II. T., 464 S., 6 K.

Dass. 1855. — T., 464 S., 6 K. — Bd. II. T., 460 S., 6 K.

Dass. 1856. — T., 462 S., 6 K. — Bd. II. T., 464 S., 6 K.

Dass. 1857. — T., 448 u. 203 S., 6 K. — Bd. II. T., 444 u. 152 S., 6 K.

Das Magazin erscheint in London bei Tuxford, es wurde 1792 gegründet, vereinigte 1843 die Zeitschriften The new Sporting Magazine, The old Sporting Magazine, The Sportsman und The Sporting Review und wird jetzt von Mr. G. P. Tuxford herausgegeben. Es kostet jährlich 36 Sch.

Statuten. — 1433. *Statuten des Vereins zur Beförderung der Pferdezucht im Fürstenthum Lippe über Austheilung von Prämien. Detmold, 1852.
gr. 8°. T., 3—8 S.

1434. *Statuten und Renn-Gesetze des Jockey-Club für Nord-Deutschland. Berlin. Druck von Trowitzsch und Sohn. 1852.
gr. 8°. T., 1 Bl.: Inh., 48 S.

Statuto. — 1435. Statuto o regolamento della società per le corse dei cavalli in Lombardia. Milano, tipografia Manini 1857.
16° 40 S.

Stud-Book. — 1436. *The General Stud-Book, containing Pedigrees of Race Horses, etc. etc. From the earliest Accounts to the Year 1848, inclusive, with a few of the Foals of 1849. In six Volumes. Vol. VI. London: printed for Charles and James Weatherby. 1849.
gr. 8°. XLVII S.: Sch. T., T., Vorw., Register, 438 S. 1 L. 3 Sch. — Der erste Band erschien 1808.

Dass. to the Year 1852 inclusive, with a few of the Foals of 1853. In seven Volumes. Vol. VII. Ebda 1853. — LXVII und 461 S. 1 L. 3 Sch.

Dass. to the Year 1856 inclusive, with a few of the Foals of 1857. In eight Volumes. Vol. VIII. Ebda 1857. — LXXX und 547 S. 1 L. 4 Sch.

1437. *Dass. to the Year 1848 inclusive. Vol. VI. Brussels, Leipzig and Ghent: C. Muquardt. MDCCCL.
gr. 8°. XLVIII und 438 S. 15 Fr. — Von diesem wortgetreuen Nachdruck erschien der erste Band 1839.

Dass. to the Year 1852 inclusive. Vol. VII. Bruxelles: librairie de Ch. Muquardt. MDCCCLIII. — LXVII und 461 S. 15 Fr.

1438. *Stud Book Français, registre des chevaux de pur sang nés ou importés en France, publié par ordre du ministre de l'agriculture et du commerce. Deuxième édition. Tome 1er. Paris, Paul Dupont. 1851.
gr. 8°. XII S.: T., Vorw., statistische Notizen, 3 Bl.: Tab., 576 S. 5 Fr. Enthält das ganze Material der von 1838—47 erschienenen 5 Bände der ersten Ausgabe.

Dass. Premier Supplément. 1851, 1852, 1853. Ebda 1854. — LII S.: T., Register, 299 S.

Dass. Tome II. Ebda 1857. — LXVII und 538 S.

Sympathie. — 1439. Sympathiebüchlein oder die enthüllten natürlichen Zauberkräfte und Geheimnisse der Natur. Eine Sammlung von 338 erprobten sympathetischen Mitteln gegen viele Krankheiten bei den Menschen und Thieren. Von einem alten Schäfer. Zürich, Köhler 1849.
breit 8°. 88 S. 10 Gr.

Théorie. — 1440. Théorie dans les chambres ou dans les écuries. 9e régiment de cuirassiers. Imprimerie de Loireau-Feuchot à Dijon. 1856.
8°. 1 Bog.

Thierarzt. — 1441. *Der wohlerfahrene Thierarzt, ein bewährtes Vieharzneibuch bei allerhand Krankheiten des Rindviehs, der Pferde, Schafe und Schweine, von einem praktischen Thierarzt. Dritte Auflage. Reutlingen, Fleischmann und Spohn.
8°. T., 3—120 S. 12 Kr. — Erschien 1851, die erste Auflage 1840.
Darin: Erziehung, Wartung, Fütterung, innere und äussere Krankheiten der Pferde S. 43—94.

Tidskrift. — 1442. Tidskrift for Veterinairer. Upsala. I. 1853. 8°. Dass. 2—5. Jahrgang 1854—1857.

Traité. — 1443. Traité de la réception des effets de harnachement pour les corps d'artillerie. Paris chez Corréard 1850.

8°. 14 S. — Abdruck aus dem Journal des armes spéciales 1850 VII 93.

Turf. — 1444. American Turf-Register and Sporting-Magazine, Vol. IX. 1848. Baltimore.

gr. 8°. — Erschien seit 1840, wurde auch fortgeführt und kostet jährlich 5 Doll.

Udtog. — 1445. Udtog af Instructionen for Cavalleri-Exerceerskolerne. 2 det Oplage. Nestved, Meulengracht (Kjöbenhavn, Thaarup) 1849.

8°. IV und 108 S. 40 Sch. — Erschien zuerst 1844.

1446. Udtog af Exerceerreglementet for Cavalleriet. Til Brug for Christiania kongelige Borgergarde. Christiania, Kom. h. C. A. Dybwad 1850.

12°. VII und 104 S. 30 Sch.

1447. * Udtog af Instructionen for Cavalleri-Exerceerskolerne, samt Krigsartiklerne. Indeholdende: en kortfattet Oversigt over Alt, som den Menige af Cavalleriet skal lære ved den theoriske Underviisning. Affattet i Sprogsmaal og Svar ved en Cavalleri-Officeer. Fjerde forandrede Oplag. Odense. Forlagt af den Miloske Boghandel. 1856.

8°. T., 140 S. 56 Sch. Darin: Krankheit und Gesundheit, Bekleidung und Wartung des Pferdes.

Ursachen. — 1448. Ueber die allgemeinen und örtlichen Ursachen des Milzbrandes in der Preussischen Rheinprovinz. (Abdruck aus der September-Lieferung der Thierärztlichen Zeitung). Carlsruhe, Braun 1849.

12°. 46 S. 18 Kr.

Veearts. — 1449. De nieuwe Vee-arts. Practisch handboek voor elken veehouders. Aanwijzende middelen om de ziekten, welke zich dagelijks bij de paarden, het hoornvee en de varkens openbaren te behandelen en te genezen. Bij een verzameld en nagelaten door iemand van eene grondige kennis en rijke ondervinding in dit vak. Zierikzee, bij A. M. E. van Dishoeck 1857.

gr. 8°. IX S.: T., Vorw., Inh., 54 S. 0,50 Fl.

Verein. — 1450. * Verein zur Verbesserung der Pferdezucht in den Kreisen Bitterfeld und Delitzsch.

8°. T., 7 S. — Erschien zu Bitterfeld 1853 und enthält die Statuten des Vereins.

Verhandelingen. — 1451. Verhandelingen over verschillende vee-artsenijkundige onderwerpen, of kort verslag van het verhandelde in de 3e algemeene vergadering van rijks-veeartsen, gehouden te Utrecht 11 September 1851 en daartoe met bijlagen. Utrecht, v. Heyningen en Post Uiterwerk 1851.

gr. 8°. 1,25 Fl.

Dass. in de 4e etc., gehouden 1852. Ebda 1852. — 1,60 Fl.

Dass. in de 5e en 6e etc., gehouden 1853 en 1854. Ebda 1855. — 1,90 Fl.

Dass. in de 7e etc., gehouden te Amsterdam op den 25 Augustus 1855. Ebda 1856. — 4° und 82 S. 1,05 Fl.

Verzameling. — 1452. Verzameling van Veeartsenijkundige Bijdragen. Uitgegeven door de Zuidhollandsche Maatschappij ter bevordering der Veeartsenijkunde. Eerste stuk. Te Leyden 1853. H. R. de Breuk.

8°. 74 S. mit K. 0,75 Fl.

Dass. onder medeverking van G. J. Hengeveld, J. Jennes en L. Swart. Tweede stuk. Utrecht 1857. G. F. Koch.

gr. 8°. T., S. 75—192 mit K. 1,25 Fl.

Verzeichniss. — 1453. *Verzeichniss der Mitglieder des Vereins für Pferdezucht und Pferdedressur zu Berlin im Jahre 1848. Berlin, gedruckt be Trowitzsch und Sohn.

gr. 8°. T., 3—15 S.

*Dass. im Jahre 1856. Berlin, Druck von Gebr. Unger. — gr. 8°. T., 3—16 S.

1454. *Verzeichniss von Werken über Dressur, Zucht und Krankheiten des Pferdes wie der übrigen Hausthiere, vorräthig in der Hirschwald'schen Buchhandlung in Berlin.

8°. 28 S. — Berlin, Druck von Bendix 1855. Enthält 635 Nummern.

1455. *Verzeichniss von thierärztlichen Schriften. (Die Bibliothek zweier Professoren der Thierheilkunde in Berlin, Prof. Dieterichs und Prof. Reckleben enthaltend.) Vorräthig in der Hirschwald'schen Buchhandlung in Berlin.

gr. 8°. 27 S. — Berlin, Druck von Schlesinger 1856. Enthält 932 Nummern.

1456. *Antiquariats-Verzeichniss Nr. XXI der Akademischen Buchhandlung in Kiel. Verzeichniss einer werthvollen hippologischen Bibliothek aus der Deutschen, Englischen, Französischen und Amerikanischen Literatur, früher im Besitz des verstorbenen Reichsgrafen v. Holmer. Kiel 1857.

8°. T., 3—15 S. — Enthält 233 Nummern.

Veterinaria. — 1457. La Veterinaria tascabile, che insegna la maniera di curare le maladie dei cavalli specialmente in viaggio, colle regole per conoscere i loro difetti e loro età. Livorno 1851.

12°. 2 Pa.

1458. La Veterinaria espanola. Revista cientifica decenal. (Continuacion de El Eco de la Veterinaria). Anno primo. Madrid, redaccion y administracion calle de S. Roque.

fol. — Erscheint seit dem August 1857 in 10 tägigen Nummern und kostet jährlich 72 Rea.

Vieharzneibuch. — 1459. Vollständiges Vieharzneibuch für kleine und grosse Landwirthe, sowie für Pferde- und Viehbesitzer überhaupt. Mit besonderer Rücksicht auf Geburtshülfe und Operationen etc. herausgegeben von drei praktischen Thierärzten. Zwei Theile in einem Bande. Mit 8 Tafeln Abbildungen. Stuttgart, 1854. Mücken.

8°. VIII, 238; XX, 432 und XII S., 8 KT. 1 Thlr. — Ist eine neue Ausgabe von Böhm's Haltung, Pflege und Behandlung der landwirthschaftlichen Haussäugethiere, s. Bochm Nr. 112.

Vorschriften. — 1460. *Vorschriften für die Zusammensetzung und Einübung der Bespannungen bei der Königl. Preussischen Artillerie. Berlin 1848. Gedruckt bei Julius Sittenfeld.

8°. T., 3—71 S. — Nicht im Buchhandel; eine frühere Ausgabe erschien 1828.

1461. *Dass. Berlin, 1851. Gedruckt in der Deckerschen Geh. Ober-Hofbuchdruckerei.

32°. T., 3—71 S.

Wort. — 1462. *Auch ein Wort an Deutschlands Reiter. Entgegnung der Seegerschen Schrift: Baucher und seine Künste. Coblenz, 1855. R. F. Hergt.

gr. 8°. T., 3—46 S. mit 6 Abb. 6 Ngr. — Verfasser ist Hauptmann v. Sierakowski. Vgl. Seeger Nr. 1049.

Rec.: All. Mil. Ztg. 1826 Nr. 25.

Worte. — 1463. *Einige Worte zu William Miles Huf des Pferdes und dessen fehlerfreie Erhaltung von C. Gr. v. E. für Sachsen. Dresden, Druck und Verlag von Blochmann jun. 1852.

8°. T., 3—13 S. 2 Gr. — Verfasser ist der Graf v. Einsiedel.

Wsglead. — 1464. Взглядъ на русское коннозаводство. (Изъ н: 121 Московскихъ вѣдомостен 1849 г.) Москва. Въ университетскои типографіи. 1849.

(Ein Blick auf die Russische Pferdezucht. Aus Nr. 121 der Moskauer Zeitung vom Jahre 1849. Moskau. Universitäts-Druckerei).

8⁰. 15 S. — Verfasser ist Bas. Koptew.

Wlijizdka. — 1465. Вытздка верховои лошади. Составилъ Гр. Ге. Санктпетербургъ. Въ типографіи главнаго штаба сго императорскаго величества по военно-учебнымъ заведеніямъ. 1856.

(Die Dressur der Reitpferde. Bearbeitet von Gr. Ge. Petersburg. In der Druckerei des kais. Generalstabes, gedruckt auf Anordnung der Militair-Bildungs-Anstalten).

8⁰. T., 4 Bl.: Widm. (an den Grossfürst Thronfolger). Vorw., Inh., 190 S., 2 S.: Err. 2 Rb. 80 Kop.

Zawodskaja. — 1466. *Эаводская книга кровныхъ и скакавшіхъ лошадеи въ Россіи издавная управленіемъ государственнаго коннозаводства. Томъ 3и. Стъ. Петербургъ въ типографіи III отдѣленія собственнои сго императорскаго величества канцеляріи. 1848.

(Gestütbuch der Vollblut- und Rennpferde in Russland, veröffentlicht durch die Direktion der Staatsgestüte. Dritter Band. St. Petersburg in der Druckerei der 3. Abtheil. der kais. geheimen Kanzlei).

gr. 8⁰. XXXI S.: T., Inh., Vorw., Register 297 S. 3 Rb. — Die beiden ersten Bände erschienen 1836 und 1842. Das Gestütbuch ist von Grajewski bearbeitet.

Dass. Vierter Band. Ebda 1856. — LIV S.: T., Inh., Vorw., Register, 397 S., 1 Bl.: Err. 3 Rb.

Berichtigungen und Zusätze.

Seite 4. **Aigeldinger**, starb zu Ende 1862.

» 10. **Bagge, Svend Henrik Olufsen**, geboren zu Kopenhagen am 31. Juli 1817, studirte seit 1836 ebenda Medizin und Thierarzneikunde, legte 1842 das medizinische Examen ab und wurde als Lektor an der Thierarzneischule angestellt. Er rückte 1844 zum Professor auf, bereiste 1846—47 Deutschland, Belgien, Frankreich und England, wurde 1849 Mitglied der Central-Veterinair-Gesellschaft zu Paris, 1851 Mitglied des Gesundheits-Raths, 1858 Lektor der Pathologie und Therapie, auch Vorsteher der Klinik, 1861 Landgestütmeister, und 1862 Sekretär der Kommission für das Gestütwesen.

» 17. **Bernard**, starb am 11. November 1848.

» 24. **Bourgelat**, wurde am 27. März 1712 geboren.

» 27. **Bruehl**, wurde 1819 in Prag geboren.

» 33. **Clater**, wurde bei Nottingham in England um 1750 geboren, kam zu einem Kurschmied in die Lehre, handelte später mit Droguen und Thierarzneien zu Newark und seit 1784 zu Retford.

» 35. **Cuming**, geboren zu Ellon in Schottland um 1822, studirte seit 1844 in Edinburgh Thierarzneikunde, liess sich 1846 als Thierarzt zu Fredericton im Staate Neubraunschweig in Nordamerika nieder, und starb ebenda am 21. August 1859.

» 46. **Dillon**, wurde am 26. Oktober 1862 vom Herzog v. Gramont-Caderousse zu Paris im Duell getödtet.

» 57. **Frey, J.**, geboren zu Weiningen im Kanton Zürich am 21. März 1813, studirte 1832—33 in Zürich und Stuttgart Thierarzneikunde, wurde später als gerichtlicher Thierarzt, so wie als klinischer Assistent und Prosektor an der Thierarzneischule zu Zürich angestellt.

» 59. **Fuchs, Christoph Joseph**, geboren zu Zülpich 1801, studirte 1821—22 in Bonn Medizin, dann in Berlin Thierarzneikunde, liess sich 1826 in seinem Geburtsorte als Thierarzt nieder, wurde 1829 Kreisthierarzt des Kreises Schleiden, 1839 Repetitor an der Berliner Thierarzneischule, 1843 Departements-Thierarzt in Bromberg, in demselben Jahre als Lehrer an die Thierarzneischule zu Stuttgart berufen, erhielt 1848 den Titel als Professor, wurde 1860 pensionirt, und lebt seitdem in Heidelberg.

Seite 66. **Goodwin, William Joseph**, der Sohn eines englischen Hofthier-
arztes, wurde zu London 179. geboren, lernte bei einem Wundarzt,
studirte dann in London Thierarzneikunde, erhielt 1817 ein Diplom,
kam hierauf auf Empfehlung des Russischen Gesandten als Rossarzt an
den kais. Marstall zu St. Petersburg, vertauschte diese Stellung 1845 mit
der eines kgl. englischen Hofrossarztes, nahm 1852 seine Entlassung
und wurde 1853 Präsident des Collegs der Thierärzte.

» 88. **Huzard, Jean Baptiste**, der Sohn des bekannten Generalinspek-
tors der französischen Thierarzneischulen, wurde am 3. Januar 1793
in Paris geboren, besuchte seit 1812 die Thierarzneischule zu Alfort,
wurde 1814 Repetitor an derselben, gab diese Stellung aber 1818 auf,
und lebt seitdem in Paris. Von hier unternahm er wiederholt wissenschaftliche Reisen, namentlich nach Deutschland und England. Er ist
Mitglied vieler gelehrten Gesellschaften.

» 96. **Koppe, Johann Gottlieb**, starb auf seinem Gute Beesdau am 1.
Januar 1863.

» 99. **Lacoste, Jérôme**, in Frankreich geboren, besuchte die Thierarzneischule zu Alfort, wurde Repetitor an derselben, später Oberthierarzt
bei dem Remontedepot Caen und Präsident der Veterinär-Gesellschaft
der Departements Calvados und Manche, 1844 Oberrossarzt der Armee,
und 1849 Mitglied der Central-Veterinär-Gesellschaft.

» 107. **Leyh, Friedrich August**, der Sohn eines Stallinspektors, wurde
am 11. Oktober 1817 in Stuttgart geboren.

» 110. **Louchard, Antoine**, in Frankreich geboren, besuchte die Thierarzneischule zu Alfort, wurde 1821 Repetitor der Anatomie an derselben, dann Rossarzt beim Garde-Train, machte den Feldzug nach
Spanien 1823 mit, wurde später Oberrossarzt des 13. Artillerie-Regiments, 1843 zum 3. Lanciers-Regiment versetzt, 1844 Veterinaire principal, 1846 Oberrossarzt am Remontedepot Auch, und erhielt 1849 die
Ehrenlegion.

» 114. **Masch, Anton**, geboren zu Kuttenplatz in Böhmen am 11. März
1809, studirte in Wien Medizin, promovirte 1835, wurde Sekundärarzt
am allgemeinen Krankenhause, 1839 Pensionär am Thierarznei-Institute,
in demselben Jahre an das landwirthschaftliche Institut zu Ungarisch-
Altenburg berufen, wo er bald darauf den Titel eines Professors der
Thierheilkunde erhielt.

» 115. **Mayhew, Edward**, geboren in England 1803, studirte seit 1843
in London Thierarzneikunde, wurde 1845 Lehrer der Anatomie an der
dortigen Thierarzneischule, gab diese Stellung aber bald wieder auf
und hielt Privat-Vorlesungen. Er ist Mitglied des Councils der thierärztlichen Gesellschaft.

» 122. **Morton, W. J. T.**, geboren zu Liverpool, erlernte die Pharmazie,
wurde Lehrer der Chemie und Pharmazie an der Thierarzneischule zu
London, 1836 Sekretär und Bibliothekar der neu errichteten thierärztlichen Gesellschaft, und legte 1860 seine Lehrerstelle nieder.

» 182. **von Witzleben, Gerhard August**, der Sohn eines unter seinem
Schriftsteller-Namen A. v. Tromlitz bekannten Preussischen Offiziers,
wurde am 27. Dezember 1808 in Düsseldorf geboren, besuchte die
Schulen zu Dondorf und Rossleben, trat 1825 in das Kaiser-Franz-

Regiment ein, wurde 1827 Seconde-Lieutenant, dann zur Kriegsschule, zum topographischen Bureau und als Lehrer zur Garde-Divisions-Schule kommandirt, rückte 1843 zum Premier-Lieutenant, 1848 zum Hauptmann auf, wohnte als solcher dem Feldzuge in Schleswig bei, wurde 1853 Major und Kommandeur des Koburg-Gothaischen Infanterie-Regiments, 1859 Oberstlicutenant und 1861 Oberst und Kommandeur des Preussischen Infanterie-Regiments Nr. 13.

Baillif, R. F., Rossarzt bei dem französischen Garde-Train.

1467. Opuscule sur les chevaux d'Anjou. Paris, veuve Bouchard-Huzard 1854. — 8⁰. 1 Fr. 50 C.

Chaumont, A.

1468. Essai sur la méthode de dressage des chevaux soit à l'attelage, soit à la selle. Paris, veuve Bouchard-Huzard 1852. — 8⁰. 1 Fr. 50 C.

Patinot, Landwirth zu Noe in Frankreich.

1469. Entretiens familiers sur l'agriculture et l'horticulture, et exposé des premiers traitements à suivre dans les maladies des animaux domestiques. Ouvrage spécialement destiné aux habitants des campagnes. Sens, Chapu 1857. — 18⁰. 252 S., 1 Tab.

Reinfeld, Adolph, Thierarzt in Russland.

1470. Der Pfeiferdampf, bedingt durch verhinderte Erweiterung der Stimmritze. (Zu Erlangung der Magister-Würde), von Adolph Reinfeld. Dorpat 1854. — gr. 8⁰. 40 S.

Rec.: Hering 1862. 350.

Materien-Register.

Inhalt.

cock. Hellmund. Moore. Mure. Rush.
Schaefer. Seer. Traeger. Tuczek. Handbuch. Homoeopathy. Manual 1331.

X. Chirurgie und Operationslehre.
allgemein. *)
Berttier. Broguiez 144, 145. Cochet.
Dieterichs 286, 290, 293. Falke 334, 336.
Gourdon. Hering 512. Hertwig 520. Kreutzer 613. Ostrowski. Rozières. Strauss.
Zerrenner. Pferd 1377. Viebarzneibuch.

XI. Geburtshülfe.
Baumeister 66, 67, 70. Beyer. Defays
251. Dekker. Dieterichs 285. Ehrhardt.
Ellerbrock 322. Goux 427. Hechenberger.
Herbst. Jacoby 565. Kreutzer 613. Pauli.
Petry. Stephan. Thomas. Traeger. Vieharzneibuch.

XII. Einzelne Krankheiten und Operationen.
Aderlass: Fischer 353. Fritsch. Fuhrmeister. Pétry. Quillinan. Wagenfeldt 1158. Anleitung 1206.
Ankylose: Flemming 365.
Apoplexie: Pétry.
Augenkrankheiten: Braungardt 131. Grollier. Lanusse.
Beschälkrankheit. Busse 162. Jessen 570.
Rodloff. Yvart.
Blennorrhoe: Dieterichs 285.
Brennen: Olivier.
Bremsen: Busse 164. Lessona 665.
Brustkrankheiten: Croq. Percivall 847.
Caries: Flemming 365.
Contagiöse Leiden: Bernhard. Koerber
601. Loiset 684, 685. Minvielle.
Pétry. Plasse 867—874. Rey 930.
Rhodes. Richard 940. Ricourt. Riecke.
Sandri 1013. Sanson. Volpi 1145.
Westerberg. Yvart. Murrais.
Cyclopie: Rosenstein.
Dampf: Dieterichs 285. Sellier.
Darmschnitt: Navarro.
Darmverschlingung: Flemming 365.
Darmvorfall: Jessen 570.
Druse: Ellerbrock 320, Mittel.
Emphysem: Sellier.
Englisiren: Blaine 109. Mortgen.
Entzündung: Hayne 491.
Erbrechen: Flemming 365.
Fettgeschwulst: Fuerstenberg.
Fieber: Lessona 660.
Fontanell, Haarseil: Fischer 353. Fritsch.
Fuhrmeister. Wagenfeldt. Anleitung
1206.
Fusskrankheiten: Anker. Bouley 125.
Falke 333. Gross. Miles 739, 742.
Rey 929.

Füllenkraukheiten: Baumeister 66, 67.
Herbst. Jacoby 565. Pauli. Anleitung
1206.
Haemorrhagie: Pétry.
Harnverhalten: Aigeldinger. Mittel.
Hautkrankheiten: Colet.
Hysterie: Haycock 490.
Influenza: Albrecht. Flemming 365. Lees.
Macé. Spinola 1071. Influenza.
Kastration: Blaine 109. Daumas 235.
Dieterichs 285. Flemming 365. Goux
427. Jessen 570. Lacoste. Lastic.
Magne 704. Pauli. Prangé. Quillinan.
Klystiere: Billmann. Fritsch. Wagenfeldt.
Anleitung 1206.
Kaiserschnitt: Traeger.
Knochenbruch: Flemming 365. Pétry.
Knochenfehler: Alssonière. Auzoux 37,
38. Major.
Kolik: Aigeldinger. Luopke. Navarro.
Rodloff.
Koller: Dieterichs 285. Belehrungen. Geheimnisse.
Krampf: Flemming 365.
Krippensetzen: Bonneval. Hieover 533.
Geheimnisse. Mittel.
Lachmung: Demilly 276.
Lahmheit: Jaquemin. Percivall 845, 846.
Mauke: Mittel.
Milzbrand: Gillet. Heusinger. Koch. Minot
751. Anleitung 1206. Belehrung. Ursachen.
Nasenhöhlen-Krankheiten: Delwart 270.
Pfeifen: Hieover 533.
Purganzen: Field.
Raeude: Demilly 278. Gerlach 404. Mussgnug. Mittel.
Rheumatismus: Mittel.
Rotz: Bernier. Bertacchi. Buccellati. Delwart 270. Flemming 365. Gama.
Gautier. Louchard. Marquart. Neergaard 787. Plasse 872. Sage. Schmidt
1032. Toggia. Wagenfeldt. Belehrungen. Mittel.
Spath : Mittel.
Strahlkrebs: Janné.
Strengel: Mittel.
Unbeweglichkeit: Fischer 356.
Verdauungsleiden: Percivall 848.
Verletzung: Dieterichs 285. Pétry. Mittel.
Verrenkung: Bondesen.
Verschlag : Bonneval. Geheimnisse. Mittel.
Würmer: Leuckart. Hök. Siebold 1058.
Wurm: Bernier. Buccellati. Flemming
365. Gautier. Neergaard 787. Plasse
872. Belehrungen. Mittel.
Wuth: Faber. Gama. Rosenbaum. Watrin.
Belehrungen.

---

*) Der grössere Theil der unter IX Pathologie und Therapie aufgeführten Pferdearzneibücher
behandelt sowohl innere als äussere Krankheiten, wesshalb für diese Rubrik dahin verwiesen wird.

Schweden: Leyou 675, 676. Arsberättelse.
Spanien: Giles 411. Sociedad.
Würtemberg: Pferdezucht.

XVI. Wartung, Fütterung, Behandlung.

Bally. Baumeister 65, 70. Bertacchi.
Berthaud. Billing 104. Blaine 109. Boehm
112. Briones. Bujault. Casas 181. Cecil.
Cocbet. Colet. Comparini. Cutter. Daumas 235, 239. Delacroix. Delafond 262,
263. Dementhon. Dias. Dickson. Dombasle 303. Eberhard 313. Erkens. Falke
336, 337, 346. Fenwick. Fernandez. Fries.
Fritsch. Fuhrmeister. Gherardi. Giles 410.
Gjersing. Goux 427. Goyau. Graf 435.
Grosskopf. Haldvogl. Hansen. Hassell.
Haubner 486. Haycock 489. Heinrich.
Heinrichs. Hensler. Herbst. Herrmann.
Hertwig 521. Heusmann. Hieover 529.
Hocquart. Hoffmann. Jacob. Jaquemin
566. Jessen 570. John. Kerpelani. Klemm.
Knoll. Krane 609. Kress. Kreutzer 613.
Krueger. Kruge. Lastic. Lavigne. Levi.
Lewandowski. Lyszkowski. Magne 703,
704. Merk. Miles 739, 742. Minvielle.
Mirus. Montigny 767. Morris. Nadosy.
Nimrod 801. Oeynhausen 824. Papin.
Paschkewitsch. Patellani 837—839. Pauli.
Pétry. Petterson. Poellnitz 876. Prosch
889. Quillinan. Raimund. Raspail. Richardson 945, 946. Rohlwes. Roper. Roth. Rozières. Rueff 987. Sabel. Saint Ange.
Saive. San Pedro 1016. Schmid. Schoenermark. Scrutator. Seeger 1046. Stephan.
Stewart 1084. Swoboda. Tattersall. Tiden. Tombari. Villeroy. Vuillermedunand.
Wagenfeldt. Wedlake. With 1187. Xenophon. Youatt. Anleitung 1206, 1208—1210.
Behandlung. Belehrung. Compendium.
Conseils. Directions. Ecurie. Geheimnisse.
Handbuch. Handleiding. Hausthier. Homoeopathy. Katechismus. Koni. Library.
Magia. Maison 1329, 1330. Manual 1332.
Manuel 1335. Mittel. Nastawlenie 1354,
1355. Pferd 1377, 1378. Pferdearzt. Porodach. Sattelhülfe. Skizzen. Skizzer.
Thierarzt. Udtog 1447. Vieharzneibuch.

XVII. Aeussere Pferdekenntniss.
1. allgemein.

Allen. Aristoteles. Baumeister 68, 69,
72. Benjamin. Billing. Blaine 109. Boehm
112. Briones. Casas 182, 184. Cochet.
Couto. Curnieu. Defays 251. Delacroix.
Dieterichs 285, 289. Dombasle 300. Duerler 307. Ehrhardt. Ellerbrock 321. Falke
335, 346. Fischer 353. Fries. Gherardi.
Graf 435. Heinrich. Hensler. Hertwig
521. Hieover 529. Jacoby 563. Jaquemin
566. Kerpelani. Knoll. Krane 606, 609.

Krueger. Kruge. Lamotte. Lastic. Lecoq
650, 651. Lessous 661. Lotze 690. Ludwiger. Magne 702, 705. Minot 749, 750.
Morris. Mueller 775. Nadosy. Nimrod
801. Peyrou. Prosch 889. Quillinan. Raimund. Richard 939, 943. Riege. Rutenberg. Sabel. Saint Ange. Saive. Stephan.
Stewart 1087. Swoboda. Telepnew. Villeroy. Vuillermedunand. Wagenfeld 1155.
Xenophon. Youatt. Bilderatlas. Compendium. Darstellung. Katechismus. Maison
1329. Manual 1332. Manuel 1336. Pferd
1377, 1378. Theorie.

2. Alterserkenntniss.

Abildgaard. Baumeister 68, 69, 71. Billing 104. Brout. Duerler 308. Ghilardi.
Girard 414. Herrmann. Klemm. Mayhew.
Oeynhausen 824. Poellnitz 877, 878.
Rengli. Richardson 945. Schmid. Schultes.
Swoboda. Alter. Anleitung 1208. Handleiding. Pferdekunde. Veterinaria 1457.

3. Gangarten.

Daudel. Raabe 903, 905, 906. Rueff 984.
Bewegungslehre.

XVIII. Reitkunst, Abrichtung.
1. allgemein.

Abzac. Aubert. Aure 33, 34, 36. Bally.
Bardonnet. Baucher. Blaine 108. Bruhn.
Cardini. Chapus 191. Couto. Curnieu.
Daudel. Daumas 239, 246. Delacroix.
Diepenbrock. Elpons. Flandrin. Franconi.
Gordon. Graefe 431. Guérin. Henry. Herbert. Herstatt. Hieover 531, 533, 534.
Hochstetter. Isabelle. Kappel. Kegel 588.
Krane 609. Klemm. Kress. Krueger. Kruge.
Laiglesia. Lastic. Leyon 674. Liasse.
Lotze. Merlen. Mirus. Monteton. Montigny 762, 763, 766. Morris. Mussot 779.
Nadosy. Noel 804—811. Nolan. Oeynhausen. Petterson. Pinto. Platen. Poellnitz 876. Prosch 889. Raabe 898, 902,
904. Rarey. Richardson 945, 946. Rigault.
Rul. Saint Ange. Seeger 1049. Segundo.
Stroh. Turner. Villeroy. Walker. Warde.
Wayte. Wegener. Xenophon. Abrichtung.
Ansichten 1214. Anweisung. Aphorismen.
Auszug. Behandlung. Book. Cavalry.
Cours 1260. Exerceer. Extrait 1275, 1276.
Geheimnisse. Guide. Handboek 1282—
1285. Handledning. Instruction 1299, 1300,
1303, 1304. Manuel 1333, 1334. Mittel.
Notions. Observations 1360. Ordonnance.
Principes. Programme. Progressions. Reglamento. Reglement 1407. Reitinstruction.
Sattelhülfe. Udtog 1445, 1446. Wort.
Wüjizda. Chaumont 1468.

Druck von F. A. Brockhaus in Leipzig.